国际经济与贸易系列规划教材

国际货物运输代理实务

International Freight Forwarding Practice

主　编　张　颖

副主编　王宇楠

大连理工大学出版社

内容提要:本书力求突出货运代理实践操作业务的内容重点,强调其特色和适用范围;以提高学生整体素质为基础,以能力为本位,兼顾知识教育、技能教育和能力教育;将高等院校学历教育和职业资格培训相结合,侧重物流师、货代员、报关员、报检员和单证员等职业资格考试的内容和要求。

图书在版编目(CIP)数据

国际货物运输代理实务 / 张颖主编. -- 大连 : 大连理工大学出版社,2010.4(2018.7 重印)
(国际经济与贸易系列规划教材)
ISBN 978-7-5611-5487-8

Ⅰ.①国… Ⅱ.①张… Ⅲ.①国际运输:货物运输—代理(经济)—高等学校—教材 Ⅳ.①F511.41

中国版本图书馆 CIP 数据核字(2010)第 059328 号

大连理工大学出版社出版
地址:大连市软件园路 80 号 邮政编码:116023
发行:0411-84708842 邮购:0411-84708943 传真:0411-84701466
E-mail:dutp@dutp.cn URL:http://dutp.dlut.edu.cn
大连力佳印务有限公司印刷 大连理工大学出版社发行

幅面尺寸:170mm×240mm 印张:20.75 字数:407 千字
2010 年 4 月第 1 版 2018 年 7 月第 4 次印刷

责任编辑:汪会武 邵 婉 责任校对:齐 跃
封面设计:波 朗

ISBN 978-7-5611-5487-8 定 价:35.00 元

本书如有印装质量问题,请与我社发行部联系更换。

近些年来,许多高校的国际贸易专业把国际货物运输代理实务作为一门专业课程来开设,这说明人们已经深刻地认识到了这门课程的重要性。事实上,在经济全球化这个大环境下,国际货物运输代理业对于一国经济发展和国际贸易都是非常重要的。从宏观角度来看,国际货物运输代理业是一国贸易运输业的一个重要组成部分,比较完善的国际货物运输代理业对于一国贸易发展所起的作用不容忽视。从微观上看,国际货物运输代理是国际货物贸易的一个服务环节,国际货物贸易离不开运输,而目前全球 80% 以上的货物运输都是通过代理来完成的。因此,我们必须重视对国际货物运输代理相关知识的学习和研究。

目前,国际货运代理业务已超越了原来狭义的概念范围,大量的国际货运代理人开始从事第三方物流业务。我国国际货运代理行业近几年的迅猛发展,迫切需要大批应用型专门人才充实到业务第一线。本书的内容既可作为高等院校物流管理、国际经济与贸易等专业的教材,也可作为国际物流及货代从业人员的参考用书。

在教材编写上,本书力求突出货运代理实践操作业务的内容重点,强调其特色和适用范围;以提高学生整体素质为基础,以能力为本位,兼顾知识教育、技能教育和能力教育;将高等院校学历教育和职业资格培训相结合,侧重物流师、货代员、报关员、报检员和单证员等职业资格考试的内容和要求。在编写过程中,力求体现如下特色:

(1)注重科学性和先进性

本书力求准确阐述国际货物运输和运输代理实务的基本原理和方法,充分吸收本学科国内外的先进知识和立法的新发展,保证知识更新,与时俱进。

(2)内容翔实,重点突出

本书对各种国际货物运输方式及代理流程均有较为详细的介绍,尤其对海上运输方式和海运代理的相关知识,不惜笔墨,用大量篇幅作了较全面、翔实的介绍。通过本书的学习,读者可以掌握国际货物运输代理全面系统的知识和操作技能。

(3)充分体现知识点、技能点和能力点三点结合

各章章首设置"学习目的",主要描述通过本章的学习能达到什么样的目标;同时介绍职业资格考试对本章内容的要求。根据教学需要设置"小案例"、"单据样本"和"实训练习"等。

(4)体例合理,注重实用

本书采用解释标准合同或业务操作流程的编排方法,在解释过程中引出相关法律和业务知识,便于读者学以致用。

(5)注重实践训练

在每章练习部分都编写了案例分析和实践操作练习题,训练学生动手操作、分析和解决实际问题的能力。

本书由辽宁对外经贸学院国际贸易教研室主任张颖副教授主编和统稿,辽宁对外经贸学院物流管理教研室王宇楠老师任副主编。其中,第一至三章由张颖编写,第五至七章由王宇楠编写,第四章由大连海事大学管理学院张嵘老师编写,第八章由辽宁对外经贸学院国际贸易教研室焦朝霞和赵红娟老师编写,第九章由辽宁对外经贸学院国际贸易教研室董琴和闫艳妮老师编写。

此外,在本书的编写过程中,原大连化工进出口公司总经理朱锡金先生为本书提供了建设性建议和相关资料,王洪岩老师对本书的部分章节进行了审核工作,从而确保了本书内容的正确性和适用性。编者在编写过程中参考了国内外有关书籍文章,谨向这些书籍和文章的作者表示诚挚的谢意。

由于作者水平有限,不妥之处在所难免,恳请读者批评指正。

编　者

2010 年 1 月

Contents 目 录

CHAPTER 1
第一章
国际货运代理概述

□□□ 学习目标

通过本章的学习,学生应了解国际货物运输的性质和方式,洞悉国际货运代理业的发展历史、现状及未来发展趋势;掌握国际货运代理人的概念、性质和类型;熟悉国际货运代理的业务范围及应具备的业务素质;掌握国际货运代理相关行业组织及行业管理。

第一节 国际货物运输的含义、特点、方式和对象

一、国际货物运输含义

运输,依据运送对象的不同,可分为货物运输和旅客运输。货物运输,又可以依据地域划分为国内货物运输和国际货物运输。国际货物运输,是指货物在国家与国家、国家与地区之间的运输。在国际贸易中,货物运输是国际商品流通过程里的一个重要环节。国际货物运输可分为贸易物资运输和非贸易物资(如展览品、个人行李、办公用品、援外物资等)运输两种。由于国际货物运输主要是贸易物资的运输,所以国际货物运输也通常被称为国际贸易运输,对一国来说,就是对外贸易运输,简称外贸运输。

在国际贸易商品的价格中包含有商品的运价,并且商品的运价在商品的价格中占有较大的比重:一般说来,约占 10%;在有的商品中,要占到 30%～40%。商品的运价也和商品的生产价格一样,随着国际市场供求关系的变化围绕着价值上下波动。商品运价的变化会直接影响到国际贸易商品价格的变化。由于国际货物

运输的主要对象是国际贸易商品,所以,可以说国际货物运输也就是一种国际贸易,只不过,它用于交换的不是物质形态的商品,而是一种特殊的商品——运输服务。所谓运价,也就是它的交换价格。由此,可以得出这样一个结论:从贸易的角度来说,国际货物运输就是一种无形的国际贸易。

二、国际货物运输特点

作为国际贸易不可缺少的环节,与国内货物运输相比,国际贸易运输具有以下几个特点:

（一）运输距离长,中间环节复杂

国际贸易运输是国家与国家、国家与地区之间的运输,一般运输距离较长。在运输过程中,往往需要使用多种运输工具,通过多次装卸搬运,变换不同的运输方式,经由不同的国家和地区,中间操作环节比较复杂。

（二）运输涉及面广、情况多变

货物在国家间的运输过程中,需要与不同国家和地区的货主、交通部门、商检机构、保险公司、银行、海关以及各种中间代理人打交道。同时,由于各个国家和地区的政策法律规定不一,金融货币制度不同,贸易运输习惯和经营做法也有差别,加之各种政治、经济形势和自然条件的变化,都会对国际贸易运输产生较大的影响。

（三）运输风险较大

国际贸易运输由于运输距离长,中间环节较多且涉及面较广,因而风险也就相对较大。

各种自然灾害和意外事故的发生以及战乱和日益猖獗的海盗活动等,都可能直接或间接地影响到国际贸易运输的安全。因此,大部分进出口货物和运输工具都需要办理运输保险,以规避运输过程中的风险和损失。

（四）运输的时间性较强

在国际市场竞争日趋激烈的环境下,商品价格瞬息万变,进出口货物,若不能及时运到目的地,很可能会造成重大的经济损失。某些鲜活易腐商品和季节性商品如不能按时运到目的地出售,所造成的经济损失将会更加严重。为此,货物的装运期、交货期被列为贸易合同的重要条款,能否按时装运直接关系到重合同、守信用的问题,对贸易、运输的发展有着极为重要的影响。

三、国际货物运输方式

货物运输方式的种类有很多。从运输通道和运输工具上看,国际贸易运输主要包括五种基本的运输方式,即:水上运输、陆上运输、航空运输、管道运输和邮政运输。其他运输方式都是在这五种运输方式的基础上发展而来的。具体结构如图 1-1 所示:

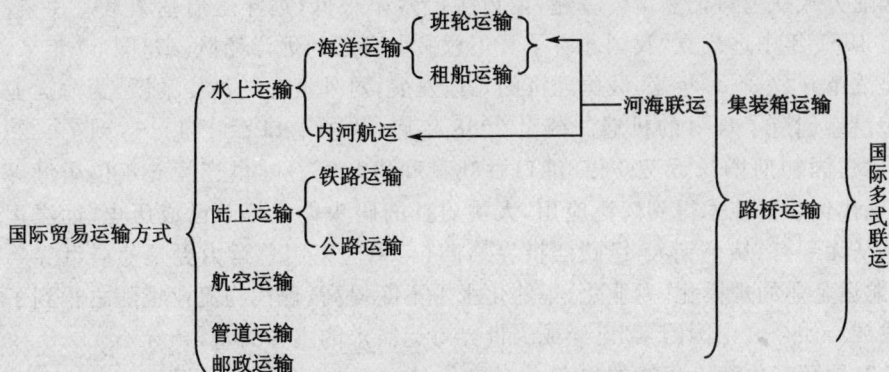

图 1-1

国际贸易运输方式
- 水上运输
  - 海洋运输
    - 班轮运输
    - 租船运输
  - 内河航运
- 陆上运输
  - 铁路运输
  - 公路运输
- 航空运输
- 管道运输
- 邮政运输

河海联运

国际多式联运
- 集装箱运输
- 路桥运输

我国对外贸易进出口货物的 90% 左右是通过海洋运输完成的。国际贸易总运量的 2/3 也是海运完成的。因此海洋运输是国际贸易中最重要的运输方式。其次是陆上运输方式。我国也有少量液体和气体货物通过管道输往邻国;邮政运输是以邮政部门作为货运代理人的运输服务形式,主要依赖其他运输方式,尤其是航空运输方式来进行。两种以上不同运输方式结合组成连贯运输则形成了优于单一运输方式的多式联运。

每种运输方式各有其特点。在对外贸易工作中,我们应根据进出口货物的性质、运量的大小、路程的远近、需要的缓急、成本的高低、装卸地的条件、气候与自然条件以及国际社会与政治状态等因素来审慎选择运输方式,以便高效、顺利地实现对外贸易的目的。

(一)水路运输

水路运输又称为船舶运输,它是利用船舶运载工具在水路上的运输,简称水运。水路运输按船舶航行的水域不同可分为内河运输和海上运输两种形式。本书主要涉及国际货物运输,因此只介绍海上运输部分。

1. 国际货物海上运输的发展历史

现代海上运输是在 19 世纪资本主义商品生产和国际贸易发展的基础上发展起来的。到第二次世界大战以后,海上船舶的大型化、专业化、自动化程度和航海速度的提高,各国港口建设和内陆集疏运系统日趋完备,使得国际海上货物运输发展到了空前的规模。目前世界上已建造了 70 万吨级以上的大型船舶。未来的发展总趋势是海上货物运输船舶的专业化、大型化、高速化以及水运管理和航行安全系统电子化。

新中国成立初期,我国港口吞吐量仅有1000万吨,直到改革开放前,人挑肩扛的作业方式在港口仍然十分普遍,港口生产效率很低;远洋运输基本是一片空白,直至1961年中远成立,我国才有了真正意义上自己的远洋船队。建国60年来,特别是改革开放30多年来,我国经济的飞速发展,对外贸易的高度活跃,为海运业的繁荣昌盛创造了难得的机遇。截至2008年底,我国港口吞吐量已达到70.22亿吨,比建国初期增长近700倍,港口吞吐量和集装箱吞吐量连续6年位居世界第一,现代化装备技术得到广泛应用,人挑肩扛的码头作业场景已成历史;远洋运输船队从无到有、从小到大,已跃居世界第四位,中远集团总运力更是稳居世界第二位,航运企业的规模化、专业化、集约化水平不断提高,现代物流业也随之得到了快速发展。如今,"中国因素"已经成为世界海运需求的主导力量。

2. 国际货物海上运输的特点

国际货物海上运输的特点是运输能力大、能源消耗低、航道投资省、运输成本低、对货物的适应性强、运输速度慢以及风险较大。具体来说,主要有以下几方面内容:

(1)运输能力大。在海上运输中,目前世界上最大的超巨型油船的载量已超过70万吨,新一代集装箱船的箱位已超过8000 TEu,矿石船载重量达35万吨,巨型客轮已超过8万吨,一般的杂货船也多在五六万吨以上;海上运输利用天然航道,这些航道四通八达,而且不受道路或轨道的限制,若条件允许,可随时改选最有利的航线。

(2)航道投资省。海上运输都是利用天然航道,因此这些航道的开发几乎不需要支付费用。

(3)运输成本低。尽管水运的站场费用很高,但因其运载量大,运程较远,能耗低,劳动生产率高,而使其单位成本较低。海上运输的单位成本约为铁路运输的1/5,公路运输的1/10,航空运输的1/30。

(4)适货性强。船舶由于运量大,基本上适合各种货物的运输,如井台、火车头等超重货物,石油、天然气等其他运输方式无法装运的货物。

(5)速度慢。由于大型船舶体积大,水流阻力高,加之其他各种因素的影响,因此航速一般较低。低速行驶所需克服的阻力小,能够节约燃料;航速增大所需克服的阻力直线上升,燃料消耗会大大增加,极不经济。

(6)风险较大。海上运输受自然条件和气候的影响较大,航期不易准确,遇险的概率较大。每年全球海运约有300艘船舶遇险。

(7)不能提供门到门的服务。因受航道和港口的限制,海上运输的可及性差,一般都要陆地运输系统的配合才能完成产品的运输过程。

4

(二)铁路运输

1.铁路运输的发展历史

铁路运输的发展只有170多年的历史。1825年英国建造了世界上第一条铁路。到19世纪末,全世界铁路总长度已达65万千米,第一次世界大战前夕增加到110万千米,20世纪20年代增加到127万千米。从那以后,由于飞机和汽车运输的发展,铁路运输的发展逐渐缓慢,处于相对稳定的状态。目前全世界117个国家和地区共有铁路130万千米,其中电气化铁路约26万千米。

我国的第一条铁路是1876年英国修建的吴淞铁路,全长15千米。新中国成立后,中国铁路取得了长足进步,截至2007年底,营业里程已达7.8万公里(不含我国台湾省,以下均同),居世界第三、亚洲第一,其中复线率达34.7%,电气化率达32.7%。全国铁路拥有机车1.83万台,牵引动力全部实现内燃电气化;拥有货车车辆57.8万辆。2007年,全国铁路完成货物发送量31.3亿吨、换算周转量31013亿吨公里。

2.铁路运输的特点

(1)运输的准确性和连续性强。铁路运输具有高度的导向性,只要行车设施无损坏,受其他交通机械及气候等因素的影响较小,全年终日地进行定期的、有规律的、准确的运转。因此,准确性和连续性较强。

(2)运输速度较快。常规铁路的列车运行速度最低为60～80千米/小时,部分常规铁路可高达140～160千米/小时,高速铁路上运行的列车时速可达210～310千米/小时。因此说铁路运输远远快于海上运输。

(3)运输量较大。铁路是大宗货物通用的运输方式之一,能够负担大量的运输任务。铁路运输能力取决于列车载重量和每昼夜线路通过的列车对数。每一列车载运货物的能力比汽车和飞机大得多;双线铁路每昼夜通过的货物列车可达百余对,因而其货物运输能力每年单方向可超过1亿吨。

(4)运输安全可靠。铁路运输很少受自然条件影响,风险远比海上运输小。并且随着先进技术的发展和采用,铁路运输的安全程度越来越高。在各种现代化交通运输方式中,按所完成客、货周转量计算的事故率,铁路运输是很低的。

(5)运输成本较低。在运输成本中,固定资产折旧费所占比重较大,而且与运输距离的长短、运量的大小密切相关。运距愈长、运量愈大,单位成本愈低。一般来说,铁路的单位运输成本比公路运输和航空运输要低得多,有的甚至比内河航运还低。

(6)初期投资较大。铁路运输需要铺设轨道、建造桥梁和隧道,建路工程艰巨复杂,初期投资大大超过其他运输方式。

(三)公路运输

公路运输是主要使用汽车,也使用其他车辆在公路上进行货物运输的一种方式。它是陆上运输的两种基本方式之一,也是现代运输的主要方式之一。

1.公路运输的发展历史

公路运输的发展历史比水运和铁路运输要短得多,但发展速度非常快。1930年美国福特汽车公司生产了第一辆汽车。到第二次世界大战期间,由于战争的需要,汽车生产发展很快,公路网规模越来越大。从第二次世界大战结束至今,美、日和欧洲各国先后建立了比较完善的全国公路网,并大力兴建高速公路,战后恢复和重建的汽车工业已形成比较完善的体系。

我国的公路运输获得较大发展是从新中国成立以后。到 1996 年底,全国已建成通车的高速公路达 3422 千米,居世界第 9 位;到 2004 年底,全国公路总里程达到 187.07 万千米,其中高速公路为 34288 千米。

2.公路运输的特点

(1)机动灵活、简捷方便、应急性强。和其他运输方式相比,汽车运输的最大优势就是能深入到别的运输工具到达不了的地方,能满足多方面运输需求。首先,汽车的载重量可大可小,可以根据客户对货物批量的要求进行运输,所以具有很强的适应性。其次,公路运输受空间制约较少,因而公路运输既可自成体系,又可以作为其他运输的接运方式。最后,公路运输在时间上的自由度很大,通常可以按客户规定的时间提供运输服务。

(2)运输投资少、收效快。一般公路易于兴建、建设期短、建设投资较低,公路运输企业投资少、周转快、回收期短、利润率高。高速公路的投资虽高,但因其昼夜通车,交通量相应大幅提高,其高昂的造价可以在较短期内得到补偿。

(3)随着公路建设的现代化、汽车生产的大型化,汽车也能够适应集装箱货运方式发展的需要而载运集装箱。

(4)可以提供门到门的运输服务。公路运输不受线路、车站、机场、港口的制约,陆地上只要汽车可以开进去的地方,汽车主都可上门提供服务,做到取货上门、送货到家,实现一次性直达运输,不需中途换装。

(5)公路运输的缺点:载重量小;车辆运行时震动较大,易造成货损事故;单位运输成本要比水路运输和铁路运输高;在全球都强调节能减排的今天,公路运输所造成的污染比较严重。

(四)航空运输

航空运输,简称空运,是使用飞机或其他航空器进行运输的一种形式,是一种较安全迅速的运输方式,特别适用于价值高和时间紧的物资运输。

6

1.航空运输的发展历史

1903 年美国人莱特兄弟发明制造了世界上第一架飞机。飞机起初用于运送邮件,后发展为载运旅客和货物。在第二次世界大战期间,由于战争的需要,军用飞机得到了很大的发展。战后,航空货物运输业作为国际贸易运输的一种方式而出现,并日益显示出它的重要作用。目前,全球约有 1000 余家航空公司,30000 余个民用机场,60000 余架商用飞机,航空运输货运量日渐增多,航线四通八达,遍及全球各大空港和城市。在世界范围内,航空运输都处在高速增长阶段。

在我国,新中国成立前航空运输一直未能得到发展;新中国成立后,才逐渐由小到大,初具规模。目前,已形成一个以北京为中心的四通八达的航空运输网。1995 年底我国民航线路里程 116 万千米,运输机总数 400 余架,数量居世界第九位。截至 2004 年底,中国民航拥有运输飞机 754 架,其中大、中型飞机 680 架,均为世界上最先进的机型,定期航班航线达到 1200 条。今后,航空运输在我国对外贸易运输中的地位会越来越重要。

2.航空运输的特点

(1)速度快,时间短。速度快是航空运输与其他运输方式相比最明显的特征,现代喷气式运输机一般时速都在 900 千米/小时左右,协和式飞机时速可达 1350 千米/小时,比火车快 5~10 倍,比海船快 20~40 倍。另一方面,航空线路不受地面条件限制,一般取两点间最短距离直线飞行,因此航程较地面短得多,而且,运程越远,所能节约的时间越多。

(2)安全准确,节省包装费用。航空运输管理制度比较严格、完善,空运过程中震动、冲击小,温度、湿度条件适宜,与外界没有接触,货物破损率低,可以保证运输质量,如使用空运集装箱运输,则更为安全。因而,空运可以简化运输包装,节省包装材料、劳动力和时间,从而节省包装费用。

(3)手续简便。航空运输为体现其快捷便利的特点,为委托人提供了简便的托运手续,甚至可以电话委托,由货运代理人上门取货并办理其他一切手续。

(4)节省保费、利息和储存等费用。

(5)航空运输的缺点:运量较小,运价较高,易受气象条件限制。

(五)国际集装箱运输

集装箱是进行散、杂货及特殊单元组合的大型容器性工具。集装箱运输是以集装箱为集合包装和运输单位,适合门到门交货的成组运输方式,也是成组运输的高级形态。

1.集装箱运输的发展历史

20 世纪初出现了最简单的集装箱运输,到 20 世纪 50 年代中期世界集装箱运输进入了迅速发展时期。至今,世界集装箱运输的发展大致可以划分为三个阶段:第一阶段为初试阶段,自 20 世纪 50 年代中期至 20 世纪 60 年代末;第二阶段为迅猛发展阶段,自 20 世纪 60 年代末至 20 世纪 80 年代初;第三阶段从 20 世纪 80 年代初开始至今,集装箱运输已遍及全球,发达国家的杂货运输已经基本上实现了集装箱化(适箱货源的装箱率达 80% 以上),集装箱运输的增长率主要靠贸易的自然增长来维持。

我国的集装箱运输始于 1956 年,到 1973 年才开辟了由上海、天津至日本的第一条国际集装箱运输航线,不久陆续开辟了澳大利亚、美国、加拿大、中国香港、新加坡和西欧航线。到目前,已基本上形成了连接世界各主要港口的海上集装箱运输网。此外,我国内陆的集装箱运输体系也正在形成。总的说来,我国集装箱运输的优越性还未得到充分的发挥,集装箱运输必将在我国得到迅速的发展。

2. 国际集装箱运输的特点

(1)提高装载效率,减轻劳动强度。集装箱运输是实现全部机械化作业的高效率运输方式。主要是将单件杂货集中成组装入箱内,可以减少重复操作,从而大大提高车船装载效率。集装箱卸货率是普通货船的 10 倍。此外,集装箱运输还能提高船舶运营率,它不受气候影响,能减少非生产性停泊,大大降低劳动强度。

(2)能避免货物倒载,防止货损货差。集装箱运输是保证货运质量、简化货物包装的安全节省的运输方式。运输件杂货时,由于在运输和保管过程中货物较难保护,货损、货差情况仍较严重,特别是在运输环节多的情况下,货物的中途转运搬动使货品破损以及被盗事故屡屡发生。采用集装箱运输方式后,由于集装箱本身实际上起到了一个强度很大的外包装作用,因此,即使经过长途运载或多次换装,也不易损坏箱内货物。此外,集装箱在发货人处签封,一单到底,途中不拆箱,这就能大大减少货物丢失,货运质量在一定程度上得到保证。

(3)加快车船周转,提高运载速度。集装箱化给港口和场站的货物装卸、堆码的机械化和自动化创造了条件。标准化的货物单元使装卸搬运的运作变得简单,而机械化和自动化的装卸可以大大缩短运输车船在港站停留的时间,加快了货物的送达速度。另一方面,由于集装箱运输方式减少了运输中转环节和收发货的交接手续,方便了货主,也提高了运输服务质量。

(4)降低营运费用,简化货运手续。集装箱箱体作为一种能反复使用的包装物,虽然一次性投资较高,但与一次性的包装方式相比,其单位货物运输分摊的包装费用投资反而降低。由于采用统一的货物单元,使换装环节设施的效能大大提高,从而降低了运输成本,减少了运营费用。此外,使用集装箱运输以前,在卸货时必须按货物外包装上的标志加以分类,逐件检查。而使用集装箱运输以后,可按箱进行检查,大大加快了检验速度,降低验收费用。

8

(5)组织综合运输,实现多式联运。由于各种运输工具各自独立发展,装载容积无统一考虑,因此,传统的运输方式给货物的换装带来了困难。随着集装箱作为一种标准运输单元的出现,使各种运输工具的运载尺寸向统一的满足集装箱运输需要的方向发展。根据标准化集装箱设计的各种运输工具将使运输工具之间的换装衔接变得更加便利。集装箱运输逐渐由海上的两端间运输延伸发展为与陆运、空运结合的国际多式联运。

(六)国际多式联运

1. 国际多式联运的发展历史

国际多式联合运输简称国际多式联运或多式联运。它是在集装箱运输的基础上产生并发展起来的,一般以集装箱为媒介,把海上运输、铁路运输、公路运输、航空运输和内河运输等传统的单一运输方式有机地结合起来,构成一种连贯过程来完成国际间的货物运输。20世纪60年代末,国际多式联运首先出现在美国,随后美洲、欧洲、亚洲及非洲一些地区很快仿效,广为采用。1980年5月在日内瓦召开的联合国国际多式联运公约会议上制定了《联合国国际货物多式联运公约》,共有67个国家在会议最后文件上签字。

中国外运(集团)公司于1980年末在我国首先承办国际多式联运业务。经过多年的努力,目前已开办有十多条国际多式联运路线,办理的业务有陆海联运、陆空联运、海空联运。此外,还有经过苏联西伯利亚铁路到中东、欧洲的大陆桥运输,以及通过朝鲜清津港到日本的小陆桥运输等多种方式。目前我国出口商品可以从一些发货地或加工厂通过多式联运,直接运到客户指定的国外港口或内陆城市;进口商品可以通过多式联运从国外的工厂或港口直接运到我国港口或一些内陆城市。国际多式联运是当前国际贸易运输发展的方向。我国地域辽阔,更有发展多式联运的潜力。

2. 国际多式联运的特点

(1)运输组织水平较高。对于单一运输方式而言,经营业务范围有限,货运量相应也受到限制。若采用不同的运输经营人共同参与的多式联运,其经营的范围可以大大扩展,同时可以最大限度地发挥其现有设备的作用,改善不同运输方式间的衔接工作,选择最佳运输路线,组织合理化运输。

(2)手续简单统一,节省人力物力。主要表现为在国际多式联运方式下,无论货物运输距离有多远、由几种运输方式共同完成,且不论运输途中货物经过多少次转换,所有一切运输事项均由多式联运经营人负责办理。而托运人只需办理一次托运,订立一份运输合同,一次支付费用,一次保险,从而省去托运人办理托运手续的许多不便。同时,由于多式联运采用一份货运单证,统一收费,因而也可简化制

9

单和结算手续,节省人力和物力。此外,一旦运输过程中发生货损、货差,由多式联运经营人对全程运输负责,从而也可简化理赔手续,减少理赔费用。

(3)货物运输时间短,运输质量高。在国际多式联运方式下,各种运输环节和各种运输工具之间密切配合,衔接紧凑,货物所到之处中转迅速及时,大大减少货物的在途停留时间,从根本上保证了货物安全、迅速、准确、及时地运送至目的地。同时,多式联运是通过集装箱进行直达运输,尽管货运途中需经多次转换,但由于使用专业机械装卸,且不涉及箱内货物,因而货损货差事故大为减少。从而在很大程度上提高了货物的运输质量。

(4)运输成本较低。由于多式联运可以实现门到门运输,因此,对货主来说,在货物交由第一承运人以后即可取得货运单证,并据以结汇,从而提前了结汇时间。这不仅有利于加速货物占用资金的周转,而且可以减少利息的支出。此外,由于货物是在集装箱内进行运输的,因此从某种意义上来看,可相应的节省货物的包装、理货和保险等费用的支出。

(七)其他运输

1.内河运输

内河运输是使用船舶在陆地内的江河、湖泊等水道进行运输的一种方式,是水上运输的一个重要组成部分,也是连接内陆腹地和沿海地区的纽带。它具有运量大、投资少、成本低、耗能少的特点,对于国家的国民经济和工业布局起着重要的作用,因此世界各国都很重视内河运输系统的建设。

我国有大小5000多条河流和大量湖泊,也具有十分有利的发展内河运输的自然条件。到2004年底,全国内河航道通航里程达12.33万千米,并已初步形成一个内河航运网。国家已批准长江一些内河港口正式对外开放,我国大量的对外贸易物资已经可以直接从内河运进运出。此外,内河运输对于我国边境贸易的发展(如黑龙江对俄罗斯运输)以及港口进出口货物的疏运集运、省际省内外贸物资的调拨也起着重要的作用。

2.邮政运输

国际邮政运输是国际贸易运输不可缺少的渠道,具有广泛的国际性,并具有国际多式联运和"门到门"运输的性质。它的手续简单方便,发货人只需将邮包交到邮局,付清邮费并取得邮政收据(即邮单),然后将邮政收据交给收货人即完成了交货任务。但国际邮政运输对邮件的重量和体积均有一定的限制,一般每件重量不得超过20千克,长度不得超过1米,所以它只适宜于量轻体小的小商品,如精密仪器、机器零件、金银首饰、文件资料、药品以及各种样品和零星物品等。

我国于1972年加入万国邮政联盟组织,已与很多国家签订邮政包裹协议和邮电协定。国际邮政运输已成为我国目前的外贸运输方式之一。

3. 管道运输

管道运输是利用管道设备设施等通过一定压力差驱动货物(多为液体、气体货物)沿着管道流向目的地的一种现代运输方式。它是随着石油的生产、运输而产生、发展起来的。这种运输方式具有安全、迅速、运量大、投资少、自动化水平高、运营费用低、不污染环境等优点,但铺设管道技术较为复杂、管道运输缺乏灵活性,而且要求有长期稳定的油源。我国第一条管道为 1958 年始建的从新疆克拉玛依到独山子全长 300 千米的输油管道。目前,我国油气管道累计长度已达 4 万多千米,几个大油田已有管道与海港相通,如大庆至大连、大庆至秦皇岛、大港油田至渤海湾、胜利油田至青岛、丹东至朝鲜新义州等。我国向朝鲜出口的石油,主要是通过管道完成运输的。

四、国际货物运输对象

国际货物运输对象就是国际货物运输部门承运的各种进出口货物如原料、工农业产品、商品以及其他产品等,它们的形态和性质各不相同,对运输、装卸、保管也各有不同的要求。根据国际货物运输的需要,可以从货物的形态、性质、重量、运量等几个不同的角度进行简单的分类:

(一)从货物形态的角度分类

(1)包装货物:为了保证有些货物在装卸运输中的安全和便利,必须使用一些材料对它们进行适当地包装,这种货物就叫做包装货物。按照包装的形式和材料可以分为箱装货物、桶装货物、袋装货物、捆装货物和其他包装货物。

(2)裸装货物:不加包装而成件的货物称为裸装货物。例如各种钢材、生铁、木材、有色金属、车辆和一些设备等。

(3)散装货物:不加任何包装,采取散装方式,不能计数但能称重或计算体积的货物。它便于使用机械装卸作业进行大规模运输,能把运费降到最低的限度。例如煤炭、铁矿、粮谷、工业用盐、化肥、石油等。

(二)从货物性质的角度进行分类

1. 普通货物

(1)清洁货物:清洁干燥货物,如茶叶、棉纺织品、粮食、陶瓷品等。

(2)液体货物:盛装于桶、瓶、坛内的流质或半流质货物,如酒类、油类、药品和普通饮料。

(3)粗劣货物:指具有油污、水湿、扬尘和散发异味等特性的货物,如包装外表有油腻的桶装油类、生皮、盐渍货物、水泥、烟叶、化肥、矿粉等。由于易造成其他货物污损,所以又称为污染性货物。

2.特殊货物

(1)危险货物:易燃、爆炸、毒害、腐蚀和有放射性危害的货物。根据危险货物运输规则,它又分为若干大类和小类。

(2)易腐、冷藏货物:指常温条件下易腐变质或指定以某种低温条件运输的货物,如果菜、鱼类、肉类等。

(3)贵重货物:指价值高昂的货物,如金、银、贵重金属、货币、古玩、名画等。

(4)活的动植物:指具有正常生命活动,在运输中需要特殊照料的动植物。

(三)从货物重量角度分类

(1)重量货物:凡1公吨重量的货物,体积如果小于40立方英尺或1立方米,则称为重量货物或重货。

(2)轻泡货物:又称为体积货物,凡1公吨重量的货物,体积如果大于40立方英尺或1立方米,这种货物就是体积货物。

(四)从货物运量大小的角度分类

(1)大宗货物:同批(票)货物的运量很大者,称为大宗货物,如化肥、稻谷、煤炭等。大宗货物约占世界海运总量的75%~80%。

(2)件杂货物:大宗货物以外的货物称为件杂货物。它一般具有包装,可分件点数,约占世界海运总量的25%,但在货价方面其要占到75%。

(3)长大笨重货物:在运输中,凡单件重量超过限定数量的货物称为重件货物或超重货物;凡单件某一尺度超过限定数量的货物称为长大货物或超长货物;一般情况下,超长的货物往往又是超重的,超重的货物中也有一些是属于超长货物的。货物的这种划分,对于货物的装载和计费,具有十分重要的意义。

第二节 国际货运代理的概念和性质

一、国际货运代理的基本概念

"国际货运代理"一词具有两种含义:其一是指国际货运代理人;其二是指国际货运代理行业。

国际货运代理行业是随着国际经济贸易的发展、国际运输方式的变革及信息科学技术的进步发展起来的一个相对年轻的行业,在社会产业结构中属于第三产业中的服务行业。

国际货运代理人的称谓来自于英文"The Freight Forwarder",本意就是为他人安排运输的人。目前,国际上对于货运代理人没有一个统一的称谓,有的国家称之为"通关代理人"或"清关代理人"。国际货运代理协会联合会(FIATA)的有关文件将其定义为:"根据客户的指示并为客户的利益而揽取货物运输的人,其本身不是承运人。"

世界各国和各地区都根据各自的需要对"货运代理人"赋予不同的内容和形式各异的解释,即使使用货运代理人的名称,不仅在经营范围、内容上有相当大的区别,其法律地位和责任也有本质差别。目前,对货运代理人的定义基本上可以划分成两大类:一类是仍将货运代理人限定在纯粹代理人的范畴,即货运代理人只能作为代理人以委托人的名义代办货物运输及其相关业务;另一类是突破货运代理人只能作为代理人的界限,允许货运代理人作为独立经营人,开展当事人业务,从而使货运代理人具有多重属性。

根据我国 1995 年 6 月 29 日外经贸部颁布的《中华人民共和国国际货物运输代理业管理规定》(以下简称《货代管理规定》)可知,我国对国际货运代理的定义显然是后一类的。《货代管理规定》第二条:"国际货物运输代理,是指接受进出口货物收货人、发货人的委托,以委托人的名义或者以自己的名义,为委托人办理国际货物运输及相关业务并收取服务报酬的行业。"《货代管理规定》对货运代理所下的定义是比较符合我国货运代理业的发展状况的,指出了货运代理可能以委托人的名义,也可能以自己的名义开展相关业务。外经贸部又于 1998 年 1 月 26 日公布了《中华人民共和国国际货物运输代理业管理规定实施细则(试行)》,其中第 2 条第(1)款规定:"国际货物运输代理企业可以作为进出口货物收货人、发货人的代理人,也可以作为独立经营人,从事国际货运代理业务。"

二、国际货运代理的性质及类型

国际货运代理本质上属于货物运输关系人的代理,是联系发货人、收货人和承运人的货物运输中介人,既代表货方、保护货方的利益,又协调承运人进行承运工作。也就是说,国际货运代理在以发货人和收货人为一方,承运人为另一方的两者之间起着桥梁作用。

基于不同的角度,国际货运代理可划分为不同的类型,按法律特征的不同,国际货运代理可以分为以下三种类型:

1. 中间人型

这种类型的货运代理的特点是其经营收入来源为佣金,即作为中间人,根据委托人的指示和要求,向委托人提供订约的机会或进行订约的介绍活动,在成功促成双方达成交易后,有权收取相应的佣金。这种类型的货运代理企业一般规模较小,业务品种较单一,在信息日渐公开化的今天,生存能力和抗风险能力都较差。

2. 代理人型

这种类型的货运代理的特点是其经营收入来源为代理费。根据代理人开展业务活动中是否披露委托人身份,可再细分为以下两种类型:

(1)披露委托人身份的代理人,即代理人以委托人名义与第三方发生业务关系。传统意义上的代理人即属于此种类型,在英美法系国家,这类代理通常称为直接代理或显名代理。

(2)未披露委托人身份的代理人,即代理人以自己名义与第三方发生业务关系。在英美法系国家,这类代理通常称为间接代理或隐名代理;在德国、法国、日本等大陆法系国家,这类代理通常被称为经纪人。在《中华人民共和国合同法》委托合同一章中,吸收了英美法系有关这类代理的相关规定。

3. 当事人型

当事人型,也称委托人型或独立经营人型。这种类型的货运代理的特点是其经营收入的来源为运费或仓储费差价,即已突破传统代理人的界限,成为独立经营人,具有了承运人或场站经营人的功能。这种类型的货运代理既有仅局限于某一种运输方式领域,如海运中的无船承运人,也有从事多式运输方式和运输组织的多式联运经营人,以及提供包括货物的运输、保管、装卸、包装、流通所需要的加工、分拨、配送、包装物和废品回收等,提供与之相关的信息服务的物流经营人。

在实际业务中,根据需要与可能,国际货运代理,尤其是大型国际货运代理,总是力图同时兼有中间人、代理人和当事人等多种功能,以便能向委托人提供全方位的服务。因此,现代国际货运代理人大多具有多重角色。

第三节 国际货运代理的服务内容和作用

一、国际货运代理的服务内容

根据《中华人民共和国国际货物运输代理业管理规定》及其实施细则的规定,我国国际货运代理人的服务范围是相当广泛的,至于具体某个国际货运代理人的经营范围,应以其经营许可证上核准的业务范围为准。从各国国际货运代理人业务经营来看,国际货运代理业务范围主要包括以下几个方面:

(1)以中间人、代理人或当事人身份从事海陆空货物的租船、订舱代理及运输组织等业务;

(2)以代理人身份从事海陆空进出口货物的报关报检代理及保险等业务;

(3)以多式联运经营人或无船承运人身份与货主签订多式联运合同,作为当事人必须对全程运输负总的责任,有权签发自己的提单或其他运输单证,向托运人收

取运费,通过国际船舶运输经营者来完成国际海上货物运输;

(4)以第三方物流经营人身份从事物流服务业务。

二、国际货运代理的具体业务

货运代理人接受委托后可以代办下列部分或者全部业务:

(1)货物的监装、监卸;

(2)集装箱拼装拆箱;

(3)货物的交接、调拨、转运;

(4)货物的包装;

(5)订舱、仓储;

(6)国际多式联运;

(7)国际快递(私人信函除外);

(8)报关、报检、报验、保险;

(9)缮制有关单证,并付运费,结算、交付杂费;

(10)代办揽货、燃物料供应等与运输相关的业务;

(11)咨询及其他国际货运代理业务。

三、国际货运代理人应具备的业务素质

国际货运代理作为承托双方之间的桥梁,既要考虑委托人的利益,也要考虑承运人的利益。作为货运代理不仅要对委托的客户讲信用,更应对各种运输方式及运输工具的特点、常见货物、有关的承运人、场站经营人、经营航线、挂靠港站、运价、结算、有关法律法规等方面的知识有全面的了解,才能充分发挥出自己的优势与特长。

1. 具备良好的资信

资信包括资本和信誉两方面。目前,按有无资产划分,国际货运代理可分非资产型和资产型两种。其中,非资产型班轮代理,主要以提供单证服务、劳务服务、业务管理、专业技能和物流技术服务为主;而资产型班轮代理,则以拥有的仓储设施与集疏运工具为依托向客户提供全方位的物流服务。但无论哪种类型的国际货运代理,都必须拥有一定的专业知识和技能,以及信息与业务关系网络,并本着平等互利的原则,处理好与委托人的关系,树立为客户服务的思想,接待热情,有问必答,不断提高服务质量。

2. 了解有关法律法规与政策

由于各国政治、法律、金融货币制度不同,政策、法令、规定各异,贸易、运输习惯和经营做法也有差别,很多国家对外贸易政策受政治、经济和自然条件的影响,

对进出口货物有着不同的规定。因此,国际货运代理应对此有所了解。

3. 精通国际货运业务知识

以国际海运班轮代理为例,国际海运班轮代理应做到以下"六知":

(1)了解国际班轮航线现状与构成,即"知线"。目前,大多数航线有定期的班轮航行,暂无直达航线的港口可以通过一程船或支线船运至中国香港或日本、新加坡、韩国等中转港口进行转船运输。作为海运货运代理,需要熟悉各卸货港的所属航线,掌握主要定期班轮的航线情况。

(2)了解装、卸港口情况,即"知港"。各航线都有基本港和非基本港之分,一般基本港口都是一些条件较好的大港口,船舶班次多。因此,为了避免货主成交需要二次转船,且避免装卸条件差、船舶拥挤的港口,货运代理特别是外销员,要掌握各航线的基本港口并适时向货主提供咨询意见。对于非基本港口的货运,货运代理在接受委托前,需要与有关方面预先联系,并应建议货主在购销合同上订明"允许转船和允许分批装运"的条款。

(3)了解船舶情况,即"知船"。货运代理要了解各主要班轮公司所属船舶的基本状况,包括国籍、船龄、载重量、舱容及服务质量等。

(4)了解货物对运输的要求,即"知货"。货运代理应对普通杂货、集装箱货物、特种货物对运输的要求有一定的了解。

(5)了解运价市场,即"知价"。货运代理有义务为货主精打细算节约运费,这就要求在订舱租船前从不同的承运人、不同的运输方式和不同的运输途径着手进行比价工作,以减少运费支出。

(6)了解业务操作规程,即"知规程"。货运代理除了精通本公司的业务流程外,还应对其他有关部门,如货主、"一关三检"、码头、船公司等业务流程及其特殊规定予以全面的掌握,才能有效地开展业务活动。

四、国际货运代理的作用

国际货运代理通晓国际贸易环节,精通各种运输业务,熟悉有关法律、法规,业务关系广泛,信息来源准确、及时,与各种承运人、仓储经营人、保险人、港口、机场、车站、堆场、银行等相关企业,与海关、检验检疫局、进出口管制等有关政府部门存在着密切的业务关系,不论对于进出口货物的收、发货人,还是对于承运人和港口、机场、车站、仓库经营人,都有重要的桥梁和纽带作用。国际货运代理不仅可以促进国际贸易和国际运输事业发展,而且可以为国家创造外汇来源,对于本国国民经济发展和世界经济的全球化都有重要的推动作用。仅对委托人而言,至少可以发挥如下作用:

1. 组织协调作用

国际货运代理历来被称为"运输的设计师"、"门到门"运输的组织者和协调者。凭借其拥有的运输知识及其相关知识,组织运输活动,设计运输路线,选择运输方式和承运人(或货主),协调货主、承运人及其仓储保管人、保险人、银行、港口、机场、车站、堆场经营人和海关、商检、卫检、动植检、进出口管制等有关部门的关系,可以节省委托人的时间,使其减少许多不必要的麻烦,从而专心致力于主营核心业务。

2. 专业服务作用

国际货运代理的本职工作是利用自身专业知识和经验,为委托人提供货物的承揽、交运、拼装、集运、接卸、交付服务,接受委托人的委托,办理货物的保险、海关三检(商检、卫检和动植检)、进出口管制等手续,甚至有时要代理委托人支付、收取运费,垫付税金和其他费用。国际货运代理人通过向委托人提供各种专业服务,可以使委托人不必在自己不够熟悉的业务领域花费更多的心思和精力,使不便或难以依靠自己力量办理的事宜得到恰当、有效的处理,有助于提高委托人的工作效率。

3. 沟通控制作用

国际货运代理拥有广泛的业务关系、发达的服务网络、先进的信息技术手段,可以随时保持货物运输关系之间货物运输关系人与其他有关企业、部门的有效沟通,对货物运输的全过程进行准确跟踪和控制,保证货物安全、及时运抵目的地,顺利办理相关手续,准确送达收货人,并应委托人的要求提供全过程的信息服务及其他相关服务。

4. 咨询顾问作用

国际货运代理通晓国际贸易环节,精通各种运输业务,熟悉有关法律、法规,了解世界各地有关情况,信息来源准确、及时,可以就货物相关问题向委托人提出明确、具体的咨询意见,协助委托人设计、选择适当的处理方案,避免、减少不必要的风险、周折和浪费。

5. 降低成本作用

国际货运代理掌握货物的运输、仓储、装卸、保险市场行情,与货物的运输关系人、仓储保管人、港口、机场、车站、堆场经营人和保险人有着长期密切的友好合作关系,并拥有丰富的专业知识和业务经验、有利的谈判地位、娴熟的谈判技巧。通过国际货运代理的努力,可以选择货物的最佳运输路线与运输方式以及最佳仓储保管人、装卸作业人和保险人,争取公平、合理的费率,甚至可以通过集运效应使得相关各方受益。从而降低货物运输关系人的业务成本,提高其主营业务效益。

6.资金融通作用

国际货运代理与货物的运输关系人、仓储保管人、装卸作业人及银行、海关当局相互了解,关系密切,长期合作,彼此信任,国际货运代理人可以代替收、发货人支付有关费用、税金,提前与承运人、仓储保管人、装卸作业人结算有关费用,凭借自己的实力和信誉向承运人、仓储保管人、装卸作业人及银行和海关当局提供费用、税金担保或风险担保,可以帮助委托人融通资金,减少资金占压,提高资金利用效率。

第四节 国际货运代理的行业组织及行业管理

一、国际货运代理相关的行业组织

1.国际货运代理协会联合会(FIATA)

国际货运代理协会联合会,以 FIATA 为联合会的标识。协会于 1926 年 5 月31 日在奥地利的维也纳成立,是一个非政府和非盈利性的国际货运代理行业组织,具有广泛的国际影响,总部设在瑞士的苏黎世,在各大洲设有办事处。其中,亚洲和太平洋地区办事处设在印度的孟买。国际货运代理协会联合会的最高权力机构是会员代表大会,下设代表大会主席团,对外代表 FIATA,对内负责 FIATA 的日常管理。国际货运代理协会联合会的会员分为一般会员、团体会员、联系会员和名誉会员四类。联合会拥有来自 86 个国家和地区的 96 个一般会员,分布于 150个国家和地区的 2700 多家联系会员。中国对外贸易运输总公司于 1985 年以一般会员的身份正式加入该组织。目前,国际货运代理协会联合会拥有中国国际货运代理协会和台湾地区、香港特别行政区的货运代理协会三个一般会员。

国际货运代理协会联合会的宗旨是保障和提高国际货运代理在全球的利益。主要任务是:提供各国立法参考的《国际货运代理示范法》;推荐各国国际代理企业采用的《国际货运代理标准交易条件》;制定各种单证格式范本。此外,FIATA 与国际航空运输协会(IATA)合作,在 11 个国家中推行空运培训计划。中国的国际航空公司、东方航空公司、南方航空公司及中国民航协会的培训中心已经取得IATA代理人培训资格。培训课程分为入门课程和高等课程,经考试合格后,由IATA/FIATA 授予毕业文凭和证书,如 IATA/FIATA 高级证书,包括国际空运货物定价证书及国际危险品和特殊货物运输代理证书。

2.国际航空运输协会(IATA)

国际航空运输协会,英文为"International Air Transport Association",缩写为"IATA"。协会的前身是由 6 家航空公司组成的国际航空交通协会,1945 年改名为国际航空运输协会,总部设在加拿大的蒙特利尔,协会在纽约、巴黎、伦敦和新加坡设有分支机构。协会的最高权力机构为每年召开的全体会议,大会的执行委员主持日常工作。协会成员必须是持有国际民用航空组织成员国政府颁发定期航班许可证的航空公司。协会的主要任务是:协商议定运段;协商制定国际航空客货运价;协议规定承运人的责任和义务;统一结算各会员间及会员与非会员间联运业务账目;开展业务代理等。

目前,中国内地共有中国国际航空公司、中国东方航空公司、中国南方航空公司等13家航空公司成为国际航协会员公司。

3. 中国国际货运代理协会(CIFA)

中国国际货运代理协会,英文为"China International Freight Forwarders Association",缩写为"CIFA",成立于2000年9月6日。该协会是中华人民共和国境内注册的国际货运代理企业自愿组成的非盈利性质的行业协会,接受商务部的业务指导和民政部的监督管理。它的主要任务是:协助政府部门加强对我国国际货运代理行业的管理;维护国际货运代理业的经营秩序;推动会员企业间的横向交流与合作;依法维护本行业利益;保护会员企业的合法权益;开展行业市场调研编制行业统计;组织行业培训及行业发展研究;为会员企业提供信息咨询服务;代表全行业加入国际货运代理协会联合会,开展同业国际间的交流;促进对外贸易和国际货运代理业的发展。

此外,为支持中国货代协会积极开展工作,商务部办公厅2005年3月23日下发文件《关于委托中国国际货运代理协会组织实施货代企业业务备案有关事宜的通知》,决定由中国国际货运代理协会负责国际货运代理企业业务备案的具体组织实施工作。

4. 我国各地区国际货运代理协会

随着我国对外贸易迅速增长,国际货运代理行业蓬勃发展,迫切需要有一个行业组织来协调企业与政府、企业与市场的关系。上海在1992年率先成立了国际货运代理的行业协会,随后各地区的国际货运代理行业协会也纷纷成立。目前,全国已在21个省、市、自治区建立了地方国际货代协会。这些行业协会都是由国际货运代理企业自愿组成的、非盈利性的行业组织,接受地区外贸主管部门和民政部门的监督管理。其主要任务是:服务政府和会员企业,通过服务增强行业组织的凝聚力;协助政府部门对本地区国际货代企业实施行业管理,运用法律法规指导督促企业依法经营,维护国际货代行业的经营秩序,促进行业的健康发展;与政府有关部门建立沟通协商机制,反映涉及会员集体利益的意见和建议,依法维护本行业利益;负责本行业业务培训;组织会员国内外业务考察,推动会员企业间的横向交流与合作;向会员企业提供各种有关行业信息,以及承担行业调查、行业统计、公信证明等职能。

二、国际货运代理的行业管理

(一)我国对货运代理的行业管理

根据 1995 年颁布的《中华人民共和国国际货物运输代理业管理规定》及其实施细则的有关规定,国务院商务主管部门(商务部)是我国国际货运代理业的主管部门,负责对全国国际货运代理业实施监督管理。

省、自治区、直辖市、经济特区、计划单列市人民政府商务主管部门在商务部的授权下,负责对本行政区域内的国际货运代理业实施监督管理。

在商务部和地方商务主管部门的监督和指导下,中国国际货运代理协会根据协会章程开展活动,推动会员企业相互协作,监督会员依法经营,规范竞争,维护会员的合法权益,协助政府有关部门加强行业管理,促进行业的健康有序发展。因此,商务部、地方商务主管部门和中国国际货运代理协会都在不同程度上行使着对国际货运代理业进行管理的职能。

2004 年 7 月 1 日,《中华人民共和国行政许可法》正式实施,国务院在"关于第三批取消和调整行政审批项目的决定"国发[2004]16 号文件中就我国国际货运代理行业的审批等问题作出规定,正式取消了国际货运代理行业原来的市场准入行政审批制度,即取消了政府主管部门对国际货运代理企业经营资格的前置审批。目前,我国国际货运代理行业的市场准入已改为工商注册登记制度。

对于我国的国际货运代理行业而言,市场准入制度采取工商注册登记较以前的行政主管部门审批制度更为合理有效,是关系国际货运代理行业整体发展的重大改革,进一步改善了我国国际货运代理行业的发展环境,同时也对国际货运代理行业如何良性发展提出了新的要求。商务部作为国际货运代理行业的主管部门,在 2004 年 7 月 1 日以前负责货代行业市场准入审批,新制度实施后,货代企业在工商注册登记后,可以在商务部进行备案登记。

今后,作为国际货运代理行业主管部门的商务部,主要工作应该是加强对货代行业市场行为的规范化管理,制定符合行业发展和市场状况的可操作性规则,并加强对违规行为的调查和处罚力度。而货代行业协会在取消审批制度后,就成为实施行业自律的重要主体之一。市场准入条件的放宽和注册登记资金的减少,也使从事国际货运代理业务的企业及与其打交道的企业风险增加,这就应该要求国际货运代理企业投保责任险。这项工作已经在进行之中,但是还需要有关各方,包括行业协会的积极参与才能顺利实施。另外,国际货运代理企业只有在成为行业协会的会员以后才能受理货主委托的货运业务,这是一种正常的市场运作模式。所以,在未来正常的市场运作中,成为行业协会的会员将应该是国际货运代理企业自己要求和追求的基本目标。这样,就可以有效发挥行业协会行业自律的作用。行业协会应该研究自身组织和作用等问题,制定符合各方当事人的行业标准交易条件、行业自律规则,使国际货运代理行业不断健康发展。

(二)世界各国对货运代理的管理

1. 新加坡

新加坡的航运管理被置于贸易工业部和交通部的管理之下。交通部下设海运和港口局(MPA),负责处理港口和海运方面的管理和技术问题。贸易工业部发展委员会(TDB),负责处理航运的商贸问题,其中货代方面的管理也被包括在内。

2. 韩国

1997年7月以前,韩国的货运代理和航运企业由海运港湾厅管理,空运由交通部管理。各行业都有各自的行业协会,负责本行业的监督管理,规范运作。1997年7月之后,韩国政府进行了机构改革。其中,国际货代和空运货代合并为一体,统一由城市建设交通部管理,航运企业归属海洋渔业水产部管理(原来的海运港湾厅归属到海洋渔业水产部)。由于国际集装箱多式联运与国际货代没有区别,在韩国只要有货代营业执照,均可以从事国际集装箱多式联运,签发全程联运提单。

3. 日本

日本的货代业与航运业均由运输省管辖。日本的运输省是一个综合性部门,内设有铁道局、航空局、海上交通局、运输政策局等,各局之间是相互独立的单位。其中,航运业由海上交通局管理,货代业由运输政策局管理。在日本设有货代协会(JIFFA),有240多家会员,负责信息收集、市场调查方面的工作。1990年,日本实施了专门的货代法,成为日本货代业管理的法律依据。

4. 德国

德国经营货代业务或船公司要在市商会和驻地管辖派出所登记,没有具体的部门进行行业管理,主要由行业协会负责。如汉堡有汉堡货代联合会(VHS),其颁布的货代章程和有关规定,对所有货代企业具有约束力。在船代方面则有VH-SS。以上两个组织均是按法律注册的组织。

5. 加拿大

加拿大的贸易运输是全面放开的,在海运业务方面,政府只负责制定基本规则,不进行具体管理。其中,货代、船代业务都由私人经营,依据普通的商业和税收政策管理。运输部门只负责海、陆、空及干线国道运输的安全和全国交通运输设施的宏观管理,不干预商业操作。

6. 比利时

比利时是个小国,货运代理、海运、空运、铁路运输、公路运输、集装箱运输等事务都由运输部管理。行业协会纯属于自律性质,没有实际管理权限。

值得说明的是,上述国家对货代业的管理是在充分的市场机制上进行的,且货代企业绝大多数是私营企业,行业管理手段也只是制定必要的法律法规,实行宏观管理,值得我国货代业参考。

第五节　国际货运代理行业的发展趋势

一、国际货运代理业的发展历程

从 10 世纪起,国际货运代理开始在欧洲出现,最初是作为佣金代理,是中间人的身份。20 世纪 40 年代,出现了定期的航班空运业务,逐步形成世界航空运输网,产生了航空货运代理业,称为空运代理。20 世纪 50 年代,公路运输继铁路运输之后,有了空前规模的发展,国际货运代理在发展公路运输中发挥了积极作用。20 世纪 60 年代,集装箱化运输已成为国际贸易的显著特征,为国际货运代理提供了拓展业务的机会,即拼箱和拆箱服务。国际货运代理开始签发自己的提单,直接承担在运输途中货物损坏或灭失的责任,成为无船承运人。20 世纪 70 年代到 80 年代,单一的海运、陆运或空运的方式已远不能满足时代的需要,一些有能力的国际货运代理开始介入国际多式联运业务。这时的国际货运代理充当了总承运人,承担组织在单一合同下,通过多种运输方式,进行门到门的货物运输业务。20 世纪 90 年代以来,随着"第三方物流服务"需求的出现。国外一些大型国际货运代理企业,积极开展全球性第三方物流服务,除提供传统的代理服务项目外,还包括进出口货物运输、仓储、包装、库存管理、门到门服务等等,向客户提供个性化的、全面、长远的物流解决方案。国际货运代理演变为第三方物流经营人。

二、我国货运代理业现状

我国国际货运代理行业起步较晚,历史较短,但是由于国家重视、政策鼓励、规范到位,发展十分迅速。2005 年,中国的国际货代行业实现了对内放开(从审批制改为备案登记制)与对外放开(允许外商独资)的两次重大突破。目前,我国国际货运代理企业国有、集体、外商投资、股份制等多种经济成分并存,已经成为我国对外贸易运输事业的重要力量,对于我国对外贸易和国际运输事业乃至整个国民经济的发展做出了不可磨灭的贡献。仅 2006 年一年,加入中国货代协会的一级货代企业有 3000 多家。目前,我国 80% 的进出口贸易货物运输和中转业务以及 90% 的国际航空货物运输业务都是通过国际货运代理企业完成的。

三、国际货运代理业的发展趋势

1. 公司并购现象日趋普遍

从国际上发达国家关于货运代理的动态来看,公司大规模并购现象大量涌现。2001年,美国国内最大的重件货空运货代EAGLE公司在达拉斯宣布,对已有102年历史的美国老牌货代CIRCI的并购行动全部完成。新的公司在全世界将拥有400多个办事处和8000名员工的庞大网络,公司的年营业额将超过15亿美元。EAGLE正是通过此次并购,从国内承运人一跃成为国际货运业的领先公司之一。还有一个大规模合并是英国的OCEAN集团和EXEI公司,前者是世界空运货代排名在前十位的英国空运(MSAS)的母公司,后者是欧洲领先的综合物流服务公司,新公司在全世界拥有1400多个办事处,年营业额将高达50亿美元以上。

2. 由货运代理公司向物流公司转型

货代从报关行发展而来已有几百年的历史,属于传统服务业中的运输业,随着全球经济一体化的发展,跨国公司在全世界范围内进行的物资交流活动日益频繁,运输的需求由原来的港到港运输,发展到门到门,甚至是桌到桌;由原来的海、空、陆等运输方式发展到多种运输方式综合应用的物流服务。由此,货代行业的服务范围也大大延伸到服务对象的整条供应链的各个环节。例如,马士基物流(MAERSK Logistics)全球范围内为宜家家居(IKEA)负责仓储、运输、进口分拨、上货架、库存管理,通过专业的物流服务减少宜家公司的物流成本。实际上,我们注意到诸如DANZAS、AEI、PANALPINA、MSAS、K&N等业界领先货代公司都正在或已经向物流公司转变,还有越来越多的公司也在着手公司业务的转型,以适合客户不断发展的多层次需求。

3. 因特网等先进技术的广泛应用

现在,几乎所有规模较大的货代公司都提供了网上追踪的功能,有的甚至提供了网上打印提单、网上订舱、网上支付运费、网上库存管理、网上供应链管理等增值服务。在这背后,实际是数据库技术和互联网技术的高速发展提供了如此丰富的信息服务功能。更多的货代公司意识到未来的运输服务的竞争,实质上已成为信息服务的竞争。

4. 知识型货代概念的提出

如今的货代公司的业务已经深入到企业的供应链中,除了提供一般的海、陆、空运输服务,还要根据客户的行业特点、成本目标、生产流程、供应链网络等信息,提供一体化的物流解决方案。因此,货运代理涉及的业务内容已包含精益化生产(just-in-time)、供应链管理(Supply Chain Management)、业务流程再造(Business Process Reengineering)、企业资源计划(Enterprises Resources Planning)等内容,对于员工的知识层次、知识广度、信息技术应用水平有了更高的要求,优秀的货运代理的核心业务将转变为附加值高的咨询服务,而低附加值的物理操作将转包给其他小公司,从这个角度来看,"知识型货代"将是货代业未来发展的趋势。

复习思考题

1. 国际货物有哪些运输方式? 各种运输方式的优缺点是什么?

2. 国际货运代理人对委托人而言发挥着哪些作用?

3. 根据《中华人民共和国国际货物运输代理业管理规定》,国际货代企业的经营范围有哪些?

4. 作为国际货运代理从业人员应具备哪些业务素质?

案例分析题

某货运代理作为进口商的代理人,负责从 A 港接收一批艺术作品,在 100 海里外的 B 港交货。该批作品用于国际展览,要求货运代理在规定的日期之前于 B 港交付全部货物。货运代理在 A 港接收货物后,通过定期货运卡车将大部分货物陆运到 B 港。由于定期货运卡车出现季节性短缺,一小部分货物无法及时运抵。于是货运代理在卡车市场雇用了一辆货运车,要求其于指定日期之前抵达 B 港。而后,该承载货物的货车连同货物一起下落不明。

试分析:货运车造成的损失,是否应由货运代理负责?

■ 第 二 章

海运代理实务(一)：海运概述与班轮运输代理实务

□ □ □ 学习目标

通过本章的学习,学生应了解国际海上运输经营方式和国际海运市场的内容,掌握国际海运进口货物和出口货物的运输程序,熟悉国际班轮运输的运费计算、操作程序及相关的法律问题,并学会填制和使用海运提单。

第一节　海运基础知识

一、国际海上货物运输的特点

(一)水路运输的特点

从技术性能来看,与航空运输或陆上运输等其他运输方式相比,水路货物运输的运输能力最大,货物运输能力几乎不受限制。海船货舱容积大,可载运体积庞大的货物;海船载重量大,最多一次可载运几十万吨的货物。

从主要经济指标来看,由于水路货物运输的航道主要利用的是天然水域,除了建设港口和购置船舶外,水域航道几乎不需投资,因此,水路货物运输成本最低,同时,水路货物运输还能节省能源。与铁路货物运输相比,水路货物运输劳动生产力较高。

但是,水路货物运输受自然条件的影响很大,如航道和一些港口受季节影响较大,冬季结冰,枯水期水位变低,难以保证全年通航。水路货物运输的速度较慢,又由于水路货物运输的运输距离长,运输时间也长,特别是国际海上货物运输的时间可达一个多月。因此,水路货物运输的安全性和准确性相对较差。

(二)海上遭遇危险的特点

国际海上货物运输过程中遭遇危险的可能性较大,所造成的损失也大。因此,为适应海上危险而建立了一系列的相关制度,以保障海上货运事业的发展。

1.遭遇危险的可能性大

在海上货物运输中,由于船舶经常是长时间地在远离海岸的海洋上航行,也由于海洋环境复杂、气象多变,随时都有可能遭遇到狂风巨浪、暴雨、雷电、海啸、浮冰等人力不可抗衡的海洋自然灾害的袭击。加之近年来一些海域海盗出没频繁,致使船舶遭遇危险的机会增加。

2.造成的损失巨大

国际海上货运船舶一旦遭遇海上危险后,给船舶和货物所造成的损失可能是十分巨大和惊人的。因为一艘远洋运输船舶的吨位往往较大,一次载运的货物数量之多也是任何其他运输工具都无法比拟的。另外,海运船舶遭遇危险后,除了可见的船货损失外,还可能出现巨额的费用支出。例如,大型油轮遭遇事故后,除了油轮本身和所载运的货油损失外,还会因货油流入海洋造成海洋环境的污染,其后果和损失更是惊人。

3.为适应海上危险而建立了特殊制度

面对海上危险的客观存在,人们在长期海上货物运输实践并总结所发生的海上危险的情况下,为了分散危险,防止和减少海上事故的发生,也为了在发生事故并带来损失时能得到一定的经济补偿,而逐步形成和发展并沿袭至今的、同时被普遍接受的一些适应海上危险的比较特殊的制度。这些制度包括共同海损制度、海上保险制度、海上救助制度、承运人责任限制制度和船舶所有人责任限制制度等。

(三)国际性的特点

尽管同属于水上运输方式,但与国内沿海运输和江河运输所不同的是,国际海上货物运输是跨国间的货物运输,因此在运输的经营、运价的起伏等方面表现为对国际海运市场的较强依存性,而且无论是适用的法律,还是使用的运输单证都具有国际统一性特点。

1.对国际海运市场的依存性

毫无疑问,一个国家的国际海运船舶会承担本国进出口货物的运输,但也会进入国际海运市场开展第三国的运输。而国际海运市场中汇集有许多船舶经营人,他们之间的竞争非常激烈,在国际海运市场上,对运力的供给与需求的平衡关系左右着运价和租金水平的变动,任何个别的船舶经营人都不能对市场的运价和租金水平的变化给予很大的影响,相反,个别船舶经营人的经营活动都要适应国际海运市场的变化。一国的货主或国际货运代理人通常会选择本国的船公司作为海上货物运输的承运人。但是,当其他国家的船公司能够提供更为合适的运输服务时,货主就会选择非本国的船公司作为海上货物运输的承运人。

2. 主要货运单证的国际通用性

国际海上货物运输中所使用的货运单证繁多,其作用各不相同,各个国家、港口或船公司所使用的货运单证并不完全一致。但是,因为国际海上货运船舶航行于不同国家的港口之间,作为划分各方责任和业务联系主要依据的货运单证,应能适用于不同国家和港口各个有关方面的要求。在单证的内容和编制方法上,不但要符合本国法令的规定和业务需要,而且也必须适应国际公约或有关国家和港口的法令或习惯要求,使之能为各关系方所承认和接受。所以,就一些主要的货运单证而言,在名称、作用和记载内容上大多是大同小异,可以在国际上通用。

3. 适用法规的国际统一性

国际海上货物运输从事的是国际贸易的货物运输,是国际间的货物运输,在运输中经常会发生各种事故或争议。这些问题的发生不一定是在本国的水域范围内,争议的各方也可能分属不同的国家。因此,在处理这些问题时,就需要一系列统一的国际公约来解决。为此,世界各国海运界一直都在谋求制定能为各国所承认的国际海运公约,并在这方面已取得了很大的成果。

二、国际海运组织

国际海运行业组织根据参与成员的性质,分为政府间国际海运行业组织和非政府间国际海运行业组织。政府间国际海运行业组织成员是以政府为主体,或者是代表政府利益的民间机构;非政府间国际海运行业组织是以企业为主要成员的行业自律组织,因而一般也被称为国际海运行业协会。除此以外,还有一类具有经营协作性质的组织,称为国际航运协议组织。该组织是指从事国际海上运输的国际船舶运输经营者根据相互订立的协议而组成的各种经营合作性质的,具有组织机构形式或没有组织机构形式的组织。目前,国际航运协议组织的主要形式包括班轮公会、协商协议组织、运营协议组织等。国际航运协议组织具有自律性质,以实现经营上的合作为目的。这些组织不同于国际海运行业协会,因为其具有垄断性质,排除或减少了国际航运市场的竞争。由于各海运国家通过特别立法赋予这些组织反垄断豁免,国际航运协议组织一直以来在国际海运业发挥着重要的作用。

(一)国际海事组织

国际海事组织原名"政府间海事协商组织",于 1959 年 1 月联合国在伦敦召开的第一次组织大会期间正式成立。1982 年 5 月 22 日,该组织更名为"国际海事组织",是联合国在海事方面的一个技术咨询和海运立法机构,是政府间的国际组织(IGO,Inter-governmental Organization)。所有联合国成员国均可成为国际海事组织的会员国。我国于 1973 年 3 月 1 日正式参加国际海事组织,并于 1975 年当选为理事国。国际海事组织设有五个委员会,即海上安全委员会、海上环境保护委员会、法律委员会、便利委员会和技术合作委员会;还设有八个分委会,危险品、固体货物和集装箱运输分委会,消防分委会,无线电搜寻与救助分委会,航行安全分委会,船舶设计和设备分委会,稳性、载重线和渔船安全分委会,培训和值班标准分委会及船旗国履约分委会。

国际海事组织的宗旨是:"在与从事国际贸易的各种航运技术事宜和政府规定和惯例方面,为各国政府提供合作机会;并在与海上安全、航行效率和防止及控制船舶造成海洋污染有关的问题上,鼓励和便利各国普遍采用最高可行的标准"。国际海事组织还负责处理与这些宗旨有关的行政和法律事宜。

(二)国际海运行业协会

各国都有数量众多的国际海运行业协会,如船东协会、托运人协会、货代协会、船代协会、港口协会、船舶管理人协会、造船与修船业者协会、保赔协会、引航员协会等。有些海运行业协会的成员不限于本国企业,也吸收其他国家的有关企业,从而具有国际性行业协会的特点,如东盟港口协会(APA)、东盟托运人协会联合会(FASC)、欧洲多式联运协会(EIA)、国际海事委员会(CMI)、国际多式联运协会(IMMA)、英国船舶经纪人与代理人协会联盟(FONASBA)、船级社国际协会(IACS)等。

国际海运行业协会都是依据行业自身需要自然发展而形成的,会员都是基于自愿原则加入,并以自律机制规范协会和协会成员的各项活动。协会具有自愿性、民间性和非盈利性。协会的主要职能是:服务职能、中介职能、自律职能和协调职能。

波罗的海国际海事协会(BIMCO)和国际海事委员会(CMI)属于国际海运行业组织中的非政府间的国际组织(NGO),是由航运企业及与航运有关的机构联合而成的民间团体。因参与的成员众多,在国际海运政策方面起到协调和咨询的作用,在国际海运行业中有着广泛的影响。

波罗的海国际海事协会成立于 1905 年,总部设在哥本哈根。协会成员有航运公司、经纪人公司及保赔协会等团体或俱乐部组织。该协会的宗旨是:保护会员的利益,为会员提供情报咨询服务;防止运价投机和不合理的收费和索赔;拟订和修改标准租船合同和其他货运单证;出版航运业务情报资料等。情报咨询是该协会的基本活动,其服务项目包括:解释租船合同条款或在发生争议时提供建议;提供港口及航线情况;提供港口费用和账单等具体资料等。该协会在联合国贸发会议及国际海事组织中享有重要的咨询地位。

国际海事委员会于 1897 年在布鲁塞尔成立。它的主要宗旨是促进海商法、海运关税和各种海运惯例的统一。主要职能是草拟各种有关海上运输的公约,如有关提单、有关责任制、有关海上避碰、有关救助等方面的国际公约草案。国际上第一个海上货物运输公约——著名的《海牙规则》,就是由该委员会于 1921 年起草并在 1924 年布鲁塞尔会议上讨论通过的。1968 年,又对《海牙规则》进行修正,制定了《海牙-维斯比规则》,即《1968 年布鲁塞尔议定书》。

(三)国际航运协议组织

1.班轮公会

班轮公会,是指两个或两个以上国际船舶运输经营者,在特定的地理范围内,在同一条航线或数条航线上提供国际班轮的货物运输服务,再根据达成的协议,按照统一的或共同的运费率及其他的运输条件从事经营活动的组织。

班轮公会成立的目的主要是开展两方面的业务:一方面是为了限制和调节班轮公会内部会员相互间竞争的业务活动,主要工作有协定费率、统一安排营运、统筹分配收入、统一经营等;另一方面是为了防止或对付来自公会外部的竞争,以达到垄断航线货载的目的,主要制定相应措施,如忠诚协议、延期回扣制、合同费率制、联运协议等。

随着航运市场发展,特别是班轮集装箱化使服务质量差别缩小,船公司单独介入航线运输并提供高附加值的服务已成为可能,班轮市场垄断的局面日渐削弱。此外许多国家纷纷制定对公会不利的法律政策,如美国《1998 年航运改革法》规定公会不得限制成员独立签订服务协议的权利等。

2.协商协议组织

协商协议组织,是指从事国际班轮运输服务的国际船舶运输经营者在特定航线上成立的,就有关运价、运力进行协商,并可以制定对成员没有强制约束力的指导性规则的组织。协商协议组织包括运价协商组织、运力稳定组织和运价动力协商组织等。在《中华人民共和国国际海运条例实施细则》中,协商协议组织被称为运价协议。

当班轮运输市场上存在强大的独立承运人时,在某一航线或某一区域范围内,班轮公会与独立承运人之间就可能达成有关运力或运价的稳定协议,这些协议可称为协商协议。20 世纪 80 年代末期至 90 年代初期,世界各主干航线上先后达成了一些公会成员与独立承运人之间的各种协商协议,如 1988 年的越太平洋航线协商协定(TPDA)、1989 年的越太平洋航线稳定协议(TSA)、1992 年的欧亚贸易协定(EATA)等。除上述干线达成的协议外,在支线运输上,公会内外的船公司也纷纷携手签署有关协商协议。

3. 运营协议组织

运营协议组织,是指从事国际班轮运输服务的国际船舶运输经营者在特定的航线上,为了实现经营的合理化,在技术、经营、商业等方面的合作,但不包括运价和运力方面的合作协议,运营协议组织包括联营体协议和联盟协议等形式。

所谓运营协议,是指两个或者两个以上国际班轮运输经营者为稳定或控制运价订立的关于在一条或数条航线上增加或减少船舶运力的协议,以及其他协调国际班轮运输经营者共同行动的协议,包括具有上述性质内容的会议纪要,两个或两个以上国际班轮运输经营者为提高运营效率订立的关于共同使用船舶、共同使用港口设施及其他合作经营协议和各类联盟协议、联营体协议。联营体是指两个或两个以上主要通过集装箱方式提供国际班轮货物运输服务的船公司之间的协议组织,相关协议可以是关于一条或数条航线的贸易,协议的主要目的是在提供海运服务时共同经营、相互合作、提高服务质量。主要是通过舱位互租、共同派船、码头经营、内陆运输、集装箱互换、船舶共有、信息系统共同开发、设备共享等各种方式致力于集装箱运输合理运作的技术、经营或商业性协作。

(四)我国国际海运行业协会

1. 中国船东协会(CSA,China Shipowners' Association)

中国船东协会于 1993 年 4 月在北京成立,是在我国注册并从事水上运输的商船所有人和经营人组成的行业协会。

2. 中国港口协会(CPA,China Ports AssociatiOn)

中国港口协会是全国性的港口行业协会,成立于 1981 年 7 月,是由港口行业的企事业单位、港口管理机构及其他与港口相关的单位、社团法人自愿组成的跨地区、跨部门和不分所有制形式的社会组织,是自律性、非营利性的行业管理组织的社团。

3. 中国对外贸易经济合作企业协会(CAS,China Shipper's Association)

中国对外贸易经济合作企业协会成立于 1989 年,习惯上称为中国货主协会。中国货主协会是为建立和完善为外经贸货主服务的机制,由全国外贸、外经、工贸、技贸、生产型等各类进出口企业自愿结成的,由对外贸易经济合作部批准,在民政部注册的一家代表中国货主利益的行业组织。

4. 中国船舶代理行业协会(CASA,China Association of Shipping Agency)

中国船舶代理行业协会是由经交通部批准从事国际海运船舶代理企业组成的行业组织,于 2001 年 6 月 8 日在北京成立。它是在民政部注册登记的全国性社会团体,依法享有社团法人资格,接受交通部的业务指导和民政部的监督管理。

5. 中国国际货运代理协会(CIFA,China International Freight Forwarders Association)

中国国际货运代理协会于 2000 年 9 月 6 日成立于北京,是经国务院批准,在民政部注册的社团法人,是由中华人民共和国境内的国际货运代理企业自愿组成的、非营利性的、以民间形式代表中国货代业参与国际经贸运输事务并开展国际商务往来的全国性行业组织,接受外经贸部的业务指导和民政部的监督管理。

三、海上运输工具——船舶

(一)船舶构造

船舶是海上运输的工具。各类船舶结构大同小异,其主要部分包括:

1. 船壳(shell)

船壳即船的外壳,是将多块钢板铆钉或电焊结合而成的,包括龙骨翼板、弯曲外板及上舷外板三部分。

2. 船架(Frame)

船架是指为支撑船壳所用各种材料的总称,分为纵材和横材两部分。纵材包括龙骨、底骨和边骨;横材包括肋骨、船梁和舱壁。

3. 甲板(Deck)

甲板是铺在船梁上的钢板,将船体分隔成上、中、下层。大型船甲板数可多至六七层,作用是加固船体结构和便于分层配载及装货。

4. 船舱(Holds and Tanks)

船舱是指甲板以下的各种用途空间,包括船首舱、船尾舱、货舱、机器舱和锅炉舱等。

5. 船面建筑(Super Structure)

船面建筑是指主甲板上面的建筑,供船员工作起居及存放船具。它包括船首房、船尾房及船桥。

(二)船舶吨位

船舶吨位(Ship's Tonnage)是船舶大小的计量单位,可分为重量吨位和容积吨位两种。

1. 船舶的重量吨位（Weight Tonnage）

船舶的重量吨位可分为排水量吨位和载重吨位两种。排水量吨位（Displacement Tonnage）是船舶在水中所排开水的吨数，也是船舶自身重量的吨数。排水量吨位可以用来计算船舶的载重吨；在造船时，依据排水量吨位可知该船的重量。

载重吨位（Dead Weight Tonnage，DWT）表示船舶在营运中能够使用的载重能力。船舶载重吨位可用于对货物的统计；作为期租船月租金计算的依据；表示船舶的载运能力；也可用作新船造价及旧船售价的计算单位。

2. 船舶的容积吨位（Registered Tonnage）

船舶的容积吨位是表示船舶容积的单位，又称注册吨，是各海运国家为船舶注册而规定的一种以吨为计算和丈量的单位，以 100 立方英尺或 2.83 立方米为一注册吨。容积吨又可分为容积总吨和容积净吨两种。容积总吨（Gross Registered Tonnage，GRT）又称注册总吨，是指船舱内及甲板上所有关闭的场所的内部空间（或体积）的总和。容积总吨的用途很广，它可以用于国家对船队的统计；表明船舶的大小；用于船舶登记；用于政府确定对航运业的补贴或造船津贴；用于计算保险费用、造船费用以及船舶的赔偿等。

容积净吨（Net Registered Tonnage，NRT）又称注册净吨，是指从容积总吨中扣除那些不供营业用的空间后所剩余的吨位，也就是船舶可以用来装载货物的容积折合成的吨数。容积净吨主要用于船舶的报关、结关；作为船舶向港口交纳的各种税收和费用的依据；作为船舶通过运河时交纳运河费的依据。

（三）船舶载重线

船舶载重线（Ship's Load Line）是指船舶满载时的最大吃水线。它是绘制在船舷左右两侧、船舶中央的标志，表明船舶入水部分的限度。船级社或船舶检验局根据船舶的用材结构、船型、适航性和抗沉性等因素，以及船舶航行的区域及季节变化等制定船舶载重线标志。为了保障航行的船舶、船上承载的财产和人身安全，各国政府普遍认同这一做法，并用法律加以约束。

载重线标志包括：甲板线、载重线圆盘和与圆盘有关的各条载重线。各条载重线含义如下：

（1）TF（Tropical Fresh Water Load Line）表示热带淡水载重线，即船舶航行于热带地区淡水中总载重量不得超过此线。

（2）F（Fresh Water Load Line）表示淡水载重线，即船舶在淡水中行驶时，总载重量不得超过此线。

（3）T（Tropical Load Line）表示热带海水载重线，即船舶在热带地区航行时，总载重量不得超过此线。

(4)S(Summer Load Line)表示夏季海水载重线,即船舶在夏季航行时,总载重量不得超过此线。

(5)W(Winter Load Line)表示冬季海水载重线,即船舶在冬季航行时,总载重量不得超过此线。

(6)WNA(Winter North Atlantic Load Line)表示北大西洋冬季载重线,指船长为100.5米以下的船舶,在冬季月份航行经过北大西洋(北纬36度以北)时,总载重量不得超过此线。

(7)标有L的为木材载重线。

我国船舶检验局对上述各条载重线,分别以汉语拼音首字母为符号。即以"RQ"、"Q"、"R"、"X"、"D"和"BDD"代替"TF"、"F"、"T"、"S"、"W"和"WNA"。

在租船业务中,期租船的租金习惯上按船舶的夏季载重线时的载重吨来计算。

(四)船籍和船旗

船籍(Ship's Nationality)指船舶的国籍。船舶所有人向本国或外国有关管理船舶的行政部门办理所有权登记,取得本国或登记国国籍证书后才能取得船舶的国籍。

船旗(Ship's Flag)是指商船在航行中悬挂其所属国的国旗。船旗是船舶国籍的标志。按国际法规定,船舶是船旗国浮动的领土,无论在公海或在他国海域航行,均需悬挂船籍国国旗。船舶有义务遵守船籍国法律的规定并享受船籍国法律的保护。

方便旗船(Flag of convenience)是指在外国登记、悬挂外国国旗并在国际市场上进行营运的船舶。方便旗船在二战后迅速增加,挂方便旗的船舶主要属于一些海运较发达的国家和地区,如美国、希腊、日本、中国香港和韩国的船东。他们将船舶转移到外国进行登记,以图逃避国家重税和军事征用,自由制定运价不受政府管制,自由处理船舶与运用外汇,自由雇用外国船员以支付较低工资,降低船舶标准以节省修理费用,降低营运成本以增强竞争力等。而公开允许外国船舶在本国登记的所谓"开放登记"(Open Register)国家,主要有利比里亚、巴拿马、塞浦路斯、新加坡、巴哈马及百慕大等国。通过这种登记可为登记国增加外汇收入。

(五)船级

船级(Ship's Classification)是表示船舶技术状态的一种指标。在国际航运界,凡注册总吨在100吨以上的海运船舶,必须在某船级社或船舶检验机构监督之下进行监造。在船舶开始建造之前,船舶各部分的规格须经船级社或船舶检验机构批准。每艘船建造完毕,由船级社或船舶检验局对船体、船上机器设备、吃水标志等项目和性能进行鉴定,发给船级证书。证书有效期一般为4年,期满后需重新予以鉴定。

船舶入级可保证船舶航行安全,有利于国家对船舶进行技术监督,便于租船人和托运人选择适当的船只,以满足进出口货物运输的需要,也便于保险公司决定船、货的保险费用。

世界上比较著名的船级社包括:

(1)英国劳埃德船级社(Lloyd's Register'of Shipping)。它创建于1760年,是世界上历史最悠久、规模最大的船级社。该船级社由船东、海运保险业承保人、造船业、钢铁制造业和发动机制造业等各方面委员会组成并管理,其主要职责是为船舶分类定级;

(2)德国劳埃德船级社(Germanischer Lloyd);

(3)挪威船级社(Norske Veritas);

(4)法国船级局(Bureau Veritas);

(5)日本海事协会(Nippon Kaiji Kyokai);

(6)美国航运局(American Bureau of shipping);

(7)中国船级社是中华人民共和国交通部所属的船舶检验局。1996年中国船级社第一次被选任国际船级社协会理事会主席,任期一年(1996年7月1日~1997年6月30日),这标志着中国验船技术的权威性受到国际认可。

船级证书除了记载船舶的主要技术性能外,还绘制出相应的船级符号。各国船级社对船级符号的规定不同。中国船级社的船级符号为＊ZC;英国劳埃德船级社的船级符号为LR;标志100AI和100A表示该船的船体和机器设备是根据劳氏规范和规定建造的,I表示船舶的装备如船锚、锚链和绳索等处于良好和有效的状态。

(六)航速

航速(Ship's Speed)以"节"表示。船舶的航速依船型不同而不同,其中干散货船和油轮的航速较慢,一般为13节至17节;集装箱船的航速较快,目前最快的集装箱船航速可达24.5节。客船的航速也较快。

(七)船舶的主要文件

船舶文件(Ship's Documents)是证明船舶所有权、性能、技术状况和营运必备条件的各种文件的总称。船舶必须通过法律登记和技术鉴定并获得这类有关正式证书后,才能参加营运。国际航行船舶的船舶文件主要包括:

(1)船舶国籍证书(Certificate of Nationality);

(2)船舶所有权证书(Certificate of Ownership);

(3)船舶船级证书(Certificate of Classification);

(4)船舶吨位证书(Tonnage Certificate);

(5)船舶载重线证书(Certificate of Load Line);

(6)船员名册(Crew List);

(7)航行日志(Log Book)。

此外,还有轮机日志、卫生日志和无线电日志等。根据我国现行规定,进出口船舶必须向港务管理机关(港监)呈验上述所有文件。

(八)船舶种类

船舶的分类方法很多,按航行水域可分为远洋船、近海船和内河船。按用途不同则主要分为液货船和干货船两大类。

1. 液货船

液货船指用于运送散装液态货物的船舶,主要有油轮、液化气船等。

(1)油轮

油轮(Tanker)指专门用于运送原油及成品油的船舶,当前世界油轮的吨位已经达到商船总吨位的30%。油轮内部一般被分为数个贮油舱,它们之间有油管相连接,并有专门的油泵和油管与岸上设施相连接,便于装卸货物。为减少液体流动的特征对船舶平稳性造成的不利影响,这些货舱多数采用纵向结构。(见图2-1)

图 2-1 油轮图

油轮是世界上载重能力最强的船舶,日本1980年改装的油轮"海上巨人"号载重量达到56万吨。除开放注册国外,希腊、美国、挪威、英国、印度、日本等国拥有世界上最大规模的油轮船队。近年,随着我国能源需求的不断增长,对石油及石油产品的进口不断攀升,我国油轮船队的规模也在不断加大。到2002年底,我国大陆油轮船队的规模达到2641667注册吨。

(2)液化气船

液化气船是专门装运液化气体的船舶。根据所载运货物的不同,又分为液化天然气船和液化石油气船。

液化天然气船(Liquified Natural Cas Carrier,LNG)按船舶货舱的结构不同有独立储罐式和膜式两种。独立储罐式将柱形、球形等储罐置于船内。而膜式液化天然气船采用双层船壳,内壳作为液化天然气的舱壁,内附镍合金钢的膜,可起到防止液态天然气泄漏的作用。

液化石油气船(Liquified Petroleum Gas Carrier,LPG)按气体液化的方法分为压力式、半低温半压式和低温式三种。压力式液化石油气船通过高压储罐在高压下维持石油气的液态性质,而后两种船要借助舱内的低温对石油气进行液化处理。

液化气船的大小通常用货舱的容积表示,一般的液化气船在 6～13 万立方米之间。

2. 干货船

按船舶结构、设备特征和主要运送的货物,干货船又可以分成:

(1)杂货船

杂货船(General Cargo Ship),也称件杂货船,主要用于运输各种包装货和裸装的普通货物。我国拥有世界上最大的杂货船队(不考虑开放登记的国家),到 2002 年底,仅我国大陆的杂货船队就达到 4717390 注册吨,相当于世界杂货船队的 5.3%。

杂货船一般定期行驶于货运繁忙的航线,以装运零星件杂货为主要业务。货船的吨位、大小视航线、港口及货源而不同。船上一般设有多层甲板,防止堆垛过高对底层货物造成损坏。同时设有多个货舱,适应不同货物载运要求,舱口备有吊杆或起重机,方便货物的装卸。(见图 2-2)

图 2-2 杂货船舶图

(2)散装货船

散装货船(Bulk Cargo Ship)或称干散货船,是专门运输粉末状、颗粒状、块状(如煤炭、谷物、矿砂等)无包装的大宗散货的船舶。根据所运货物的种类不同,散货船又分为运煤船、运粮船、矿石船等。大型散货船的载货量超过 12 万载重吨。

由于船舶运输货物的种类单一,对隔舱的要求不高,所以通常只设置单层甲板,货舱内放置有隔板防止货物受风浪的影响出现移位。为提高装卸效率,货舱口一般很大。

到 2002 年底,我国散货船队规模达到 16738283 注册吨(中国内地与中国香港合计),仅次于巴拿马、塞浦路斯、马耳他、利比里亚等开放注册国,占世界散货船队规模的 9.8%。

(3)集装箱船

集装箱船也称吊装式集装箱船。多数利用岸上的起吊设备对集装箱进行垂直装卸,又分为部分集装箱船、全集装箱船和可变换的集装箱船。(见图 2-3)

部分集装箱船(Partial Container Ship):只

图 2-3 集装箱船舶图

在船舶的特定部位设集装箱专用舱位，其他舱位仍装普通件杂货物。

可变换的集装箱船（Convertible Container Ship）：货舱内的集装箱结构是可拆卸式。既可以装运集装箱，也可随时改装运送普通杂货。

全集装箱船（Full Container Ship）：指专门用于装运集装箱货物的船舶，是当前航运市场的主力军。除开放注册国家外，法国、美国、丹麦、英国、荷兰等国家有世界上最大的集装箱船队。我国集装箱船队（含中国香港）达 4034540 注册吨。

全集装箱船一般为单甲板，舱口有垂直导轨，集装箱可沿导轨放下。船舱内设置隔栅式货架，以固定集装箱，防止运输途中出现集装箱前、后、左、右方向的移动，保障航行安全。甲板上，也设置固定集装箱的特殊结构，随船型不同可堆放多层集装箱。由于集装箱船一般利用码头上的装卸桥完成装卸作业，因此多数不配备装卸设备。（见图 2-4）

随着船舶大型化趋势，集装箱船也经历了近半个世纪不断庞大的过程，一般认为集装箱

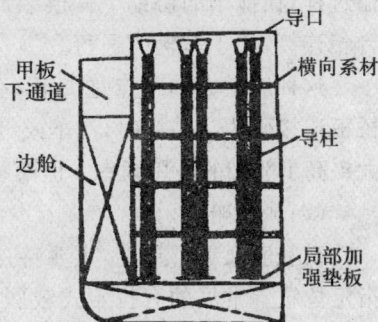

图 2-4　集装箱船箱格结构示意图

船舶按载运集装箱的数量可分为五个发展阶段，表 2-1 就给出了五代集装箱船的载箱量和船型尺度。当前最新建造的大型集装箱船已经进入了第六代，载箱量超过 6000TEU，逼近一万标箱。

表 2-1　　　　　　　　集装箱船分代的船型尺寸

	第一代	第二代	第三代	第四代	第五代
载箱量	700	1000	2000	3000	＞4000
载重量	10000	15000	30000	40000	50000
长（米）	150	175～225	240～275	275～295	280～300
宽（米）	22	25～30	32	32	32.4～39.4
吃水	8～9	9.5～10.5	10.5～12	11.5～12.5	11.5～13.5
舱内装	6 列	7～8 列	9～10 列	10～11 列	12～13 列
甲板装	6 列	8～10 列	12～13 列	13～14 列	15～16 列

（4）冷藏船

冷藏船（Refrigerated Ship）指专门用于运送需要冷冻易腐货物的船舶。冷藏船的船上装有制冷系统，设有多个货舱，各舱之间封闭、独立，舱壁、舱门都使用隔热材料以维持舱内的温度，因此同一艘船的不同货舱可装载不同温度要求的货物，提高了船舶的利用率。冷藏船一般吨位较小，通常在几百吨到几千吨。

(5)木材船

木材船(Timber Ship)是专门用以运输木材或原木的货船。船舶的舱口大,舱内无梁柱或任何妨碍装卸的设备。船舱和甲板都可以装载木材。

(6)滚装/滚卸船

滚装/滚卸船(Roll On/Roll off Ship,RO/RO,)指专门用于运送汽车和集装箱的专用船舶。运输集装箱货物时,集装箱连同底盘车作为一个装运单元参加运输过程,在拖车的协助下完成装卸过程。船舱内多层甲板之间用斜坡道或升降平台相连接,便于车辆的通行。

这种船最大的特点是灵活,不依赖码头装卸设备,一般在船侧或船首、尾设有桥板连接码头。装卸时,汽车或集装箱拖车直接开进或开出船舱,装卸速度极快,大大提高了船舶的使用频率。但滚装船的载运量通常较小,一般在3000～26000吨。

(7)载驳船

载驳船又称子母船,主要特点是首先将货物装在驳船上,然后将驳船置于大船指定位置。常见的有拉希式载驳船和西比式载驳船。与滚装船类似,载驳船的装卸效率也较高,而且装卸时不受港口水深限制,不需要占用码头泊位,特别适合于河海联运的情况。

(8)多用途船

多用途船(Multi-Purpose Vessel)指具有多种装运功能的船舶。按照货物对船舶性能和设备的不同要求分为:以载运集装箱为主的多用途船;以运输超重、超长货物为主的多用途船;兼运集装箱和超大货物的多用途船和兼运集装箱、超大货物和滚装货物的多用途船。

四、港口、航线与航运公司

(一)港口

港口有供船舶进入、驶离和停靠的码头,有装卸货物的设施,是海上运输的起点与终点。港口及其所在的城市通常是海陆空运输的枢纽,而且往往也是金融和贸易中心。目前世界上能开展国际贸易的海港总计2000多个,其中世界著名的大港有鹿特丹、纽约、新加坡、神户、横滨、香港、高雄和上海港等。

港口不仅是货物水陆空运输的中转地,而且提供了发展转口贸易、自由港和自由贸易区的机会,在现代国际生产、贸易和运输系统中处于十分重要的战略地位,发挥着日益重要的作用。

1.世界著名港口

世界港口的发展大体经历了三代。第一代港口功能定位为纯粹的"运输中心",主要提供船舶停靠、海运货物的装卸、转运和仓储等;第二代港口功能定位为"运输中心+服务中心",除了提供货物的装卸仓储等,还增加了工业和商业活动,使港口具有了货物的增值功能;第三代港口功能定位为"国际物流中心",除了作为海运的必经通道,在国际贸易中继续保持有形商品的强大集散功能并进一步提高有形商品的集散效率之外,还具有集有形商品、技术、资本、信息的集散于一体的物流功能。第三代港口处理的主要货物是集装箱,服务的主要对象是班轮公司联盟,它们是国际海陆间货物运输通道的重要枢纽和节点,是区域性乃至国际性的商务中心,是区域性的信息中心。目前,世界主要港口中第二代港口仍是发展的主流,但随着经济全球化、市场国际化和信息网络化,一些大型港口已经开始向第三代港口转型。

世界国际贸易港口约有 2500 多个,其中吞吐量超过 1000 万吨的有 100 多个,5000 万吨以上的有 20 多个。较著名的港口有吞吐量居世界第一的荷兰鹿特丹港,年吞吐量在 3 亿吨以上。另外,美国的纽约港和新奥尔良港,日本的神户港和横滨港,德国的汉堡港,比利时的安特卫普港,新加坡的新加坡港,法国的马赛港及英国的伦敦港均为世界著名大港,在世界货物贸易运输中占有很重要的地位。

(1)鹿特丹港

鹿特丹(Rotterdam)港位于莱茵河和马斯河入海的三角洲,濒临世界海运最繁忙的多佛尔海峡,是西欧水陆交通的要塞,是荷兰和欧盟的货物集散中心,运入西欧各国的原油、石油制品、谷物、煤炭、矿石等都经过这里,有"欧洲门户"之称。与我国的上海港一样,鹿特丹港是一个典型的河口港,海洋性气候十分显著,冬暖夏凉,船只四季进出港口畅通无阻。鹿特丹港港区面积 80 多平方公里,海轮码头岸线长 54 千米,江轮码头岸线长 33.4 千米,总泊位 454 个,航道最大水深 22 米。鹿特丹港共分 7 个港区,40 多个港池,码头岸线总长 37 千米,可以停靠 54.5 万吨级的特大油轮。这里的起重设备应有尽有,大小作业船只 500 余艘。船只进入鹿特丹港,从来就不存在等泊位和等货物的问题。

(2)汉堡港

汉堡(Hamburg)港是德国最大的港口,也是欧洲第二大集装箱港。现已发展成欧洲最大的自由港,港口设施先进,管理现代化,被称为"德国通向世界的门户"和"欧洲转运最快的港口"。汉堡处于欧洲市场的中心,扮演着重要中转海港的角色。汉堡港有近 300 条航线通向世界五大洲,与世界 1100 多个港口保持着联系。每年进出港的船只达 1.8 万艘以上,主要进口货物为煤、木材、矿石、原油、棉花、粮谷、水果、羊毛、烟叶、菜油、冻肉、蛋白、橡胶、咖啡、可可及杂货等,出口货物主要有焦炭、水泥、钢铁、机器及零件、车辆、电气用品等。

(3)安特卫普港

安特卫普(Antwerp)港地处斯海尔德河下游,是比利时最大的海港,欧洲第三大港。该港港区总面积 10433 万平方米,岸线总长 99 公里。安特卫普早在 14 世纪就成为欧洲十分繁荣的商业港口城市,比利时全国海上贸易的 70% 货物通过该港完成。安特卫普港以港区工业高度集中而著称,现有港区主要分布在斯海尔德河右岸。在 2008 年世界十大港口排名中,安特卫普以年吞吐量 6.3 亿吨和 3100 万标箱,年收益 123 亿美元的成绩排名世界第二。

(4)马赛港

马赛(Marseille)港位于法国南部地中海里昂湾东岸,背山面海,港深水阔,既无泥沙淤塞,又不为潮汐涨落所限,是地中海沿岸的天然良港。目前,马赛港是法国最大的海港,2008 年凭借年吞吐量 2.9 亿吨排名世界港口第八位。

马赛港有 5 个港区:①马赛港区。以件杂货、集装箱装卸和客运为主并建有船舶修造厂,有码头泊位近百个,滚装船泊位 29 个,另有 24 个修船泊位和 10 座干船坞,其中 10 号坞可修理 50 万吨级船舶。②拉弗拉和贝尔港区。用于装卸石油、成品油、液化天然气和各种化学品。③卡隆特港区。用于装卸干散货。④圣路易斯港区。用于装卸成品油、液化天然气、散装酒,以及汽车和重件货。⑤福斯港区。用于装卸干散货、原油及件杂货。该港区为欧洲第二大油港,拥有世界一流的天然气装卸设施和地中海一流的集装箱码头。福斯港所在地区有法国海洋石油工业中心及法国最大的钢铁基地。

(5)神户港

神户(Kobe)港位于日本本州东南部,濒临大阪湾西北侧,是日本最大的港口,是国际上著名的贸易大港之一。神户是日本的重要交通枢纽,是主要的国际贸易中心,又是日本最大的工业中心之一。主要出口货物为机械、车船、纺织品、钢铁及家用电器等,进口货物主要有粮谷、棉花、原油、矿石、小麦、天然橡胶及食品等。

(6)横滨港

横滨(Yokohama)港濒临日本东京湾的西侧,是日本第二大港口,也是世界亿吨大港之一,并且是世界十大集装箱港口之一。横滨港所有 23 个集装箱码头的全部装备曾是世界上第一流的装卸设备和交通运输设施。

由于横滨港的地理位置在日本最接近美国,日美的货源大部分都在该港装卸。预计到集装箱运输市场需求的增长,这座现有 130 年悠久历史的港口,正描绘着它令人瞩目的近期规划和长远目标。计划在 10 年间,成为中美贸易的中转港。横滨港主要出口货物为钢铁、车辆、化工产品、机械设备、罐头食品及纺织品等,进口货物主要有原油、煤、纤维制品、矿石、食品及机械等。

(7)新加坡港

新加坡(Singapore)港西临马六甲海峡的东南侧,扼太平洋及印度洋之间的航运要道,战略地位十分重要。新加坡港是亚太地区最大的转口港,2008年世界港口排名第十。新加坡港主要进出口货物为石油、机械设备、电子电器、化肥、水泥、谷物、糖、橡胶、面粉、化工产品、矿砂、工业原料、食品、木材、椰油、椰干、棕榈果、水果及杂货等。

(8)釜山港

釜山(Busan)港位于韩国东南沿海,东南濒临朝鲜海峡,与日本对马岛相峙,是韩国最大的港口,也是世界第五大集装箱港。自1874年开航以来至今已有120年的历史。经过多阶段持续的开发建设,目前釜山港共由北港(釜山本港)、南港、甘川港和多大浦港四部分组成。拥有集装箱专用码头4个和杂货码头、粮谷码头、水泥码头、原木码头、水产物码头及国际客运码头和沿岸旅客码头等。此外,年处理804万标箱能力的集装箱专用港——釜山(加德岛)新港正在建设中,计划于2011年全部建成完工。港口主要出口货物为工业机械、水产品、电子、石化产品及纺织品等,进口货物主要有原油、粮食、煤、焦炭、原棉、原糖、铝、原木及化学原浆等。它是韩国海陆空交通的枢纽,又是金融和商业中心,在韩国的对外贸易中发挥着重要作用。

釜山港集装箱货物处理量名列世界前茅,多年来一直排名世界第三,仅次于香港、新加坡。但2003年我国上海港集装箱货物处理量开始超过釜山港。目前,釜山港集装箱货物处理量排名世界第四位。

(9)纽约港

纽约(New York)港位于美国东北部,濒临大西洋的西北侧,是美国最大的海港,也是世界最大海港之一,2008年其年吞吐量高居全球之首,每年平均有4000多艘船舶进出。

纽约港是世界上天然深水港之一,有两条主要航道。一条是哈得逊河口外南面的恩布娄斯航道,长14公里,宽410米,维护深度13.72米,由南方或东方进港的船舶经这条航道进入纽约湾驶往各个港区;另一条是长岛海峡和东河,由北方进港的船舶经过这条航道。

(10)洛杉矶港

洛杉矶(Los Angeles)港位于美国西南部的加利福尼亚州,濒临太平洋的东侧,是美国第二大集装箱港。它是北美大陆桥的西部桥头堡之一。

从繁忙程度上看,洛杉矶港是全美第一、世界第八繁忙的集装箱运输港口。2003年度集装箱吞吐量达470万标箱,总重量1.475亿公吨,货值1220亿美元,抵达船只2845艘,运送旅客101万人次,总运营收入3.437亿美元,净收入4770万美元。

（11）西雅图港

西雅图（Seattle）港位于美国西北部的华盛顿州西部，是美国重要的集装箱港，也是美国距离远东最近的港口。该港交通运输发达，是北美大陆桥西部桥头堡之一。作为集装箱港口在美国排名第六，并且属于世界前40名之列，2006年货物流量的价值达340亿美元。26家定期集装箱班轮公司、两家横贯北美大陆的主要铁路公司及100多家卡车公司将西雅图与北美各市场中枢连接。西雅图港有超过450英亩的集装箱货场，配备了25台集装箱起重机和设施，能够转运冷藏水果、蔬菜、森林产品、汽车、钢材、游轮及谷物等。

（12）墨尔本港

墨尔本（Melbourne）港位于澳大利亚东南部，是澳大利亚最大的集装箱港口之一，吞吐量占全国的40%，2008年吞吐量达3.9亿吨，位居世界集装箱港口第5位，具有良好的自然条件，拥有40条固定航线，与全世界200多个港口有业务往来。墨尔本港务集团管理港口484公顷土地，现在5个码头及内河码头拥有31个商用泊位，包括两个专用国际集装箱码头。墨尔本是澳大利亚东南部的天然交通枢纽，主要货类包括木材、纸张、钢铁、汽车、煤、糖、纯碱、石膏、水泥、矿石及石油产品等。

2. 中国主要港口

中国目前是世界上港口集装箱吞吐量最多的国家，2007年，全国港口（不计香港与台湾港口）吞吐总量达1.13亿TEU，有12个港口的吞吐量超过100万TEU，其中6个超过500万TEU，两个超过1500万TEU。目前，我国国际集装箱中转型枢纽港基本形成了华南以深圳港为中心，华东以上海组合港为中心，北方以青岛、天津、大连港为中心的三个航运中心雏形。

（1）上海港

上海是我国最大的工业城市，也是世界上最具经济活力的国际大都市之一。上海港位于我国东部，长江入海口南岸的黄浦江畔，濒临东海的西侧，是我国外贸第一大港，也是太平洋西岸世界著名大港之一。2008年货物吞吐量已突破5.8亿吨，名列世界第三，国际集装箱运输年吞吐量也已突破2800万标箱。

上海港直接与沪宁、沪杭两干线铁路相连，从而沟通全国铁路网。通过连接204、312、318、320等国道线，可分别通向烟台、乌鲁木齐、拉萨、昆明等地。上海的航空运输属世界一流水平，上海浦东国际机场是我国最大的航空枢纽港之一，国内航线遍及全国许多大中城市，国际航线通往东京、纽约、伦敦、日内瓦、巴黎、莫斯科及旧金山等世界各大城市。

过去上海港主要分布在长江入海口南岸，目前逐步向浦东扩展，一方面加快外高桥新港区建设,另一方面开始建设上海洋山深水港区,上海将发展成为国际一流航运中心。上海港已与西雅图、新奥尔良、纽约、大阪、横滨、安特卫普、釜山、马赛及温哥华等港缔结为友好港,国际航线可直达世界140多个国家和地区的440多个港口。

(2)香港港

香港位于中国南部沿海珠江口外东侧,是一个得天独厚的天然良港,是远东地区的航运中心。它既是亚太地区的枢纽港,也是世界著名大港之一,该港集装箱吞吐量雄居世界前列。

香港发展如此迅速,一是因为它地处远东航运要塞,处于经济发展十分迅速的亚太中心,它既是亚太地区的枢纽港,又是中国内地的转口港。内地经济的繁荣,是香港航运业蓬勃发展的最重要原因。二是因为它是一个得天独厚的天然良港,深水航道确保了世界各国船舶安全和便捷进出港口。

一直以来,香港都以自由港著称。香港特别行政区政府所采取的贸易政策是寻求一套自由、开放的多边贸易制度。船舶拥有和船舶管理是本港的主要航运业务,船舶注册业务是独立自主的。目前,在香港船舶注册记录册上登记的船舶约达1400万总注册吨位。

(3)广州港

广州港位于华南广东省东江、西江和北江的汇合处的珠江三角洲上,毗邻港、澳,紧靠深圳经济特区,是中国华南的国际贸易中枢港,也是中国的重要大港之一。

广州港是华南地区综合性主枢纽港。在腹地经济持续快速发展的推动下,广州港货物吞吐量持续增长。1999年全港货物吞吐量突破1亿吨,成为中国内地第二个跨入世界亿吨大港的港口。之后,港口发展一年一大步,到2004年港口吞吐量达到2.1亿吨,是1995年的2.9倍,全港集装箱吞吐量330万标箱,是1995年的4.4倍,港口货物吞吐量居世界十大港口第八位。

广州铁路与京广、京九、广湛线等全国主干线铁路相连,公路连接闽、桂、赣、湘等省区,西江水路运输可达广西柳州、南宁等地,广州的白云机场已开通国内、国际航线30多条,可通往国内各主要大中城市。水路、铁路、公路和航空共同构成广州发达的交通网络。广州港是我国内地距东南亚、中印半岛、中东、非洲、澳洲和欧洲各国运输距离最近的大型港口,目前,港口运输通达世界100多个国家和地区的400多个港口。

(4)深圳港

深圳港包括蛇口和盐田等港区,地处广东珠江三角洲南部,珠江入海口东岸,毗邻香港,是我国发展最快的港口。随着深圳市的发展,深圳港的发展速度相当惊人,集装箱吞吐量已跃居我国内地第二。世界许多著名大航运公司在深圳港开辟航线,深圳港国际班轮航线近百条,是我国内地班轮航线最多的港口。

2006年,深圳港口以年17600万吨吞吐量名列全球港口16位。到目前为止,深圳港口的三个专用集装箱码头均由中外合资企业经营管理,已有近20家国际著名船舶公司在深圳港口开辟了27条国际集装箱定期班轮航线。

(5)大连港

大连港位于我国辽东半岛南端,东濒黄海,西临渤海,隔渤海海峡与山东半岛相望,是我国东北地区最大的综合性港口,当前大连正在建设东北亚的国际航运中心。大连港是正在兴起的东北亚经济圈的中心,也是该区域进入太平洋,面向世界的海上门户。港区划分为大港、甘井子、寺儿沟、香炉礁及鲇鱼湾等码头。港口水深港阔,不淤不冻,自然条件非常优良,是转运远东、南亚、北美、欧洲货物最便捷的港口。港口自由水域344平方公里,陆地面积近15平方公里。现有港内铁路专用线148余公里,仓库30余万平方米,货物堆场180万平方米,各类装卸机械千余台。拥有集装箱、原油、成品油、粮食、煤炭、散矿、化工产品及客货滚装等近80个现代化专业泊位,其中万吨级以上泊位40个。截止到2006年,大连港集团已与世界上140多个国家和地区的300多个港口建立了海上经贸航运往来关系,开辟了集装箱国际航线57条,已成为全国第二大集装箱中转港,世界港口排名第15位。

大连港是我国东北地区水陆联运枢纽,有哈大铁路、哈大公路与东北和华北地区相连,海上有多条航线连接我国沿海城市,大庆原油通过输油管道直接到大连港。目前大连港已开通到韩国、日本、北美、西欧和澳大利亚等多条国际班轮航线。

(6)天津港

天津港位于环渤海经济圈的中心,是我国华北、西北以及东北地区的重要物资集散地,是我国华北地区的重要贸易港口。渤海明珠天津港是我国北方重要的国际港口和首都北京的海上门户,主要担负北京、天津两大城市和华北、西北地区各省市的海上进出口任务。天津港口交通便利,与"京山"、"京沪"、"京九"等国家铁路大动脉,津塘公路、京津塘高速公路、国道,天津滨海国际机场相连接,离北京首都国际机场也很近,综合经济效益居全国沿海港口之首。

天津港在国际上享有较高的知名度,是我国对外联系最多的港口之一。目前,天津港已与以下10个国际港口结为友好港:日本神户港及东京港、澳大利亚墨尔本港、美国费城港及塔科玛港、意大利德里亚斯特港、荷兰阿姆斯特丹港、法国马赛港、比利时布鲁日港、韩国仁川港。

(7)青岛港

青岛港位于山东半岛东部胶州湾,背靠经济发达的山东省,纵横连贯着华北、华东地区广阔腹地,是我国北方地区外贸主要港口之一。青岛港与胶济铁路、济青和烟青高速公路相连。

青岛港始建于 1892 年,是已具有 113 年历史的国家特大型港口。整个港口由青岛老港区、黄岛油港区、前湾新港区三大港区组成。现有码头 15 座,泊位 73 个,其中,营运码头 13 座,营运泊位 49 个。万吨级以上泊位 32 个,可停靠 5 万吨级船舶的泊位 4 个,可停靠 10 万吨级船舶的泊位 4 个,可停靠 30 万吨级船舶的泊位两个。青岛港主要从事集装箱、煤炭、原油、铁矿及粮食等各类进出口货物的装卸服务和国际国内客运服务,先后与世界上 130 多个国家和地区的 450 多个港口有贸易往来,是太平洋西海岸重要的国际贸易口岸和海上运输枢纽。

(8)厦门港

厦门港是一个大、中、小泊位配套的多功能、综合性的现代化大港,由东渡港区、海沧港区、嵩屿港区、东部港区、旅游客运港区、招银港区、后石港区及石码港区组成。目前,全港共有生产性泊位 79 个,万吨级以上深水泊位 18 个,最大靠泊能力 10 万吨级;集装箱、石油、煤炭等专用码头一应俱全。到 2005 年,厦门港新建成 8 个深水集装箱泊位和可停靠 14 万吨的大型国际邮轮码头,至此,其已经具备全天候接待第六代集装箱船舶的能力。

厦门港历史悠久,是我国主要对台口岸,也是中国发展最快的港口之一,目前已被国家确立为沿海主枢纽港和八大集装箱干线港之一。

(9)高雄港

高雄港位于台湾省西南,濒临台湾海峡的东南侧,与福建省遥遥相望,是台湾最大的国际贸易港口,也是世界著名的大集装箱港。高雄交通便利,到台北有电气化铁路和高速公路,国际机场每天有定期航班飞往世界各地。

高雄港是欧、美、亚海运必经之地,与世界许多主要港口通航,主要进口货物为化肥、石油、机械、木材、煤炭、矿砂及粮食等;出口货物主要有水泥、糖、铝、盐、三夹板、水果及罐头食品等。

中国港口发展很快,我国内地已有 8 个港口跻身世界亿吨大港之列,它们是大连、天津、青岛、上海、厦门、宁波、深圳和广州港,香港和高雄也都是世界著名大港。

(二)航线

1. 按航行的海域划分

(1)远洋航线

①太平洋航线(Pacific Shipping Line)

太平洋航线主要是指横跨北太平洋的航线和东亚、东南亚与大洋洲之间的运输航线。太平洋航线除承担太平洋沿岸附近地区的货物运输外,还连接北美大西洋沿岸、墨西哥湾沿岸各港及通往美国中西部的内陆联合运输,是目前世界上最繁忙的航线。

a. 远东—北美西海岸航线

该航线包括从中国、朝鲜、韩国、日本和俄罗斯远东各海港到加拿大、美国、墨西哥等北美西海岸各港的贸易航线。从我国的沿海各港出发,偏南的航线经大隅海峡出东海。偏北的经对马海峡穿日本海,或经津轻海峡进入太平洋,或经宗谷海峡,穿过鄂霍茨克海进入北太平洋。该航线上中国、日本和美国、加拿大之间货运量很大,而且该航线随季节也有变动,一般夏季偏北,冬季南移,以避开北太平洋的海雾和风暴。本航线是货运量最大的航线之一。

b. 远东—加勒比海、北美东海岸航线

该航线经夏威夷群岛的火奴鲁鲁(檀香山)港,船舶一般在此添加燃料和补给品,穿越巴拿马运河后到达各港。巴拿马运河位于美洲巴拿马共和国中部,是连接大西洋和太平洋的咽喉。运河全长81.3千米,可以通航4万吨以下和宽度不超过32米的船只。从我国北方沿海港口出发的船舶,多半经大隅海峡或经琉球奄美大岛驶出东海。该航线与上述远东—北美西海岸航线统称为北太平洋航线。该航线也是太平洋货运量最大的航线之一。

c. 远东—南美西海岸航线

该航线从东南与西北方向横渡太平洋,航线常要经过太平洋中的枢纽站,用不着过巴拿马运河。该航线也有先南行至南太平洋的枢纽站,后横渡南太平洋到达南美西岸的航线。从我国北方沿海各港出发的船舶,多经威克岛、夏威夷群岛之南的莱思群岛附近,穿越赤道进入南太平洋,至南美西海岸各港。

d. 远东—东南亚、印度洋航线

该航线是中国和东北亚国家去东南亚各港,以及经马六甲海峡去印度洋、大西洋沿岸各港的主要航线。该航线经东海、台湾海峡、或经巴士海峡及南海,是日本从南亚和中东进口石油的运输线,该航线较短,但往来频繁,地区间贸易繁荣,故非常繁忙。

e. 远东—澳大利亚、新西兰航线

远东至澳大利亚东西海岸要经过两条航线。中国北方沿海港口及韩、日到澳大利亚东海岸和新西兰港口的船舶,需经琉球的久米岛、加罗林群岛的雅浦岛进入所罗门海、珊瑚海。如果中澳之间的集装箱船需在香港加载或转船,则离开香港后经南海、苏拉威西海、班达海、阿拉弗拉海,然后穿过托雷斯海峡进入珊瑚海、塔斯曼海岸。中国和日本船舶去澳大利亚西海岸航线多半经苏禄海、苏拉威西海、望加锡海峡以及龙目海峡南下。

f. 澳大利亚、新西兰—北美西、东海岸航线

由于澳大利亚资源丰富,可为经济发达的美国、加拿大和远东地区提供各种原材料,该航线货运量逐渐增加。由澳、新至北美西海岸航线多半经过维提岛的苏

瓦、夏威夷的火奴鲁鲁等太平洋上的重要航站。由澳、新至北美东海岸则要取道社会群岛中的帕皮提,通过巴拿马运河才能到达。

g. 东亚—东南非、西非、南美东海岸航线

该航线大多经东南亚过马六甲海峡行至东南非各港,或再绕过好望角去西非国家各港,或再横越南大西洋至南美东海岸国家各港。该航线也以运输资源型货物为主。

② 大西洋航线(Atlantic Shipping Line)

大西洋航线以美国东海岸为中心,由北美东海岸、五大湖—西北欧、地中海之间的航线组成,所经过的海域除了北大西洋和南大西洋外,还包括了地中海、黑海、波罗的海等海域。大西洋是世界上海运量最大的海洋,其航运最发达,港口众多,货物吞吐量和周转量分别占世界的40%和45%左右,居世界海上运输的首位。其中,北大西洋航线沟通了经济发达的西欧与北美,通过一些河道还可深入许多发达国家的经济腹地,运输量巨大,是世界航运业中最繁忙的航线。

a. 西北欧—北美东海岸航线

该航线是西欧、北美两个世界最发达地区之间的原料、燃料和产品交换的运输线,两岸拥有世界2/5的重要港口,运输极为繁忙,船舶大多走偏北大圆航线。该航区冬季风浪大,并有浓雾和冰山,对航行安全有威胁。

b. 西北欧、北美东海岸—北美西海岸(加勒比海)航线

西北欧—加勒比航线多半驶出英吉利海峡后横渡北大西洋。它同北美东海岸各港出发的船舶一起,一般都经莫纳海峡或向风海峡进入加勒比海,到达加勒比海沿岸港口。除了去加勒比海沿岸各港外,还可经巴拿马运河到达北美西海岸以及中南美洲太平洋沿岸港口。

c. 西北欧、北美东海岸—地中海—苏伊士运河—亚太航线

该航线又称苏伊士运河航线,是欧洲通往亚洲的海上交通捷径,比绕道南非好望角节省8000~15000公里航程,是北美东海岸、西北欧对中东和亚太地区间贸易运输的重要航线。该航线向西主要运送工业原料、粮食等以及波斯湾向西欧运送石油,向东主要运送工业制品。日本80%的进口石油也是通过此航线运输的,因此该航线成为世界最繁忙的航线。

d. 西北欧、地中海—南美东海岸航线

该航线一般经西非大西洋岛屿—加纳利、佛得角群岛上的航站。

e. 西北欧、北美东海岸—好望角—远东航线

由于苏伊士运河航道限制,从波斯湾到西欧和北美的25万吨以上特大型油轮只能穿过印度洋,绕好望角航行。该航线主要承担通向西欧和美国的石油运输,是巨型油轮的航线。

f. 南美东海岸—好望角—远东航线

这是一条以石油、矿石为主的运输线。南美东海岸国家进口海湾石油,远东国家进口巴西矿石,主要通过这条航线。中国至南美东海岸的石油和矿石运输也行走该航线。

③印度洋航线(Indian Ocean Shipping Line)

印度洋航线主要指横贯印度洋东西的大洋航线和通达波斯湾沿岸产油国的航线。航线以石油运输线为主,包括三条重要的油运线,此外也有不少是大型货物的跨洋运输,过往的航线众多,在世界航运中起着"海上走廊"的作用:

a. 中东海湾—远东各国港口航线

该航线东行都以石油为主,特别是往日本、韩国、中国的石油运输,西行以食品为多。

b. 中东海湾—欧洲、北美东海岸港口航线

该航线的超级油轮都经过莫桑比克海峡、好望角绕行。由于苏伊士运河的不断开拓,通过运河的油轮日益增多,目前25万吨级满载轮已能安全通过。

c. 远东—苏伊士运河航线

该航线在印度洋多半仅为连接远东与欧洲、地中海两大贸易区各港,航船密度大,尤其以集装箱船运输最为繁忙。

d. 澳大利亚—苏伊士运河、中东海湾航线

e. 南非—远东航线

该航线将巴西、南非的矿产输往日本、韩国还有中国,也把工业品回流。

f. 南非—澳新航线

该南印度洋横渡航线在印度洋中航船最少。主要是运往欧洲的超大型矿石船的运输。

④北冰洋航线(Arctic Shipping Line)

由于北冰洋系欧、亚、北美三洲的顶点,为联系三大洲的捷径,是从北太平洋到北大西洋最近的路线,但大部分区域被冰雪覆盖,尤其是冬季基本不能通航。鉴于特殊的地理位置,目前,北冰洋已开辟的航线有从摩尔曼斯克经巴伦支海、喀拉海、拉普捷夫海、东西伯利亚海、楚科奇海、白令海峡至俄国远东港口的季节性航海线,以及从摩尔曼斯克直达斯瓦巴德群岛、冰岛的雷克雅未克和英国的伦敦等航线。随着航海技术的进一步发展、北冰洋地区经济的开发,北冰洋航线也将会有更大的发展。

(2)近洋航线

习惯上是指由我国各港口东至日本海,西至马六甲海峡,南至印度尼西亚沿海,北至鄂霍次克海的各个海港间的航线。

（3）沿海航线

我国沿海航线以厦门为界,北至鸭绿江口,西至广西东兴港,大体可分为南北两个航区。

在北方航区,以上海港为中心,主要航线有:

①自上海往北,分别通往大连、秦皇岛、天津、烟台、青岛和连云港等航线。

②自上海往南,分别通往宁波、海门、温州、福州、泉州和厦门等航线。

③大连分别到天津、烟台和青岛的航线。

④天津到烟台的航线等。

在南方航区,以广州港为中心,主要航线有:自广州分别通往香港、汕头、湛江、海口、八所和三亚等航线。

跨航区的主要航线有:广州、湛江分别到大连、青岛和连云港航线,广州到秦皇岛航线,上海至厦门至广州航线,香港分别到上海和厦门航线等。

2.按货流划分

当前,国际航运的货物主要是集装箱货物和大宗货物,其中大宗货物主要是指石油、煤炭、铁矿石、铝土矿、磷灰石和谷物。国际航运承担着世界贸易总量80%的运输任务,其中大部分是大宗货物运输,约占国际航运总量的80%。按货物流向划分世界主要航线有:集装箱航线、石油航线、铁矿石航线、谷物航线、煤炭航线、铝土矿航线和磷灰石航线。

（1）集装箱航线

世界集装箱运输的主要区域是北美、西欧、远东(包括东南亚)和澳大利亚,这些地区经济发达程度高,适箱货物丰富,连接这四个贸易区的航线的集装箱货运量很高。目前,国际班轮航线的集装箱运输,就是以这些地区的航线为中心发展起来的,其中规模最大的号称世界集装箱三大主干航线的是:泛太平洋航线(亚洲远东地区—北美),跨大西洋航线(北美—欧洲、地中海),欧地线(亚洲远东地区—欧洲、地中海)。

目前,世界主要班轮航线已实行集装箱化。北美、西欧、远东(包括东南亚)和澳大利亚经济发达,制造业发展快,集装箱货源丰富,连接这四个地区的集装箱航线的货运量很大。

除了上述三条主干航线外,世界主要集装箱货物航线还包括:远东—澳大利亚航线;澳、新—北美航线;欧洲、地中海—西非、南非航线。

（2）石油航线

海上石油运输在整个国际航运的运量中占有很重要的地位,全世界石油年运输量十几亿吨。世界上主要的原油产地集中于中东海湾地区、北非地区、西非地区、北海地区、西伯利亚—中亚地区、中国及周边地区、马来地区、南美加勒比地区及北美地区。需要进口原油的国家和地区主要集中于西北欧、美国和日本。随着经济的发展,中国也将成为世界主要石油进口国家。因此,形成了世界上以下四条主要油运航线。

①波斯湾—西欧、北美航线

它是西欧、北美石油消费区的主要供油航线。该航线通常使用超级油船运输,而且由于水深限制,自波斯湾起航后,超级油船都经莫桑比克海峡,再绕道好望角航行。

②波斯湾—日本航线

它是日本的主要供油航线。使用 VLCC 型油船运输时,需绕道龙目海峡和望加锡海峡。如果使用 20 万吨级以内的油船运输则可经过马六甲海峡运抵日本,航程较前者短。

③波斯湾—西欧航线

它是主要为西欧供油的航线,部分原油亦运往北美,与上述的波斯湾—西欧、北美航线的主要区别是,经苏伊士运河和地中海,穿直布罗陀海峡抵达西欧和北美,不绕道好望角,采用 25 万吨级以内的油船运输。

④墨西哥—日本航线

它是日本的另一条主要供油航线。从墨西哥到日本,一是经巴拿马运河,穿越太平洋抵达日本,由于油船尺度受巴拿马运河尺度限制,油船通常在 4 万吨级以下。二是从墨西哥的西海岸起航,沿北太平洋抵日本。

(3)铁矿石航线

铁矿石海上运输量仅次于石油运输,2002 年铁矿石海运量达 5.4 亿吨。铁矿石主要出口国是澳大利亚、巴西、加拿大、委内瑞拉、印度、瑞典和利比里亚,其中澳大利亚和巴西是两大铁矿石输出国,年出口量都超过 1 亿吨。主要进口国是日本、中国、德国、美国和英国等。近年来由于中国钢铁工业发展,我国钢铁企业每年进口大量铁矿石,2003 年进口 1.4 亿吨,已经超过日本成为全球铁矿石第一进口大国。

(4)谷物航线

谷物运输主要是小麦、玉米、大麦和大豆等。美国、加拿大、澳大利亚及阿根廷是世界主要的谷物输出国,谷物进口国主要有日本、中国、南亚和西亚国家以及欧洲等国。2002 年谷物海运量为 2.7 亿吨,其中仅中国的大豆进口量就达 1131 万吨。2003 年中国的大豆进口量增至 2074 万吨。

(5)煤炭航线

煤炭主要输出国有美国、澳大利亚、波兰、加拿大、俄罗斯和中国,进口国有日本、意大利、法国、北欧诸国、荷兰、比利时、卢森堡等。2002 年煤炭海运量达 5.4

亿吨。中国已经成为煤炭出口大国,2002年出口达1亿吨,多数煤炭出口到邻近的亚洲国家。

(6)铝土矿航线

铝土矿主要分布于西非的几内亚湾沿岸,拉丁美洲的巴西、牙买加、苏里南和圭亚那,还有澳大利亚和印度尼西亚。澳大利亚是主要的出口国,其次是牙买加和苏里南。美国、日本、俄罗斯和德国为主要进口国。

(7)磷灰石航线

生产磷灰石的三大国家是美国、摩洛哥和俄罗斯,其中摩洛哥是最大的磷酸盐出口国。磷灰石和磷酸盐主要从摩洛哥和美国运往欧洲各国。

(三)航运公司

截至2009年8月31日,全球集装箱船队总运力达到12545594TEU,其中马士基船队运力达到202803TEU,相当于全球总运力的16.1%。由中远、川崎汽船、阳明海运和韩进海运组成的CKYH联运体船队运力达到1513374TEU,相当于全球总运力的12.1%。由赫伯罗特、日本邮船、东方海外、马来西亚国际航运组成的大联合经营体船队运力达到1324649TEU,占全球总运力的10.6%。地中海航运船队运力达到1522974TEU,占全球总运力的12.1%。由总统轮船、现代航运和商船三井组成的新世界联营体船队运力达到1144995TEU,占全球总运力的9.1%。达飞轮船船队运力达到1025839TEU,占全球总运力的8.2%;长荣海运船队运力达到597022TEU,占全球总运力的4.8%;太平洋国际船队运力达到310210TEU,相当于全球总运力的2.5%。

1.我国著名航运公司

中国的国际航运业有了很大的发展,特别是20世纪80年代以来发展很快,我国远洋船舶航行于世界140多个国家和地区的1300多个港口,承担了我国近90%的进出口货物运输任务。国内各地从事国际航运的企业300多家,其中最大的航运公司是中远集团和中海运集团。

(1)中国远洋运输(集团)总公司已由成立之初的4艘船舶、2.24万载重吨的单一型航运企业,发展成为今天拥有和经营着400余艘现代化船舶、3500余万载重吨,年货运量超过2.4亿吨,以航运、物流为核心主业的跨国企业集团。在中国本土,中远集团分布在广州、上海、天津、青岛、大连、厦门、香港等地的全资船公司经营管理着集装箱、散装、特种运输和油轮等各类型远洋运输船队,船舶航行至世界140多个国家和地区的1300多个港口。

目前,中远集团拥有118艘集装箱船、近29万标箱运力,集装箱班轮运输遍及全球,目前已在全球超过30个国家和地区超过100个港口挂靠,2009年其班轮船队运力位居全球排名榜的第 7 位,而一旦其订造的多达 56 艘船全部交付,尤其是超大型船舶全部竣工和交付使用,其旗下船队运力将迅速扩大,排名升至第 4 位不会有太大困难。

(2)中国海运集团公司(China Shipping Group,CSG)兼营国内和国际航运业务,拥有各类船舶近 400 艘,近 1300 万载重吨。最近几年中国海运的国际航运业务发展很快,其集装箱运输实现了跨越式的发展,已拥有 111 艘船、超过 29 万标箱运力的集装箱船队,开辟了 50 余条内外贸兼有的集装箱班轮航线,已成为中国远洋运输的另一支劲旅。

我国台湾和香港地区的许多航运公司在国际航运市场上都有着重要影响,例如,台湾的长荣海运公司和香港的东方海外集团,都是世界著名的航运公司,其运力近年来一直处于全球航运公司 20 强之列。

2. 国外著名航运公司

(1)丹麦的马士基集团(Maersk)成立于 1904 年,总部设在丹麦哥本哈根,在全球 100 多个国家设有数百间办事机构,雇员逾 6 万多名,服务遍及世界各地。除航运业外,还经营物流、石油及天然气勘探和生产、造船业、超级市场零售业和 IT 业。马士基与海陆合并的马士基-海陆(Maersk Sealand)2009 年占据着 16.1% 的全球市场份额,成为全球最大的集装箱承运人。

(2)瑞士的地中海航运全称是地中海航运公司(Mediterranean shipping Company,MSC),总部位于瑞士日内瓦。2009 年,MSC 仍然是世界第二大航运公司。目前,MSC 在全世界有 350 个机构,28000 名员工,255 艘集装箱船,470000 标箱的运力,在全球五大洲 215 个码头停靠,提供 175 条直航和组合航线服务。

(3)荷兰的铁行渣华为全球第四大集装箱航运公司,拥有 142 艘集装箱船舶。铁行渣华的经营网络覆盖 94 个国家共 229 个主要港口的航线,并有 400 多家分支机构遍布 154 个国家。

(4)韩国的韩进海运(Hanjin Shipping Co.,Ltd.,HSCO)2008 年和 2009 年连续蝉联全球航运公司第十名。目前已拥有 150 艘集装箱船舶,拥有超过 50 条班轮航线,业务覆盖了 35 个国家的 80 个主要口岸,韩进海运的 230 个分支机构和代理机构遍及全球 53 个国家。

(5)美国的美国总统轮船公司(American President Lines Limited,APLL)是世界第五大集装箱班轮公司,拥有 99 条集装箱船组成的船队,其中美国总统轮船公司拥有 100 余艘船只,航线通达 100 多个国家,并在 75 个国家设有办事处。

(6)法国的达飞轮船是世界主要集装箱班轮公司之一,2009 年位列全球航运公司第三位。目前,公司拥有 182 条船舶,经营 74 条航线,在全世界的 123 个国家 214 个港口设有 417 个办事处或代理机构(其中 42 个在中国)。

(7)日本邮船(Nippon Yusen Kabushiki Kaisha,NYKK)拥有105条集装箱船,98条汽车运输船,该公司的汽车运输是世界一流水平。

第二节 进出口货物班轮运输代理业务

一、班轮运输

班轮运输(liner shipping),也称定期船运输,是指班轮公司将船舶按事先制定的船期表(liner schedule),在特定航线的各既定挂靠港口之间,经常地为非特定的众多货主提供规则的、反复的货物运输服务(transport service),并按运价本(tariff)或协议运价的规定计收运费的一种营运方式。

(一)班轮运输分类

根据运输货物的不同,班轮运输分为杂货班轮运输和集装箱班轮运输。

1.杂货班轮运输

最早的班轮运输是杂货班轮运输。杂货班轮运输的货物以件杂货为主,还可以运输一些散货、重大件等特殊货物。杂货班轮运输通常具有以下优点:

(1)能及时、迅速地将货物发送和运达目的港。由于货主和货代能根据船期表预知货物的发运和到达时间,因此能保证货物的供需要求。

(2)特别适应小批量零星件杂货对海上运输的需要。货主或货代能够随时向班轮公司托运,而不论货物的批量大小,因此可以节省货物等待集中的时间和仓储费用。

(3)能满足各种货物对海上运输的要求,并能较好地保证货运质量。

(4)通常班轮公司都负责转运工作。货主或货代可以要求班轮公司安排货物的转运工作,从而满足货物运输的特殊需要。

2.集装箱班轮运输

20世纪60年代后期,随着集装箱运输的发展,班轮运输中出现了以集装箱为运输单元的集装箱班轮运输方式:由于集装箱运输具有运送速度快、装卸方便、机械化程度高、作业效率高、便于开展联运等优点,到20世纪90年代后期,集装箱班轮运输已逐渐取代了传统的杂货班轮运输。

对货主而言,集装箱班轮运输除了具有与杂货班轮相似的优点外,在运输速度、货运质量等方面更具有优势。但是,目前大多数班轮公司不接小批量的拼箱货,因此需要集拼经营人来安排小批量的拼箱货运输。

(二)班轮运输的特点

班轮运输与租船运输相比,具有以下一些特点:

1. 无需签订运输合同

在杂货班轮运输中,通常是在货物装船后由承运人或其代理人签发提单,在集装箱班轮运输中,除通常由承运人或其代理人签发提单外,还可以根据需要签发海运单:这些单证上记有详细的有关承运人、托运人或收货人的责任以及权利和义务的条款。

2. 不同运输方式下货物交接地点不同

在杂货班轮运输中,除非订有协议可允许托运人在船边交货和收货人在船边提货外,通常承运人是在装货港指定的码头仓库接收货物,并在卸货港的码头或仓库向收货人交付货物;在集装箱班轮运输中,通常承运人是在装货港集装箱堆场接收货物,并在卸货港集装箱堆场交付货物。拼箱货则由集拼经营人在装货港集装箱货运站接受货物,并在卸货港集装箱货运站交付货物。

3. 承运人负责包括装货、卸货和理舱在内的作业和费用

在杂货班轮运输中,班轮公司通常不负担仓库至船边或船边至仓库搬运作业的费用;在集装箱班轮运输中,由于运输条款通常为 CY/CY(堆场—堆场),所以班轮公司理应负担堆场至船边或船边至堆场搬运作业的费用。

4. 不计算滞期费和速遣费

承运人与货主之间不规定装卸时间,也不计算滞期费和速遣费。在堆场或货运站交接货物的情况下,会约定交接时间,而不规定装卸船时间;在船边交货或提取货物时,也仅约定托运人或收货人需按照船舶的装卸速度交货或提取货物。

(三)班轮运输关系人

班轮运输中,通常会涉及班轮公司、船舶代理人、无船(公共)承运人、海上货运代理人、托运人和收货人等有关货物运输的关系人。

1. 班轮公司

班轮公司是指运用自己拥有或者自己经营的船舶,提供国际港口之间班轮运输服务,并依据法律规定设立的船舶运输企业。班轮公司应拥有自己的船期表、运价本、提单或其他运输单据。根据各国的管理规定,班轮公司通常应有船舶直接挂靠该国的港口。班轮公司有时也被称为远洋公共承运人(Ocean Common Carrier)。

在从事国际货代业务的实践中,国际海上货运代理人应了解有关班轮公司的情况,以便在必要时从中选择适当的承运人。世界上集装箱班轮公司有很多,并且大的班轮公司都已进入了中国海运市场。

2.船舶代理人

船舶代理人是指接受船舶所有人、船舶经营人或者船舶承租人的委托,为船舶所有人、船舶经营人或者船舶承租人的船舶及其所载货物或集装箱提供办理船舶进出港口手续、安排港口作业、接受订舱、代签提单、代收运费等服务,并依据法律规定设立的船舶运输辅助性企业。由于国际船舶代理行业具有一定独特的性质,所以各国在国际船舶代理行业大多制定有比较特别的规定。

中国最大的国际船舶代理公司是成立于1953年的中国外轮代理公司。上世纪80年代末中外运船务代理公司成立,成为第二家从事国际船舶代理业务的国际船舶代理公司。现在,在我国对外开放的港口都有多家国际船舶代理公司。实践中,国际货运代理人经常会与船舶代理人有业务联系。

3.无船承运人

无船承运人(Non-vessel Operating (Common) Carrier),也称无船公共承运人,是指以承运人身份接受托运人的货载,签发自己的提单或者其他运输单证,向托运人收取运费,通过班轮运输公司完成国际海上货物运输,承担承运人责任,并依据法律规定设立的提供国际海上货物运输服务的企业。

根据《中华人民共和国国际海运条例》的规定,在中国境内经营无船承运业务,应当在中国境内依法设立企业法人;经营无船承运业务,应当办理提单登记,并交纳保证金;无船承运人应有自己的运价本。无船承运人可以与班轮公司订立协议运价以从中获得利益。但是,无船承运人不能从班轮公司那里获得佣金。国际货运代理企业在满足了市场准入条件后,可以成为无船承运人。

4.海上货运代理人

海上货运代理人,也称远洋货运代理人(Ocean Freight Forwarder),是指接受货主的委托,代表货主的利益,为货主办理有关国际海上货物运输相关事宜,并依据法律规定设立的提供国际海上货物运输代理服务的企业。

海上货运代理人除可以从货主那里获得代理服务报酬外,因其为班轮公司提供货载,所以还应从班轮公司那里获得奖励,即通常所说的"佣金"。但是,根据各国的管理规定(如果有的话),国际海上货运代理人通常无法与班轮公司签订协议运价或 S.C.。

(四)班轮船期表

班轮船期表(Liner Schedule)是班轮运输营运组织工作中的一项重要内容。班轮公司制定并公布班轮船期表有多方面的作用。首先是为了招揽航线途经港口的货载,既满足货主的需要,又体现海运服务的质量;其次是有利于船舶、港口和货物及时衔接,以便船舶有可能在挂靠港口的短暂时间内取得尽可能高的工作效率;

再次是有利于提高船公司航线经营的计划质量。

班轮船期表的主要内容包括：航线、船名、航次编号、始发港、中途港、终点港的港名，到达和驶离各港的时间，其他有关的注意事项等。典型的班轮船期表如表2-2所示。

表2-2　　　　　CMA 2009 年 1 月青岛经汉堡抵芬兰赫尔辛基班轮船期表

CMA1 月份船期表

QINGDAO/FINLAND VIA HAMBURG 青岛经汉堡抵芬兰

VSL/VOY	QINGDAO	HAMBURG	KOTKA	HELSINKI
CMA CGM DON GIOVANNI FM222W	29-Dec	26-Jan	2-Feb	4-Feb
CMA CGM NABUCCO FM224W	5-Jan	2-Feb	9-Feb	11-Feb
CMA CGM TOSCA FM226W	12-Jan	9-Feb	16-Feb	18-Feb
CMA CGM OTELLO FM228W	19-Jan	16-Feb	23-Feb	25-Feb
MAERSK ALGOL FM230W/XXX	26-Jan	23-Feb	2-Mar	4-Mar

国际海上货运代理人不但应了解班轮船期表的内容，还应该了解在哪里可以查找到船期表。

二、班轮运输业务及货运程序

由于班轮运输以非特定的众多货主为服务对象，承运货物的批量小、货主多、停靠港口多、装卸作业频繁、出现货损和货差的情况比较复杂。班轮运输从揽货开始，到交付货物完毕，要经历许多环节，各个环节之间相互制约，相互联系，缺一不可。一般来讲，班轮运输业务操作程序需要经历揽货、订舱、收货装船、卸货、交货等一系列过程。

（一）揽货

揽货是船公司开展业务的第一个环节，也是关键的环节，是指船公司从货主方面争取货源的业务行为。其目的是使自己经营的货船能达到满载或接近满载，以取得最大的收入。

揽货对船公司非常重要，它决定着船公司经营的成败。所以，各个船公司都把争取货源放在首位。近年来，船公司和无船承运人不断增多，致使货源的竞争更为强烈，这也促使船公司想方设法地提高服务质量，增加服务项目，便利货主，以争取到货源。船公司揽货的主要方式包括：

1. 公布班轮航线和船期表

船公司就自己所经营的班轮航线和船舶抵、离港的时间印成船期表，发给各货主单位，并在各种广告媒介上大量宣传，力求扩大自己的影响，以揽到合适的货源。

2. 委托代理或建立分支机构

船公司为开展业务,在船舶挂靠的港口,选择可靠的国际船舶代理公司作为其代理机构。选择代理是非常重要的一项工作,因为船公司不可能在所有港口都设有自己的分支机构,需要通过代理公司,来代办所在港口的业务。中国外轮代理总公司是目前我国最大的船舶代理机构,其所属代理公司遍布全国各大中小港口。中国远洋集团总公司设在国外的代理机构亦遍布世界各大港口。

一些班轮公司,往往在航线上的主要港口建立自己的办事处或分支机构。建立办事处或分支机构的目的主要是处理好现场的业务工作,扩大船公司的影响,开拓揽货渠道,监督代理的工作及协调与各方面的关系。例如,台湾的长荣集团在全球的主要口岸都设立了分部,共有 250 多家分公司或办事处,为公司的船舶承揽货物。

3. 提高服务质量

船公司为了多揽货,必须在服务上比同行高出一筹。特别是当今海运市场竞争日趋激烈,船公司日益增多,运输能力往往大于货源需求。各船公司为了提高竞争力,必须在提高服务质量上下工夫。为扩大货源渠道,各大海运公司在各地设立办事处,组建集装箱堆场、运输车队和储运仓库等,更好地为货主服务,以便承揽到更多的货源。

(二)订舱

与船公司揽货相对应,托运人或他的代理人向承运人或其代理申请货物运输,承运人对这种申请给予承诺,即是订舱。订舱的地点可以是航线的始点或终点和船舶途经的口岸。以 CIF 价格成交的出口货物,应由出口方承担货物的运输,负责租船或订舱,将货物运交国外的进口方,所以订舱多在装货港或货物输出地进行。以 FOB 价格成交的出口货物,买方应负责租船订舱,订舱地多在货物输入地或卸货港。船公司接受订舱后,要注意以下三个方面:

1. 做好船舶舱位的分配

由于班轮航线运输可能要在多个挂靠港装卸货,船公司要根据过去的实际情况,对该航线上的船舶舱位进行预配,并定出限额。各装货港的分支机构或代理机构只能在所分配的船舶舱位范围内承揽货载。遇到特殊情况,分配的舱位不足或过剩时,就要考虑在各装货港之间进行调剂,使舱位得到充分利用。

2. 注意货物的性质、包装和重量

接受订舱时,必须注意货物的性质、包装和重量。如装运危险品货物,在积载和保管及中途挂港上有许多限制;装运超长件货物时,常受舱口大小的限制;装运超重件货物时,要考虑船舶和装货港、卸货港设备能力和陆上运输的限重等情况。

3. 注意装卸港及通过港的相关法规

国际贸易货物,其装卸港和通过港常分属不同的国家,所适用的法律或港口当局的规章制度和管理办法常有不同。例如,根据装货港国家的法规允许装船的货物,在卸货港国家却禁止卸货。所以在接受订舱时,须特别注意有关国家的法律和港口的规章管理办法,以免出现不必要的问题或纠纷。

(三)装船

1. 直接装船

由货主直接将货物送到船边装船的形态被称为直接装船或现装。在班轮运输中件杂货一般都不采用直接装船的形式,但对一些特殊的货物,如危险品、冷冻货、鲜活货、贵重货或者较大的同类货物,则可在事先商定后,由托运人将货物直接送至船边,或使用托运人的驳船将货物送到船边直接装船。

2. 集中装船

班轮运输中,为了提高装船效率,减少船舶在港停泊时间,通常都采用集中装船的方式。集中装船是指船公司在各装货港指定装船代理人,在各装货港的指定地点(通常是码头仓库)接收托运人送来的货物,办理交接手续后,将货物集中并按货物的卸货次序进行适当的分类后再装船。这种装船方式又称"仓库收货,集中装船"。

站在托运人的立场上看,把货物交给船公司指定的装船代理人,如同把货物交给船公司一样,交货后的一切风险都应由船公司负担。但根据提单及有关海上运输法规的规定,对班轮件杂货运输,船公司的责任是从本船船边装货时开始的,除非另有约定,即船公司的责任期间并没有前延至仓库收货时。根据船公司和装船代理人之间的特约,在船边装船以前的责任应属于装船代理人。

(四)卸货

卸货是将船舶装运的货物在卸货港从船上卸下,在船边交给收货人或代其收货的人,并办理货物交接手续。船公司在卸货港的代理人根据船舶发来的到港电报,一方面编制有关单证,联系安排泊位和准备办理船舶进口手续,约定装卸公司,等待船舶进港后卸货;另一方面还要把船舶预定到港时间通知收货人,以便收货人及时做好接收货物的准备工作。

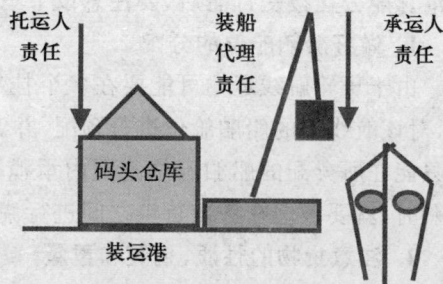

图 2-5 集中装船方式下托运人、装船代理和承运人责任划分

1. 集中卸船

班轮运输中,通常都采用集中卸货的办法,即由船公司指定的装卸公司作为卸货代理人总揽卸货和接收并向收货人交付货物的工作。船舶到港后,先将货物卸至码头仓库,进行分类后再交付收货人,这种方式又称为"集中卸货,仓库交付"。装卸公司如果兼营货物的进口报关业务,在将货物搬入保税仓库后,应随即附上必要的单证,向海关申请进口报关,经海关查验放行后,再行办理货物交付手续。

船公司的责任,同装货一样,也是以船边为界,即货物脱离本船的吊钩时,船公司的责任即告终止。船公司只负担货物的卸船费用,此后的驳船费、岸上搬运费及仓储保管费等由收货人向装卸公司或卸货代理人支付。

2. 误卸

班轮运输中由于同时装运分属不同货主和不同卸货港的货物,有时难免会发生将本应在其他港口卸下的货物卸在本港,或本应在本港卸下的货物遗漏未卸。通常将前者称为溢卸(Over Landed),后者称为短卸(Short Landed)。关于因误卸而引起的货物延迟损失或货物的损坏责任问题,一般在提单条款中都有规定。通常规定,因误卸而发生的补送、退运费用由船公司负担,但对因此而造成的延迟交付或货物的损坏,船公司不负赔偿责任。

(五)交付货物

在集装箱班轮运输中,由于大多采用 CY/CY 交接方式;而在杂货班轮运输中,由于实践中多采用"集中卸船,仓库交付"的形式;并且收货人必须在办妥进口手续后,方能提取货物。所以,在班轮运输中,通常是收货人先取得提货单,办理进口手续后,再凭提货单到堆场、仓库等存放货物的现场提取货物。而收货人只有在符合法律规定及航运惯例的前提条件下,方能取得提货单。

在使用提单的情况下收货人必须把提单交回承运人,并且该提单必须经适当正确的背书(Duly Endorsed),否则船公司没有交付货物的义务。另外,收货人还须付清所有应该支付的费用,如到付的运费,共同海损分担费等,否则船公司有权根据提单上的留置权条款的规定,暂时不交付货物,直至收货人付清各项应付的费用;如果收货人拒绝支付应付的各项费用而使货物无法交付时,船公司还可以经卸货港所在地法院批准,对卸下的货物进行拍卖,以拍卖所得价款充抵应收取的费用。因此,货运代理人应及时与收货人联系,取得经正确背书的提单,并付清应该支付的费用,以便换取提货单,并在办理了进口手续后提取货物。

1. 凭银行保函放货

在已经签发了提单的情况下,收货人要取得提货的权利,必须以交出提单为前提条件。

然而,有时由于提单邮寄延误,或者作为押汇的跟单票据的提单未到达进口地银行,或者虽然提单已到达进口地银行,而因为汇票的兑现期限的关系,在货物已运抵卸货港的情况下,收货人还无法取得提单,也就无法凭提单来换取提货单提货。此时,按照一般的航运习惯,收货人就会开具由一流银行签署的保证书,以保证书交换提货单后提货。船公司同意凭保证书交付货物是为了能尽快地交货,而且除有意欺诈外,船公司可以根据保证书将因凭保证书交付货物而发生的损失转嫁给收货人或保证银行。但是,由于违反运输合同的义务,船公司对正当的提单持有人仍负有赔偿一切损失责任的风险。因此,船公司会及时要求收货人履行解除担保的责任,即要求收货人在取得提单后及时交给船公司,以恢复正常的交付货物的条件。实践中,船公司要求收货人和银行出具的保证书的形式和措词虽各不相同,但主要内容都包括因不凭提单提货,收货人和保证银行同意下列条件:

(1)因不凭提单提取货物,收货人和银行保证赔偿并承担船公司及其雇员和代理人因此承担的一切责任和遭受的一切损失;

(2)对船公司或其雇员或其代理人因此被起诉而提供足够的法律费用;

(3)对船公司的船舶或财产因此被扣押或羁留或遭到这种威胁而提供所需的保释金或其他担保以解除或阻止上述扣押或羁留,并赔偿船公司由此所遭受的一切损失、损害或费用;

(4)收到提单后换回保证书;

(5)对于上述保证内容由收货人和银行一起负连带责任。

2. 选港货的处理

提单上的卸货港(Port of Discharge)一栏内有时会记载两个或两个以上货主选择的卸货港名称,这是因为货主在货物装船前尚未确定具体的卸货地点。所以在办理货物托运时提出选择卸货港交付货物的申请,并在船舶开航后提单上所载明的选卸港范围内选定对自己最为方便或最为有利的卸货港,最后在这个港口卸货和交付货物。这种由货主选择卸货港交付的货物称为"选港货"(Optional Cargo)。

由于为"选港货"签发的提单中的卸货港一栏内已明示了卸货港的范围,如:"Option Kobe/Yokohama",所以收货人在办理提货手续时,只要交出一份提单即可。但是货主必须在船舶自装货港开航后,抵达第一个选卸港之前的一定时间以前(通常为24小时或48小时),把决定了的卸货港通知船公司及被选定卸货港船公司的代理人,否则船长有权在任何一个选卸港将货物卸下,并认为船公司已履行了对货物运送的责任。

3. 卸货港变更

如果收货人认为有必要将货物改在提单上载明的卸货港以外的其他港口卸货交付,则可以向船公司提出变更卸货港的申请。但是,所变更的卸货港必须是在船舶航次停靠港口范围之内,并且必须在船舶抵达原定卸货港之前或到达变更的卸货港(需提前卸货时)之前提出变更卸货港交付货物的申请。由于变更卸货港交付货物是在提单载明的卸货港以外的其他港口卸货和交付货物,所以收货人必须交出全套提单才能换取提货单提货。而且,在船公司根据积载情况,考虑变更卸货港卸货和交付货物对船舶营运不会产生严重影响,并接受货主变更卸货港的申请后,收货人还应负担因这种变更而发生货物的翻舱、掏载费,装卸费以及因变更卸货港的运费差额和有关手续费等费用。

4. 电放

10 年前,在船公司普遍没有自己的海运单,而又不需要收货人在卸货港以提单换取提货单的情况下,"电放"的做法产生了。"电放"是指在装货港货物装船后,承运人签发提单,托运人再将全套提单交回承运人,并指定收货人,承运人以电讯方式授权其在卸货港的代理人,在收货人不出具提单的情况下,交付货物。由于与传统的做法不同,因此托运人和收货人都要出具保函,但收货人不需要履行解除担保的责任。同时,承运人不能交错货,托运人(卖方)应能收到货款,而收货人(买方)应能提到货物,这是"电放"中各方应注意的问题。

5. 使用海运单

在使用海运单的情况下,收货人无须出具海运单,承运人只要将货物交给海运单上所列的收货人,就被视为已经做到了谨慎处理。通常收货人在取得提货单提货之前,应出具海运单副本及自己确实是海运单注明的收货人的证明材料。

第三节　班轮运输单证

一、班轮运输的主要单证

在班轮运输中,办理货物托运、装船卸货、交付货物的整个运输过程,都需要编制各种单证。这些单证是托运人、收货人与船方之间办理货物交换的证明,也是货方、港方和船方联系工作及划分责任的依据。

这些单证有些是受国际公约和各国国内法规约束的,有的则是按照港口当局的规定和航运习惯而编制使用的。尽管这些单证种类繁多,而且因各国港口的规定会有所不同,但主要单证是基本一致的,并能在国际航运中通用。在集装箱班轮运输中,除了一些集装箱运输使用的专门的单证外,也使用这些单证,只不过是在单证中另外加上有关集装箱运输的内容而已。另外,由于信息技术的发展,现在已经有一些船公司和港口开始使用电子单据。目前国际上通用的及我国航行于国际航线船舶所使用的主要单证包括:

（一）装船单证

1. 托运单（Booking Note, B/N）

托运单（图 2-6）是指由托运人根据买卖合同和信用证的有关内容向承运人或他的代理人办理货物运输的书面凭证。经承运人或其代理人对该单的签认，即表示已接受这一托运，承运人与托运人之间对货物运输的相互关系即告建立。

海运出口托运单

托运人 Shipper _____

编号 No. _____ 船名 S/S _____

目的港 For _____

标记及号码 Marks Nos	件数 Quantity	货名 Description of goods	重量公斤 Weight kilos	
			净 Net	毛 Gross
			运费付款方式	
共计件数（大写） Total Number of Packages Writing				
运费计算		尺码 Measurement		
备注				
抬头	ORDER OF	可否转船	可否分批	
通知		装期	效期	提单张数
		金额		
收货人		银行编号	信用证号	

制单　　月　　日

图 2-6　托运单

2. 装货联单

在杂货班轮运输的情况下,托运人如果以口头形式预订舱位,而船公司对这种预约表示承诺,则运输合同关系即告建立,这种以口头形式订立的合同也符合法律的规定。但是,国际航运界的通常做法则是由托运人向船公司提交详细记载有关货物情况及对运输要求等内容的装货联单。原则上,托运人应先将托运单交船公司办理托运手续,船公司接受承运后在托运单上签章确认,然后发给托运人装货联单。但是,在实践操作中,通常是由货运代理人向船舶代理人申请托运,然后由货运代理人根据托运人委托,填写装货联单后提交给船公司的代理人。而货运代理人填写装货联单的依据是托运人提供的买卖合同和信用证的内容以及货运委托书或货物明细表等。

目前我国各个港口使用的装货联单组成不尽相同,但是,主要都是由以下各联所组成:

托运单(Booking Note,B/N)及其留底(Counterfoil);

装货单(Shipping Order,S/O);

收货单(Mate's Receipt,M/R)等。

而船公司或其代理人接受承运后,便予以编号并签发装货单。签发装货单时,船公司或其代理人会按不同港口分别编装货单号,装货单号不会重复,也不会混港编号。签发装货单后,船、货、港等方面都需要有一段时间来编制装货清单、积载计划、办理货物报关、查验放行、货物集中等装船的准备工作。因此,对每一航次在装货开始前一定时间应截止签发装货单。若在截止签发装货单日(Closing Date)之后,再次签发装货单,则称之为"加载"。通常只要还没有最后编妥积载计划,或积载计划虽已编妥,但船舶的舱位尚有剩余,并且不影响原积载计划的执行时,船方都会设法安排"加载"。不过,在确定截单日或安排"加载"时,船方和货方都应注意中国海关法第十八条的规定:出口货物的发货人除海关特准外应当在装货的 24 小时前向海关申报。

装货单(图 2-7)亦称下货纸,是托运人(实践中通常是货运代理人)填制,交船公司(实践中通常是船舶代理人)审核并签章后,据以要求船长将货物装船承运的凭证。由于托运人必须在办理了货物装船出口的海关手续后,才能要求船长将货物装船,所以装货单又常称为"关单"。当每一票货物全部装上船后,现场理货员即核对理货计数单的数字,在装货单上签注实装数量、装船位置、装船日期并签名,再由理货长审查并签名,证明该票货物如数装船无误,然后随同收货单一起交船上大副,大副审核属实后在收货单上签字,留下装货单,将收货单退给理货长转交托运人(或货运代理人)。

装货单
SHIPPING ORDER

托运人 _____
Shipper

编号_____ 船名_____
No. S/S

目的港 _____
For

兹将下列完好状况之货物装船后希签署收货单
Receive on board the undermentioned goods apparent in good order and condition and sign the accompanying receipt for the same.

标记及号码 Mark & Nos.	件数 Quantity	货名 Description of goods	重量 公斤 Weight kilos	
			净 Net	毛 Gross
共计件数（大写） Total number of Packages in Writing				

日期 _____ 时间 _____
Date Time

装入何舱
Stowed _____

实收
Received _____

理货员签名 经办员
Tallied By _____ Approved By _____

图 2-7　装货单

　　收货单（图 2-8）是指某一票货物装上船后，由船上大副（Chief Mate）签署给托运人的作为证明船方已收到该票货物并已装上船的凭证。所以，收货单又称为"大副收据"或"大副收单"。托运人取得了经大副签署的收货单后，即可凭以向船公司或其代理人换取已装船提单。大副在签署收货单时，会认真检查装船货物的外表状况、货物标志、货物数量等情况。如果货物外表状况不良、标志不清、货物有水渍、油渍或污渍等情况，数量短缺，货物损坏时，大副就会将这些情况记载在收货单上。这种在收货单上记载有关货物外表状况不良或有缺陷的情况称为"批注"（Remark），习惯上称为"大副批注"。有大副批注的收货单称为"不清洁收货单"（Foul Receipt）；无大副批注的收货单则为"清洁收货单"（Clean Receipt）。

收货单

MATE'S RECEIPT

托运人 _____
Shipper

编号 _____   船名 _____
No.   S/S

目的港 _____
For

下开完好状况之货物业已收妥无损

Receive on board the following goods apparent in good order and condition：

标记及号码 Mark & Nos.	件数 Quantity	货名 Description of goods	重量　公斤 Weight　Kilos	
			净 Net	毛 Gross
共计件数（大写） Total number of Packages in Writing				

日期 _____   时间 _____
Date   Time

装入何舱
Stowed _____

实收
Received _____

理货员签名   大副
Tallied By _____   Chief Officer _____

图 2-8　收货单（大副收据）

　　托运人取得收货单后，即可凭以要求船公司签发提单。提单具有货物收据、物权凭证和运输合同业已存在证明的功能，因此，它是班轮运输中最重要的单证之一。

3. 装货清单

　　装货清单（Loading List）（图 2-9）是根据装货联单中的托运单留底联，将全船待运货物按目的港和货物性质归类，依航次靠港顺序排列编制的装货单的汇总单。装货清单的内容包括船名、装货单编号、件数、包装、货名、毛重、估计立方米及特种货物对运输的要求或注意事项的说明等。装货清单是大副编制积载计划的主要依据，又是供现场理货人员进行理货，港口安排驳运，进出库场以及掌握托运人备货及货物集中情况等的业务单据。当有增加或取消货载的情况发生时，船方（通常是船舶代理人）会及时编制"加载清单"（Additional Cargo List），或"取消货载清单"（Cancelled Cargo List），并及时分送各有关方。

65

装货清单

船名   页数
Loading list of s. s. /m. v. " " Page No. _____

关单号码 S/O No.	件数及包装 No. of P'kgs	货名 Description of Goods	重量公吨 Weight in Metric tons	估计立方米 Estimated Space in cu. M.	备注 Remarks

图 2-9 装货清单

4. 载货清单

载货清单(Manifest, M/F)(图 2-10),亦称"舱单"。它是在货物装船完毕后,根据大副收据或提单编制的一份按卸货港顺序逐票列明全船实际载运货物的汇总清单。其内容包括船名及国籍,开航日期,装货港及卸货港,同时逐票列明所载货物的详细情况。

出口载货清单

EXPORT MANIFEST

船名   航次   船长   从   到
M. V. _____ Voy. _____ Captain _____ From _____ to _____
开航日期   页数 Sheet No. _____
Sailed _____

提单号码 B/L No.	标志和号数 Marks & Numbers	件数及包装 No. of Packages	货名 Description of Goods	重量 Weight 公斤 Kilos	收货 Consignees	备注 Remarks

图 2-10 载货清单

载货清单是国际航运实践中一份非常重要的通用单证,其作用主要体现在:

(1)船舶办理报关手续时,必须提交载货清单。载货清单是海关对进出口船舶所载货物进出国境进行监督管理的单证,如果船载货物在载货清单上没有列明,海关有权依据海关法的规定进行处理。

(2)载货清单是港方及理货机构安排卸货的单证之一。

(3)在我国,载货清单是出口企业在办理货物出口后申请退税,海关据以办理出口退税手续的单证之一。因此,在船舶装货完毕离港前,船方应由船长签认若干份载货清单,并留下数份随船同行,以备中途挂港或到达卸货港时办理进口报关手续时使用。

(4)收货人在办理货物进口报关手续时,载货清单也是海关办理验放手续的单证之一。

如果在载货清单上增加运费项目,则可制成载货运费清单(Freight Manifest)。

5. 货物积载图

出口货物在货物装船前,必须就货物装船顺序,货物在船上的装载位置等情况做出一个详细的计划,以指导有关方面安排泊位,货物出舱,下驳,搬运等工作。这个计划是以一个图表的形式来表示,即用图表的形式表示货物在船舱内的装载情况,使每一票货物都能形象具体地显示其在船舱内的位置。该图表就是通常所称的积载图(Stowage Plan)。在货物装船以前,大副根据装货清单上记载的货物资料制定货物积载计划。但是,在实际装船过程中,往往会因为各种客观原因,使装货工作无法完全按计划进行。例如,原计划的货载变动,货物未能按时集港而使装船计划改变,造成积载顺序与原计划不同等情况。这样,就造成货物实际在舱内的积载位置与原来的计划不一致。当然,在装船过程中,对原计划的改动原则上都应征得船长或大副的同意。当每一票货物装船后,应重新标出货物在舱内的实际装载位置,最后绘制成一份"货物积载图"。

6. 危险货物清单

危险货物清单(图 2-11)是专门列出船舶所载运全部危险货物的明细表。其记载的内容除装货清单、载货清单所应记载的内容外,特别增加了危险货物的性能和装船位置两项。为了确保船舶、货物、港口及装卸、运输的安全,包括我国港口在内的世界上很多国家的港口都专门做出规定,凡船舶载运危险货物都必须另行单独编制危险货物的清单。

危险品清单

DANGEROUS CARGO LIST

船名 M. V. _____	航次 Voy. _____	从 From _____	到 to _____	页数 Sheet No. _____

提单号码 B/L No.	件数及包装 No. of Packages	货名 Description of Goods	重量 Weight 公斤 Kilos	货物性能 Nature of Goods	装船位置 Where Stowed	备注 Remarks

图 2-11 危险货物清单

按照一般港口的规定,凡船舶装运危险货物时,船方应向有关部门(我国海事局)申请派员监督装卸。在装货港装船完毕后由监装部门签发给船方一份"危险货物安全装载书"(Dangerous Cargo Safe Stowage Certificate)。这也是船舶载运危险货物时必备的单证之一。另外,有些港口对装、卸危险货物的地点,甚至每一航次载运的数量,以及对危险货物的包装、标志等都有所规定。因此,船公司和货主对各国有关装卸危险货物的规定都应事先有所了解,以免日后发生不必要的麻烦。

除上述主要单证外,为了提高运输效率和效益,还会使用其他一些单证,如重大件清单(Heavy and Lengthy Cargo List),剩余舱位报告(Space Report),积载检验报告(Stowage Survey Report)等。

(二)卸货单证

1. 过驳清单

过驳清单(Boat Note)是采用驳船作业时,作为证明货物交接和表明所交货物实际情况的单证。过驳清单是根据卸货时的理货单证编制的,其内容包括:驳船名,货名、标志、号码、包装、件数,卸货港,卸货日期,舱口号等,并由收货人、卸货公司、驳船经营人等收取货物的一方与船方共同签字确认。

2. 货物溢短单

货物溢短单(Overlanded & Shortlanded Cargo List)(图 2-12)是指一票货物所卸下的数字与载货清单上所记载的数字不符,发生溢卸或短卸的证明单据。货物溢短单由理货员编制,并且必须经船方和有关方(收货人,仓库)共同签字确认。

货物溢短单
OVERLANDED/SHORTLANDED CARGO LIST

船名: 航次: 泊位: 国籍:
Vessel: Voy.:   Berth: Nationality:

开工日期: 年　月　日   制单日期: 年　月　日
Tally commenced on: Date of list:

提单号码 B/L No.	标志 Marks	货名 Description of Goods	舱单记载件数和包装 P'kg. & packing on manifest	溢卸件数和包装 P'kg. & packing overlanded	短卸件数和包装 P'kg. & packing shortlanded
总计 Total					

理货组长: 船长/大副:
Chief Tally: Master/Chief Officer:

图 2-12　货物溢短单

3. 货物残损单

货物残损单(Broken & Damaged Cargo List)(图 2-13)是指卸货完毕后,理货员根据卸货过程中发现的货物破损、水湿、水渍、渗漏、霉烂、生锈、弯曲变形等情况记录编制的,证明货物残损情况的单据。货物残损单必须经船方签认。

货物残损单

DAMAGE CARGO LIST

船名: 航次: 泊位: 国籍:
Vessel: Voy. :   Berth: Nationality:

开工日期: 年   月   日   制单日期: 年   月   日
Tally commenced on: Date of list:

提单号码 B/L No.	标志 Marks	货名 Description of Goods	货损件数和包装 P'kg. & packing Damaged	货损情况 Condition of damage

理货组长: 船长/大副:
Chief Tally: Master/Chief Officer:

图 2-13 货物残损单

以上三种单据通常是收货人向船公司提出损害赔偿要求的证明材料,也是船公司处理收货人索赔要求的原始资料和依据。所以,船方在签字时会认真进行核对,在情况属实时才会给予签认;在各方对单证记载内容意见不一致时,应尽量协调,以取得一致意见;经协商不能取得一致意见时,船方也可能在单证上做出适当的保留批注。货主在获取以上三种单据时,应检查船方的签字。

4. 提货单

提货单(Delivery Order,D/O)(图 2-14)亦称小提单,是收货人凭以向现场(码头仓库或船边)提取货物的凭证。其内容包括船名,货名、件数、数量、包装式样、标志,提单号,收货人名称等。提货单的性质与提单完全不同,它只不过是船公司指令码头仓库或装卸公司向收货人交付货物的凭证,不具备流通及其他作用。因此,提货单上一般记有"禁止流通"(Non-negotiable)字样。

致_____港口_____日期_____

航次_____装货港_____

请将下列自_____轮卸下的货物交付给_____

提单号	标 志	包装和件数	货 名	数 量	备 注

本提单根据批注、提单条款和收货单签发。

禁止流通

签字_____

图 2-14 提货单

二、货运单证流程

班轮运输货运单证流程的具体内容如图 2-15 所示：

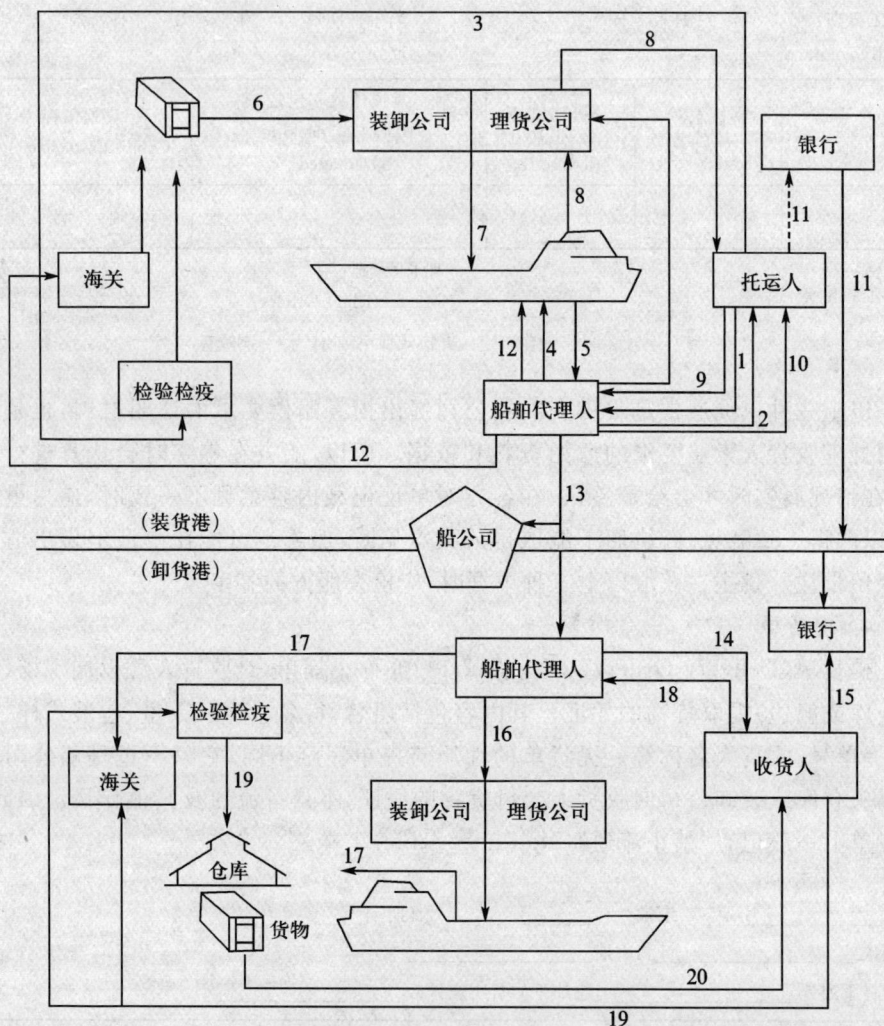

图 2-15　班轮运输货运单证流程

（1）托运人向船公司在装货港的代理人（也可直接向船公司或其营业所）提出货物装运申请，递交托运单（Booking Note），填写装货联单。

（2）船公司同意承运后，其代理人指定船名，核对 S/O 与托运单上的内容无误后，签发 S/O，将留底联留下后退还给托运人，要求托运人将货物及时送至指定的码头仓库。

(3)托运人持 S/O 及有关单证向海关办理货物出口报关、验货放行手续,海关在 S/O 上加盖放行图章后,货物准予装船出口。

(4)船公司在装货港的代理人根据留底联编制装货清单(L/L)送船舶及理货公司、装卸公司。

(5)大副根据 L/L 编制货物积载计划交代理人分送理货、装卸公司等按计划装船。

(6)托运人将经过检验及检量的货物送至指定的码头仓库准备装船。

(7)货物装船后,理货长将 S/O 交大副,大副核实无误后留下 S/O 并签发收货单(M/R)。

(8)理货长将大副签发的 M/R 转交给托运人。

(9)托运人持 M/R 到船公司在装货港的代理人处付清运费(预付运费情况下)换取正本已装船提单(B/L)。

(10)船公司在装货港的代理人审核无误后,留下 M/R 签发 B/L 给托运人。

(11)托运人持 B/L 及有关单证到议付银行结汇(在信用证支付方式下),取得货款,议付银行将 B/L 及有关单证邮寄开证银行。

(12)货物装船完毕后,船公司在装货港的代理人编妥出口载货清单(M/F)送船长签字后向海关办理船舶出口手续,并将 M/F 交船随带,船舶启航。

(13)船公司在装货港的代理人根据 B/L 副本(或 M/R)编制出口载货运费清单(F/M),连同 B/L 副本、M/R 送交船公司结算代收运费,并将卸货港需要的单证寄给船公司在卸货港的代理人。

(14)船公司在卸货港的代理人接到船舶抵港电报后,通知收货人船舶到港日期,做好提货准备。

(15)收货人到开证银行付清货款取回 B/L(在信用证支付方式下)。

(16)卸货港船公司的代理人根据装货港船公司的代理人寄来的货运单证,编制进口载货清单及有关船舶进口报关和卸货所需的单证,约定装卸公司、理货公司、联系安排泊位,做好接船及卸货准备工作。

(17)船舶抵港后,船公司在卸货港的代理人随即办理船舶进口手续,船舶靠泊后即开始卸货。

(18)收货人持正本 B/L 向船公司在卸货港的代理人处办理提货手续,付清应付的费用后,换取代理人签发的提货单(D/O)。

(19)收货人办理货物进口手续,支付进口关税。

(20)收货人持 D/O 到码头仓库或船边提取货物。

第四节　提单、海运单和电子提单

一、提单的概念

提单(Bill of Lading)(简称 B/L)是货物的承运人或其代理人收到货物后,签发给托运人的一种单证。提单说明了货物运输有关当事人,如承运人、托运人和收货人之间的权利与义务,它是各项货运单据中最重要的单据。

二、提单的作用

(一)货物收据的作用

从提单的发展史看,提单首先是作为货物收据出现的。承运人通过向托运人签发提单,来证明承运人已收到了并开始占有提单载明的货物。

1. 提单作为货物收据的法律意义

提单作为货物收据,记载了托运货物的名称、数量或重量、体积及货物表面状况。它的法律效力是,承运人应当保证运输期间妥善、谨慎地履行管理货物义务,并在目的港按照提单的记载向收货人交付货物。

2. 提单作为货物收据的证据效力

不同时期的立法对提单作为货物收据的证据效力规定不同。《海牙规则》规定,提单是承运人收到货物的初步证据(Prima Facie Evidence),即提单的证据效力不是绝对的。如果事后承运人有证据证明提单记载的货物与实际不符,提单记载可被推翻。在这种法律制度下,可转让提单持有者的利益无法得到有效保障,因为提单的流通转让所依赖的完全是提单的表面记载。

为改变这种状况,《维斯比规则》及《汉堡规则》将提单的证据效力确定为绝对证据(Conclusive Evidence),承运人对提单记载的相反举证不可对抗提单持有人。对于发货人,承运人可以举证推翻提单记载,但对托运人以外的提单持有人,提单就是装运货物的绝对主据,承运人有绝对义务按照提单记载的内容向收货人交付货物。如果发生货物品种不符,数量短少,包装或货物损坏,承运人需负赔偿责任。在这种绝对责任制度下,承运人签发提单时应保证提单记载与实际相符,在运输过程中应谨慎、妥善保管货物,以便在卸货港按照提单记载交付货物。

对于由发货人提供而船东不知晓的某些提单记载,《海牙规则》及一些国家法律规定,发货人应对提供情况的真实性负责。根据英国《1992 年海上货物运输法》关于发货人提单下的权利和义务随着提单的转让一并转让给了提单持有人的规定,发货人的上述责任就转到了提单持有人身上,即提单受让人需对提单记载不真实负责。这与提单绝对证据效力的规定存在着矛盾。考虑到承运人在接收货物时的谨慎核查责任及对无辜提单持有人的保护,从英国司法实践看,只有在托运人隐瞒危险品详情而造成货物损坏时,提单持有人才与托运人负连带责任,而与承运人无关。对其他与提单记载不符的交付,承运人仍需承担责任。

(二)物权凭证作用

1. 提单物权凭证的解释

物权法中的物权是指自然人、法人直接支配特定物的权利,包括所有权、用益物权和担保物权。所有权包括占有、使用、收益、处分的权利,所有权是一种最充分的权利,是一种绝对的权利。提单的物权凭证指的是,提单持有人对提单下货物的推定占有权或所有权。具有物权功能的提单仅指可转让的提单,即指示提单和不记名提单。

在运输合同下,当事人关心更多的是货物的推定占有权。持有提单,就可以推定持有人有权占有货物;提单持有人出示了提单,承运人就应当向其交付货物,而无需考察提单持有人是否拥有货物所有权。在货物买卖合同下,当事人关心更多的是货物的所有权。卖方在没有收到对价以前,通过控制提单可以控制货物所有权;买方在给付了对价取得提单之后,就取得了货物的所有权。

应当注意的是,即使是买卖合同下转让提单,也并不一定意味着转让了货物所有权。持有提单,也并不一定意味着持有人拥有货物所有权,但持有人一定拥有货物占有权。例如,在非付款交单(信用证下的议付与托收下的付款交单即时的对价给付)支付方式下,如果卖方先行交出了提单,但没有收到对价,卖方仍然对货物拥有所有权;或者说,即使买方取得了货物占有权,但仍然没有所有权。再如,银行持有提单,也只是拥有货物的占有权而无所有权。如果开证申请人不履行付款赎单义务,开证行对占有的货物也不具有处置权,其需要履行必要法定程序,由法院拍卖货物。所以说,货物所有权的拥有和转让需要依据民法有关规定确定,不是提单法调整的范畴。

2. 提单物权凭证的法律规定

提单的物权凭证功能也是在国际贸易发展过程中,通过商人习惯进而通过立法赋予的。我国《海商法》第 71 条规定的"提单中载明的向记名人交付货物,或者按照指示人的指示交付货物,或者向提单持有人交付货物的条款,构成承运人据以交付货物的保证",尽管有人称其为提单的"提货凭证"功能,但将记名提单也包括在内似乎不妥。上述解释或规定都是针对提单物权凭证作用的。在此作用下,提单合法转让,等于货物合法转让。

3. 提单转让的基本形式

提单的转让有两种基本形式。一种是货物所有权的转让。买方付清了货款，卖方将提单背书转让给买方，买方凭此向船方提取货物，就属于这种转让；另一种是货物占有权转让，卖方将代表货物占有权的提单质押给银行，向其贷款，或在议付时对提单做不记名背书转让给议付银行，就属于第二种转让。第二种情形下转让的是货物占有权，而不是货物所有权。

提单在转让过程中其代表的货物所有权和占有权有时是相分离的。从提单的转让流程看，当国际贸易中采用银行信用证结算方式时，发货人从承运人取得提单后首先将其背书转让给银行，议付银行在议付后再将提单转交给开证行，开证行在收货人付清货款后再将提单转让给收货人，收货人（提单受让人）可以将该提单继续在商人之间转让，或到银行质押取得货款。其中，提单在商人之间转让的多数是货物所有权，包括开证银行向收货人的转让，但发货人向银行的转让，只是转让货物的占有权，而货物所有权继续控制在发货人手中。进行这种区分的必要性在于：其一，卖方在买方付清货款前可以继续控制货物所有权；其二，银行不必卷入商业合同关系中；其三，在托收、寄售等贸易方式下，可让买方先以提单提取货物转售，但卖方声明保留货物所有权。这样，买方转卖的货款就必须归还卖方。

4. 提单转让与其他票据转让的区别

提单转让过程中，各关系人所承担的责任与一般的可流通票据不同，可流通票据的法律关系只存在于债权人和债务人之间；流通票据是有价证券，可以多次进行转让，所有背书人均负连带责任。提单也可多次转让，但一经合法转让，背书人不负连带责任，最后受让人只能向提单最初签发人——承运人主张提单权利。提单转让在时间上也是有限制的，即从提单签发之时起到货物交付时止。另外，全套提单中的一份提取了货物后，其余各份均告失效。货物到达目的港后的一定时间内，提单持有人必须办理提货手续，否则货物会被当作无主货处理。收货人提货后，或货物被依法处理后，提单也就失去效力，而失去效力的提单是不允许再转让的。非法获得的提单也不具有合法转让权利。

5. 关于无单放货

可转让提单的物权凭证特性，要求承运人在目的港必须向提单持有人交付货物。如果承运人向提单持有人以外的人交付货物，从提单合同上说是违约行为，从剥夺他人物权角度说是侵权行为，因此承运人必须对此承担全部责任。

航运实务中由于提单周转时间长于货物运输时间，或由于买卖双方发生争议提单尚未转让，造成船舶抵达目的港后，提单仍未到达收货人手中，迫使收货人凭提单副本加上保函向承运人提货。这种承运人凭上述单证交付货物行为在业务中被称为"无单放货"。由于无单放货行为剥夺了提单持有人的货物占有权或所有权,既违约又违法,因而会招致提单持有人的起诉,承运人应当避免这种做法。为避免船期损失,船东可以通过在运输合同中明确规定由于等待正本提单造成的船期损失由承租人负责,或在保留货物占有权的前提下将货卸进保税仓库的方法来解决。根据某些国家法律,在记名提单下,船东在验明收货人身份与提单记名人一致后,可无正本提单放货,但收货人应出具收货证明。但在我国现行法律下,这种做法仍为违法行为。

(三)运输合同作用

1. 提单运输合同作用的含义

海上货物运输合同是关于货物运输法律关系中合同双方权利义务、责任期间、责任限制、责任豁免、法律运用等主要内容的协议。提单的运输合同作用的含义是,提单表明了承运人与货方就提单货物运输所需履行的基本义务和赔偿责任。根据有关法律,提单运输合同关系有两种情况:第一种是建立在承运人和托运人之间的,第二种是在提单转让后建立在承运人和提单持有人之间的。

2. 承运人与托运人的提单合同关系

在第一种情况下,提单的运输合同作用在不同的运输形式下表现形式不同,因此导致人们对此认识不同。英国提单法承认提单具有运输合同的作用,我国法律界对此持有不同观点,以提单是运输合同的观点占上风,这一观点体现在《海商法》关于提单的定义中。事实上,由于运输方式的不同和提单流转程序及关系人的复杂性,提单运输合同作用与一般意义上的合同相比具有特殊性。

在租船运输方式下,当承租人为发货人时(如在 CFR、CIF 条件下),承运人与承租人(发货人或称实际托运人)的权利义务由租船合同约定,这时提单对于实际托运人而言不具有运输合同作用;当承租人为贸易合同的买方时(如 FOB 贸易条件下),提单对于实际托运人而言则具有特殊的运输合同属性。这种特殊的合同关系体现在,实际托运人成为提单合同的关系人,提单有关条款约束实际托运人和承运人,各国相关法律也对此作了强制性规定。例如,在买卖合同下发生买方拒收货物或拒付货款时,货物所有权仍在发货人手中。如果承运人违反提单运输义务造成货物灭失或损坏,或者承运人无单放货时,实际托运人可依据提单运输合同追究承运人责任;同时,实际托运人也必须在托运货物时,向承运人履行一定的义务。

在班轮运输方式下,提单是运输合同的重要组成部分。单从合同成立角度看,订舱单就是班轮运输合同。但如从业务实际考察,订舱单的内容非常简单,它只载明了货物资料和船名、装卸港口等几项内容,关于船期则体现在班轮时间表中;关于运价体现在班轮运价表中;关于合同双方的权利义务、责任期间、免责事项、法律适用等主要问题则印在班轮提单中。船期表、运价表、提单是公开给所有发货人的,他们知道或应该知道其中的内容。因此,从完整的合同看,订舱单、船期表、运价表、提单共同构成班轮运输合同,其中提单是最重要的组成部分,因此有人将其称为格式合同,订舱单只是表明运输合同关系确定的时间。所以,英国提单法中才有"提单所表明的运输合同"、"提单所包含的运输合同"之说。

3. 承运人与提单持有人的提单合同关系

在第二种情况下,即提单转让之后,不论在什么运输方式下,提单都是约束承运人与提单持有人的运输合同。将并非运输合同签约人的提单持有人变为提单合同的一方当事人是法律所强制规定的。英国《1855年提单法》第一条规定:"Every consignee of goods named in a bill of lading, and every endorsee of a bill of lading to whom the property in the goods there in mentioned shall pass, upon or by reason of such consignment or endorsement, shall have transferred to and vested in him all right of suit, and be subject to the same liabilities in respect of such goods as if the contract contained in the bill of lading had been made with himself" 英国的《1992年海上货物运输法》第2条第1款也作出了类似的规定。我国《海商法》第78条"承运人同收货人、提单持有人之间的权利、义务关系,依据提单的规定确定"的规定也源于同一思想。正是由于提单的运输合同属性,提单持有人才有权向承运人提出交付货物的要求(当然在物权凭证下他也有权这样做),在货物灭失、损坏或延迟交付时,才有权向承运人要求赔偿,但赔偿要求也要受到提单运输合同中的免责、责任限制、责任期间等规定的限制。

三、提单的种类

按照记载内容的不同,可将提单作多种分类,现将常见的分类表述如下。

(一)按货物是否已装船划分

1. 已装船提单(On Board B/L; Shipped B/L)

指通过预先印就或装船批注(On Board Notation)方式表明货物已经装于具名船只的提单。根据有关法律,货物装船后,应托运人要求,承运人应当签发"已装船提单"。在国际贸易中,一般也都要求卖方提供已装船提单。

2. 待运提单(Received for Shipment B/L)

指承运人在收到货物等待装船时,向托运人签发的提单。这种提单没有表明货物已经装船,更没有装船日期,往往也不注明装运船舶的名称,将来货物能否装运不确定,对提单受让人无保障,因此,买方和银行一般都不接受这种提单。货物装船后,承运人在待运提单上加注装运船名和装船日期及准确装货数量并签字后,待运提单即变为已装船提单。待运提单同收货单一样,都是运输合同的证据,但不是物权凭证。

(二)按收货人记载方式划分

1.记名提单(Straight B/L)

指在"收货人"栏内填写具体收货人名称的提单。多数国家法律规定,记名提单只能由提单上所记载的收货人提货,不能通过背书转让,除非记名收货人与提单受让人另立转让协议,但少数国家,如日本、韩国的《商法典》规定,即使是记名提单,也可以背书转让。记名提单可避免提单转让可能带来的风险,但也丧失了它的可流通性。在美国等一些国家,记名提单下提取货物时不必出示正本提单,仅凭记名收货人的身份证明即可。但我国《海商法》规定,记名提单下提取货物时也需要出示正本提单,否则承运人要承担无单放货的责任。

2.指示提单(Order B/L)

指在"收货人"栏内填写"凭指示"(To Order)或"凭某人指示"(To Order Of xxx)的提单。前者称为不记名指示,此种指示应视为凭托运人指示;后者称为记名指示,承运人应当按照记名人的指示交付货物。不论哪种指示,指示提单可以通过背书的方法转让给他人。

提单背书有"空白背书"(Endorsement In Blank)和"记名背书"(Endorsement In Full)两种。前者是指仅由背书人(Endorser)在提单的背面签署自己的名字或盖章,而不注明被背书人(Endorsee)的名称;后者是指背书人除在提单的背面签字盖章外,还列明被背书人的名称。指示提单在托运人(卖方)未指定收货人之前,卖方仍对货物具有所有权;提单经托运人空白背书后,即成为持有人提单,持有人可以不经背书转让提单;提单经托运人记名背书后,即成为记名提单,此种提单不能再转让。

3.持有人提单(Blank B/L;Open B/L;Bearer B/L)

也称作不记名提单、空白提单,是指"收货人"栏填写"持有人"(Bearer)的提单。这种提单不需任何背书手续,可以直接凭交付履行转让。

不记名提单的转让虽然极为简便,但如果提单遗失或被窃,风险很大。目前经过银行开出的信用证凭单付款的,或经银行议付的提单,几乎都不采用这种提单。

(三)按对货物外表状况有无不良批注划分

1.清洁提单(Clean B/L)

指未载有承运人对货物外表状况的任何不良批注的提单。通常情况下,收货人和银行都要求卖方必须提交清洁提单。

2.不清洁提单(Foul B/L;Unclean B/L)

指载有承运人对货物外表状况的不良批注的提单。承运人的不良批注包括对散装货或裸装货的外表缺陷的批注和对包装货物包装不良状况的批注。买方和银行一般都不接受不清洁提单,在装船货物存在外表不良状况时,为取得清洁提单,发货人往往出具保函,请求承运人签发清洁提单。这种做法对提单的持有人来说是一种欺骗行为,发货人、承运人都应对其后果负责,而且发货人保函的合法性也是不确定的。因此,凭发货人保函签发清洁提单,承运人将会承担很大的风险。

(四)按运输方式划分

1. 直达提单(Direct B/L)

指保证货物在装货港装船后,中途不经过换船而直接运达卸货港的提单。

2. 转船提单(Transshipment B/L;Through B/L)

指注明货物将在中途港换装另一船舶运往目的港的提单。

根据《海商法》第60条规定,承运人将货物运输或部分运输委托给实际承运人履行的,承运人仍然应当对全部运输负责。承运人与实际承运人都负有赔偿责任的,应当在此项责任范围内负连带责任。但运输合同可以明确规定,承运人对实际承运人掌管货物期间的货物灭失、损坏或延迟交付不负责任。所以,签发全程转船提单的承运人,其责任主要有两种:一种是,如无特别规定,须对货物的全程运输负责。对货物的所有人来说,主张提单权利,提出赔偿和诉讼,均以签发全程提单的承运人为对象,另一种是承运人只对自己承担的运输段负责。许多班轮提单都规定:"如有需要,承运人得将货物交由属于承运人或他人的其他船舶,或其他交通工具直接或间接地运往目的港,费用由承运人承担,但风险则由托运人或收货人承担。承运人只对自己的运输路段负责。"对这类规定是否构成上述《海商法》中所指的"明确规定",在托运人不知实际承运人情况下,承运人能否免除对实际承运人运输期间的责任,存在不确定性,应根据具体情况确定。

《跟单信用证统一惯例》(UCP600)第20条第3款规定:"只要提单包括运输全程,则提单可以注明货物将被转运或可被转运。银行可以接受注明将要发生或可能发生转运的提单。即使信用证禁止转运,只要提单上证实有关货物已由集装箱、拖车或子母船运输,银行仍可接受注明将要发生或可能发生转运的提单。"

直达提单根据"自由转船条款"有时也会发生转船,但一般仅限于在发生不可抗力事件或海损事件时,承运人才能在中途港或原卸货港的临近港口转运,否则将构成承运人非法绕航行为。

3. 联运提单

指经两种或两种以上运输方式联合运输的货物,托运人在办理托运手续并交纳全程运费之后,由第一程承运人所签发的,包括运输全程并能凭之在目的港提取货物的提单。

如同转船提单一样,使用这种提单,货物在运输途中的转换交通工具和交换工作,均由第一程承运人或其代理人负责向下段航程承运人办理,托运人不需自己办理。联运提单和转船提单虽然包括全程运输,但签发提单的承运人或其代理人,一般都在提单条款中规定:只承担货物在他负责运输的一段航程内所发生的损失责任,货物一旦卸离他所有的运输工具,其责任即告终止。

4. 国际多式联运单据(Multimodel Transport Document,MTD)

指国际多式联运形式下由多式联运经营人签发的覆盖全程运输的具有提单性质的一种单据。有关内容详见本书有关章节。

(五)按照签发人不同划分

1. 船舶所有人提单

指由船舶所有人或其指定人(如船长、船舶代理)签发的提单。此种提单是最传统的,表明船舶所有人作为承运人承担提单合同义务。

2. 租船人提单(Charterers' Bill of Lading)

它是指在期租船合同下,期租租船人以自己的名义签发的提单。此种提单下,提单签发人取代了原船东的法律地位,对提单持有人承担承运人责任。

3. 无船承运人提单(House Bill of Lading)

指由海上无船承运人签发的提单。此种提单下,无船承运人作为提单承运人对提单持有人承担提单合同义务。由于无船承运人一般具有国际货运代理资格,故人们常将此种提单称为货运代理提单。事实上,没有取得无船承运人业务资格的货运代理是无权作为承运人签发提单的。集装箱拼箱业务中,也经常使用此种提单。由于提单签发人是集拼经营人,所以又被称为集拼经营人提单。

(六)特殊提单

1. 倒签提单(Back Dated B/L;Anti-dated B/L)

指记载的货物装船日期早于实际装船日期的提单。判断提单是否被倒签的唯一标准是货物的装船日期是否虚假,而不一定是提单签发日被更改。根据国际商会《关于审核跟单信用证单据的国际银行标准实务》第96条规定:"当提单中无特别装船日期标注时,提单的签发日期即视为装船日期;如果提单中载有特别装船日期标注,应以此标注日期作为装船日期。"

倒签提单的目的是为了满足贸易合同或信用证的要求,其特征是提单记载的实际装船完毕日被虚假地提前。由于国际贸易中将提单记载的装船日期视为卖方履行交货义务的日期,提单记载的日期虚假,即为卖方交货日期虚假。虚假的提单会严重危害买方在买卖合同中拒收货物的权利。因此,倒签提单是严重的违法行为,将给承运人带来如下的法律后果:

第一，承运人将丧失赔偿责任限制权利。在提单合同下，承运人根据《海牙规则》或有关提单法律，享有赔偿责任限制权利。我国《海商法》第 59 条规定："经证明，货物的灭失、损坏或者延迟交付是由于承运人的故意或者明知可能造成损失而轻率地作为或者不作为造成的，承运人不得援用本法第 56 条或者第 57 条限制赔偿责任的规定。"可见，承运人主张赔偿责任限制权利是有前提条件的，即在其履行提单合同义务时不应存在过错。承运人倒签提单，明显属故意行为，该行为使其丧失了上述权利。

第二，承运人可能面临不同的赔偿责任。由于倒签提单可以认定为侵权性质，而侵权责任与违约责任在现行法律制度下存在差别，诉权人可能选择有利于自己的诉因提起诉讼，使得承运人面临不同的赔偿责任。例如，在违约诉讼下，承运人可能享受免责或赔偿责任限制，但在侵权责任下，合同法不适用，依据民法的恢复原状的赔偿原则，承运人的赔偿额很可能大于违约责任下的赔偿额。

第三，托运人向承运人出具的保函对收货人无效。托运人请求倒签提单时，一般需向承运人出具保函，保证由此引起承运人的任何损失，由托运人予以赔偿。但是，由于倒签提单属合谋欺骗行为，法律不会支持该保函对收货人的效力，承运人将无法得到保函的保障。

2. 预借提单(Advance B/L)

指在货物尚未装船，或装船尚未完毕情况下，所预先签发的已装船提单。其特征是货物没装船，或没完全装船，但提单却表明货物已装船完毕。托运人要求签发这种提单的目的和法律性质与倒签提单相同。与签发倒签提单相比，承运人签发预借提单，要承担更大的法律风险。

首先，签发预借提单，极有可能增加承运人的赔偿责任。提单有货物收据的作用，它是在货物装船以后，由托运人凭收货单(大副收据 Mate's Receipt)向船公司或其代理换取的。船公司或其代理签发提单时，如果发现大副收据上载有货物状况的不良批注，就应如实地将此种批注转注到提单上，以此作为日后免除货损责任的证明。但是，在签发预借提单的情况下，由于承运人尚未见到货物，就为托运人签发了清洁的已装船提单，日后货物实际状况与提单记载可能不符，承运人则必将因此承担交货不符的责任。

其次，承运人可能承担货物落空的赔偿责任。即使托运人请求签发预借提单的行为是善意的，但在实践中发货人可能实际上无货可交。例如，在签发了预借提单以后，货物在码头或仓库内发生了灭失或损坏或者被海关退关，发货人又无其他货物可以替代。这样，货物尽管没有装船，收货人却支付了货款，取得了无法兑现的已装船提单，承运人对此需要承担责任。

3. 交换提单(Switch B/L)

也称转换提单,指应托运人或承租人要求,以原提单为交换条件而签发的,变换了原提单中托运人和/或装货港的另一套提单。其特征是,原提单中的托运人和/或装货港口被变更了,其他内容与原提单严格一致。

签发交换提单的目的主要有以下原因:

第一,装卸两港不允许直接通航。装卸港口不允许直接通航多是政治原因造成的,如两国无外交关系、政治对立、经济制裁等。在这种情况下,装货港签发的提单无法被卸货港的官方所接受。解决这个问题有两种途径:一是采用转口运输,即把货物运到可以接受的转运港,再从该港出口到目的港;二是采用交换提单,即将原提单上的装货港改为可接受的中途港,而货物实际上不转船,船舶甚至可以不挂靠中途港。

第二,实际装货港与贸易合同规定不符。装货港是贸易合同的重要事项,未经买方同意不得擅自更改。但是,贸易实务中卖方在贸易合同签订后可能因货源紧张而改变供货地点,因而改变了原规定的装货港口。这样,在实际装货港签发的提单就无法被买方或银行接受。这个难题可以通过在交换提单中改变实际装货港口的方法来解决。

第三,保护商业秘密。在中间贸易情况下,实际买方和卖方互不认识或互不了解,中间贸易商通过签订背对背合同的方法实现了货物交易,赚取了买卖差价。在这种中间贸易中,保护贸易信息对中间贸易商非常重要。在交换提单中改掉真实的托运人或装货港口,可以防止买方掌握卖方信息。为此,从事中间贸易的中间商需要控制租船权,并要求承运人同意签发交换提单。

第四,规避贸易壁垒。世界多数国家对来自不同国家的商品实行差别税率。如果原装货港口属高额税率对象国,则可以将原提单的装货港口改为低税率对象国的港口。当进口国对某些商品实行国别配额时,如果原提单装货国家的配额用尽,提单项下的货物将被禁止进口。此时,将装货港改为尚有进口配额额度国家的港口则可顺利进口。

签发交换提单时应注意以下问题:

第一,当因装卸港口不允许直航或为绕开进口国贸易壁垒而使用交换提单时,因其性质是违反进口国政府政策的行为,一旦被进口国当局发现会产生严重后果,所以不主张随意使用交换提单。

第二,当因商业目的而不涉及政治问题使用交换提单时,应谨慎处理,除替换托运人和装货港口外,原提单其他记载事项不得作任何更改。

第三,承运人在签发交换提单时,必须收回原提单,以避免两套提单同时存在。这不但可以保护承运人,也可以保护真正货方的利益。

第四,除合同另有规定外,承运人无义务签发交换提单。托运人或承租人要求签发交换提单时,应向承运人提出书面申请并提供可靠的担保,保证承运人因签发交换提单而遭受任何损失时予以赔偿。

利用交换提单做中间贸易如图 2-16 所示。

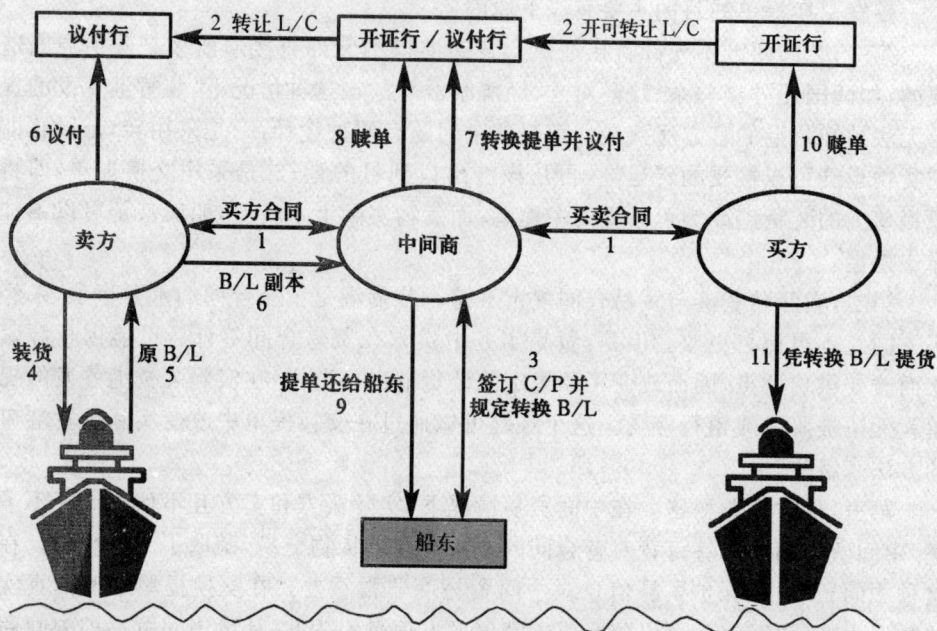

图 2-16   利用交换提单做中间贸易示意图

4. 分提单(Separate B/L)

指应托运人要求将同一装货单下的货物分票,而分别为它们签发的提单。提单被分割后,每份分提单都构成一份独立的合同,每一份分提单的义务不受其他分提单的影响。

对同一装货单下的货物进行分票有两种情况:一种是按不同货种、标志、等级分票,这种分票通常不会产生额外费用和责任;另一种是对大票的同种货物分票,理货分票时会产生额外费用和货差责任。所以,对托运人的第二种分票要求,承运人可以拒绝,或由托运人出具保函,承担费用和责任。分票和出具分提单的目的是为了方便货物转售。

5. 舱面货提单(On Deck B/L)

也称甲板提单,指提单上注明“货装甲板”的提单。通常,货物是不能装于甲板上的,只有以下三种情况才可以将货物装于甲板:第一,承托双方同意的,对此,承运人应得到托运人的书面委托。承运人为自己的利益擅自将货物装于甲板的,即使为此购买舱面货险,也属违反妥善管理货物义务行为,需对其后果承担全部责任,而且不得享受赔偿责任限制。第二,符合航运习惯的。航运业务中,对如原木、锯木、部分桶装货物及其他不怕水湿的货物,习惯上可将它们装于甲板。第三,法律法规规定的物品,如部分危险品。

货物装于甲板时必须在提单上如实记载,标明"货物装于甲板"或类似记载,以便收货人、提单持有人了解货物装运情况,否则,视为承运人违反管理货物义务,托运人与承运人的有关协议将不得对抗提单持有人。

根据有关法律,承运人对正常装于甲板上货物的风险免责,绝大多数提单条款也有类似规定,但这类规定并不解除承运人的妥善、谨慎管理货物的义务。如果货方能够举证证明承运人有管货过失,承运人仍需对因管货过失导致的货物灭失或损坏承担赔偿责任。承运人对甲板货物的妥善、谨慎管理义务主要有:将货物置于适当的位置;对货物实施充分、合理的绑扎和覆盖,航行途中对货物实施检查和紧固(Checking & Securing),对遇险货物合理施救等。

6. 租船合同提单(Charterparty B/L)

指表明合并有租船合同条款的提单。此种提单一般在航次租船形式下使用。请注意:第一,租船合同并入提单,必须在提单中明确表示。例如,注明"某租船合同已合并进本提单",全球普遍使用的由国际船东协会(BIMCO)编制的CONGENBILL提单上就印有"与租船合同一起使用"(To Be Used With Charterparty)字样。第二,租船合同并入提单后,其有关条款便成为提单条款不可分割的组成部分,对提单关系人具有约束力。第三,国际商会的"跟单信用证统一惯例"(UCP 600)中规定:"除非信用证另有规定,银行将不接受租船合同提单。"第四,在使用这种提单时,尽可能随附一份租船合同副本。

7. 过期提单(Stale B/L)

是指在贸易结算中向银行交单议付日超过信用证有效期或超过提单签发日21天的提单。请注意:第一,所谓过期提单与航运业务无关,而是指在贸易结算中因为迟期交单导致信用证已丧失效力,该提单在此信用证下已经没有意义,银行将不再接受该提单在此信用证下议付。第二,提单本身无是否过期之说,只有是否失效之说。提单在货物交付给提单持有人之前,总是有效的,一经"兑付",即凭以提货,提单便失去效力。

四、提单的内容

班轮提单的内容、条款是由班轮公司经过长期实践总结而编制的。班轮提单与租船合同提单不同,前者有很完整的条款,是班轮运输合同的重要组成部分;而后者的内容及条款通常较为简单,需合并进租船合同才构成完整的提单合同。因此,认真研究、妥善填制班轮提单十分重要。

(一)提单的正面内容(图 2-17)

Shipper SHANGHAI NEW DRAGON CO., LTD.		B/L NO. CSA1505 中 国 对 外 贸 易 运 输 总 公 司 上海 SHANGHAI 联 运 提 单 COMBINED TRANSPORT BILL OF LADING	
Consignee or order CRYSTAL KOBE LTD., 1410 BROADWAY, ROOM 300 NEW YORK, NY10018 U.S.A.		RECEIVED the foods in apparent good order and condition as specified below unless otherwise stated herein. The Carrier, in accordance with the provisions contained in this document,	
Notify address THE SAME AS CONSIGNEE TEL NO. 559-525-70000		1) undertakes to perform or to procure the performance of the entire transport form the place at which the goods are taken in charge to the place designated for delivery in this document, and 2) assumes liability as prescribed in this document for such transport One of the bills of lading must be surrendered duty indorsed in exchange for the goods or delivery order	
Pre-carriage by	Place of Receipt		
Ocean Vessel ZHELU V. 031118SE	Port of Loading SHANGHAI		
Port of Discharge NEW YORK	Place of Delivery	Freight payable at SHANGHAI	Number of original Bs/L THREE(3)
Marks and Nos. Number and kind of packages Description of goods Gross weight(kgs.) Measurement(m³) CRYSTAL KOBE LTD., LADIES'55% ACRYLIC 45% COTTON NEW YORK KNITTED BLOUSE IN 120 CARTON 2584KGS 11.58M³ ORDER NO. 21SSG-017 STYLE NO. H32331SE L-02-I-03437 ON BOARD CARTON/NO. 1—120 MADE IN CHINA FREIGHT PREPAID ABOVE PARTICULARS FURNISHED BY SHIPPER			
Freight and charges		IN WITNESS whereof the number of original bills of lading stated above have been signed, one of which being accomplished, the other(s) to be void.	
		Place and date of issue SHANGHAI Nov. 20ᵗʰ, 2007	
		Signed for or on behalf of the carrier CHINA NATIONAL FOREIGN TRADE TRANSPORTATION CORPORATION AS CARRIER	

图 2-17 海运提单

1. 船名(Vessel)

从法律意义上说,船名载进提单中即将船舶特定化(Ascertained),该船舶被视为约定的船舶。承运人未经托运人同意而更换船舶属违约行为。因此,多数提单背面订有"自由更换船舶"条款,规定当约定船舶因故无法提供时,允许承运人安排替代船舶完成运输任务。但此种情况下承运人有义务保证船舶的适航性和适货性。

2. 承运人(Carrier)

承运人是指与托运人订立海上货物运输合同的人,不一定是船舶所有人。班轮运输合同的承运人可以是班轮公司、非班轮公司的船舶所有人,也可以是《联合国国际多式联运公约》中所称的无船承运人(Non-Vessel Operating Common Carrier,NVOCC),亦称契约承运人,需要根据具体情况加以认定,而不能简单根据提单上承运人抬头认定。

一般来说,从事班轮运输业务的承运人都拥有自己的船舶。在接受托运人订舱及装船后,班轮公司向托运人签发提单,该提单上通常印有班轮公司的抬头,由船长或者班轮公司委托的代理人签字。此时,提单上的班轮公司就是承运人。对此,各国法律都有相同的认识。

有时,班轮公司为了调整运力,会期租他人船舶参加班轮运输,但签发提单的承运人抬头仍然是该班轮公司。班轮公司常在提单中订有一条"租赁条款"(Demise Clause),大意是如果船舶是租来的,该提单合同视为与船舶所有人签订,提单上载明的班轮公司只是船舶所有人的代理人。根据我国法律,这种条款应视为无效,因为海上货物运输合同是由班轮公司同托运人缔结的,放任班轮公司逃避合同义务,违背法律的基本精神。但是,英国法律却承认"租赁条款"的效力。

随着集装箱班轮业务的发展,孕育出了"契约承运人",即"无船承运人"。在我国,无船承运人是由国际货运代理人发展而来的。他们根据法律规定,取得无船承运人资格,以承运人身份从事班轮运输业务。这些人多数没有运输船舶,但却以承运人名义向托运人签发自己的提单,该提单被称为"无船承运人提单"(House Bill of Lading)或"国际货运代理提单"(Forwarder's Bill of Lading)。也有的签发"国际多式联运单据"。根据《联合国国际多式联运公约》规定,无船承运人应当属于"多式联运经营人",应当以承运人的身份对运输货物承担承运人义务。但是,目前国际货运代理人的提单中,背面的承运人义务条款很不统一,有的规定不承担货物在实际承运人控制期间的灭失或损坏责任;有的规定虽然签发提单,但只承担代理责任;有的规定了低于法律规定的赔偿责任,这给承运人的认定带来困难。

契约承运人的地位应当根据其与托运人签订的运输合同、所签发出的提单条款和有关法律规定进行认定。对于托运人来说,如果无船承运人在与其签订运输合同时,明确双方为代理关系,托运人知道货物将由代理人委托他人实施运输,则双方所签订的合同为代理合同。如果该代理人签发了自己的运输行提单,即使提单上表明了该代理人为承运人,双方的代理关系仍未改变,该代理人仍不能被认定为法律上的承运人,其行为也不能依据《海商法》的规定来规范,只能依据代理关系的法律来调整。当发生海上货物索赔时,托运人除依据有关代理法律向代理人,即无船承运人索赔外,还可以委托该代理人,或在该代理人不予配合时,根据我国《合同法》有关规定,行使受托人对第三人的权利,向实际承运人索赔。如果订立合同时,双方没有明确代理关系,托运人也不知道货物将被另一承运人运输,货运代理人又签发了自己的提单,该货运代理人应当认定为承运人,依法承担承运人义务。这时,《海商法》应适用,提单中任何违反法律规定的承运人义务减免规定应视为无效。

对于收货人、货运代理人提单持有人来说,除非其知道托运人与运输行为代理关系,否则,对于上述不论哪种情况下签发的提单,只要合法持有,签发该货运代理人提单的人都应被视为承运人,依法承担承运人义务,因为,根据《海商法》的规定,该提单签发人与收货人、提单持有人具有海上货物运输合同关系。

3. 托运人(Shipper)

托运人是班轮运输合同的另一方当事人,它应与托运单中的托运人相一致。我国《海商法》第42条规定:"托运人是指本人或者委托他人以本人名义或委托他人为本人与承运人订立海上货物运输合同的人",简言之,托运人就是与承运人订立运输合同的人,称之为契约托运人,例如 CFR、CIF 条件下的卖方,或者 FOB 条件下的买方,或者无船承运人。或者是"本人或者委托他人以本人的名义或者委托他人为本人将货物交给与海上货物运输合同有关的承运人",简言之,托运人还可以是将货物交给承运人的人,称之为实际托运人,或称发货人(Consigner),绝大多数情况下,他是买卖合同下的卖方。个别情况下,也可能是买方,例如,买方租船订舱托运。

由于实际托运人和契约托运人在提单法律关系中的权利义务不完全相同,为保护实际托运人的利益,提单中的托运人最好记为实际托运人。当发货人委托代理人托运货物时,也应当以发货人名义托运,以避免提单关系人混乱。

4. 收货人(Consignee)

收货人是指在目的港有权提取货物的人。在记名提单下,收货人为提单中的指定收货人。因为大多数国家法律规定记名提单不得转让,所以,承运人需保证在目的港向提单上的记名收货人交付货物;在指示提单下,如果提单被记名背书,则被背书人就是收货人;如果提单被空白背书,提单持有人就是收货人。如果买方无力或者拒绝付款赎单而银行持有提单,则银行有权向承运人主张货物。根据多数国家法律规定,可转让提单的合法持有人拥有提单合同权利(例如主张货物、索赔货损货差),同时承担提单合同义务(例如支付运费和其他应付费用等)。但根据英国法律,银行只有在向承运人主张货物时才承担提单合同义务,其他情况下,承运人不得因为银行持有提单而要求银行履行提单合同义务。

5. 被通知人(Notify Party)

被通知人指在目的港接收承运人有关货物到达信息的人,通常是收货人的代理人,也可以是贸易合同的买方。

提单中的被通知人不是提单合同的当事人,不享受合同权利也不承担合同义务,因此,在无正式委托情况下,承运人不得将货物交付给提单中的被通知人。

我国《海商法》没有明文规定承运人的通知义务,但我国《合同法》第 309 条规定:"承运人知道收货人的,应当及时通知收货人……"。据此,提单中载入"被通知人"的目的是为了方便承运人履行通知义务。许多班轮提单中规定:"Any mention in this bill of lading of parties to be notified of the arrival of cargo is solely for information of the carrier and failure to give such notification shall not involve the carrier in any liability, nor relieve the merchant of their obligation hereunder",此种规定违背法律规定,应视为无效。

在租船业务中,运输合同通常规定收货人须承担卸货责任和卸货港的滞期费,承运人则必须根据运输合同约定的通知时间和方式履行通知义务,否则,不得起算装卸时间。

另外,虽然我国《海商法》未将"收货人"这一重要资料列入托运人申报义务中,但我国《合同法》已在第 304 条作出了规定,即"托运人办理货物运输,应当向承运人准确表明收货人的名称或者姓名或者凭指示的收货人……"。据此,在可转让的提单中,托运人如未能表明收货人或未能通过其他途径就收货人资料通知承运人,在提单中准确填写"被通知人"就非常重要。

6. 装卸港口(Loading / Discharging Ports)

装卸港口是提单中的重要事项,必须准确填写,提单签发后,未经合同双方同意不得变更。在班轮运输中,遇有货主要求船舶加挂非基本港口的,承运人应谨慎对待,以防对其他货物构成不合理绕航。装卸港口和运输合同的履行地通常会涉及法院的管辖权和法律适用问题。

7. 货物描述(Cargo Description)

货物描述包括货物名称、标志、数量、重量、体积以及船长对货物外表状况的批注等。根据有关法律规定,托运人必须准确填写上述内容,否则应当承担由此导致的任何责任。但此种规定并不免除承运人保证对提单持有人按照提单记载交付货物的义务,这是因为,《海牙-维斯比规则》、《汉堡规则》及多数国家的相关法律都规定,提单中记载事项对于提单持有人构成"结论性证据"或称"最终证据",若提单记载与实际交货情况不符,造成收货人损失的,承运人需要承担责任。

根据上述法律规定,承运人应当对装船货物进行仔细的核对,对货物的外表状况如实批注。提单中印有的诸如"细节由托运人提供(Particulars Furnished by Shipper)"、"据称(Said To Be)"或类似条款不能免除承运人对收货人、提单持有人的责任。承运人接受托运人的保函,不如实地签发清洁提单构成对提单持有人的欺骗,须承担由此产生的一切后果。

8. 运费及其他费用

提单中一般只记载运费和其他应付费用的支付方式,此种记载应符合运输合同规定。对运费预付的,提单中只注明"Freight Prepaid"即可,不必注明金额;对在卸货港收取运费的,应在提单中注明"Freight Collect"或"Freight Payable at Destination",原则上应注明运费金额或以其他方式表明运费金额。应向收货人收取的其他费用,也应在提单中注明。

9. 提单的签发

提单的签发涉及以下问题:

(1)签发人。只有承运人才有权签发提单。船舶所有人、光船租赁人以及代表船舶所有人、光船租赁人的船长是法定的提单签发人。船舶所有人、光船租赁人、船长可以授权船舶代理人、期租租船人或其代理人(租船合同授予的权利)代其签发提单,但代理人应严格按照授权范围签发提单。承运人应对代理人签发提单的后果负责,即使代理人不当签发提单也一样,但承运人承担责任后,可依据代理协议向代理人追偿。

因为提单是一种重要运输单证,未经授权的其他人签发提单是严重的违法行为。通常,未经授权的人签发提单的原因主要有:船长拒绝签发清洁提单;交换提单情况下一程提单尚未到手;买方暂无财力赎单但急于提货;船长拒绝签发倒签提单、预借提单;不法商人诈骗等。因此,承运人在交付货物前,应谨慎审查提单的真实性,在委托他人签发提单的情况下尤其需要注意。鉴于提单的真伪较难识别,提单最好由船长自己签发。

(2)签发时间。它涉及两个问题:一是提单的签发日期(Issuing Date)。国际贸易中将提单的签发日视为卖方的交货日,它是判断卖方是否按期履行交货义务的最重要依据。因此,提单签发日必须与实际装货完毕日一致。提单签发日与事实不符的,不论是倒签还是顺签,都是对提单持有人的欺诈行为。二是提单应何时签发给托运人(Time of Releasing)。这也涉及两个问题,一是要不要签发,二是何时签发给发货人。关于第一个问题,根据法律规定(如我国《海商法》第72条规定),应托运人要求,装货后承运人必须签发提单。承运人以任何理由拒绝签发或扣发提单均属违法行为。关于第二个问题,世界上只有少数国家规定提单应当签发的具体时间,如法国规定,提单最迟应当在货物装船后 24 小时内签发(1966 年第 66－1078 号令第 37 条),多数国家规定,提单应当在货物装船后的合理时间内签发。在装运多票货物时,船长应在每一票货物装完后的合理时间内即签发提单,而不能等所有货物装完后再签发。

(3)签发地点。提单通常在装货港签发,但也有的在承运人的办公地点签发。提单的签发地点表明了运输合同的履行地点,涉及法院的管辖权和法律适用问题。

(4)签发份数。很早以前国际航运中就形成一种习惯,为每票货物签发一式数份提单,一般一式三份,一份留给船长,以备在目的港核对;一份留在托运人手中,作为交付货物的证据;一份寄给收货人,用以向船长提取货物。签发多份提单也可以解决在提单的处理、邮寄过程中丢失,收货人无法提货的问题。提单除正本外,还附有若干副本,目的是为有关方面提供货运信息。正本提单正面注有"original"或"negotiable"字样,背面印有提单条款;副本提单正面记载与正本相同但载有"副本"字样,背面为空白。如今的正本提单除注明签发份数外,因转让时一般都要求提供全套正本提单,船长也就不再保留。为防止提单转让中一物多卖,提单中都规定"In witness where of the carrier or his agents has signed Bills of Lading all of this tenor and date, one of which being accomplished, the others to stand void"或类似文句。

(5)更正与换发。当托运人取得提单后发现填制的内容有误、提单遗失或需要中途改变卸货港时,可以要求更正或换发提单。在核对情况真实并收回原提单后,承运人可予以更正或换发。承运人应将提单更正或换发情况通知船长。提单已经转让的,不得更正或换发。另外,当实际托运人没有获得货款的支付时,有权变更提单的记名收货人、被背书人。

10. 邻近条款

提单正面一般都印有 "... for carriage to the port of discharge or so near thereto as the vessel may safely get and lie always afloat ..."这类条款,一般称其为"邻近条款"。

根据有关运输法律,装卸港口一经列名指定,就构成承运人的一项承诺,船舶必须驶往列名港口卸货,除非发生不可抗力事件或英美法中的"合同受阻"事件(Frustration)。所以,虽然邻近条款中使用了"or"这一词句,表面上看承运人可以选择在邻近港口卸货,但实际上承运人首先应当选择在列名港口卸货。只有当列名港口发生阻碍事件(Hindrance)使船舶无法安全进入列名港口,承运人才有权选择到合理的邻近港口卸货。

对于什么情况才构成"阻碍事件"没有严格的界限,应根据合理原则确定。判断时应考虑延误的时间长短、花费的费用多少、临近港口的距离等因素。从英国的判例看,严重的阻碍事件已构成"合同受阻"的,如战争、持续的罢工等,未构成"合同受阻"的一些严重事件也允许承运人选择邻近港口。例如,短期的阻碍,如几天的航道堵塞、半个月的等候大潮都不算是严重阻碍事件,港口拥挤造成的较长时间等待更属于商业风险,但江河里的港口遇到枯水期需等候几个月船舶才有足够水深进港,便是严重阻碍事件(但不一定构成合同受阻),允许承运人选择邻近港口卸货。因此,承运人在依赖邻近条款时,应充分考虑各种因素,避免滥用权利。

(二)提单的背面条款

1.背面条款概述

班轮提单的背面条款规定了承运人与货方(Merchants)的权利义务、责任期间、责任限制、责任免除、法律适用、法律管辖和特殊货物运输等内容,是班轮运输合同的重要组成部分。

班轮提单背面条款的订立与租船合同相比有其特殊性。按照法律基本原则,本来合同条款是合同双方在自愿、平等基础上达成意思一致的具体体现。但班轮提单条款却是由承运人单方面拟制,印制成格式提单合同,然后"强迫"货方接受。

数百年来,提单条款一直是由班轮公司制定的,这种方式从未有过根本改变,提单作为国际贸易和国际货物运输中重要单证的地位也从未因此而发生根本改变。提单合同条款制定的单边性被广大货方所接受主要有以下几个原因:第一,班轮承运人面对众多货主这一特性决定了班轮提单条款制定的单边性。第二,提单条款需要符合有关法律规定:有关提单的国际公约和国家有关法律都规定了承运人的基本义务,提单如果存在免除或降低承运人基本义务的条款会被视为无效。第三,在日益激烈的市场竞争中,承运人在制定提单条款时,不得不考虑提单条款的公正性和可接受性。第四,提单条款具有公开性,可视为托运人知道其内容。从长期角度看,货方在托运货物前都可轻易地取得提单样本,尽管托运人没有参与提单条款的制定,但对其内容是了解的,如果托运人认为某些条款不能接受,理论上讲可以要求承运人修改,或拒绝与其达成运输合同。因此,从总体上说,提单条款制定的单边性并不一定破坏提单合同的公正性。

2.管辖权条款

管辖权在诉讼法中是指法院受理案件和审理案件的权限。国际货物运输同其他国际商务活动一样,在解决争议时法律适用上常常发生冲突,这是因为各国的法律规定存在差异。一项租约免责条款在英国法下被视为有效,在荷兰法下就可能被视为无效。因此,解决争议时适用哪国法律会涉及当事人的利益。为避免在适用法律问题上的冲突,一般国际性商务合同都订有管辖权条款。

关于管辖权,有关提单的法律中没有规定,需要根据民法或合同法的规定来解释。基本的解释原则是:提单中有规定的,以提单规定为准;提单中无规定的,按承运人主营业地法、装卸港口地法、发货人主营业地法来考虑,视哪一因素具有"更密切联系"。为更稳定管辖权,提单中一般都明确规定法院管辖权及法律适用,如英国船公司的提单一般都规定英国法院管辖,中远公司的提单规定中国法院管辖,而国际性格式提单,如 CONGENBILL 则规定承运人主要营运地法院管辖。

由于国际航运中存在着期租、方便旗、船舶管理公司等复杂问题,即使提单中规定了"由承运人主要营业地法律及法院管辖",仍有争议之处。例如,马士基船公司是世界上著名的大船公司,主要营业地在丹麦,期租了一条船,由船长授权签发提单,提单中有一条"DEMISE CLAUSE",表示马士基只是代理人,而承运人是原船东。该船东又是一个圣文森特公司,由香港公司管理,哪国的法院对其有管辖权呢? 处理这类问题的基本原则就是要找出与案件"更具有密切联系"的营业地,即实际处理船舶日常业务地,以该地法律为准,并由当地法院管辖。

3. 首要条款

指合同中指明受某一国际公约或国内法制约的条款。提单中的首要条款一般都规定本提单合并进《海牙规则》、《海牙-维斯比规则》、《美国 1936 年海上货物运输法》等国际公约或国家法律。首要条款的意义在于,合并进这些国际公约或法律后,提单下关于承运人和货方的权利义务及责任豁免、责任限制等都以这些法律为准,提单其他条款与首要条款中法律规定相冲突的,以首要条款中的法律规定为准。非公约缔约国或其国内法无此类规定的,视其自愿接受这些法律规定。

4. 承运人的责任与豁免

这些条款基本上是按照首要条款中规定的国内法或国际公约制定的。

5. 承运人责任期间

对于杂货运输,实行"钩至钩"责任制度,即承运人责任从货物装上船时起到货物卸下船时止。对于集装箱运输,承运人的责任期间从收到货物时起到交出货物时止。

6. 包装和标志

此条主要规定托运人应妥善包装货物,正确、清晰标识货物的义务。

7. 自由转运、换船、转船条款

该条款一般规定,如有必要,承运人可任意用自己的船舶、他人的船舶,或经铁路及其他运输工具,将货物直接或间接运往目的港。转船、驳运、卸岸、仓储、重装的费用由承运人承担,但风险由托运人承担,承运人只对自己完成的那部分运输承担责任。该条款表面上赋予承运人很大的自由,但如果承运人依据该条款行事,违反了与托运人的事先约定,或者违反了有关提单的国际公约或国内法的规定,此条款亦当视为无效。

8.托运人误述条款

此条款是约束托运人的,要求其对货物的种类、数量、重量、尺码申报要准确,否则造成的损失及责任应由托运人承担。

9.承运人赔偿责任限制条款

该条款通常将承运人的单位赔偿责任限制在一定额度之内,超过部分免除赔偿责任,但如果规定的赔偿责任限制低于法律强制规定的,当属无效。

10.危险品、违禁品

本条款要求托运人在托运危险品时应向承运人如实声明,并按照国际海事组织的《国际海运危险货物规则》要求,在货物外包装上做好标记,出具商品检验证书及运输说明等。如果托运人未履行上述义务,承运人在发现存在危险时,有权卸下或抛弃货物;如果托运违禁品,托运人承担由此产生的全部责任和费用。

11.共同海损及新杰森条款

此条款规定了共同海损理算规则及理算地。新杰森条款规定了在由承运人航行疏忽造成的共同海损事故中,承运人不仅可以免责,而且可以要求其他受益方参加共同海损分摊;承运人其他船舶参与救助的,可以像第三人一样获得救助报酬。新杰森条款是专门针对美国法律而订立的,只有美国法律不允许船东在存在航行疏忽情况下要求分摊共同海损。

12.留置权条款

该条款规定了在托运人、收货人未付清运费、滞期费、亏舱费及共同海损分摊时,承运人有权留置并处理货物,变卖所得不足时,仍有权索赔差额部分。

13.甲板货

由于海牙规则不适用于甲板货,故提单中专门订立此条款,规定承运人对甲板货物灭失及损坏免责,但此条规定并不免除承运人对甲板货的妥善照料职责。

14.互有责任碰撞条款

该条款规定,在发生两船互有责任碰撞时,如果他船在赔偿了本船货主后向本船索赔此项赔偿,本船货主应将此项赔偿转还本船。

除上述条款外,提单背面还规定有战争条款、罢工条款、冰冻条款等。

五、海运单和电子提单

海运单和电子提单是随着集装箱运输和电子通信业务的发展而产生的。与传统的提单相比,它们具有许多不同的特点。下面对这两种单证的主要特征作以下介绍。

(一)海运单

1. 海运单的概念

海运单(Sea Way Bill,SWB)又称运单(Way Bill),是证明国际海上货物运输合同和货物由承运人接管或装船,以及承运人保证将货物交给指定收货人的不可流通的运输单证。

海运单是为了适应海上运输的快速发展而产生的。海运实践中,由于船舶速度较快、装卸效率提高,尤其是航程较短时,常常出现船舶到达目的港时收货人尚未收到提单,因而无法换取提货单提货的现象。即使承运人同意凭保函提货,收货人也要为此支付高额的担保金和利息。承运人也常常面临凭收货人保函放货后,出现正本提单持有人请求货物,因而承担错误交货的责任。此外,海运诈骗者常利用提单的流转过程作案。海运单正是为解决这些问题而产生的。

2. 海运单的属性

海运单具有货物收据和运输合同证明的属性,这一点与传统提单相同,不同的是,海运单不具有物权凭证的属性。因此,收货人提取货物时一般无须出具海运单,只提供身份证明即可。非法得到海运单也不能凭以提取货物,因此没有遗失或被盗使货主利益受到损害的风险。海运单也不具有流通性,这使得运输途中的货物不能转卖。所以,海运单适用于货主无途中转卖货物意图的情形。

3. 海运单的格式与内容

因为除不具有物权凭证属性外,海运单的其他属性与传统提单是一样的,所以,海运单在形式上与传统提单也大致相同,有正面记载事项和背面条款。

海运单的正面注有"不可流通"字样,记载托运人和收货人或通知方的名称和地址、船名、装卸港口、货物标志、品种、数量和包装、运费及其他费用,以及海运单的签发时间、地点和签发人等事项。

海运单的背面一般都订有货方的定义、承运人责任与义务、责任期间和免责事项、货物的装卸与交付、运费及其他费用、留置权、共同海损、新杰森条款、双方互有责任碰撞条款、首要条款、法律适用和仲裁条款等。

4. 海运单的流转程序

同提单一样,海运单也是在承运人接管货物或货物装船后,应托运人要求由承运人或船长或船长授权的代理人代表承运人签发的。在凭信用证结算时,托运人在议付时需将海运单交给银行。承运人或其在装货港的代理人通过电子通讯手段,将海运单的内容传送给目的港承运人的代理人。船舶抵达目的港时,承运人目的港的代理人向收货人或通知人发出到货通知。收货人凭到货通知和身份证明到目的港的承运人代理人处领取提货单,在码头仓库或船边提货。

5. 有关海运单的统一规则

由于海运单与提单有着本质上的不同,有关提单的国际公约和其他相关法律在用于海运单时会产生一系列法律问题。1990 年 6 月在巴黎举行的国际海事委员会第 34 届大会一致通过了《国际海事委员会海运单统一规则》(CMI Uniform Rules for Sea Waybills),试图解决和统一海运单的相关法律问题。该规则是一个民间规则,不具有法律效力,只有在合同双方协议采用时才适用。

该规则主要在下面三个方面作了统一规定:

(1)传统提单法律的适用。尽管《海牙规则》和《海牙-维斯比规则》的规定只适用于提单或类似物权凭证所包括的运输合同,该统一规则强制规定,《海牙规则》和《海牙-维斯比规则》或有关国内法适用于海运单。

(2)收货人主张货物的权利。在《海牙规则》下,由于提单是物权凭证,提单持有人可以向承运人主张货物,并在货物灭失或损坏时向承运人要求赔偿。但是,海运单自始至终不在收货人手中,收货人凭什么向承运人主张权利?对此,"统一规则"强制规定,托运人不仅为其自身利益,同时作为收货人的代理人同承运人订立运输合同。因此,收货人也是运输合同的当事人,因而有权向承运人主张权利。

(3)托运人(指实际托运人,即卖方)对货物的控制权。在海运单下,只有托运人才有权就货物的交付向承运人发出指令。因此,托运人可以在运输途中或在目的港交货之前,变更收货人。

(二)电子提单

1. 电子提单的概念

电子提单(Electronic Bill of Lading)是指通过电子传送的有关海上货物运输合同的数据(Data)。与传统提单不同,电子提单不再是纸面运输单据,而是一系列按特定规则组成的电子数据,这些数据由电子计算机及网络进行传送。

由于电子提单采用电子计算机和电子通讯技术,传输速度很快,可以有效地解决提单比船舶晚到目的港的问题。电子提单以密码进行传输,能有效地防止航运单证欺诈。但是,电子提单是个新生事物,目前尚未普及使用。

2. 电子提单的流转程序

电子提单的流转是通过电子数据交换(Electronic Data Interchange,EDI)实现的。

电子提单的流转,首先需将承运人、承运人的代理人、托运人、收货人和银行等与提单流转各有关方面的电子计算机连成网络。电子计算机将货物运输合同中的数字、文字、条款等,按特定的规则转换为电讯(Electronic Message),通过电子通讯设备,从一台计算机传送至另一台计算机。

电子提单的具体流转程序是:

(1)托运人通过订舱电讯向承运人订舱。

(2)承运人如同意接受订舱,向托运人发送电讯确认运输合同条款。

(3)托运人按照承运人要求,将货物交给承运人或其代理人。承运人或其代理人收到货物后,向托运人发送收货电讯,其内容包括:托运人名称、货物说明、货物外表状况、收货时间与地点、船名、航次、装卸港口,以及此后与托运人进行通讯的密码。托运人一经确认,对货物具有支配权。

(4)承运人在货物装船后,发送电讯通知托运人,并按托运人提供的电子通讯地址抄送银行。

(5)托运人根据信用证到银行议付结汇后,发送电讯通知承运人,货物的支配权即转至银行,承运人便销毁与托运人的通讯密码,并向银行确认和提供给银行一个新的密码。

(6)收货人向银行支付货款后,取得对货物的支配权。银行向承运人发送电讯,通知货物支配权已转移至收货人,承运人随即销毁与银行的通讯密码。

(7)承运人向收货人发送电讯,确认控制着货物,并将货物的说明、船舶的情况等通知收货人,由收货人加以确认。

(8)承运人向目的港代理人发送电讯,说明货物和船舶情况以及收货人的名称,令其在货物到达之前电讯通知收货人到货情况。

(9)收货人根据到货通知电讯,凭其身份证明,到承运人的代理人处获取提货单提货。

3.《国际海事委员会电子提单规则》

鉴于电子提单是个新生事物,为规范使用,1990 年 6 月在巴黎举行的国际海事委员会第 34 届大会通过了《国际海事委员会电子提单规则》。同《国际海事委员会海运单统一规则》一样,该规则是一个民间规则,没有强制力,需经运输合同双方协议适用才有效力。该规则试图解决以下主要问题。

(1)运输合同条款的确定

为避免电子提单中对提单合同条款数据传送的繁琐,该规则规定,在电子提单数据传送过程中,可以规定特定的运输合同条款,并将这些条款视为合同的不可分割的组成部分,而不必对这些条款进行传送,但这种特定的运输合同条款必须是合同双方都知道、理解和接受的。

(2)传统提单法律的适用

因为《海牙规则》等传统提单法律所调整的法律关系中没有包括电子提单,所以,电子提单是否应当接受上述法律的调整是一个新的问题。该规则明确规定,传统的提单法律适用于电子提单,从而解决了电子提单的法律适用问题。

（3）货物权利

提单项下的货物权利主要包括对承运人的货物请求权利、指定或变更收货人权利、向承运人下达交货指示的权利以及向承运人索赔货物灭失或损坏的权利。这些权利主要来自传统提单的物权凭证属性。就物权凭证功能而言，电子提单与传统提单一样，具有传统提单的流通功能。

（4）电子提单的书面形式

传统提单具有书面形式，作为运输合同，它可以满足法律上对运输合同的书面要求。但电子提单的传递是通过电子网络的数据传递，是否能满足法律的一般要求呢？对此，该规则规定，承运人、托运人及其他有关方，应将计算机储存的，并可在计算机屏幕上用人类语言显示，或已由计算机打印出来的电子数据，视为书面形式。合同双方对合同的确认也可以通过电子数据实现，因此也应视为电子提单经过双方签署。

第五节　班轮运输国际公约

一、《海牙规则》

（一）《海牙规则》产生的背景

从 18 世纪开始到 19 世纪后期，以英国为代表的少数几个欧洲国家在世界航运中占据了主要地位。承运人利用其垄断地位，滥用合同自治权利，任意扩大承运人免责范围。到 19 世纪后期，这种免责事项多到使货方利益无法保障的地步。

为维护货方利益，作为货方代表的美国于 1893 年通过了《关于船舶航行、提单，以及与财产运输有关的某些义务、职责和权利的法案》（An Act Relating to Navigation of Vessel, Bill of Lading, and to Certain Obligations, Duties, and Rights in Connection with the Carriage of Property），即《哈特法》（Harter Act）。该法案规定了承运人在从事美国港口与外国港口之间货物运输中的最低限度义务。这些规定是后来《海牙规则》的雏形。

在美国的带动下，其他贸易大国也相继制定相关法律，在世界范围内掀起了限制承运人滥用权利的立法运动。为统一相关立法，国际法协会所属的海洋法委员会于 1921 年 5 月在荷兰首都海牙召开会议，制定提单规则，并于 1924 年 8 月 25 日在比利时首都布鲁塞尔召开的有 26 个国家代表出席的外交会议上，通过了《关于统一提单若干法律规定的国际公约》（International Convention for the Unification of Certain Rules of Law Relating to Bill of Lading），简称《海牙规则》。《海牙规则》于 1931 年 6 月 2 日起生效,现参加国有 80 多个。英国在 1924 年将其转化为国内法,即《1924 年海上货物运输法》(Carriage of Goods by Sea Act,COGSA),美国没有加入该公约,其相关立法是《哈特法》和《1936 年海上货物运输法》。我国也没有加入该公约,但在《海商法》中部分地采纳了该公约的有关规定。

(二)《海牙规则》的主要内容

《海牙规则》采纳了《哈特法》的基本原则,规定了承运人最低限度的义务和最大限度的权利。其主要内容如下:

1. 承运人最低限度的义务

(1)提供适航船舶

《海牙规则》第 3 条第 1 款规定:"承运人有义务在开航前和开航当时恪尽职责,以便:

(a)使船舶适航;

(b)妥善地配备船员,装备船舶和配备供应品;

(c)使货舱、冷藏舱和该船其他载货处所能适于并能安全收受、载运和保管货物。"

承运人提供适航船舶的义务是指不但船舶本身要适于航行,证书齐全,符合安全航行和各项技术要求,而且船员要配备齐全,配足燃料供应品等。货舱也要适货。做到上述三项,才能称为船舶适航。

上述规定中提到的适航不是指任何时候都要做到,而是指在开航前和开航当时。开航前一般理解为装货开始时,即在装货开始时要适货,当时船员可能不会全部到齐,但在开航当时必须做到适航。

上述适航义务也不是绝对的,承运人必须"谨慎处理",做到以上三项也就是说必须恪尽职责。至于什么是"谨慎处理"则应视具体情况而论。

(2)妥善管理货物

《海牙规则》第 2 条规定:"承运人应妥善和谨慎地装载、操作、配载、运送、保管、照料与卸载货物。亦即在海运全过程中对货物要妥善管理。"

2. 承运人的货物运输责任期间

按照《海牙规则》第 1 条"货物运输"的定义,货物运输期间为从货物装上船起至卸完船为止的期间。也就是说《海牙规则》有关承运人的义务和责任适用于这一期间。至于装船之前,即承运人在码头仓库接管货物至装上船这一段时间,以及货物卸船后到向收货人交付货物这一段时间,按照《海牙规则》第 7 条规定,可由承运人与托运人就承运人在上述两段期间发生的货物灭失或损坏所应承担的责任与义务,订立任何协议、规定、条件或免责条款。承运人一般在提单上规定免除承运人在上述两段期间的运输责任。

所谓"装上船起至卸下船止"一般可理解为:在使用船舶吊杆装卸货物时则为"钩到钩"期间,亦即货物挂上船舶吊杆的吊钩时起到脱离吊钩时为止。如果使用岸上吊杆或起重机装卸,则以货物越过船舷为界,亦即"舷至舷"期间。

3. 承运人的免责规定

《海牙规则》实行的是不完全过失责任制。关于承运人免责的规定共有 17 项,包括两类:一类是过失免责,另一类是无过失免责。国际海上货物运输责任制度中最受人指责的是《海牙规则》的"过失免责",即按第 4 条第 2 款第 1 项规定:"由于船长、船员、引航员或承运人的雇用人在航行或管理船舶中的行为、疏忽或过失所引起的货物灭失或损坏,承运人可以免除赔偿责任。"这种过失免责条款是其他运输方式运输责任制度所没有的,不但对受害者不公允,而且对统一国际运输责任制度从而创造开展多种运输方式货物联运的更好条件,也是不利的。

第二类是承运人无过失免责。这类免责条款与其他运输方式差别不大,只是增加一些海运特色而已。在这一类中可以再分为以下几个方面:

(1)不可抗力或承运人无法控制的事项方面:有海上危险、天灾、战争、公敌行为、暴动和骚乱、政府扣押船舶、检疫限制、罢工或停工等八项;

(2)托运人或货方的行为或过失方面:有托运人或货主的行为,货物包装不良,货物标志不清或不当以及货物的性质、固有缺陷等四项。

(3)特殊免责条款有三项:第一项火灾,即使是承运人的雇用人的过失,承运人也不负责,只有在承运人本人的实际过失或知情参与时才不能免责。第二项"救助或企图救助海上人命或财产",这是对船舶合理绕航的免责,是海上运输中特有的免责。第三项是谨慎处理仍不能发现的潜在缺点。

(4)总的无过失免责条款:即属于不列明的承运人无过失免责条款。《海牙规则》规定承运人要援引这一项的免责权利时,必须举证证明有关货物的灭失或损坏既非由于承运人的实际过失所致,又非承运人的代理人或雇用人的过失或疏忽所造成。

理解《海牙规则》的免责条款,应掌握以下两种情况:

第一,承运人必须谨慎处理提供适航船舶,或者如果船舶不适航,也就是由此引起货物的灭失或损害,承运人就不可能援引前述免责规定。

第二,船长、船员在管理船舶中的行为和过失,往往与承运人管理货物的要求不易分清,有时看来是管理船舶实是管理货物,而后者的过失是不能免责的。一般说来,划分船长船员管理船舶还是管理货物的行为,应以进行某项操作的意图或直接目的为准,如二者兼有,则一般作为管理货物处理,以保护货方的利益。

4. 赔偿责任限制

《海牙规则》第 4 条第 5 款规定,承运人对货物的灭失或损坏的赔偿责任,在任何情况下每件或每单位不得超过 100 英镑,但托运人交货前已就该项货物的性质和价值提出声明,并已在提单上注明的则不在此限。

随着通货膨胀、货币贬值,英国各方通过协议将赔偿责任限制提高到 200 英镑,美国生效的《1936 年海上货物运输法》规定每件或每一运费责任限制为 500 美元。我国 20 世纪 50 年代起到颁布实施《海商法》之前,在远洋运输提单上每件货物的赔偿限额为人民币 700 元。这是按当时 1 英镑等于人民币 7 元换算成 700 元的。

5. 运输合同无效条款

运输合同中的任何条款或协议,凡是解除承运人按《海牙规则》规定的责任或义务,或以不同于《海牙规则》的规定减轻这种责任的,一律无效。这是国际公约拘束提单条款和运输合同条款的重要规定。

6. 托运人的义务和责任

《海牙规则》对托运人的义务和责任的规定有:

(1)托运人应被视为已在装船时向承运人保证,由他书面提供的标志、件数、数量或重量正确无误,否则应赔偿因此对承运人造成的损失;如果承运人有合理依据怀疑托运人提供的上述资料,或者无适当核对方法,便无须在提单上注明。

(2)对于装运易燃、爆炸或危险货物,托运人应如实申报,否则承运人可以在卸货前的任何时候将其卸在任何地点,或将其销毁,或使之无害而不予赔偿,该项货物的托运人应对于装载该项货物而直接或间接引起的一切损失负责。如果承运人已知该项货物的性质并同意装载,则在该货物对船舶或货物发生实际危险时,亦可将其卸在任何地点或将其销毁,或使之无害,而不负赔偿责任,但如有共同海损,则不在此限。

(3)对于任何非因托运人或其代理人、雇用人的过失所引起的使承运人或其船舶遭受的损失,托运人不负责任。

7. 索赔和诉讼时效

货物如有灭失或损坏,收货人应在接收货物之前或当时,将货损通知书面交给承运人或其代理人,否则,就应被视为货物已按提单所述情况交付给收货人的初步证据。如果损坏不明显,则货损通知应在交付货物的 3 天内提交。如果货物交付时已经联合检验,就无须提出书面通知。

除非从货物交付之日或应交付之日起 1 年内提起诉讼,否则承运人在任何情况下,都应免除对灭失或损坏所负的一切责任。

8.《海牙规则》的适用范围

《海牙规则》第 10 条规定："《海牙规则》的各项规定,应适用于在任何缔约国内所签发的一切提单。"

第 5 条规定："《海牙规则》的各项规定不适用于租船合同,但如果提单是根据租船合同签发的,则它们应符合《海牙规则》的规定。"

按照《海牙规则》的规定,提单上虽注明适用《海牙规则》但该提单不在缔约国内签发时,该提单也不能适用《海牙规则》。

二、《维斯比规则》

(一)《维斯比规则》产生的背景

随着国际政治、经济形势的变化和运输形式的发展,《海牙规则》的某些规定越发显得适应不了形势的需要。在第三世界国家的强烈要求下,国际海事委员会决定对《海牙规则》进行修改。1968 年 2 月 23 日在布鲁塞尔召开的有 53 个国家参加的第 12 届海洋法外交会议上,通过了《修订统一提单若干法律规定的国际公约的议定书》(Protocol to Amend the International Convention for the Unification of Certain Rules of Law Relating to Bill of Lading),简称《布鲁塞尔议定书》。因国际海事委员会 1963 年在瑞典的哥特兰岛区首府维斯比城讨论并签署该议定书草案,故此议定书又称为《维斯比规则》,经该议定书修订后的《海牙规则》称为《海牙-维斯比规则》。

(二)《维斯比规则》的主要内容

《维斯比规则》主要在以下方面对《海牙规则》进行了修订。

1. 承运人的责任限制

该规则将《海牙规则》规定的承运人每件或每单位 100 英镑的单轨制责任限额改为双轨制,即每件或每单位 10000 法郎,或者按灭失或损坏货物的毛重计算,每千克 30 法郎,择高者计算。当时的 10000 法郎相当于 431 英镑,从而部分地解决了通货膨胀问题。但由于作为金法郎计算基础的黄金价格随着金本位制国际货币体系的崩溃而自由浮动,使得承运人赔偿限额无法保持稳定。1979 年,责任限制计算单位被改为以特别提款权计算。修订后的承运人责任限制为每件或每单位 666.67 特别提款权,或按货物毛重每千克 2 特别提款权。该规则还规定,当货物以集装箱、托盘或类似工具集装时,如果提单中载明了集装工具中的货物件数,承运人责任限制以载明的件数计算,否则,集装工具及货物视为一件或一个单位。

2. 提单的证据效力

《海牙规则》规定,提单中载有的货物主要标志、件数、数量、重量,以及货物外表状态的描述是承运人收到该货物的初步证据。《维斯比规则》进一步规定,当提单转让至善意第三者手中时,提单所载内容便成为承运人收到所载货物的绝对证据。

3. 非运输合同诉讼时承运人免责权的适用

在某些国家,当发生货物运输事故时,法律上允许受害人既可以以违反运输合同为由向承运人提起合同诉讼,也可以以侵权为由向承运人提起侵权诉讼。但提起侵权诉讼时,承运人不得援引《海牙规则》中规定的承运人免责和责任限制,这对承运人是非常不利的。因此,《维斯比规则》规定,不论受害人提起何种诉讼,《海牙规则》规定的承运人免责事项和责任限制都适用。

4. 承运人的受雇人和代理人权利

承运人的受雇人和代理人不是运输合同的当事人,在由于他们的过失造成货物灭失或损坏时,无权享受运输合同或有关法律规定的承运人免责事项或责任限制。在英国,一艘名为"喜马拉雅"客轮靠港时,由于舷梯没有放好,致使一名老年妇女摔伤。因客票中印有承运人免责条款,该旅客便以侵权行为控告该轮水手长。法院判决,该水手长作为承运人的受雇人无权援引上述免责,需承担对该旅客的全部赔偿责任。此后,承运人纷纷在客票中订入"喜马拉雅条款",规定承运人的受雇人和代理人有权享受承运人的免责权和责任限制权。《维斯比规则》将"喜马拉雅条款"法律化,规定承运人的受雇人或代理人在诉讼中享有与承运人同样的法律地位。承运人的受雇人包括雇用的船员、装卸公司等与货物运输有关的独立合同人。

5. 诉讼时效

《海牙规则》规定,货物灭失或损害的诉讼时效为一年,自承运人交付或应当交付货物之日起计算。《维斯比规则》进一步规定了被诉人向第三人追诉的时效,即在一年的时效期间内或时效届满后,再允许 3 个月时间供被诉人向第三人追偿。该 3 个月自提起追诉的人已解决原赔偿请求之日起,或收到原审法院对其本人送达的起诉书之日起计算。

6. 规则的适用范围

根据《海牙规则》第 10 条规定,该规则适用于在缔约国签发的任何提单。但根据第 5 条规定,该规则不适用于租船合同。但对租船合同下签发的提单,如果提单在非承租人的第三人手中时,该规则仍然适用于该提单;当提单在承租人手中时,承运人与承租人的权利义务关系依租船合同确定,不适用该规则。如果提单或租船合同明确规定适用该规则,则该规则适用于该合同。

三、《汉堡规则》

(一)《汉堡规则》产生背景

对于《海牙规则》和《维斯比规则》实行的承运人部分过错原则,很多发展中国家和代表货主利益的发达国家,如美国、加拿大、法国、澳大利亚等表示不满,要求建立船货双方平等分担海上货物运输风险制度。为此,联合国国际贸易法委员会组织制定了《1978 年联合国海上货物运输公约》(United Nations Convention on the Carriage of Goods by Sea),并于 1978 年 3 月 6 日在德国汉堡召开的联合国海上货物运输会议上通过,故该公约也被称为《汉堡规则》。

(二)《汉堡规则》的主要内容

1. 承运人责任的归责原则

《海牙规则》规定,承运人对船长、船员等驾驶船舶或管理船舶及火灾中的过失免除赔偿责任,即使他们在上述行为中存在过错。《汉堡规则》废除了这种不完全过错原则,规定只要船长、船员等在驾驶船舶或管理船舶及火灾事故中存在过错,承运人就应当承担责任。这种责任原则被称为"完全过错原则"。这一规定是对《海牙规则》的根本修改。该规则第 5 条第 1 款规定:"如果在承运人掌管货物期间发生了货物灭失、损坏或延迟交货,除非承运人能够证明,其本人、受雇人或代理人已为避免事故的发生及其后果采取了一切合理措施,否则,承运人应对上述事故损失承担赔偿责任。"关于举证责任,根据该规则的附件,承运人根据该规则承担的责任以推定过失原则为基础,即发生了货运事故,即推定承运人有责任。承运人如欲免责,需举证证明自己已经采取了合理的措施。

关于延迟交付货物,该规则规定,延迟交付是指承运人未能在明确约定的时间内,或者在没有约定时,未在一个谨慎的承运人应做到的合理时间内在合同规定的卸货港交付货物。在应交付货物之日起 60 天内,承运人未交付货物,则视为货物已经灭失。

2. 承运人责任期间

《汉堡规则》规定的承运人责任期间比《海牙规则》的规定向两端作了延伸,即从承运人接管货物时起,到卸货港交付货物时止。具体地说,是从承运人、其受雇人或代理人从托运人或其代理人,或根据装货港所适用的法律,从货物发运当局或其他第三方接管货物时起,至货物交付给收货人、其受雇人或代理人,或当收货人不向承运人提货时,依照合同或卸货港适用的法律或特定的商业习惯,将货物置于收货人、其受雇人或代理人支配之下,或者,根据卸货港适用的法规,将货物交给所需交付的当局或其他第三方时为止。

3. 承运人的责任限制

《汉堡规则》规定的承运人责任限制额比《维斯比规则》提高了 25％。该规则的第 6 条规定,承运人对货物灭失或损坏的赔偿限额为每件或其他装运单位 835 特别提款权,或按货物毛重计算,每千克 2.5 特别提款权,以较高者为准。对以集装箱、托盘等集装工具集装货物时,确定货物件数或装运单位的原则与《维斯比规则》基本相同,但追加规定如果集装工具系托运人提供,则此集装工具应视为一个独立的装运单位。

4. 非运输合同诉讼时承运人免责权的适用

此条规定与《维斯比规则》的规定基本相同。

5. 活动物与舱面货

《海牙规则》的规定不适用于活动物和舱面货,尽管事实上根据承运人的管理货物义务规定,承运人也必须对这两类货物尽妥善管理义务。《汉堡规则》将这两类货物纳入管理范围,明确规定承运人只有在与托运人达成协议时才可将这类货物装于舱面,否则应对其后果承担责任。承运人将这类货物装于舱面时,应在提单或其他货运单据上注明,否则不得援引与托运人的约定对抗第三人。

6. 托运人的义务与责任

此条规定与《海牙规则》的规定基本相同。

7. 保函的效力

《汉堡规则》首次对保函的效力作出了规定。该规则规定,托运人在货物外表不良时为换取清洁提单向承运人提供的保函,在托运人与承运人之间有效,但是对包括收货人在内的任何第三方无效。并且,保函如具有欺诈性质,此种保函在托运人与承运人之间也无效。同时,承运人应对第三人因此所遭受的任何损失负赔偿责任,而且不得援引规则规定的免责及赔偿责任限制。

8. 货运事故的通知和诉讼时效

由于《汉堡规则》对承运人的责任实行的是推定过失责任原则,所以该规则进一步规定,如果收货人未在规定的时间内提出货运事故通知,则视为承运人已按提单记载履行了义务。这就意味着如果事后收货人欲向承运人索赔,则承运人的举证责任转给了收货人。对收货人提出货运事故通知的要求是:如果交货时货物灭失或损坏明显,此种通知应在接受货物后 15 日内提出;在收货方存在过失给承运人造成损失时,承运人应在损害发生日或在货物交付日起 90 天内提出通知。对于诉讼时效,该规则规定,不论是货方还是承运方起诉,其时效均为两年,自交付货物,或应交付货物最后一日的次日算起。

9. 管辖权与仲裁

《汉堡规则》第 29 条规定,下列地点所在国法院对有关货物运输争议具有管辖权:

(1)被告主营业所所在地,或无主营业所时,被告的通常居住地;

(2)合同订立地;

(3)装货港口或卸货港口;

(4)运输合同规定的其他地点。原告有权在上述范围内选择诉讼地点。

此外,如合同双方就争议达成仲裁协议,索赔人也有权按照上述顺序选择仲裁地点,但仲裁协议规定仲裁地点的,应按照仲裁协议规定办理。

10. 规则的适用范围

该规则适用于国际海上运输合同,但合同规定的装货港或卸货港之一应在某一缔约国内,或者提单在某一缔约国内签发,或者提单或其他运输单证规定运输合同受该规则约束。但同《海牙规则》一样,该规则不适用于租船合同,但如租船合同提单中并入了租船合同条款,则应适用该规则。

第六节　班轮运费

一、基本知识

（一）班轮运价、运费与运价本

1. 运价（Freight Rate）

运价是指承运每单位货物而付出的运输劳动的价格,它是运输产品价值的货币表现形式。班轮运价具有相对稳定性,即在一定时期内保持不变。贸易合同中如运输条款规定为"班轮条件"（LINER TERM）,其含义是货物以班轮方式承运,船方负担装卸费用,不计算滞期费和速遣费,并签发班轮提单。

2. 运费（Freight）

运费是指海上承运人根据运输合同完成货物运输后从托运人那里取得的报酬。班轮运费也就是班轮公司为运输单位货物所消耗的人力、物力以及为运输货物所支付给各方的费用,它是班轮承运人为承运货物收取的报酬,班轮运费等于班轮运价与运量的乘积;运费的单价或费率就是运价。

3. 运价本（Tariff）

运价本又称费率本或运价表,是船公司承运货物向托运方据以收取运费的费率表的汇总。运价本一般主要由说明及有关规定、商品分级表、航线费率表和附加费率表四部分构成。

承运人有时会在提单中列入有关运价本的条款,用以说明承运人的运价本的作用。因为提单的正面和背面条款虽已很多,但却是固定格式,因而不可能经常改变。同时,运输合同下各项费用的收取,结算的依据还会与具体港口的特殊要求相对应,并随市场的变化而变化。所以,承运人会用运价本的形式对此做出规定。货运代理人应充分注意承运人运价本的内容和变化。

按运价制定形式不同,运价本可以分为等级费率本和列名费率本。

(1)等级费率本

等级费率本中的运价是按商品等级来确定的。这种运价是按照货物负担运费能力的定价原则,首先根据货物价格,将货物划分为若干等级;之后确定不同等级的货物在不同航线或港口间的不同等级的运价。同一等级的商品在同一航线或港口间运输时,适用相同的运价。这种运价表附有"商品分级表(Scale of Commodity Classification)"。在计算运费时,首先根据商品的名称在"商品分级表"(表2-3)中查找出该商品所属等级,再从该商品的运输航线或运抵港口的"航线等级费率表"(表2-4)中查找该级商品的费率。

表 2-3　　　　　　　商品分级表(节选)

CLASSIFICATION OF COMMODITIES

Commodity	Basis	Class
Fishing Implements	M	9
Fish Shrimps, dried brined	W	13
Flint	W	3
Flour	W	5
Flourspar	W	4
Footwear, N. O. E.	M	11
Fruits, dried	M	11
Fruits, fresh	M	7
Furnitures, N. O. E.	W	10
Furs, N. O. E.	M	16

表 2-4　　　　　　　航线等级费率表(中-加)航线

Scale of Class Rates for China-Canada Service

Class	West Canada Vancouver	Halifax, St. John	East Canada Montreal, Quebec, Toronto, Hamilton
1	150.00	177.00	193.00
2	159.00	185.00	202.00
3	167.00	193.00	211.00
4	175.00	201.00	220.00
5	183.00	215.00	235.00
6	194.00	231.00	252.00
7	205.00	248.00	270.00
8	219.00	264.00	288.00
9	235.00	283.00	309.00
10	257.00	305.00	333.00

Class	West Canada Vancouver	Halifax, St. John	East Canada Montreal, Quebec, Toronto, Hamilton
11	285.00	337.00	368.00
12	317.00	373.00	407.00
13	350.00	414.00	451.00
14	383.00	454.00	496.00
15	416.00	495.00	540.00
16	449.00	536.00	585.00
17	492.00	591.00	644.00
18	547.00	645.00	704.00
19	629.00	735.00	802.00
20	711.00	844.00	920.00
Ad Val	4%	4%	4%

商品分类部分按其英文字母顺序排列,在每一商品后面注明商品等级。费率表部分按航线划分,制定每一航线与商品等级相对应的集装箱和杂货费率。随着集装箱运输的发展,货物等级差别越来越小,现在几个等级货物的运价基本或完全相同,商品的分类也趋于简单。

（2）列名费率本

列名费率本,也称单项费率运价本,其中的运价是根据商品名称来确定的。对各种不同货物在不同航线上逐一确定的运价称为单项费率运价。在商品运价表中,每一个商品后面都注明了商品编号,费率部分则按照编号列出每一编号商品的不同目的地费率。这种运价本虽然每种货物的运价都很明确具体,但因查阅量太大,且容易造成商品名称的遗漏,使用起来不方便。因此,目前大部分班轮公司使用的都是等级费率本。

（二）基本港和非基本港

基本港（Base Port）是指港口设备较好,货运量较大,班轮公司按期挂靠的港口。按国际航运习惯,运往基本港的货物,均按基本费率收取运费。非基本港口（Non-Base Port）指班轮公司不常挂靠的港口,去该港口的货物要加收附加费。

（三）班轮运费的支付

根据贸易条款的不同,班轮运费的支付方式分为预付运费和到付运费。

1. 预付运费（Freight Prepaid）

是指在签发提单前即须支付全部运费。在国际贸易中,一般都采用 CIF 或 CFR 价格条件,在签发提单前由卖方在装货港支付运费以便于交易双方尽早结汇。在预付运费的情况下,运费应该按照货物装船时的重量或尺码计算。预付运费对货主而言要承担运费损失的风险,大多班轮公司在提单和合同条款中,不但规定运费预付,而且还记明即使本船或货物在整个运输过程中任何一阶段沉没或灭失,承运人仍要全额收取运费,任何情况下都不退还。为规避风险,通常货主将已付运费追加到货物的货价中,一并向保险公司投保货物运输险。

2. 到付运费(Freight Collected)

是指货物运到目的港后,在交付货物前付清运费。对于到付运费的情况,承运人要承担一定风险,如果货物灭失,再追收运费,实际上是很困难的。为规避风险,承运人除了可将应收的到付运费作为可保利益向保险公司投保外,通常还可以在提单条款或合同条款中附加类似"收货人拒付运费或其他费用时,应由托运人支付"的条款。另外,在提单和合同条款中还应有留置权的规定。

3. 计费的币种

是指费率表中用以表示费率的货币种类。计费的币种以使用货物装船地通用的货币最为方便。但在开展第三国之间国际运输中,班轮公司都以国际上比较通用的,在国际外汇市场上可以自由买卖的外国货币作为计费币种。

计费币种的汇率变动直接影响船公司运费收入。因此,在提单和合同中不但要记明运费支付时间和地点,而且还要规定应该按照哪一天的汇率计算运费。通常规定,在运费预付的情况下,运费按签发提单当天的汇率计算;在运费到付的情况下,按船舶抵达卸货港当天的汇率计算。

(四)班轮运费的构成

1. 基本运费(Basic Freight)

是指货物在预定航线的各基本港口之间进行运输所规定的运价,该运价称为基本运价或称基本费率(Base Rate)。它是构成全程运费的主要部分,是计收班轮运输基本运费的基础。

2. 附加运费(Surcharges)

为了保持在一定时期内基本费率的稳定,又能正确反映出各港的各种货物的航运成本,班轮公司在基本费率之外,又规定了各种附加费。

班轮运费中的附加费的名目繁多,其中包括:超长或超重附加费、选择卸货港附加费、变更卸货港附加费、燃油附加费、港口拥挤附加费、绕航附加费、转船附加费和直航附加费等。

(1)超重附加费(Heavy Lift Additional):一件货物毛重超过运价表中规定的重量即为超重货。我国的轮船公司规定每件货物不得超过 5 公吨。如超过限额,则按每公吨加收一定的超重附加费。

(2)超长附加费(Long Length Additional):一件货物的长度超过运价表中规定的长度即为超长货。我国规定为 12 米,如超过则按每公尺加收超长附加费。如一件货物既超重又超长,则按高者计收。如需转船,则每转一次,加收一次超重或超长附加费。这类货物在托运时,如有条件最好能拆装,将一大件拆装为几小件便可节省运费。如不能拆装,应在托运时在托运单上注明货物的重量或尺码及其他应注意的事项,以便承运人在装卸时加以注意,以防造成货损。

(3)转船附加费(Transhipment Additional):凡运往非基本港口且需转船运往目的港口的货物,需加收转船附加费,其中包括中转费和二程运费。但有的轮船公司不收转船附加费,而分别另收中转费和二程运费。中转费和二程运费连同一程运费叫做"三道价"。

(4)燃油附加费(Bunker Adjustment Factor,缩写为BAF):在燃油价格上涨时,轮船公司便按基本运价的一定百分比加收附加费,或按每一吨运费加收。

(5)直航附加费(Direct Additional):运往非基本港口的货物达到一定数量(如"中远"规定近洋直航须达到2000公吨,远洋直航须达到5000公吨),轮船公司才肯安排直航,因直航附加费较转船附加费低。

(6)港口附加费(Port Additional):有些港口由于设备条件差或装卸效率低,轮船公司便加收附加费以弥补其因船舶靠港时间延长所造成的损失,一般按基本运价的百分比收取。

(7)港口拥挤附加费(Port Congestion Surcharge):有些港口由于压港压船,以致停泊时间较长,一般按基本运价收取附加费。通常此项费用较大,遇有这种费用,卖方应设法让买方负担。

(8)选港附加费(Optional Additional):托运时因不能确定卸货港口,只能预先提出两个或两个以上(最多不得超过三个)的港口作为选卸港。但所选港口必须是班轮的基本港口,货主应在货船到达第一选卸港之前24或48小时(各轮船公司规定不一)通知船方最后确定的卸港,否则船方有权将货物卸在所选港口中的任何一个港口。

(9)变更卸货港附加费(Alteration Of Destination Additional):货主要求改变原定卸货港口,如有关当局(海关)准许、船方又同意时便要加收此项附加费。如因倒舱困难或使船舶停留时间过长,船方也可拒绝。此项费用应由买方负担。

(10)绕航附加费(Deviation Surcharge):当正常航道不能通行,需绕道才能将货物运至目的港时,轮船公司便要加收此项费用。

(11)货币贬值附加费(Currency Adjustment Factor,CAF):当运价表中规定的计费货币贬值时,轮船公司为弥补其损失便按基本运价加收一定百分比的货币贬值附加费。

除上述各种附加费外,还有一些附加费须由船、货双方临时议定,如洗舱费(Cleaning Charge)、熏蒸费(Fumigation Charge)、冰冻费(Ice Surcharge)等。

(五)班轮运费的计费标准(Freight Basis)

班轮运费的计费标准又称计算标准,是指计算运费时使用的计费单位。在班轮运费计收中,通常会涉及一些基本的概念,包括:运费吨、起码运费等。

运费吨(Freight Ton)是计算运费的一种特定的计费单位。通常取货物重量和体积中相对值较大的为计费吨数。

起码运费(Minimum Rate)也称起码提单,是指以一份提单为单位最少收取的运费。通常承运人为维护自身的最基本收益,对小批量货物收取起码运费,以补偿其在最基本的装卸、整理和运输等操作过程中的成本支出。承运人收取起码运费后就不再收取其他附加运费。

在班轮运输中,主要使用的计费标准是按容积或重量计算运费。但对于贵重商品,则按照货物价格的某一百分比计算运费;而对于车辆等这类商品,通常会按照个数或件数来计费;对于大宗低价的货物,托运人和承运人会按照临时议定的费率来计收运费。

承运人制定的运价表中具体规定了不同商品的计费标准,并使用航运界通用的符号来表示这些计费标准:

(1)按货物的毛重计收。在运价表中以"W"字母表示,即英文 Weight 的缩写。一般以每1公吨为计算单位,吨以下取2位小数,也有按长吨或短吨来计算。

(2)按货物的体积计收。在运价表中以"M"字母表示,即英文 Measurement 的缩写。一般以1立方米为计算单位,也有按40立方英尺为1尺码吨计算。

(3)按货物的毛重或体积计收。在运价表中以"W/M"字母表示,以其较高者计收运费。按惯例,凡1重量吨货物的体积超过1立方米或40立方英尺的,即按体积收费;反之,1重量吨货物的体积不足1立方米或40立方英尺的,按毛重计收,如机器、零件或小五金工具常按此办法计收。

(4)按货物的价格计收运费,又称从价费。在运价表中以"Ad. Val"或"A. V"表示,即 Ad Valorem 的缩写。一般按商品 FOB 价格的一定百分比计算运费。

(5)按货物重量或体积或价值三者中选最高的一种计收,在运价表中以"W/M. or Ad. Val"表示。也有按货物重量或体积计收,然后再加收一定百分比的从价运费。在运价表中以"W/M. PLUS Ad. Val"表示。

(6)按货物的件数计收,如车辆按"每辆"(Per Unit)计收;活牲畜如牛、羊等按"每头"(Per Head)计收。

(7)大宗低值货物按议价计算运费(Open rate),如粮食、豆类、煤炭、矿砂等。在订舱时,由托运人和船公司临时洽商议定。议价运费通常比按等级计算运费低廉。

二、班轮运费的计算

(一)运费计算公式

根据班轮运费计算标准的不同,运费计算公式也不相同。通常,杂货班轮运费的计算公式为:

$$总运费=基本运费+\sum 附加费$$

(1)当班轮运费按照货物的体积或重量标准来计算时,在没有任何附加费的情况下,班轮运费计算公式为:

$$F=f\times Q$$

式中:F 为总运费;f 为基本费率;Q 为货运量。

【例 2-1】 设某公司拟向日本出口冻驴肉 30 公吨,共需装 1500 箱,每箱毛重 20 千克,每箱体积为 20cm×30cm×40cm。原对日报价每箱 FOB 30 美元,日商回电要求改报 CFR 神户的价格。问应如何计算该批货物的运费?(去日本航线每运费吨的运价为 144 美元)日商要求报 CFR 神户的价格应是多少?

解:首先,按冻驴肉的英文(Frozen Donkey-meat)字母顺序从运价表中查找该商品属 8 级货,计收标准为 W/M。其次,再查出日本航线每 1 运费吨的运价为 144 美元,无其他任何附加费。再次,分清该商品是重货还是轻货,也就是计算该商品的积载系数是大于 1,还是小于 1。如大于 1 为轻货,小于 1 为重货。

计算的方法是:M = 0.2×0.3×0.4=0.024CBM

W=20KG=0.02MT

计收标准为 W/M,W>M,因此该商品应按重货(W)计算运费。

将以上已知的数据代入公式即得总运费:

$$F=f\times Q=144\times 0.025\times 1500=5400 \text{ 美元}$$

每箱的运费应为:

$$5400\div 1500=3.6 \text{ 美元}$$

每箱的 CFR 价应为:

$$FOB 价+海运运价=30+3.6=33.6 \text{ 美元}$$

答:该批货物的运费是 5400 美元,日商要求报 CFR 神户的价格应是每箱 33.6 美元。

(2)当班轮运费按照货物的体积或重量标准来计算时,在有附加费且附加费按基本费率的百分比收取的情况下,运费的计算公式为:

$$F=f\times Q\times (1+S_1+S_2+\cdots +S_o)$$

式中:$S_1 + S_2 + \cdots + S_o$ 为各项附加费的百分比。

【例 2-2】 某公司出口商品 200 件,每件毛重 95 公斤,体积 100 厘米×40 厘米×25 厘米,查轮船公司运费表,该商品计费标准为 W/M,等级为 8 级,每运费吨的运价为 80 美元,另收港口费 10%,直航附加费 15%。问:该批货物共计运费多少?

计算的方法是:M＝1X0.4X0.25＝0.1CBM

W＝95KG＝0.095MT

计收标准为 W/M,M＞W,因此该商品应按轻货(M)计算运费。

$F = f × Q × (1 + S_1 + S_2 + \cdots + S_o) = 80 × 0.1 × 200 × (1 + 10\% + 15\%) = 2000$ 美元

答:该批货物共计运费 2000 美元。

(3)当班轮运费按照货物的体积或重量标准来计算时,在各项附加费按绝对数收取的情况下,运费的计算公式为:

$$F = f × Q + (S_1 + S_2 + \cdots + S_o) × Q$$

式中:$S_1 + S_2 + \cdots + S_o$ 为各种附加费的绝对数。

【例 2-3】 某出口公司向马来西亚出口大型机床 1 台,重为 7.5 公吨,目的港为巴生港或槟城。运送机床去新马航线的基本费每 1 运费吨为 1500 港元,另加收超重附加费每运费吨为 28 港元,选港费为 20 港元。问该机床的运费为多少?

解:将上述已知数据代入公式即得:

$F = f × Q + (S_1 + S_2 \cdots + S_o) × Q = 1500 × 7.5 + (28 + 20) × 7.5 = 11610$ 港元

答:该机床的运费是 11610 港元。

(4)当班轮运费按照货物的 FOB 价格标准来计算时,运费的计算公式为:

$$F = (Ad.Val.)P_{FOB}$$

式中:$Ad.Val.$ 为从价费率;P_{FOB} 为商品的 FOB 价格。

因为从价运费是按照货物的 FOB 价格的某一百分比计算的。但是,一些贸易合同可能以 CIF 价格或 CFR 价格成交。因此,我们需要先将 CFR 或 CIF 价格换算成 FOB 价格,然后在计算出从价运费。

CFR 与 FOB 的价格换算公式为:

$$P_{CFR} = P_{FOB} + F = P_{FOB} + (Ad.Val.)P_{FOB} = (1 + Ad.Val.)P_{FOB}$$

因此:

$$P_{FOB} = P_{CFR}/(1 + Ad.Val.)$$

按照一般贸易习惯,CFR 价格是以 CIF 价格的 99% 计算的,因此可以得出

CIF 与 FOB 的价格换算公式为：

$$P_{FOB} = 0.99 P_{CIF} / (1 + Ad. Val.)$$

【例 2-4】 某贸易公司出口一批商品到日本神户，共 800 件，每件重 0.3 公斤，0.5 立方米，每件 CIF 价为 100 美元，班轮公司要求按从价计算运费，其从价费率为 5%。问该批货物的从价运费是多少？

解：$F = (Ad. Val.) P_{FOB}$

$\quad = Ad. Val. [0.99 P_{CIF} / (1 + Ad. Val.)]$

$\quad = 5\% \times [(0.99 \times 800 \times USD100) / (1 + 5\%)]$

$\quad = 3771.43$ 美元

答：该批货物的从价运费是 3771.43 美元。

(二)运费计算基本步骤

运费计算基本步骤如图 2-18 所示。

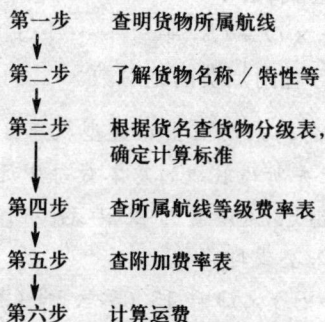

第一步　　查明货物所属航线

第二步　　了解货物名称／特性等

第三步　　根据货名查货物分级表，
　　　　　确定计算标准

第四步　　查所属航线等级费率表

第五步　　查附加费率表

第六步　　计算运费

图 2-18　运费计算的基本步骤

三、集装箱班轮运费

传统意义上的运价表都是针对件杂货而制定的，由于集装箱的特殊性，航运公司往往对其分情况处理。其中，拼箱货的处理方法与件杂货相似。而对于整箱货物，处理方法则有很大的不同，关于集装箱班轮运费（即集装箱运费）的内容将在本书第四章第四节进行详细介绍。

复习思考题

1. 海洋货物运输的特点是什么？

2. 班轮运输的特点是什么？

3. 班轮运费的结构是什么?

4. 什么是卸货地订舱?

5. 杂货班轮运输中,为什么采取"仓库收、交货、集中装、卸船"? 此时承运人与货方的责任如何划分?

6. 为什么说载货清单是航运中的通行证? 其重要性体现在哪些方面?

7. 简述在杂货班轮运输中,装货港主要货运单证流程。

案例分析题

1. 我国 T 公司向荷兰 M 公司出售一批箱装货物,以 FOB 价格成交,由 M 公司租用 H 运输公司的货轮承运货物。装船时船方发现有 28 箱货外表破碎,于是大副做了批注。当签发提单时,T 公司提出买方是老客户,不会提出索赔,且出具了保函"若收货人因此索赔,由我方承担责任"。船东签发了清洁提单。船抵卸货港,收货人发现 40 多箱包装严重破碎,于是向承运人提出索赔。此后,承运人凭保函向发货人索赔,但只得到了 28 箱赔偿金。问:凭清洁保函换取清洁提单,承运人与卖方面临着哪些隐含风险?

2. 我国某公司与瑞士公司签订出售农产品合同。装船期为 2005 年 12 月~2006 年 1 月,凭信用证支付。但我国公司在租船装运时,因原订船临时损坏,改派另一条船装运,又因连日风雪,直到 2006 年 2 月 11 日才完成装货,并于 13 日开航。为符合信用证要求,我公司要求外代按 2006 年 1 月 31 日签发提单,并办理了议付。货到目的港,买方查阅航海日志,发现问题后立即起诉。法院扣船,后经赔偿 50000 英镑后,买方才撤回上诉。问:我公司为何要倒签提单? 倒签提单有什么危害性?

计算题

1. 某公司出口箱装货物一批,报价为每箱 35 美元 CFR 利物浦,英国商人要求改报 FOB 价。已知该批货物每箱长 45 厘米,宽 40 厘米,高 25 厘米,每箱毛重 35 公斤,商品计费标准为 W/M,每运费吨基本运费为 120 美元,并加收燃油附加费 20%,货币附加费 10%。问该公司应报价多少?

2. 某贸易公司出口一批商品到日本神户,共 800 件,每件重 0.3 公斤,体积 0.5 立方米,每件 CIF 价为 100USD,班轮公司要求按从价计算运费,其从价费率为 5%。问该批货物的从价运费是多少?

3. 某公司出口商品 100 箱到某国,每箱体积为 40 厘米×30 厘米×20 厘米,毛重为 30 千克,经查该商品货物分级表规定计算标准为 W/M,等级为 10 级,又查基本运费率为 222 美元,另外加收港口附加费率 25 美元,燃油附加费率 20 美元,问该公司应付船公司运费为多少?

第 三 章

海运代理实务(二):
租船运输代理实务

□□□ 学习目标

　　通过本章的学习,学生应了解租船运输的经营方式及业务流程,理解航次租船合同和定期租船合同的内容,洞悉国际租船运输市场的发展趋势,掌握航次租船运费的估算方法。

第一节　租船运输概述

　　租船运输(Shipping by Chartering)是相对于班轮运输的另外一种海上运输方式,其既没有固定的船期,也没有固定的航线和挂靠的港口。因此,在租船运输方式下,船期、航线及港口都按租船人和船东双方签订的租船合同规定的条款来明确。根据租船合同,船东将船舶出租给租船人使用,以完成特定的货运任务,并按双方在租船合同中约定的租金率来收取租金。

一、租船运输相关概念

1. 租船运输(Carriage of Goods by Chartering)

　　租船运输又称为不定期船运输,是指船舶所有人为了赚取运费,把船舶按照事先商定的条件,租给租船人,租船人支付租金,以完成特定的海上货运任务。我国大宗货物的进出口通常采用租船运输方式。

2. 承租人(Charterer)

　　承租人是指货物所有人,是租用船舶的一方,因此被称为承租人或租船人,有时也称为租家。

3. 船东(Ship owner)与二船东

租船运输的经营人既可能是将自有船舶用于租船运输的船舶所有人,也可能是将以定期租船或光船租船形式租用的船舶再次用于租船运输的船舶经营人,前者被称作船东,后者被称为二船东。

4. 租船经纪人(Chartering Broker)

帮助双方公布信息、选择合同相对方及订立合同的中介人被称为租船经纪人。他们熟悉租船市场行情,精通租船业务,同时由于他们掌握市场动态,作为当事双方的桥梁与纽带,在为委托人提供市场信息、资信调查及其他信息咨询服务、促成合同顺利签订、减少委托人事务上的繁琐手续,以及为当事双方调解纠纷等方面所起到的积极作用已得到了各方面的认同。

5. 租约(Charter Party,C/P)

承租双方所签订的租船合同被称为租约。

6. 标准租船合同范本(Standard Charter Party Form)

承租双方在谈判时所参照的范本,在租船实务中被称为标准租船合同范本。

二、租船运输的特点

租船运输的特点如下:

1. 定航线,不定船期;

2. 租船运输适宜大宗散装货物;

3. 租金或运费是根据租船市场行情来决定的;

4. 装卸费的分担根据租船合同商定的条款决定何方支付;

5. 一般通过船东的经纪人和租船人的代理人洽谈交租业务;

6. 各种租船方式均有相应的标准合同格式;

7. 租船合同条款由船东和租船人双方自由商定;

8. 租船合同中涉及法律的条款较少,大多数为技术性的条款。

三、租船运输的经营方式

(一)航次租船

1. 航次租船的概念

航次租船(Voyage Charter),又称航程租船或程租船,是以航程为基础的一种租船方式,适用于运输单一的大宗货物。航次租船是指由船舶所有人负责提供一艘船舶在指定的港口之间进行一个航次或几个航次的运输。船方按照合同中规定的条件(船名、受载日期、装卸时间等)按时到装货港口装货,运往卸货港。在程租情况下,船、租双方的责任与权利以合同规定的条件为准。通常租船人除负担运费、滞期费和交付货物外,其他一切与船舶营运相关费用均由船东负责。所以,这种租船方式对租方来说简单易行,在国际上应用较为普遍。

2. 航次租船的特点

(1)船舶的营运调度由船舶所有人负责,船舶的燃料费、物料费、修理费、港口费、淡水费等营运费用也由船舶所有人负担。承租人只承担及时供货和支付运费等相关费用的责任。

(2)船舶所有人负责配备船员,负担船员的工资、伙食费。

(3)航次租船的"租金"通常称为运费,运费按货物的数量及双方商定的费率计收。

(4)在租船合同中需要明确货物的装卸费用和责任由船舶所有人或承租人负担。

(5)在租船合同中需要写明装卸时间、装卸率、滞期费和速遣费等。

3. 航次租船的形式

(1)单航次租船(Single Voyage Charter)

指船舶所有人与承租人双方约定,只需完成一个单程航次的租船。船舶所有人负责将指定的货物从一个港口运往另一个港口,货物运到目的港卸货完毕后,船舶所有人的合同义务即告结束。单航次租船是航次租船的基本形式,也是对运输市场费率波动最为敏感的租船形式。

(2)往返航次租船(Return Voyage Charter)

指船舶所有人与承租人双方约定一个往返航次的租船。同一艘船舶在完成一个单航次后,紧接着在原卸货港或其附近港口装货,运回原装货港或其附近港口卸货后,航次租船才告完成,船舶所有人的合同义务才能结束。由于对一个承租人来说,不大可能既有去程货载,又有回程货载,所以这种租船形式比较少。但在一个货主有去程货载,另一个有回程货载时,两个货主可能联合起来向船舶所有人按往返航次洽租船舶,船舶所有人往往在运费方面给承租人以一定的优惠。

(3)连续单航次或连续往返航次租船(Consecutive Single Voyage Charter/Consecutive Return Voyage Charter)

亦称连续航次租船,指船舶所有人与承租人双方约定连续完成几个单航次或几个往返航次的租船。在这种情况下,同一艘船舶在同方向、同航线上连续完成规定的两个或两个以上的单航次或往返航次运输后,连续航次租船才告结束。

连续航次租船可以每个单航次各订一个租船合同,也可以只订一个包括各个单航次或往返航次的租船合同,但合同中须订明船舶第一个航次的受载日期和连续的航次数。在连续单航次租船中,在不影响下一航次的受载期的情况下,船舶可以承揽回程货载。

(4)包运租船(Contract of Affreightment,COA)

它是指船东向承租人提供一定吨位的运力,在确定的港口之间,按事先约定的时间、航次周期和每航次较为均等的运量,完成合同规定的全部货运量的租船方式。即在规定的时间内,用若干条船运完包运合同规定的货物数量。

包运租船是在连续单航次程租船的运营方式基础上发展而来的,与连续单航次程租船相比,一方面包运租船不要求由一艘固定的船舶完成运输,船东在指定船舶上享有较大的自由;另一方面包运租船并不要求船舶一个接一个航次地完成运输,而是规定一个较长的时间,只要满足包运租船合同对航次的要求,在这段时间内,船东可以灵活安排运输,在对于两个航次之间,船东完全有权自由安排一些额外的运输。

对船舶所有人来说,包运租船的货运量大,在较长时间内能保证船舶有比较充足的货源,使运费收益有较稳定的保障。船舶所有人可灵活对运力进行安排,在保证合同规定完成货运任务的前提下,只要船舶所有人对船舶的调度管理得当,就有可能利用中间航次的空余时间装运其他货载,从而获得额外的收益。另外,对承运人来说,包运租船不但能在较长的时间内满足货物对运输的需要,而且在很大程度上能摆脱因租船市场行情的变动而受到的影响,不必担心有无运力将货物运往目的地的问题。

(二)定期租船(Time Charter)

1. 定期租船的概念

定期租船简称期租船,就是由船舶出租人将船舶租给租船人使用一定期限,在期限内由租船人自行调度和经营管理。在这个期限内,承租人可以利用船舶的运载能力来安排运输货物;也可以从事班轮运输,以补充暂时的运力不足;可以以航次租船方式承揽第三者的货物,以取得运费收入;还可以在租期内将船舶转租,以谋取租金差额的收益。

2. 定期租船的特点

(1)承租人在租期内拥有使用船舶运输的权利,负责船舶的调度和营运,既可运输自己的货物,也可承揽他人货物赚取运费,承担船舶运营风险,负担船舶的燃料费、运河通行费等船舶营运的可变费用。船舶所有人则负担船舶的折旧费、维修保养费、船用物料费、润滑油费、船舶保险费和船舶维持费。

(2)船长由船舶所有人任命,船员也由船舶所有人配备,并负担他们的工资和给养,但船长应听从承租人的指挥,否则承租人有权要求船舶所有人将其撤换。

(3)租金率的确定以船舶的装载能力为基础,结合市场行情等因素洽谈。有些合同规定租金率为每天每载重吨×××美元,或每天租金率为×××美元。每半个月或每30天预付租金一次。

(4)船东与租方在签订租期较长的合同中常订有"自动递增条款",即租金率会随船东成本的变动而增加。

(5)定期租船中有一种特殊方式为航次期租(TCT),又称日租租船。其特点是没有明确的租期期限,而只确定特定的航次。这种方式以完成一个航次运输为目的,按完成该航次的日数和合同约定的日租金率计算支付租金。该方式减少了船东因各种原因所造成的航次时间延长所带来的船期损失,而将风险转嫁给了承租人。其租期时间以完成一个航次为限,合同格式一般采用期租格式。

(三)光船租船(Bare Boat Charter)

1.光船租船的概念

光船租船(Bare Boat Charter)又称船壳租船。光租方式下船东不承担与船舶营运管理相关的任何责任和费用,由租方配备船员,并负责船舶的维护保养等一切相关事宜。船东仅拥有船舶财产所有权,在租期内收取租金。光船租船是一种财产租赁方式,不具有运输承揽性质,如同房主将空房出租给房客一样。

2.光船租船的特点

(1)船舶所有人只提供一艘空船,不负责船舶运输,承租人承担船舶的全部固定及变动费用;

(2)全部船员由承租人配备并负担船员的工资及伙食费,船长及船员须听从承租人的指挥;

(3)承租人负责船舶的经营及营运调度工作,并承担在租期内的时间损失,即承租人不能"停租";

(4)租金按船舶的装载能力、租期及商定的租金率计算;

(5)在租船合同中应说明由船舶所有人或由承租人负担船舶保险费。

这种方式在租船运输中较少使用,通常船东不愿将光船交给租方,多半情况是在船东想卖船,而买方又无力一次付清价款的情况下才采取这一方式。然后等租方分期付足价款后,便转移船舶的所有权。

四、租船运输的业务流程

在租船市场上,租船一般是通过经纪人进行的。从承租人提出租船要求到最后与船东签订租船合同,大致要经过六个环节。

(一)询租(Order,Inquiry,Enquiry)

询租的目的和作用是让对方知道发盘人的意向和需要的大致情况,因此内容除包括必须让对方知道的项目外,其余应简单扼要。询租可由租船人发出,也可由船东发出。

租船人询租的目的是为货物运输寻找合适的船舶。船东询租的目的是为船舶寻找合适货载或租家,其主要内容一般包括:船舶类型、船名、船籍、吨位、航行范围、受载日期、船舶供租的方式等。

(1)航次租船询租内容包括:租船人全称和地址、货物名称和数量、装货港和卸货港、船舶受载期和解约日、装卸时间、装卸费负担、运费率(有些询租中不报运费率,写明由船东报)、对船舶类型和尺码的特殊要求、租方建议的标准合同范本、佣金等。

(2)定期租船询租内容包括:租船人全称和地址、船舶吨位和船型、租用船期、交/还船地点、交船日期和解约日、对船舶的特殊要求、租船人建议的标准合同范本(也有由船东在报价时提出)、佣金等。

(二)报盘(Offer)

船东收到租船人询租后,经过估算或对照其他询租条件,认为可以考虑,便通过经纪人向租船人报盘,报出所能提供的船舶的运费率或租金等条件。报盘又称发盘。

租船实务中,习惯做法是船东发出意向性报价,尤其当租船人发出的是意向性询价时,意向报价仅提供船舶概况、运费或租金率,以及其他能满足询价中要求的意向。一般不附有应答复的时间限制,又称报虚盘。

若货物买卖已落实询价,船东可以立即报实盘,或因航运市场不景气,船东面临竞争时,为揽货,也应立即报实盘。船东和租船人洽谈租约条款分两步:首先洽谈主要条款,再进一步谈细节。

(1)航次租船报价主要条款包括:船东全称、船名和规范、运费率和运费支付条件、受载期和解约日、装卸港、装卸时间、装卸费负担、滞期/速递费率、标准合同范本、报价有效时间等。

(2)定期租船报价主要条款包括:船东全称、船名和规范、租船形式、交船及还船地点、交船期和解约日、航行区域、租金率和支付条件、交还船时船上剩油量和价格、其他船东愿作主要条款谈判的条款、合同范本、佣金等。

洽谈主要条款阶段,船东报价或租船人还价的结尾都写有"有待细节",这指谈妥主要条款后继续洽商细节内容。船东所报实盘中都规定答复期限,船东一旦发出报价,在一定期限内不得撤回、变更或限制报价。

(3)报盘的约束力主要表现在以下两种情况:

①若船东用口头或电话形式发出报价,并在该口头报价中规定答复期限,在期限之前,船东不得撤回或变更。租船人在规定期限内没作答复,报价无效。若报价没有

规定答复期限,租船人在对话当时没立即答复,船东不再受该口头报价的约束。

②若船东用电传、传真或电报报价,规定了答复期限,该报价在答复期限届满之前对船东有约束力。若没有规定答复期限的,一般在得到受盘所需的期间内该报价对船东有约束力。

(三)还盘(Counter Offer)

还盘是指对报盘中的实质内容作出修改,并提出自己的不同条件。在还盘时,要仔细审查对方报盘的内容,决定哪些可以接受,哪些不能接受,或要经修改和补充并逐一提出。在还盘中提到的条件都是不同意或否定或修改补充对方报盘中的条件,凡是还盘中没有提到的对方报盘中的条件,都被认为是已接受的条件。

若租船人对船东报盘中的绝大多数条款不能接受,但仍想与船东谈判,可以这样还价"租船人拒绝船东的报价,但提出实盘如下……"。

(四)接受(Acceptance)

经报盘、还盘多次的讨价还价,直到最后一次还实盘的全部内容被双方接受,就算成交。有效的接受必须在报盘或还盘的时限内且不能附有保留条件,若时限已过,则欲接受的一方必须要求另一方再次确认才能生效。

(五)签订租确认书(Fixture Note)

订租确认书应详细列出船舶所有人和承租人在洽租过程中双方承诺的主要条款,一般包括确认书日期、船名或可替代船舶、双方当事人的名称和地址、货名和数量、装卸货港和装卸船期、装卸费用负担责任、运费或租金及支付方法、有关费用的分担(港口使用费、税收等)、亏舱费计算、所采用标准租船合同、其他特殊约定、双方当事人签字等。

(六)编制、审核、签订正式租船合同(Charter Party)

订租确认书是一份简式合同,双方可按照已达成的协议编制、审核并签署正式的租船合同。租船合同通常制作正本两份,签署后由船东和承租人双方各持一份存档备用。

FIXTURE NOTE

CONTRACT NO.:HY-0016

OWNER:

CHARTER:

SHIPBROKER:

IT IS ON THIS DAY 09. MAR. 2007 MUTUALLY AGREED BETWEEN CHARTERERS AND OWNERS ON FLWG TERMS N CONDITONS:

01) NAME OF VSL:

MV. JINDA (SUB) CAM FLG, BLT 1983, DWT 5855. 93MT G/B CAPA 7482. 09/7042. 94 CBM, LOA/BM/D:108. 30/14. 80/8. 45 MTRS, SINGLE DECK, 3H/3H, STL BOTTOM, GEARLESS, HATCH SIZE: NO. 1:15. 6 * 7. 0M, NO. 2:23. 0 * 7. 0M, NO. 3:21. 0 * 7. 0M

02) CGO& Q'TY: 6000, +/-3% MT

03) L/D PORT: 1SBP ZHENJIANG, CHINA---1SAP SUNGAI PAKNING, ID (NEARBY N: 1°22'; E:102°09')

04) LAYCAN: NEGO. SUB TO THE FINAL READY OF THE CARGO

05) FRT RATE: USD29. 50/MT ON FILO BSS 1/1 (OWNER HANDLING)

06) L/D RATE: CQD / 36-48HRS, PWWD24HRS, SSHINC.

07) AGT: OWR'S AGT AT BENDS

08) DETENTION: USD5000 PDPR PAYABLE TO OWNERS IN CASE CGO OR DOCU-MENTS/SHORE CRANE/TRUCKLDG & DISCHG FACILITY IS NOT READY UPON VSLS ARVL AT BENDS, IF ANY AT L/PORT TB SETTLED WITH O'FRT

10) FREIGHT PAYMENT:30% AS FREIGHT PREPAID, AND THE REST FREIGHT TB PAID TO OWNER'S NOMINATED BANK ACCOUNT WITHIN 3-5 BANK WORKING DAYS IN USD AFTER COMPLETION OF LOADING AND SIGNING/RELEASING BILL(S) OF LADING AFTER RCVD CHARTERER'S BANK SLIP BUT ALWAYS BBB

11) LIGHTERAGE/LIGHTER: IF ANY TBF CHTR'S ARRANGEMENT AND CHTRS PAY THE COST

12) TAXES/DUES ON CARGO TO BE FOR CHARTERERS' ACCOUNT SAME ON VESSEL/FREIGHT TO BE FOR OWRNER'S ACCOUNT.

13) SHIPSIDE/SHORESIDE TALLY TO BE FOR OWNERS'/CHARTERERS' AC-COUNT

14) LASHING/SECURITY/STOWAGE /DUNNAGES /SEPERATION IF ANY TO BE FOR CHTRS ARRANGEMENT AND CHTRS PAY THE COST.

15) SHORE CRANE:SHORE CRANE IF ANY TBF CHTR'S ACCT AT BENDS

16) VSL SHOULD BE P&I N OWRS G'TEE VSL'S HOLD TB DRY & CLEAN TO LOAD A/M CGO

17) ARBITRATION:IF ANY IN HONGKONG AND ENGLISH LAW TO APPLY

18) THIS FIXTURE NOTE IS EFFECTIVE WITH SIGNATURE AND STAMP OF OWNER N CHARTERER

19) OTHER TERMS N CONDITIONS: AS PER GENCON C/P 1994

FOR N ON BEHALF OF OWRS   FOR N ON BEHALF OF CHTRS

_____   _____

五、租船合同范本

租船合同又称租船契约,是承租人以一定的条件向船东租用一定的船舶或舱位运输货物时,就相互间的权利和义务作出明确规定的协议。它是日后各方当事人承担责任或行使权利的依据。

租船方式不同,合同范本也不同。无论航次租船、定期租船或光船租船方式,都有相应的租船合同范本。目前,在国际航运市场中,被采用较多的、有较大影响的标准租船合同格式主要有以下几种:

(一)标准航次租船合同范本

(1)统一杂货租船合同(Uniform General Charter),简称金康(GENCON)。它是由国际著名的船东组织——波罗的海国际航运公会(BIMCO)于1922年制定,后几经修订,当前租船市场上选用的是1994年修订的范本。该租船合同范本是为适应当时国际贸易急骤发展,货物种类大量增加的需要而制定的。它是一个不分货种和航线,适用范围比较广泛的航次租船合同的标准格式。

(2)谷物泊位租船合同(Berth Grain Charter Party),简称巴尔的摩C式(BALTIME Form C),是广泛使用于从北美和加拿大向世界各港整船装运谷物的标准合同格式。这个标准格式是由设在纽约的北美粮食出口协会和设在伦敦的北美托运人协会及纽约土产交易所联合制定的。

(3)威尔士煤炭租船合同(Chamber of Shipping Walsh Coal Charter Party)是波罗的海白海航运公会1986年制定的,最初适用于美国,经过两次修订后专用于煤炭运输的标准合同格式。

(4)北美谷物航次租船合同1989年(North American Charter Party,Amended 1989),简称NORGRAIN,是由北美粮食出口协会、波罗的海国际航运公会、英联合王国航运委员会,以及船舶经纪人和代理人全国联盟制定的内容较新而且较全面的,专用于美国和加拿大出口谷物的航次租船的标准合同格式。

(5)澳大利亚谷物租船合同(Australia Grain Charter Party,AUSTWHEAT),此合同格式主要用于从澳大利亚到世界各地进行谷物整船运输的航次租船活动。

(二)标准定期租船合同范本

(1)纽约土产交易所定期租船合同(Time Charter-New York Produce Exchange),简称土产格式(NYPE Form)。它是美国纽约土产交易所(New York Produce Exchange)制定的定期租船合同的标准格式。这一合同于1913年制定,经多次修订,现行使用的是1993年修订版、代码为"NYPE93"的定期租船合同。由于此合同条款在维护船舶出租人与承租人双方的权益上比较公正,现得到较为普遍的使用。

(2)波尔的姆定期租船合同(BALTIME Uniform Time Charter Party),简称波尔的姆合同(BALTIME)。该标准定期租船合同格式由波罗的海国际航运公会于1909年制定并由英国航运公会承认。这一格式经过多次修订,现使用是1974年修订格式。波尔的姆合同比较侧重于船东的利益。因此,在航运市场不景气的时候使用较少。

(3)中租期租船合同(SINO TIME 1980),该合同是中国租船公司于1980年制定专供中国租船公司使用的自备范本。目前,中国租船公司对外商洽租期租船时,均以此范本格式为依据,此范本条款对承租人较有利。由于我国每年都要定期租大量船舶,经过多年使用,这一合同范本已为许多船舶所有人熟悉和接受。

(三)光船租船合同范本

(1)光船租船 A 式合同,2001 年。简称为 BARECON A,2001,是波罗的海国际航运公会制定的光船租船合同的标准格式,有 1974 年和 2001 年版本,当前使用较多的是 2001 年格式。

(2)光船租船 B 式合同,1974 年。简称为 BARECON B,1974,是波罗的海国际航运公会制定的标准格式,是专用于用抵押贷款购进的船舶光船租赁的租船合同标准格式。

第二节 航次租船合同

航次租船合同的内容因具体业务的货类、航线、贸易条件等而不同,使用的标准租船合同格式的条款也不同,可以根据具体情况和对双方有利的原则,对标准合同格式中的若干条款进行删减或增加,对于没有明确规定的事项可以依照法律或商业习惯处理。

我国《海商法》第九十三条规定:航次租船合同的内容,主要包括船舶所有人和承租人的名称、船名、船籍、载货重量、货名、装货港和目的港受载期限、运费、滞期费、速遣费等相关事项。

由于"金康"合同是最具有代表性的航次租船合同,在实践中使用最为频繁。因此,我们就结合"金康 76"(GENCON 76)介绍航次租船合同条款的主要内容。

一、合同当事人

船租双方当事人必须用全称并应写明详细地址。双方当事人还应是根据合同有权提起索赔或被索赔的人和有权起诉或被起诉的人,以便明确谁最终对本合同负责。

二、船舶概况

1. 船名(Name of Vessel)

船名是合同的重要条件之一,必须正确无误,合同内的船名都必须加引号。在整个租赁期内,船东不得随意更换船名,否则以违约论处。为了船东经营上的便利,列明两艘船舶,由船东选择其中之一;或者在合同内写明"或其替代船"(or Substitute)、"或其姊妹船"(or Sister Ship),赋予船东更换船舶的权利。但是,船东指定的替代船的状况应与原约定的船舶相符,并且,替代船一经选定,船东应及时通知租船人,并不得再次更改。

2. 船籍(Nationality of Vessel)或船旗(Flag of Vessel)

这项内容一般加注在船名前。船旗也是合同的重要条件,在合同履行期间,船东不得擅自变更船舶国籍或变换船旗,否则即属违约。

3. 船舶建造年月和船级(Year Built and Class)

此项内容加注在船名之后,便于租船人了解船舶的技术状况和老化程度。合同中写明的船级,是指船舶在合同订立时的船级,船东没有义务在整个合同期内保持这一船级,除非合同中另有明文规定。

4. 船舶吨位(Tonnage of Vessel)

船舶吨位包括注册吨位(Registered Tonnage)和载重吨位(Deadweight Tonnage)。注册吨位是按船舶容积折算的吨位,以100立方英尺或2.83立方米为1注册吨,所以又称为容积吨。注册吨位有注册总吨(Gross Registered Tonnage,GRT)与注册净吨(Net Registered Tonnage,NRT)之分。注册吨位与港口费用、运河通行费、关税的征收等有密切关系。载重吨位又称载货能力(Deadweight Cargo Carrying Capacity),是指船舶实际可装载货物的数量,不包括船舶燃料、淡水、备用品等。船舶具体在某一航次所能装载货物的数量,除船舶自身因素外,还要受到航道情况、港口水文情况等因素的限制,所以具体装货数量另有条文详加规定。

5. 订约时船舶位置(Present Position)

此项内容有助于租船人合理判断船舶能否如期抵达装货港,以及明确本航次、本合同开始履行的时间。实际上,船舶从完成上一航次后,即开始履行本合同。以前此项内容是作为合同的条件条款来对待的,而现实中,有时订约后船舶还要完成其他数个航次,才开始履行本合同项下的义务,期间可能隔了数月甚至半年之久,订约时船舶的位置对本合同影响不大。如果仅因为船东误报了船舶位置就赋予租船人解除合同的权利,显然缺乏商业合理性。所以,此项内容的条件条款性质是颇有疑问的。

三、预备航次

所谓预备航次，是指船舶完成上一航次后，从本合同的装货港的前一港口驶往本合同的装货港的一段航程。预备航次是合同规定的航次，即船舶出租航次的一部分。合同中船东所承担的明示及默示义务，同样适用于预备航次。GENCON76中关于预备航次的规定，只有简短的一句，"船舶应驶往某港或船舶所能安全抵达并始终保持浮泊的邻近地点装货"。对这段话的理解应为船舶要以合理的速度尽快驶往装货港，而不应有不合理的延误。此项义务包括船舶应在合理的时间开始预备航次，否则租船人有权取消合同。

四、装货港和卸货港

在航次租船合同中，有关装货港和卸货港的规定也是合同的重要规定。关于此项内容的条款的订法一般有两种：一是具体列明装货港和卸货港名称；二是不具体列明港口名称，只规定一个大致的范围，由租船人选择。在第二种情况下，租船人选定港口后，应及时通知船东。为避免争议，合同中一般均写明租船人应何时通知船东，如："船过××海峡（港口）之前租船人应告知船东选港名称。"另外，选港一经确定，租船人就几乎不能更改了。

在本条款中，经常涉及的一个问题就是安全港（Safe Port）和安全泊位（Safe-Berth）问题。安全港是在没有不正常情况下，对一艘具有良好的航海设备和驾驶技术的船舶在驶入、驶出和使用该港时，不至于遭遇无法避免的危险情况的港口。关于安全港的责任归属问题，一般的原则是谁对港口有最大的决定权，谁就要负责该港的安全责任。在列明装卸港口的情况下，表示船东已认可该港口为安全港口，因此船东就需要对安全港负责。在租船人选港的情况下，安全港的责任自然落在租船人的身上。安全泊位责任归属的划分原则与安全港相同。一般情况下，泊位总是由租船人选择的，泊位的安全责任自然由租船人负责。

与安全港相联系的另一条款就是附近条款（Near Close），其含义是当指定的港口由于某种因素的影响有迹象变得不安全或是船舶进入该港后将会遇到各种障碍时，船东有权指令船舶驶往附近可以安全到达并能保持浮泊的港口或地点。至于变更港口所产生的货物转运费用，船东凭此条款可不予负责，将由租船人自行负担。使用"附近条款"时，必须符合下列条件：

（1）船舶在无法前往指定港口的情况下，必须等候一段合理时间，如仍未改善，则可据此条款前往附近港口；

（2）船东指令船舶所去的变更港口必须符合"范围原则"，即必须与原来港口处于同一系列之内。

五、货物

货物条款是航次租船合同的条件条款。其内容包括货物的品名、种类、数量及包装形态等。运送不同种类和性质的货物，对船舶的结构、设备及管理有不同的要求，而且与船舶的经营管理和经济利益密切相关。

1. 货物的品名、种类和包装

在航次租船合同中，除具体列明一种货物外，有时为了租船人贸易上的便利，通常规定几种货物或某一类货物，由租船人选择其中的一种或几种，甚至有的只规定为合法货物(Lawful Merchandise)。但在这种情况下，船东一般会要求在合同中增订危险品除外(Except Dangerous Goods)的附加条款，以维护其利益。而且由于这种做法势必增加船东的责任，船东也会相应的要求提高运价。

提供与合同规定相符的货物是租船人的绝对责任，如果租船人提供的货物与规定不符，船东有权拒装。如果租船人选定的货物由于其可免责的原因不能装船，除合同中另有规定外，只要在规定的货物种类中有其他货物可以装船，则租船人仍有提供货物并装船的义务，但允许其在合理的时间内作出安排。

货物的包装类型一般也在航次租船合同中订明，因为货物的包装有时会影响船舶能否适航及装卸平舱，理舱费用和驾驶、管理船舶的费用等问题。

2. 货物数量

航次租船合同中一般规定租船人应提供满舱满载货物。所谓满舱，是指租船人提供的货物应装满舱容。所谓满载，是指租船人提供的货物数量应达到船舶的货物载重能力，换言之，即货物装船后，应使船舶的吃水达到允许的最大限度。因此，满舱满载货物就是船舶所能装运的最大限度数量的货物。一般来说，如果货物是轻货，租船人提供的货物应达到满舱；如果货物是重货，租船人提供的货物应达到满载。

3. 甲板货(Deck Cargo)

所谓甲板货，是指依照航运习惯或法律规定装在甲板上的货物。货物能否装在舱面上，须经双方同意。即便双方同意舱面空间可用来装载货物，其风险责任也是由租船人承担，船东并不负责。

4. 垫舱和隔舱物料(Dunn Age and Separations)

租船人负责提供所有必需的垫舱和隔舱物料，如有需要，船东允许使用船上现有的垫舱和隔舱物料。实践中，一般视货物性质及种类，由双方协商确定由谁提供垫舱及隔舱物料。

六、运费支付

收取运费对船东来说是整个租船合同中最重要的内容。运费条款也是合同的条件条款之一,在 GENCON 76 的第一条和本条中均有涉及运费方面的规定,主要是关于运费如何计算、如何支付、支付的时间、使用的外币和汇率等内容。

1. 运费的计算方式

在航次租船合同中,经常使用的有以下两种计算运费的方法:

(1)规定一个运费费率,即每单位货物××美元,例如,每公吨 10 美元(US $ 10 per metric ton)。如果有两个以上的装货港或卸货港,则按港口分列费率,或者规定一个一港装一港卸的基本费率,然后订明每增加一个装港或卸港再加一个附加费率。用运费费率乘以货物数量就得出运费的数额。货物数量的计算标准有两种:一种是按装入量(Intake Loading Quantity)计算,另一种是按卸出量(Delivered or Out-turn Quantity)计算。多数情况下,装入量比卸出量大。这种情况一方面是货物运输途中的自然损耗所致,另一方面是有些散装货残存舱底不易卸出所致。但有些货物的卸出量可能比装入量大,如磷灰石和木材等。因此当合同采用此种方式计算运费时,必须明确按哪种标准计算货物数量,以避免争议。

(2)整船包价运费(Lump-sum Freight),即合同中不规定运费费率,而仅规定一整额运费,不论实际装货数量多少,租船人都得按包价照付。当合同中采用这种方式计算运费时,通常都要求船东在合同中对船舶载货重量和载货容积作出保证,如果船舶的实际载货重量和载货容积少于船东保证数量,则租船人有权按照比例扣减运费作为补偿。

2. 运费的支付方式

英美普通法下,运费是船东为完成货物运输所得的报酬。换言之,如果合同中没有另文规定运费支付时间的话,租船人只有在船舶抵目的港卸货时才须支付运费。如果船舶在抵达目的港前沉没,即使离目的港近在咫尺,由于未完成其运输任务,船东也是无权收取运费的。但如果船东在该船发生事故时改用他船将货物运送至目的港,则船东有权收取运费。现实中这种到付运费的支付方式虽已不多见,但普通法的这一基本原则却未改变。

随着国际单证贸易的盛行,作为"有价证券"的提单是要求"运费预付"的。凡在船舶到达目的港前支付运费,都属于预付运费的范畴。在航次租船合同中,常见的预付运费的规定方法有以下几种:

(1)签发提单时全部预付(Full freight to be prepaid on signing bill of lading);

(2)签发提单时预付 90%,10%于目的地卸货时支付(90% of freight to be prepaid on signing bill of lading,10% of freight to be paid on discharging of cargo);

(3)签发提单七天内预付(Full freight to be prepaid within seven days after signing and releasing bill of lading)。

签发提单七天内支付运费,对船东来说是有一定风险的。因为签发的预付运费的提单相当于一张已收到运费的收据。如果事后租船人不付运费,而提单又已经转让,船东不但收不到运费,而且还必须完成提单项下的义务,将货物运往卸货港。

但是,预付运费对于租船人而言也是有风险的。因为运费一经支付,运费损失的风险就转移到租船人身上,即在运费预付后如果船货灭失,租船人就很难能讨回运费。许多租船合同为了明确这一点,在合同中都加上一句:"货物装船(或运费一经支付)视作船东已赚取运费,不论船货灭失与否,运费概不退还。"

在有争议时,租船人通常的做法是一方面如数如期支付运费,另一方面向船东索赔。在合同中,规定余额运费在卸货港支付的情况下,即使货物受损,只要卸出货物仍未改变其商业用途,租船人亦须支付余额运费,然后再依据合同规定向船东索赔残损货物的货价及其运费。

七、装卸费用

GENCON76 中的装卸费用条款的内容,不仅指装卸费用如何划分,而且包括由谁雇用装卸工人,并承担装卸作业中的风险与责任问题。

在普通法下,租船人提供货物的义务中包括把货物运至船边。具体而言,就是把货物运至船上吊钩所及范围之内,就完成了提供货物的义务。在卸货港,船东只需把货物从吊钩上卸至岸上或驳船上,就完成了运送货物的义务。因此,租船人与船东在装卸作业中风险划分也就以吊钩为界。但在实践中,由于货物性质不同、装卸方式也不尽相同,同时贸易条件和各国港口货物装卸操作程序也存在差异,有关装卸责任和风险的承担还要看合同条文的具体规定。值得注意的是,装卸费用的承担与装卸风险责任的承担可能是不一致的,即有可能租船人负责部分装卸作业的费用,但其风险与责任由船东承担。例如,由租船人出资雇人进行理舱(Stow)、平舱(Trim),但其风险仍由船东负责。

在航次租船合同中,对货物装卸费用的划分,一般有下列几种规定方法:

1.班轮条件(Liner Terms or Gross Terms),指由船东负担货物的装卸费用。

2.船东不负责装卸费用(Free In and Out,F. I. O.)。指由租船人负担货物的装卸费用。为了明确理舱、平舱费用的承担者,在 F. I. O. 后面加上 Stowed and Trimmed(F. I. O. S. T.)表示理舱、平舱费用亦由租船人承担。在运送大件货物的情况下,在 F. I. O. S. T. 的后面加上 Lashed and Dunn Ages 表示船东负责捆扎及垫舱费用。

3.船东不负担装货费用(Free In,F. I.)。明确地表示船东不负担装货费用,但负担卸货费用(Free In,Liner Out)。

4.船东不负担卸货费用(Free Out,F. O.)。明确地表示船东负担装货费用,但不负担卸货费用(Liner In,Free Out)。

在 GENCON 76 中,规定了两种装卸费用分担方式供洽租双方选用,即 Gross Terms 与 F. I. O. S. T.。费用分担与前文所述无异,但在风险与责任方面则维护船东。例如,在其 Gross Terms 项下,要求租船人雇用岸上或船上必要的人员并负担费用。这就意味着租船人须对这些被雇用人员的行为负责;而在一般的 Gross Terms 项下,对被雇用人员负责的应是船东。又如,在其 F. I. O. S. T. 项下,要求租船人对平舱的风险、责任负责,这显然也超越了普通法的通常规定。租船人在签订合同时应争取把这些不利的字句划掉或修改其用词。

八、装卸时间

在航次租船合同下,船舶的时间损失是由船东承担的,因此船东总是期望能尽量缩短每个航次的时间,以便提高船舶的营运效率。装卸时间是整个航次时间的重要组成部分,因而涉及当事人双方的利益,需要在合同中订明。所谓装卸时间,是指合同双方当事人协议的,船东应使船舶并保证船舶适于装卸,租船人在运费之外不支付任何费用的一段时间。在合同规定的装卸时间内,船东具有使船舶等待并适于装卸货物的义务。

装卸时间一般用若干日或若干小时表示,也可以用装卸率来表示。装卸时间的长短或装卸率定额的高低因货物种类、船舶舱口数、港口工作习惯和装卸效率的不同而异。双方当事人在商订装卸时间和装卸率时都应充分考虑这些因素。

在航次租船合同中有关装卸时间的规定方法通常有以下几种:

1.规定装卸日数或小时数,或者规定船舶装卸定额。具体的规定方法有:

(1)规定装货若干日(小时)和卸货若干日(小时)(lay time ×× days(hours) for loading and×× days(hours) for discharging);

(2)规定装货和卸货共若干日(小时)(lay time total×× days(hours) for loading and discharging);

(3)规定每日装货和卸货若干吨(cargo to be loaded and discharged at the rate of×× tons per day);

(4)规定每日每舱口装货和卸货若干吨(cargo to be loaded and discharged at the rate of ×× tons per hatch per day)。

2.规定按港口习惯尽快装货和卸货(cargo to be loaded and discharged according to the customary quick dispatch,C. Q. D.)。

3. 规定按船舶能够收货或交货的最快速度装货和卸货(cargo to be loaded and is charged as fast as the vessel can receive/deliver)。

当装卸时间以"日"计算时,对"日"的含义在合同中应加以明确。在航运业务中,"日"算法有下面几种:

(1)日历日(Calendar Day)或"日"(Day):其含义是从二十四点到第二天二十四点连续 24 小时为一日。

(2)连续日(Running or Consecutive Days):即从开始装卸计时之时起,时钟走一小时算一小时,连续 24 小时算一日,不作任何扣除。

(3)工作日(Working Days):指按港口习惯工作时间计算装卸时间,不包括星期天、法定节假日,非工作日进行的装卸不计入装卸时间。

(4)良好天气工作日(Weather Working Days,W. W. D.):指除去星期日和法定假日不算装卸时间外,因天气原因不能进行装卸作业的时间也不能计入装卸时间。这里的"良好天气"是有特定含义的,即只要不影响货物的正常装卸作业的天气就算是"良好天气"。

(5)累计 8 小时工作日(Working Days of 8 Hours):指不管港口习惯工作时间如何,累计进行装卸作业 8 小时即为 1 个工作日。

(6)累计 24 小时工作日(Working Days of 24 Hours):其含义与前述相似。

(7)连续 24 小时良好天气工作日(Weather Working Days of 24 Consecutive Hours):指除去星期天、法定节假日、天气不良影响装卸作业的工作日或工作小时后,以真正的连续 24 小时为 1 日。

在计算装卸时间时,还会涉及许多细节问题,如星期日和节假日是否计入装卸时间? 装卸时间能否合并计算? 船舶候泊时间及移泊时间是否计入装卸时间? 在开始计算装卸时间以前进行装卸作业的时间是否计入装卸时间? 节省的装卸时间是按节省的全部时间计算还是按节省的工作时间计算等。这些细节最好在合同中写明,以免发生争议。

【例题 3-1】 某公司出口谷物 10000MT,租用一艘承租船装运,租船合同中有关的装运条件如下:

(1)每个晴天工作日(24 小时)装货定额为 1000 公吨,星期日和节假日除外,如果使用了,按半数时间计入。

(2)星期日和节假日前一日 18 时以后至星期日和节假日后一日的 8 时以前为假日时间。

(3)滞期费和速遣费每天(24 小时)均为 USD2000。

(4)凡上午接受船长递交的"装卸准备就绪通知书"(Notice of Readiness),装卸时间从当日 14 时起算,凡下午接受通知书,装卸时间从次日 8 时起算。

(5)如有速遣费发生,按"节省全部工作时间"(All Working Time Saved)计算。

解:根据以上条件计算滞期费或速遣费时,可分为以下几步:

具体装货记录见表3-1。

表 3-1 装货记录

日期	星期	说明	备注
4.27	三	上午 8 时接受船长递交的通知书	
4.28	四	0 时~24 时	下雨停工 2 小时
4.29	五	0 时~24 时	
4.30	六	0 时~24 时	18 时以后下雨 2 小时
5.1	日	0 时~24 时	节假日
5.2	一	0 时~24 时	节假日
5.3	二	0 时~24 时	节假日
5.4	三	0 时~24 时	8 时以前下雨停工 4 小时
5.5	四	0 时~24 时	

第一,找出使用时间:

4 月 27 日(星期三)   10(当日 14 时至 24 时)

4 月 28 日(星期四) $24-2=22$

4 月 29 日(星期五)   24

4 月 30 日(星期六) $18+(6-2)\times 1/2=20$

5 月 1 日(星期日) $24\times 1/2=12$

5 月 2 日(星期一) $24\times 1/2=12$

5 月 3 日(星期二) $24\times 1/2=12$

5 月 4 日(星期三) $(24-8)+(8-4)\times 1/2=18$

5 月 5 日(星期四)   14

合计:$10+22+24+20+12+12+12+18+14=144$ 小时

$144/24=6$ 天

第二,计算允许装卸时间:$10000/1000=10$ 天

第三,算非工作时间:4 月 30 日的非工作时间为:$(6-2)\times 1/2=2$ 小时

5 月 1 日   12

5 月 2 日   12

5 月 3 日   12

5 月 4 日 $(8-4)/2=2$

合计:$2+12+12+12+2=40$ 小时$=1.67$ 天

第四,计算速遣费:$2000\times(10-6-1.67)=$ USD4660

装卸时间条款中的另一细节是装卸时间的起算,即从哪一时刻开始计算装卸时间。通常的做法是自船长或船东的代理人向租船人或其代理人或交货人(Shipper)递交"准备就绪通知书"(Notice of Readiness,N/R)后的某一时刻开始起算。船舶"准备就绪"必须满足以下两个条件:

(1)船舶必须到达合同所规定的港口或泊位,即船舶必须是一艘到达船舶。如果租船合同中只规定船舶应到达规定的港口,则船舶一经到达该港口,不论是否靠泊,均视为到达船舶;如果租船合同规定船舶必须到达合同规定的或租船人指定的泊位,则只有在船舶到达该泊位时,才视为到达船舶。

(2)船舶在各方面均已作好装卸货物的准备。此项要求主要指与装卸货物有关的方面。例如,在技术上,船舶的吊杆或吊车、起货机及其他装卸工具已处于随时供装卸货物使用的状态;在法律上,船舶已完成港口法律要求办理的海关、边防检查、卫生检疫等各项手续并取得相应证书。

在航运实务中,通常使用装卸时间计算表(Lay Time Statement)来具体记录和反映实际使用的装卸时间,它由船长与租船人代理共同签认,是计算装卸时间的原始资料和凭证。

九、滞期费和速遣费

滞期费条款是与装卸时间条款相联系的一项重要条款。所谓滞期费(Demurrage),是指由于船东的原因,租船人未能在合同规定的装卸时间之内完成装卸作业,对因此产生的船期延误,按合同规定由船东支付的款项。滞期费是一种比较特殊的民事责任形式,船东请求滞期费不以其提供附加的或特殊的劳务为前提,也不以船东遭受实际损失为前提,而以合同中的约定为准。与滞期费相应的就是速遣费(Dispatch),即在合同规定的装卸时间届满之前,租船人提前完成货物装卸作业,使船舶可以提前离港并使船东节省在港费用和获得船期利益,船东按合同规定向租船人支付一定金额作为奖励。

(一)滞期费

通常滞期费按船舶滞期时间乘以合同规定的滞期费率计算。滞期时间等于实用装卸时间与合同规定的装卸时间之差。滞期时间的具体计算主要有以下两种方法:

(1)滞期时间连续计算(Demurrage Runs Continuously)或一旦滞期,永远滞期(Once on Demurrage,Always on Demurrage),即超过合同规定的装卸时间后的装卸时间,该扣除的星期日、节假日及坏天气因素就不再扣除,而按自然日有一天算一天,均作滞期时间计算。

(2)"按同样的日"(Per Like Day)计算,即滞期时间与装卸时间一样计算,该作扣除的时间同样扣除。

(二)速遣费

速遣费按船舶速遣时间乘以合同规定的速遣费率计算。速遣费率通常为滞期费率的一半或三分之一。速遣时间等于合同规定的装卸时间与实际使用的装卸时间之差。速遣时间的计算也有两种方法:

(1)"按节省的(全部)工作时间计算速遣费"(Dispatch on (all) Working Time Saved)或"按节省的(全部)装卸时间计算速遣费"(Dispatch on (all) Lay Time Saved),即合同规定的装卸时间内含有的节假日、星期天全部扣除,不作为速遣时间;

(2)"按节省的全部时间计算速遣费"(Dispatch on All Time Saved);即节省的装卸时间内跨含的星期天、节假日也作为速遣时间计算。

装、卸港口的滞期时间或速遣时间是合并计算还是分别计算,对滞期费、速遣费的数额也有重大影响。一般说来,合并计算对租船人较为有利,分别计算对船东较为有利。滞期费的支付方式一般也在租船合同中明确加以规定,有的定为按日支付(Payable Day by Day),有的定为装卸作业全部结束后一并计算、支付。有的航次租船合同中还规定了允许船舶滞期的时间,如果租船人在此时间内仍未完成货物的装卸作业,则此后的时间租船人应向船东赔付延期损失(Damage for Detention)。

十、绕航

英美普通法下,对船舶绕航的要求是极为严格的,船东如果不合理绕航,其后果是非常严重的。GENCON 76 的规定是:"船舶可以为任何目的以任何顺序挂靠任何港口,船舶可以在没有领航员的情况下航驶,在所有情况下拖带和/或帮助其他船只。"这样的规定对租船人来说是有失公平的,租船人在订立合同时应争取把这段文字划掉。

十一、留置权

留置权条款是保证船东利益的条款。船东因运费、空舱费、滞期费、延滞损失等事项对货物享有留置权。租船人应对空舱费和在装货港发生的滞期费(包括延滞损失)负责,但仅以船东对货物行使留置权后仍不能得到偿付为限。

在有的航次租船合同中,还有一条与留置权条款相对应的租船人责任终止条款,其作用是保护租船人,限制其责任范围。例如,有这样的规定:"租船人在本租船合同下的责任在货物装船后终止,但运费、空舱费、滞期费的支付除外,本租船合同对租船人责任有明确规定的所有其他事项除外。"这样的条款显然对租船人有利。

十二、提单

提单是现代国际贸易中不可或缺的单据。为了配合贸易的需要,航次租船合同中一般也都规定船东或船长有签发提单的义务。例如,GENCON 76 本条中就有如下的规定:"船长应签发租船人所提供的无碍于本合同的提单。只要是租船人提供的提单,无论其格式如何,提单条款下船东的责任是否比租船合同中规定的更重,船长都无权拒绝签发,否则以违约论。"而对"无碍于"的解释通常都是限制性的,只有在提单内容属于欺诈性的或与租船合同有根本性的冲突的情况下才会被认为是"有碍于"本合同。例如,提单记载内容与事实不符,如倒签提单、数量不符、外观有缺陷的货物要求签发清洁提单等,船长可以拒签;或者提单上所载明的卸货港口与租船合同不符,船长亦可拒签。另外,如果船长错签了提单,或船长授权租船人签发提单,而提单内容有误,那么船东对收货人也必须承担第一责任。

航次租船合同项下的提单持有人是谁,是影响该提单法律作用的重要因素。如果提单的持有人是租船人,那么提单在租船人与船东之间的作用仅相当于承运货物的收据,无论提单有无背面条款及背面条款如何规定,租船人与船东之间的权利义务关系一切以租船合同为准。如果提单持有人是其他任何第三方善意取得者,那么船东与提单持有人之间的权利义务关系就以提单的规定为准。之所以有这样的法律规定,主要是为了维护提单在国际贸易中的地位。当然即便在这种情况下,船东与租船人之间的权责关系划分仍应依据租船合同。

在上述第二种情况下,提单的背面条款如何规定就显得尤为重要了,它可能牵涉到船东、租船人及提单持有人三方的经济利益。例如,提单的格式是班轮提单的格式,背面有详细的条款,那么提单背面条款有关责任、费用的规定就有可能与租船合同的规定很不一致,这样,船东和租船人都面临着被"夹在当中"的风险。

【案例 1】 某进口商进口一批纸浆,由一租船人与船东签订航次租船合同承运,并由租船人作为承运人签发了以进口商为收货人的提单。租船合同与所签发的提单在滞期费方面的规定不同,前者规定候泊时间作为装卸时间,后者则无此规定。船舶到卸港后,候泊近月,靠泊卸货后又因接收货物的设备不足将船舶移泊锚地候卸近月。船东依租船合同向租船人收取了全部滞期费,而租船人只能按提单规定向收货人索取第二次候卸期间的滞期费,这样租船人就白白地损失了一大笔钱。

【案例2】 某进口商向一租船人托运一批货物,该租船人指示船东签发了以进口商为收货人的提单。船东与租船人订立的租船合同中无滞期费条款,即租船人不负担滞期费,而所签提单上有 CoD 条款和滞期费的规定。船舶到达卸港后因无泊位等候两个月,船东无法依租船合同请求滞期费,就转而依据提单向收货人请求滞期费,但提单规定候泊时间不算滞期时间,但候泊锚地可卸货者除外。本案中候泊锚地无卸载条件,船东最终未能获得滞期费,就只好哑巴吃黄连了。

在航次租船合同下,还有一类提单也被大量采用,即简式提单(Short Form B/L),这种提单无背面条款。在签发这种提单时,一般在提单背面加注一条"并入条款"(Incorporation Clause),注明将租船合同内容并入提单。并入条款应该清晰、明确、完整地将租船合同并入提单,否则,就可能会引致许多不必要的争议。

如果并入提单的租船合同条款违背约束提单的国内法律或国际公约(如《海牙规则》)的规定,那么对善意的第三方提单持有人而言,这些条款失效,船东对提单持有人的最低责任仍以《海牙规则》为准。若船东因此受到损失,可依据租船合同向租船人索赔。

十三、受载期和解约日

受载期(Lay Days)是指所租船舶到达指定装货港并已做好装货准备,随时接受货物装船的期限。合同受载期可以具体定在某一天,但习惯上规定为一段期限,如 10~15 天,以适应海上船舶航行和货运活动实际情况与要求。

解约日(Canceling Date)在租船合同中一般定为受载期的最后一天。如果船舶在该日 24 时之前未能抵达装货港口,租船人有权选择保留或撤销合同。本条款对"抵达"的要求也是较为宽松的,只要船舶抵达规定装货港的港区,无论靠泊与否,均算抵达,即便合同中列明泊位。如果船舶在受载期之前即抵达装货港,租船人可以选择拒装货物,到受载期以后才开始装货。

有时,船东或船长明知船舶不可能在解约日之前抵达装货港并做好装货准备,只要租船人未提出解除合同,则船东仍负有合理速遣使船舶驶往装货港的义务。当船舶千辛万苦抵达装货港后,租船人才宣布撤销合同,导致船东白跑了一趟冤枉路。船东为了避免这种尴尬处境,就在合同中定一条"质询条款"(Interpellation Clause)来保护自己,即规定如船东或船长将船舶延误情况和预期抵达装货港的日期通知租船人,则租船人应在一定时间内作出是否解除租船合同的答复。如租船人保持沉默,则视为同意保留合同。

十四、共同海损

在租船合同中一般都有共同海损（General Average）条款，其主要内容是关于在发生共同海损时采用哪种理算规则，在何地理算等。GENCON 76 中本条款的大意为：共同海损需按 1974 年约克——安特卫普规则理算，货物所有人须偿付货物所应分摊的共同海损费用，即使此项费用系由船东的雇员的疏忽或过失所造成的。

十五、补偿

GENCON 76 中本条款的大意为：因不履行本合同而经证实的损失，其赔偿金额不得超过运费的估计总额。

本条款表面上是限制船东与租船人双方的赔偿责任，对双方是比较公平的，但实质上本条款是偏袒船东的，因为租船人不履行合同，船东的损失最多不会超过运费，而船东不履行合同给租船人造成的损失可能就远不是运费所能抵偿的了。所以，本条款对租船人显失公正，租船人在签订租船合同时，最好争取把本条款划去。

十六、代理

GENCON76 中本条款的大意为：在任何情况下，均由船东指派他自己在装货港和卸货港的经纪人或代理人。

在装卸港口，船东及租船人一般都委派各自的代理人处理有关业务。有时也存在船东与租船人共用一个代理的情况，当船东与租船人发生利害冲突时，理论上代理应顾及双方的利益，公正地加以处理，但实践中代理人更忠实于自己雇主的利益。

十七、佣金

佣金是付给代理人的费用及酬劳，一般由船东按运费总额的 1%～5% 支付给代理人。除非租船合同内有相反规定，佣金的计算基数是不包括空舱费和滞期费的。由于代理人不是租船合同的缔约方，如果船东未按合同规定支付佣金，代理人自己是无法起诉船东的，但可以通过租船人提起诉讼。为了保证自己的佣金，代理人亦可在租船合同签订后向船东保赔协会（P. & I. Club）投保。

若租船合同未获履行，船东最少应向代理人支付按估计的运费及空舱费总额计算的佣金的三分之一作为对其工作及费用的补偿，在多航次的情况下，补偿金额由双方协议。

十八、通用罢工条款

租船人和船东对由于罢工或停工而阻碍或延误履行本合同规定的义务所引起的后果，概不负责。当船舶从装货港的前一港准备起航时，或在驶往装货港的途中，或在抵港后，如因罢工或停工而影响全部或部分货物装船，船长或船东可以要求租船人声明同意按没有发生罢工或停工的情况计算装卸时间。如果租船人未在24小时之内以书面（必要时以电报）作出声明，船东有解除合同的选择权。如果部分货物已经装船，则船东应运送该货物（运费仅按装船的数量支付），但有权为自己的利益在中途揽运其他货物。当船舶抵达卸货港或其港外之时或之后，如由于罢工或停工而影响货物的卸载，并且在48小时之内未能解决时，租船人可选择使船舶等待至罢工或停工结束，并在规定的装卸时间届满后，支付半数滞期费，或者指令船舶驶往一个没有因罢工或停工而延误的、没有风险的安全港口卸货。这种指令应在船长或船东将影响卸货的罢工或停工的情况通知承租人后48小时内作出。在这种港口交付货物时，本租船合同和提单中的所有条款都将适用，并且应同船舶在原目的港卸货一样，收取相同的运费，但当到替代港口的距离超过100海里时，在替代港所交付的货物运费应增加。

十九、战争风险

战争风险条款也是航次租船合同的重要组成部分，其作用是在一旦遭遇战争风险时，明确船东与租船人之间的权利义务关系。

第三节 航次租船运费估算

航次租船费率的制定是离不开对航次租船成本估算的，航次租船成本就是航运企业为提供运输服务所需要支出的一切费用的总和。

一、影响航次租船费率估算的因素

影响航次租船费率估算的主要因素就是一艘船舶的航次运输成本：船舶的航次运输成本包括的内容较多，结构复杂。一般认为其应包括船舶的资本成本、航次营运成本和航次变动成本。在我国又把航次营运成本和航次变动成本分别称为固定成本和变动成本。航次运输成本对于租船运输方式而言，是确定其运费和租金的基本因素。

在光船租船当中，船舶所有人需要负担船舶的资本成本，其余费用均是由承租人予以支付的；在期租船和航次期租当中，船舶所有人需要负担船舶的资本成本和营运成本;在航次租船和包运租船当中,除了装卸费用是按照租船合同的规定进行支付以外,所有的费用都是由船舶所有人进行支付的。

二、航次租船费率估算方法

航次租船费率估算简称航次估算,就是船舶经营者根据各待选航次的货运量、运费率、航线以及船舶本身的有关资料估算整个航次的收入、成本、每天净收益以及其他经济指标。它可以用来在航次发生前或尚未结束之前预示航次营运经济效益,故可用于航次计划方案的比较和优化。

1. 航次估算所需的资料

航次估算所需的资料包括船舶资料、货载信息、港口资料、航线资料以及上航次结束港等数据。其中,船舶资料包括:船名、建造时间、船级、舱室结构和数目、机舱位置、夏季和冬季载重线的总载重量、船舶载重标尺、散装和包装舱容、船舶载重在满载和轻载的情况下的技术速度、每天消耗的燃油、船舶常定重量、船舶每天的经营费用、船舶每天的资本成本以及企业管理费用分摊等。

货载信息是由承租人在谈判租约过程中提供给船舶所有人的,它主要包括:航次的货物数量、允许船方选择的货物数量变化范围、货物种类、积载因数、装卸港口、装卸货物时间和除外条件、货物装卸费用分摊条款、运费率、佣金以及租船合同范本等。

港口资料包括港口名称、限制水深、港口使费、装卸效率、港口拥挤情况以及燃油价格等。

航线资料包括港口间距离、所经航区以及可使用的载重线、所经运河以及运河使费。

2. 航次估算的具体步骤

航次估算的起止时间应该与航次时间的规定基本一致,即自上一航次的终点港卸空后至本航次终点港卸空所载货物时止。因此在航次估算中,如果上航次卸货港与本航次的装货港不是同一个港口时,是要包括这两个港口之间的空航航段的。

下面给出航次估算的具体步骤。

(1)计算航次时间

航次时间是由船舶航行时间和停泊时间加总而来的,其中航行时间又可以分为重载航行时间和空载航行时间。求航行时间是可以采用航行距离除以对应的平均航速;在港停泊时间主要包括装卸时间和加油、加水以及待泊和节假日等时间。

(2)计算航次的燃油消耗

燃油消耗量也是可以分为两部分,即航行中的燃油消耗量和停泊时间的燃油消耗量,其计算方法主要是用航行天燃油消耗定额和停泊天燃油消耗定额分别乘以航行天数和停泊天数。此外如果有柴油消耗,计算方法与燃油消耗相同。

(3)航次载货量及运费收入计算

影响航次载货量的因素主要包括承租人能够提供的货物数量以及货物的积载因数、船舶的载货能力、航区载重线利用情况、港口和航道吃水限制以及航线距离和加油港的选择等。

一旦航次的载重量确定了,那么航次的运费收入就等于航次载重量乘以初步商定的运费率,此外再减去需要支付给租船经纪人的佣金。

(4)航次费用估算

由于航次费用是随着不同的航次而变化的,因此对于燃料费、港口使费、装卸费、运河费、额外保险费以及其他的费用都需要进行估算。

(5)盈利性分析

通过上述计算,已经确定了航次时间、载货量和航次成本、再结合运费率和每天营运成本等数据,就可以计算出航次估算盈利的评价指标——每天净收益。

$$航次总收入=预计的运费率×航次货运量+滞期费+亏舱费$$

$$航次净收入=航次总收入-佣金$$

$$航次毛收益=航次净收入-航次费用$$

$$每天毛收益=航次毛收入/航次时间$$

$$每天净收益=每天毛收益-每天经营费用-每天管理费用分摊$$

第四节　定期租船合同

定期租船合同,是指船舶出租人向承租人提供约定的由出租人配备船员的船舶,由承租人在约定的期间内按照约定的用途使用,并支付租金的合同。定期租船合同是一项以租船期限为基础,详细记载租船双方当事人的权利和义务及各项洽租条件的运输契约。

较航次租船合同而言,定期租船合同是更为"自由"的一类合同,即几乎没有什么强制性的法律规范适用于定期租船合同,甚至有关船舶适航性的内容也是完全依定期租船合同本身而定的。因此,定期租船合同项下双方当事人的权利义务关系完全要依据合同条款内容来进行解释。选择一个对自己较为有利的租船合同范本作为定期租船谈判的底稿,对船东和租船人都十分重要。

一般定期租船合同的主要内容包括:出租人和承租人的名称、船名、船籍、船级、吨位、容积、船速、燃料消耗、航区、用途、租船期间、交船和还船的时间和地点及条件、租金及其支付,以及其他有关事项。

下面将结合目前实践中使用较多的"纽约土产 NYPE93"的内容,对定期租船合同的主要条款加以介绍。

一、合同前言

在合同前言中共有两部分内容。第一部分是有关合同成立的地点、时间和合同双方当事人的名称等内容,其作用与航次租船合同中的相似规定相同。第二部分是船舶详述。主要内容亦可分为两部分:其一是船名、船旗、建造年月、船级及鉴定的船级社、载重吨、吃水、注册吨等内容,其规定和作用与航次租船合同类似;其二是有关船速与燃油消耗量方面的规定,这是不同于航次租船合同的一项重要说明。

在定期租船合同项下,船舶的时间损失由租船人负担,而且租船人须负责提供船用燃料并支付费用,因而船速及燃油消耗量直接关系到租船人在船舶运营期间的成本和经济效益。船东有义务提供符合合同规定的船速与燃油消耗量的船舶。本条款的性质属于中间条款。如果船舶的实际航速远远低于合同中的规定航速,以至于使租船人丧失了他于定期租船合同所期待的利益,租船人有权解除合同并向船东请求损害赔偿。如果航速只是略低于合同中规定的数值,对因此造成的时间损失,租船人只可向船东索赔。如果船舶实际燃油消耗量大于合同规定的数值,租船人可就因船舶多消耗燃料而造成的损失向船东索赔。

NYPE93 中规定的航速为船舶在满载、良好天气条件下,最高风力不超过蒲氏××级时的航速。另外,须注意的是在航速前有"大约"字样,实践中对"大约"的解释为不超过 5%的幅度或 0.5 节。在耗油量前亦有"大约"字样。耗油量问题是航运业中一个非常专业的问题,耗油量的大小不仅与航速有关,而且与油的质量有密切联系。如果租船人所加的燃油质量低劣,不仅会使耗油量上升,而且有时会使船舶主机发生故障。因此,为了保障船东的利益,NYPE93 在正文第 9 条 6 款中对燃油质量作了专门的规定。

二、合同正文

1. 租期

租期(Duration)又称租船期间,是租船人租用船舶的期限。租期的计算方法,依租船合同中的规定。一般有以下几种规定方法:

(1)默示伸缩性规定。如"约 1 年"(About 1 year)或"约 9 个月"(About 9 months)。有时即便合同双方没有在租期前加上"大约"(About)这个字眼,法庭在解释时仍会"默示的"给予一个伸缩期限。

(2)明示伸缩性规定。即在定明租期的同时,规定伸缩期及其选择权。如"约1年,25天伸缩,由租船人选择"(About 1 year and 25 days more or less at charterers option)。即租期为1年,由租船人选择提前或顺延25天。这25天补充期限是租期的极限,不得超过。

(3)定明租期的最长最短期限。如"最少3个月,最多6个月"(Min/Max 3~6 months)。这里,最长、最短的期限就是严格的,一天都不能超出(最长的期限),一天也不能减少(最短的期限)。否则,就以租船人违约论处。

原则上,租船人应在约定的租期届满之时,将船舶还给船东。但现实中,在很多情况下,船舶的最后航次结束之日不是租期的届满之日,而是延后了一段时间,因而就存在最后航次是否合法(Legitimate)的问题,它可能涉及船东和租船人的经济利益,特别是在租期内租船市场行情起伏较大的情况下。一般而言,最后航次的合法性是一个事实问题,需要结合实际情况及合同条文进行判断。如果最后航次是非法的,船东有权指令船长不予执行或要求租船人赔偿损失(即市场运价与合同运价的差额)。即使在最后航次合法的情况下,如果租船人还船的时间超出了合同规定的租期,则租船人仍须负超期责任。

2. 交船

交船是指船东按合同规定,将船舶交予租船人使用,这也是定期租船合同履行的开端。NYPE93中本条款涉及的内容主要包括交船的地点、交船时船舶应具备的状态及船东应提前通知租船人预计交船时间的天数。

有关交船地点的规定,合同中一般有以下几种定法:

(1)在指定港口交船。在这种情况下,船舶只要进入指定港口的港区,就算抵达交船地点。

(2)指定码头或泊位交船。在这种情况下,租船人有一项默示义务,即指定的码头或泊位是可靠泊的(Reachable or Available),如果码头或泊位拥挤、造成船舶延损而导致租金损失,甚至过了销约期,租船人应对此负责任。

(3)在指定港口的引水站交船。

(4)在指定港口领航员登船时交船。

(5)在航行途中某地点作为交船地点。

(6)列名数个港口名称由租船人选择。

NYPE93中对交船时船舶状态的规定:船舶的所有货舱已准备就绪并清扫干净,适于装载约定的货物;船舶必须坚实、牢固、密水,在各个方面适应货物的要求;船舶必须有压舱水和足够的动力,能够同时运转所有的起货设备。

可以说,定期租船合同中这方面的规定与航次租船合同中有关的规定是同样严格的,如果船舶在交船时不符合上述要求,租船人可以拒绝接船。

3. 起租、停租时验船

NYPE93 中本条款主要是规定验船的程序及责任,以防止出现纠纷。

4. 危险货物/除外货物

本条款对可装运货物的规定采用了一般原则加除外的方法,即原则上规定可装运"合法货物",然后又以除外的方式列明不可装运的货物的种类、名称。凡属列明除外的货物,船东或船长均有权拒装。即使是合同中允许装运的危险货物,租船人亦有义务事先告知其危险性质、成分和应注意预防的事项和急救措施,否则租船人将对由此而产生的后果负责。

5. 贸易范围(航行区域)

本条款列明了租船人运营该船舶的航行范围及禁止该船舶行驶的地区,通常包括战区、冰冻区、ITF 地区、协会保证条款范围以外的地区、与船旗国处于敌对状态的国家或地区、传染病流行的地区、冬季北半球高纬度地区及不安全港口等。如果租船人指示船舶前往上述地区,除非事先征得船东同意并负担相关的费用,否则船长有权拒绝前往。此外,本条款中还规定了船舶营运的装卸港口必须是安全港,租船人对此负有绝对的义务。

6. 船东负责事项

本条款规定了船东应负责的事项,即应承担的责任和应负担的费用。在定期租船合同下,船东应负担船舶的管理和日常费用,主要包括:船舶的保险费、船舶用品及船舱、甲板、机舱中备用品的费用,锅炉用水费用、船长及船员的工资,船长和船员的领事费,以及从属于船员的港口服务费等。船东应承担的责任包括:为船舶投保、提供船舶用品及船舱、甲板、机舱所需的备用品,包括锅炉用水;保持船舶的船级,使船舶的主机、船壳及设备处于完全有效的状态;配备充足的船员等。

在船东应承担的责任中,保持船级和配备充足的船员两项是合同的条件条款,船东如有违反,租船人可以取消合同。

7. 租船人负责事项

本条款规定了租船人应负担的费用,主要包括:船用燃油费用、港口费用(包括警卫费用及垃圾费)、通讯费、领航费、拖带费、代理费、佣金、领事费、熏蒸费等。其规定十分详细。

8. 租金率/还船地点及通知

本条款共包含以下两部分内容:

(1)租金的计算方法。合同中规定了两种租金率的定法,一种是每日若干美元;一种是每载重吨每月 30 日若干美元。在签订合同时双方可从其中选择一种。租金从交船之日开始起算,到还船之时为止,交船日、还船日或合同终止日的时间均以格林尼治时间计算。

（2）有关还船地点、还船时船舶的状态、应提前告知还船时间的天数及港口方面的规定。本条款规定还船时,船舶应具有与交船时同样良好的状态,但正常损耗（Ordinary Wear and Tear）除外。对于什么是正常损耗常有争议,一般认为,不是由疏忽所引起的损耗是正常损耗,双方同意的用途引致的损耗也属于正常损耗。但在严格的解释下,只要船舶在还船时的状况比不上交船时,而且超越正常损耗范围,则无论租船人有无疏忽及过失,租船人均须负责。

9. 租金支付

在定期租船合同项下,租船人支付租金的义务是绝对的,租船人必须准时、足额支付租金。若租船人对此义务有任何轻微的触犯,则无论租船人有无过失,均可能导致船东撤船。租金的"准时"支付以"付到"为准,即按合同规定付到船东手里或者付到船东指定的收款银行和账户。

本条款中以下几个问题需注意:

（1）租船人必须按时付租金。只有在以下三种情况下租船人可以停付租金:

a. 合同规定由于某些原因可以停付租金,如出现停租条款中规定的事项等;

b. 由于船东方面的原因造成的船舶时间损失;

c. 船舶灭失。

（2）租船人在抵减或扣除租金时应特别留意,只有少数项目可以从租金中扣除,如船长借支款项、上期租金多付部分、代垫款项、佣金和利息等。而除上述合法扣除项目外,租金的任何非法减除或少付,哪怕只有 1 分钱,都可能导致船东撤船。

（3）在租船人违反支付租金义务的情况下,船东如欲行使撤船的权利,则必须在合理的时间内行使此项权利,而且必须明确通知租船人及船长,撤船是终局性的。否则,船东可能因弃权及禁止反供行为（Waive&Estoppel）而丧失此项权利。

10. 交船/销约

NYPE93 中本条款,规定了船东最早和最迟交船的时间,如船东晚于最后期限交船,租船人有权撤销合同。

NYPE93 中本条款规定了一个扩展销约条款（Extension of Cancelling）,或者叫"询问条款"。即船东在预计不能在销约期之前交船的情况下,而且船东可以合理地确定船舶将准备就绪的时间,则船东可在预计船舶开始驶往交船地点之前的 7 天内询问租船人是否取消租船合同。如果租船人选择不撤销合同或在销约日之前船东发出通知 2 天之内没有答复,则船东通知的预计船舶准备就绪日期之后的第 7 日将成为新的销约日。如果船舶再次延期,船东可再次发出类似询问。这样的规定维护了船东的利益,可使船东避免船舶空放。

11. 停租

所谓停租（Off Hire）,是指在租期内,由于约定的原因,致使租船人不能按合同规定使用船舶,在这段停止使用期间,租船人可以停付租金。值得注意的是,停租不以船东或其雇员的过失或疏忽为前提条件,即只要出现了合同中约定的停租事件,则无论船东及其雇员有无过失或疏忽,船舶均应停租。NYPE93 规定的停租事项主要包括以下几种:

(1)船员不足或船员过失或罢工;

(2)船舶供应不足;

(3)火灾;

(4)船体、主机及设备出现故障或损坏;

(5)搁浅;

(6)船舶由于被捕获而导致的延滞,但因租船人方面的原因而导致船舶被捕的除外;

(7)船、货海损事故引致的延滞,但由于货物固有瑕疵、质量、缺陷引起的除外;

(8)船舶因检修或涂底入干坞;

(9)任何其他类似阻止船舶完整工作的原因。

除上述规定外,还规定了在船舶绕航、回航及船长违反租船人指示的情况下,船舶时间损失及相应费用由船东负责。在航程中由于船壳、主机及设备的缺陷或故障引致的船速降低以至于时间损失和多耗费燃油及其他所有额外费用均由船东负责。但由于天气原因船舶进港或进锚地,船舶驶往浅水港或内河及有障碍的港口所导致的时间损失及相应费用由租船人负责。

尽管 NYPE93 中有关停租的规定十分详细,但现实中仍存在有关停租方面的争议。争议最多的是停租损失时间应如何计算的问题,其焦点是停租损失时间是以"净时间"计算还是以"整段时间"计算。

【案例3】 某租船人原安排船舶自甲港去乙港装货,该船在去乙港途中航行至丙港时,船舶机器发生故障,船方命令船舶折驶去丁港入坞修理。一般期租船入坞修理属停租事项。根据上述情况,如按"净"计算方式,停租时间的起算点为丙港,从丙港至丁港以及船舶入坞修理期间均属停租时间。一旦修理完毕即重新开始起租(on Hire),如按"整段"计算方式,停租时间的起算点同样为丙港,但停租终止时间一直要计算到该船修毕驶往与丙港相应等距离之处才开始起租。很明显,前者对船方有利,后者对租方有利。

此外,有关停租条款的另一个问题是停租时间应否包括在租期内。如果合同中没有明确的规定,则一般认为停租时间不应算在租期内。如果合同中有明确规定,则应依合同规定办理。

12. 转租

转租(Sublet)条款规定在整个租期的任何一段时间,租船人有转租该船的自由,但租船人对履行本租船合同仍负有义务。

13. 留置权

NYPE93 中规定的留置权是契约性留置权,即留置权仅适用于合同双方当事人,对第三者无效。同时,它又是占有性留置权,即必须在占有的基础上才能行使留置权。而且留置的客体必须是对方合法拥有的财产,而不能是第三方的财产。

本条款规定船东可就本合同项下租船人应付未付款项(包括共同海损分摊),对所有货物和所有运费及租金行使留置权。同时,租船人可就船东尚未赚取的预付款、多付的租金及应立即偿还的款项等原因对船舶行使留置权,但租船人在行使留置权时,不许给船舶带来债务与海事留置。

NYPE93 的仲裁条款提供了两种仲裁地点和方式供合同双方选择,其一是在纽约仲裁,其二是在伦敦仲裁。这两个仲裁地的程序要求雷同,仲裁的效力也基本相同。同时,条款中还规定了小金额仲裁的简易程序。

复习思考题

1. 租船运输有哪些具体方式?其特点是什么?
2. 程租船合同应规定哪些主要条款?
3. 在租船合同中,装卸费有哪些规定方法?
4. 什么是滞期费?什么是速遣费?合同中为什么要规定滞期条款、速遣条款?

案例分析题

案情:1995 年 11 月 20 日,五矿公司与日本丰田通商株式会社(以下简称丰田通商)签订一份货量为 1500 吨的低磷硅锰合金购销合同,嗣后,买卖双方约定,实际履行货量为 1200 吨。五矿公司的出口代理为海南省国际贸易中心(以下简称海南国贸)。为运输该 1200 吨货物,海南国贸于 1995 年 12 月 11 日代五矿公司与广东省湛江海通货运代理有限公司(以下简称海通公司)签订一份航次租船合同,海通公司又与中国外运广东省湛江公司(以下简称湛江外运)签订一份航次租船合同,湛江外运则与大连五丰船务有限公司(以下简称五丰公司)签订一份航次租船合同,这三个连环合同的条款内容基本相同,均协议租用"万盛"轮运输本案所涉及的 1200 吨货物。"万盛"轮的注册船东为通连公司,该轮实际交由大连港万通船务股份有限公司(以下简称万通公司)经营管理,船员由万通公司配备。万通公司又将该轮以期租形式出租给五丰公司使用。

1995年12月25日,五矿公司的1200吨低磷硅锰合金装上"万盛"轮,提单号HX——95 B,目的港为日本名古屋港。"万盛"轮同航次还装载了另一票目的港为日本川崎的1200吨高磷硅锰合金,这两票货物外表状况相同。同年12月27日,"万盛"轮驶离海口港,于1996年1月8日驶抵日本名古屋港,在卸货时将两票货物发生错卸。同年1月26日,丰田通商以货物不符合合同要求为由,向五矿公司要求赔偿,五矿公司向丰田通商作了通融赔付。受该合同履行情况影响,五矿公司与丰田通商间的后一硅锰合金购销合同未能顺利履行,五矿公司受到了损失,遂向注册船东通连公司索赔。

当事人间的关系如图3-1所示。

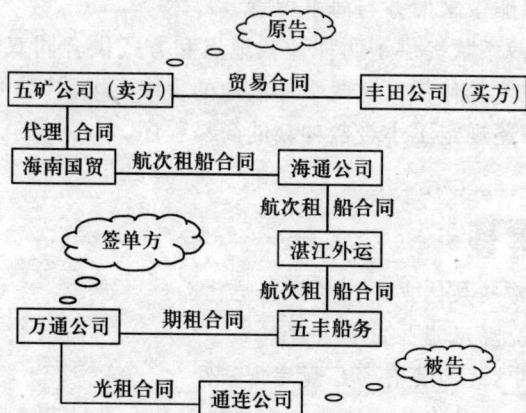

图3-1 当事人关系示意图

问题:本案例中五矿公司的索赔能否成功?为什么?

实训题

1.在下列三种规定装货时间的条款中,你认为哪种对于租船人最有利(船方不负责装货)并说明理由。

(1)晴天工作日连续24小时工作,装货标准为800公吨,星期日及节假日除外,如使用了也不计入。

(2)每一晴天工作日连续24小时工作,装货标准为800公吨,星期日及节假日除外,如使用了则按半数计入。

(3)每一晴天工作日连续24小时工作,装货标准为800公吨,星期日及节假日除外,如使用了则计入。

2.某公司出口饲料8000公吨,租用一艘承租船装运,租船合同中有关的装运条件如下:(1)每个晴天工作日(24小时)装货定额为1000公吨,星期日和节假日除外,如果使用了,按半数时间计入。

(2)星期日和节假日前一日18时以后至星期日和节假日后一日的8时以前为假日时间。

(3)滞期费和速遣费每天(24小时)均为USD3000。

凡上午接受船长递交的"装卸准备就绪通知书"(Notice of Readiness),装卸时间从当日14时起算,凡下午接受通知书,装卸时间从次日8时起算。如有速遣费发生,按"节省全部工作时间"(all Working Time Saved)计算。

2.参照表3-2,试计算租船人的使用时间、允许装卸时间、非工作时间、滞期费或速遣费。

表 3-2 装货记录

日期	星期	说明	备注
9.27	三	下午3时接受船长递交的通知书	
9.28	四	8时~24时	下雨停工6小时
9.29	五	0时~24时	
9.30	六	0时~24时	18时以后下雨2小时
10.1	日	0时~24时	
10.2	一	0时~24时	
10.3	二	0时~24时	10月1日为星期日,故10月3日补假1天
10.4	三	0时~24时	8时以前下雨停工3小时
10.5	四	0时~24时	

第 四 章

海运代理实务(三):
集装箱运输代理实务

□□□ 学习目标

　　通过本章的学习,学生应了解集装箱运输的特点及优越性,掌握集装箱的箱务知识,熟悉集装箱运输货运代理操作流程,重点掌握操作过程中的单证处理,学会集装箱运费的计算方法。

第一节　集装箱运输概述

一、集装箱运输的优越性

　　集装箱班轮运输能在短短的二十多年间就基本取代了杂货班轮运输,是由于其与传统的杂货运输方式相比具有以下的优越性:

　　1.提高装卸效率,减轻劳动强度

　　集装箱运输扩大了运输单元,规范了单元尺寸,为实现货物的装卸和搬运机械化提供了条件。机械化,乃至自动化的发展明显提高了货物装卸和搬运的效率。例如,在港口普通码头上装卸件杂货船舶,其装卸效率一般为35t/h,并且需要配备装卸工人约17人,而在集装箱专用码头上装卸集装箱,其效率可达50t/h,按每箱载货10t计,生产效率已达400～500t/h,而只需配备4名工人,工效提高了几十倍。在提高装卸效率的同时,工人的体力劳动强度大幅度降低,但也提高了对作业人员的知识和技能要求。机械化和自动化作业方式的采用,使工人只需从事一些辅助性的体力劳动工作,肩扛人挑的装卸搬运方式已成为历史。

2.减少货损货差,提高货物运输的安全与质量

采用件杂货运输方式时,由于在运输和保管过程中货物不易保管,尽管也可采取一些措施,但货损货差情况仍较严重,特别是在运输环节多、品种复杂的情况下,货物的中途转运倒载,使货物混票以及被盗事故屡屡发生。采用集装箱运输方式后,由于采用强度较高、水密性较好的箱体对货物进行保护,因此,货物在搬运、装卸和保管过程中不易损坏,不怕受潮,货物途中丢失的可能性大大降低,货物完好率大大提高。

3.缩短货物的在途时间,加快车船的周转

集装箱化给港口和场站的货物装卸、堆码的机械化和自动化创造了条件,标准化的货物单元使装卸搬运动作变得简单和有规律,因此,在作业过程中能充分发挥装卸搬运机械设备的能力,便于实现自动控制的作业过程。机械化和自动化可以大大缩短车船在港站停留时间,加快货物的送达速度。另一方面,由于集装箱运输方式减少了运输中转环节、货物的交接手续简便,提高了运输服务质量。据航运部门统计,一般普通货船在港停留时间约占整个营运时间的56%,而集装箱船舶在港装卸停泊时间可缩短为仅占整个营运时间的22%。

4.节省货物运输的包装,简化理货手续

集装箱箱体作为一种能反复使用的运输设备,能起到保护货物的作用,可降低货物运输时的包装费用。例如,采用集装箱装运电视机可比原先件杂货物运输方式节省包装费用约50%。又如,中国广东省出口大理石,原先使用木箱包装,每吨需包装费用108元,改用集装箱后,每吨货物节省包装费74元。在运输场站,由于集装箱对环境要求不高,节省了场站在仓库方面的投资。此外,件杂货由于包装单元较小,形状各异,理货核对较为困难。而采用标准集装箱,理货时按整箱清点,可以节省时间,同时也节约了理货费用。

5.减少货物运输费用

除了前述的节省船舶运输费用外,由于采用统一的货物单元,使换装环节设施的效能大大提高,从而降低了装卸成本。同时,采用集装箱方式,货物运输的安全性明显提高,使保险费用有所下降。

6.推动包装的标准化

随着集装箱作为一种大型标准化运输设备的使用,促使了商品包装进一步标准化。目前,中国的包装标准已接近400个,这些标准大多采用或参照国际标准,并且许多包装标准与集装箱的标准相适应。

7.有利于组织多种运输方式的联合运输

随着集装箱作为一种标准运输单元的出现,使各种运输工具的运载尺寸向统一的满足集装箱运输需要的方向发展,任何一种运输方式如果对于这种趋势熟视无睹的话,将很难融入运输的大系统中去。因此,根据标准化的集装箱设计的各种运输工具将使运输工具之间的换装衔接变得更加便利。所以,集装箱运输有利于组织多种运输方式的联合运输,促进了运输合理化的发展。

二、集装箱标准及种类

集装箱是一种密闭的用来装运货物的可作为一个运输单元进行反复使用的长方形箱体,在我国台湾和香港等地区也被称为"货柜"或"货箱"。根据国际标准化组织的定义,它是一种运输设备。

(一)集装箱标准化

为了便利集装箱运输业的发展,国际标准化组织制定了集装箱国际标准。联合国也组织有关机构起草了国际集装箱海关公约和安全公约,对国际集装箱的试验、检查、认可、结构、安全条件、海关手续等进行规定,并于1972年通过了这两个公约。

目前使用的国际集装箱标准规格尺寸主要包括4种箱型,即A型、B型、C型和D型,它们的尺寸和重量见表4-1。但实际上,国际上最常使用的标准集装箱主要有两种,一种是C系列中1C箱型,即长、宽、高为20×8×8英尺,另一种是A系列中的1A箱型,即长、宽、高为40×8×8英尺。另外,为了便于计算集装箱数量,通常以1C箱型集装箱作为换算标准箱(Twenty-foot Equivalent Unit,TEU),并以此作为集装箱船载箱量、港口集装箱吞吐量和集装箱保有量等的计量单位。

表 4-1   标准系列集装箱规格尺寸及总重量

规模 (英尺)	箱型	长		宽		高		最大总重量	
		公制 mm	英制 ft in	公制 mm	英制 ft in	公制 mm	英制 ft in	公制 Kg	英制 Lb
40	1AAA	12192	40′	2438	8′	2896	9′6″	30480	67200
	1AA					2591	8′6″		
	1A					2438	8′		
	1AX					<2438	<8′		
30	1BBB	9125	29′11.25″	2438	8′	2896	9′6″	25400	56000
	1BB					2591	8′6″		
	1B					2438	8′		
	1BX					<2438	<8′		
20	1CC	6058	19′10.5″	2438	8′	2591	8′6″	24000	52900
	1C					2438	8′		
	1CX					<2438	<8′		
10	1D	2991	9′9.75″	2438	8′	2438	8′	10160	22400
	1DX					<2438	<8′		

(二)集装箱类型

集装箱有多种类型,用于海上运输的集装箱通常有以下几种:

1. 干货集装箱(Dry Cargo Container)

这类集装箱主要用来装运普通的、无特殊要求的件杂货。一般是密闭式的长方箱体,由钢铁框架和金属板围成,如图 4-1 所示,目前使用最多的是这类集装箱。

图 4-1 干货集装箱

2. 绝热集装箱(Insulated Container)

这类集装箱又被称为冷藏集装箱(Reefer Container),主要用来运输冷冻货物和保温货物,箱壁使用热导率低的隔热材料制成,并具有制冷装置,如图 4-2 所示。这类集装箱在任何地方都需要向其提供电力。

图 4-2 绝热集装箱

3. 特种集装箱(Special Container)

这类集装箱是为运输特殊货物而制作的,种类非常多,主要有以下几种。

(1)开顶集装箱(Open Top Container)

这种集装箱的顶壁,甚至是侧壁可以开启,以方便货物装卸,主要用来装运重大件货物,如图 4-3 所示。为了水密,顶部可采用帆布覆盖方法将其密闭。

图 4-3 开顶集装箱

(2)框架集装箱(Frame Container)

它是一种没有箱顶和侧壁,只有底板和四角角柱的集装箱,如图 4-4 所示。可以从上方及侧面进行货物装卸,用于装卸重货和较长货物。

(3)罐式集装箱(Tank Container)

其外部有与标准集装箱相同的框架结构,其内部设有罐状容器,主要用来装运散装液体货物,如图 4-5 所示。此外,还有一些其他种类的特殊集装箱,例如动物集装箱、汽车集装箱、服装集装箱、组合式集装箱等用于运输特种货物。但它们的外部形状与标准集装箱基本一致。

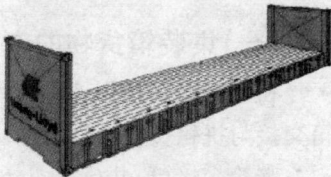

图 4-4 框架集装箱

图 4-5 罐式集装箱

三、适于集装箱运输的货物

根据是否适合集装箱运输,可将货物分为四种:

1. 最适合集装箱化的货物

这类货物本身价值较高,运价也高,其外包装及尺度、重量等均适合装载于集装箱内 运输,这类货物有医药品、小型电器、仪器、小五金、纺织品、服装、烟酒、食品等。

2. 较适合集装箱化的货物

这类货物价值较前者低,但其属性适合集装箱运输,包括一些金属制品、纸板、纸浆、皮张、电线等。

3. 临界集装箱化的货物

这类货物价值低,运价也低,使用集装箱运输不大经济,外观尺度也不大适合。但为赶交货期,也可以装于集装箱运输,例如各种金属锭、短钢管、平板、生铁、小型构件、价值较高的矿产品等。

4. 不适合集装箱化的货物

这类货物由于受本身结构限制或因运输不经济等原因,一般不能采用集装箱运输,例如散煤、焦炭、散矿、大量散粮、废钢铁、机械设备、大型构件、大型卡车等。

据统计,全球货运总量中最适合集运化的货物共 32 种,占货运总量的 57%;较适合集运化的货物共 6 种,占货运总量的 11%;临界货物和不适合集运化货物仅 18 种,占货运总量的 32%。

四、集装箱货物的交接

(一)集装箱货物的交接形态

在集装箱运输中,货方(发货人、收货人)与承运方货物的交接形态有两种:整箱交接与拼箱交接。

整箱交接(Full Container Load,FCL)是指发货人与承运人交接的一个(或多个)装满货物的集装箱。当发货人的货物能装满一个(或多个)集装箱时一般采用整箱交接方式。在整箱交接方式下,发货人自行装箱并办好海关加封等手续,承运人接受的货物是外表状态良好,铅封完整的集装箱。货物运抵目的地时,承运人将集装箱原状交付给收货人,收货人自行将货物从箱中掏出。整箱交接集装箱中的货物,一般只有一个发货人,一个收货人,通常由班轮公司承担整箱货物的运输任务。

拼箱交接(Less Container Load,LCL)是指发货人将各自小量货物交给承运人,由承运人根据流向相同的原则将这些货物装入同一个集装箱进行运输的交接形式。在拼箱交接形式下,承运人或其代理人从发货人手中接收货物并组织装箱运输,运到目的地交货地点时,承运人或集装箱代理人将货物从箱中掏出,以原来的形态向各收货人交付。在这种交接形态下,每个集装箱的货物有多个发货人和收货人。拼箱货物的交接和装箱要在码头集装箱货运站、内陆货运站、中转站和铁路办理站等地进行。拼箱货物运输承运人要承担运输途中的货损货差。

在货物交接中,有时也会出现这两种交接形态结合的情况,即承运人以整箱形态接收货物,而以拼箱形态交付货物(即每个货箱中的货物只有一个发货人,但有多个收货人的情况),或者相反(即每个箱中的货物有多个发货人,而只有一个收货人的情况)。海运集装箱运输流程如图 4-6 所示。

(二)集装箱货物的交接地点

目前,常用的集装箱货物交接地点有三类,即集装箱堆场(CY)、集装箱货运站(CFS)和发货人或收货人的工厂或仓库(Door)。

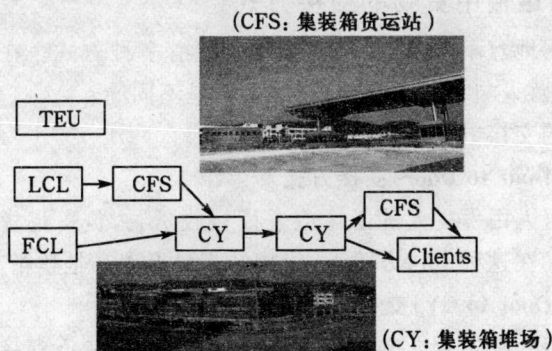

图 4-6　海运集装箱运输流程

1. 集装箱堆场交接(CY 交接)

集装箱堆场交接包括集装箱码头堆场交接和集装箱内陆堆场交接。

集装箱码头堆场交接,是指发货人将在工厂、仓库装好的集装箱运到装运港集装箱码头堆场,承运人(集装箱运输经营人)或其代理在集装箱码头堆场接收货物,运输责任开始。货物运达卸货港后,承运人在集装箱码头堆场向收货人整箱交付货物,运输责任终止。

集装箱内陆堆场交接是指在集装箱内陆货站堆场、中转站或办理站的堆场的交接,这种交接方式适用于国际多式联运方式。在内陆 CY 交接时,货主与多式联运经营人或其代理人在内陆集装箱堆场办理交接手续,货物交接后,由多式联运经营人或其代理人将货物从堆场运到码头堆场。集装箱内陆 CY 交接也是整箱交接。

2. 集装箱货运站交接(CFS 交接)

集装箱货运站一般包括集装箱码头的货运站、集装箱内陆货运站、中转站和集装箱办理站。CFS 交接一般是拼箱交接,因此它一般意味着发货人自行负责将货物送到集装箱货运站,集装箱经营人或其代理人在 CFS 以货物的原来形态接收货物并负责安排装箱,然后组织海上运输或陆海联运、陆空联运或海空联运的多式联运。货物运到目的地货运站后,多式联运经营人或其代理人负责拆箱并以货物的原来形态向收货人交付。收货人自行负责提货后的事宜。

3. 发货人或收货人的工厂或仓库交接(即"门至门"交接,Door 交接)

发货人或收货人的工厂或仓库交接是指多式联运经营人或集装箱运输经营人在发货人的工厂或仓库接收货物,在收货人的工厂或仓库交付货物。"门至门"交接的货物都是整箱交接,由发货人或收货人自行装(拆)箱。运输经营人负责自接收货物地点到交付货物地点的全程运输。

(三)集装箱运输中货物的交接方式

根据实际交接地点不同,集装箱货物的交接有多种方式。在不同的交接方式下,集装箱运输经营人与货方承担的责任、义务是不同的。

集装箱货物的交接方式主要有以下几种:

1. "门至门"(Door to Door)交接方式

是指运输经营人由发货人的工厂或仓库接收货物,负责将货物运至收货人的工厂或仓库交付。在这种交付方式下,货物的交付形态都是整箱交接。

2. "门至场"(Door to CY)交接方式

是指运输经营人在发货人的工厂或仓库接收货物,并负责将货物运至卸货码头堆场或其内陆堆场,在 CY 处向收货人交付。在这种方式下,货物也是整箱交接的。

3. "门至站"(Door to CFS)交接方式

是指运输经营人在发货人的工厂或仓库接收货物,并负责将货物运至卸货码头的集装箱货运站或其在内陆地区的货运站,经拆箱后向各收货人交付。在这种交接方式下,运输经营人一般是以整箱形态接受货物,以拼箱形态交付货物。

4. "场到门"(CY to Door)交接方式

是指运输经营人在码头堆场或其内陆堆场接收发货人的货物(整箱货),并负责把货运至收货人的工厂或仓库向收货人交付(整箱货)。

5. "场至场"(CY to CY)交接方式

是指运输经营人在装货港的码头堆场或其内陆堆场接收货物(整箱货),并负责运至卸货港码头堆场或其内陆堆场,在堆场向收货人交付(整箱货)。

6.“场至站”(CY to CFS)交接方式

是指运输经营人在装货港的码头堆场或其内陆堆场接收货物（整箱货）并负责运至卸货港码头集装箱货运站或其在内陆的集装箱货运站，一般经拆箱后向收货人交付。

7.“站至门”(CFS to Door)交接方式

是指运输经营人在装货港码头的集装箱货运站或内陆的集装箱货运站接收货物（经拼箱后），负责运至收货人的工厂或仓库交付。在这种交接方式下，运输经营人一般是以拼箱形态接收货物，以整箱形态交付货物。

8.“站至场”(CFS to CY)交接方式

是指运输经营人在装货港码头或其内陆的集装箱货运站接收货物（经拼箱后），负责运至卸货港码头或内陆堆场交付。在这种方式下货物的交接形态同“站至门”交接方式相同。

9.“站至站”(CFS to CFS)交接方式

是指运输经营人在装货港码头或内陆集装箱货运站接收货物（经拼箱后），负责运至卸货港码头或其内陆集装箱货运站，（经拆箱后）向收货人交付。在这种方式下，货物的交接形态一般都是拼箱交接。

上述 9 种交接方式见表 4-2。

表 4-2　　　　集装箱货物交接方式

整箱接收…整箱交付	
(1)门—门	(2)门—场
(3)场—门	(4)场—场
拼箱接收…拼箱交付	
(5)站—站	
整箱接收…拼箱交付	
(6)门—站	(7)场—站
拼箱接收…整箱交付	
(8)站—门	(9)站—场

五、集装箱货物的装箱

不论货主自行装箱还是集装箱货运站装箱，都应对集装箱进行检查和掌握一般的装箱法，以保证货物运输质量。

（一）集装箱的检查

选定合适的集装箱型号后，在货物装箱前需对集装箱状况进行检查。合格的集装箱应符合下列条件：

(1)应符合国际标准,具有合格的检验证书;

(2)集装箱的外表良好,没有明显的损伤、变形、破口等;

(3)箱门应完好,能270度开启,栓锁完好;

(4)箱子内部清洁干燥、无异味、无尘污或残留物,衬板、涂料完好;

(5)箱子所有焊接部位牢固,封闭好,不漏水、不漏光;

(6)附属件的强度、数量满足有关规定和运输需要;

(7)箱子本身的机械设备(冷冻、通风)完好,能正常使用。

在使用前应对集装箱进行仔细全面的检查,包括外部、内部、箱门、清洁状况、附属件及设备等。通常发货人(用箱人)和承运人(供箱人)在箱子交接时,共同对箱子进行检查,并以设备交接单(或其他书面形式)确认箱子交接时的状态。

(二)集装箱货物积载方式

为了保证运输质量和运输安全,做好箱内货物的积载工作十分重要。集装箱在运输过程中,以及各环节(装卸、倒运、存储、装拆箱等)的实际操作中,经常会发生振动、碰撞、摇摆等情况。如果积载不当,不仅可能造成货损,还可能引起运输工具、装卸机械的损坏和人身伤亡。

集装箱货物积载的一般要求及应注意的事项主要有以下几个方面:

1.配载

配载是指货物在集装箱内的具体装载方法。无论是发货人(整箱交接情况下)还是运输经营人(特别是在拼箱交接情况下)在货物装箱前都要做好配载工作。如箱内只装运一种货物,则配载时应主要考虑货物的比重、单件包装强度、单件形状及尺度与集装箱的安全负荷和总容积的合理关系等因素。如箱内需要装载多种货物时,则应根据各种货物的体积、重量、性质、包装形态及强度、运输要求、货物流向、承载能力、箱子利用率等因素综合考虑作出计划。

2.货物的拼箱、装载、堆码

不同种类的货物拼装在同一箱内时,应根据货物的性质、单件重量、包装形态及强度分区、分层堆放。将包装牢固、重件货物放在箱子底部,包装不牢、轻件货物装在上部。在货物多层堆码时,堆码的层数应根据货物包装强度及箱底承载能力规定(单位面积承重量)来决定。为使下层货物不被压坏以及防止装箱、运输过程中引起的撞击,应适当考虑在各层之间垫入缓冲器材。

货物的装载应严密、整齐。在货区之间、货物与货物之间、货物与箱体之间的空隙,应加适当的隔衬以防止货物的移动、撞击(Collide)、沾湿(Wet Damage)和污损(Contaminated)。

货物在箱子内的重量分布应均衡。一般要求沿高度方向重量分布应均衡或下重上轻;沿长度和宽度方向应均衡。如箱子的某一部位,某一端或某一侧负荷过重,易引起吊运过程中箱子倾斜、装卸机械及运输工具(特别是拖车)损毁等事故。

另外,对靠近箱门附近的货物要采取系固措施,以防止开箱和关箱时货物倒塌造成损坏或人身伤亡事故。

3. 其他应注意事项

装载箱内的货物总重量不得超过箱子允许的额定载重量。因货物超重而造成的一切损失由装箱人承担。

不同种类的货物拼装在同一个箱内时,应保证其物理、化学性质不发生冲突和无气味污染。不同发货人(或收货人)的货物拼装时,应考虑货物的流向要一致。

装箱时使用的隔垫材料和系固材料应清洁、干燥、无虫害。

第二节　集装箱运输代理业务

一、集装箱进出口货运代理业务流程

(一)出口流程(以海运为例)

1. 委托代理

在集装箱运输业务中,发货人一般都委托货运代理人为其办理有关的货运业务。通常由作为委托人的货主提出委托,货运代理人接受委托后双方代理关系建立。

2. 订舱

发货人(或其代理人)应根据贸易合同或信用证条款规定,在货物托运前一定时间内 向船公司或其代理人,或者多式联运经营人或其代理人申请订舱。

如船公司或多式联运经营人接受发货人或货代的订舱申请,则在双方议定船名、航次等信息后,通常会发给托运人一份订舱确认书,或者在发给货方的场站收据副本(海关联)上盖章表示确认。承运人接受货主委托后便编制订舱清单,然后分送集装箱码头(或内陆港站)堆场、集装箱货运站,据以安排空箱及货物交接。

3. 发放空箱

除货主使用自备箱外,通常整箱货使用的空箱由发货人或其代理人凭船方签署的提箱单到指定的码头(或内陆港站)的堆场领取空箱,并办理设备交接单手续。拼箱货使用的空箱由双方议定交接货物的集装箱货运站负责领取。

4. 货物装箱

拼箱货发货人将货物交至集装箱货运站,由货运站根据订舱清单、场站收据和船方的其他指示负责装箱、加封并制作箱单,然后将重箱运至码头堆场;整箱货通常由发货人或发货人代理在发货人的仓库完成装箱、加封并制作箱单,然后将重箱运至码头堆场。

5. 货物交接

整箱货运至码头(或内陆港站)堆场,堆场业务员根据订舱清单、场站收据及装箱单验收货物,在场站收据上签字后退还给发货人。

6. 换取提单

发货人凭签署的场站收据向集装箱运输经营人或其代理人换取提单后,到银行结汇。

7. 装船运出

码头装卸区根据装船计划,将出运的集装箱调整到前方堆场,待船舶到港后装运出口。需要指出的是,如果发货人将货物委托给多式联运经营人运输,在发货人将货物交到多式联运经营人指定的地点后,则视为货物已经交接。多式联运经营人向发货人签发多式联运单据,有的签发运输行提单(House Bill of Lading),其性质与多式联运单据等同。发货人可凭多式联运单据或运输行提单议付货款,或以贸易合同规定的其他方式收取货款。集装箱的后续运输事宜则由多式联运经营人安排。

(二)进口流程

1. 委托代理

同出口代理流程操作一样,收货人与货运代理人通过订立代理协议明确双方的代理关系。

2. 作好卸船准备

在船舶抵达目的港前,起运港船舶代理人要将有关单证、资料寄(传)给目的港船舶代理人。目的港船舶代理人应及时通知各有关方(港口装卸方、海关、检验检疫机构、堆场、收货人等)做好卸船准备,并应制作交货记录。

3. 卸船拆箱

一般集装箱从船上卸下后,要先放在码头(或由集装箱运输经营人办理保税手续后继续运至内陆港站)堆场。整箱货可在此交付给收货人或其代理人,拼箱货由堆场转到集装箱货运站,拆箱分拨后准备交付。船舶代理人将交货记录中的到货通知书寄送收货人或其代理人。

4. 收货人付费换单

收货人接到货通知单后,在信用证贸易下应及时向银行付清所有应付款项,取得有关单证(正本提单等),然后凭提单和到货通知书向船舶代理人换取提货单等提货手续。

5.交付货物

整箱货物交付在集装箱堆场进行,拼箱货交付在集装箱货运站进行。堆场和货运站应凭海关放行的提货单,与收货人或其代理结清有关费用(保管费、再次托运费、滞期费、拆箱费)后交付货物,并由双方签署交货记录。由于整箱货是连同集装箱一起提取的,故整箱货提货时应办理设备交接手续。

6.还箱

收货人从堆场提取的重箱运到自己的仓库拆箱后,应将空箱尽快运回堆场,凭设备交接单办理还箱手续。

上述说明的货运手续,不一定按顺序进行,有时可以交替进行。

在多式联运方式下,多式联运经营人在卸货港的代理人将以收货人的名义办理上述某些事宜,实际收货人凭多式联运单据或运输行提单到上述地点提取货物。

二、集装箱货运代理业务流程

(一)整箱货运代理流程

1.整箱货出口代理流程

整箱货出口代理流程如图 4-7 所示。其具体流程内容为:

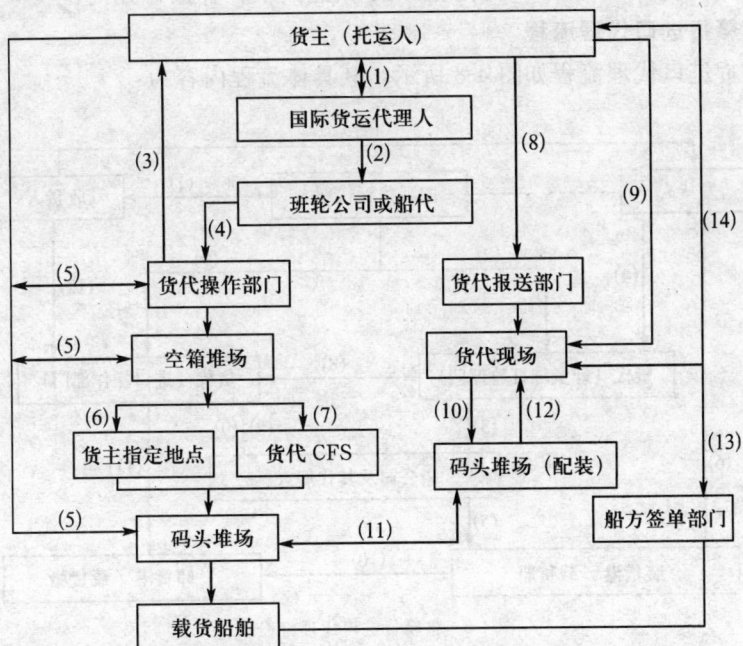

图 4-7　整箱货出口代理流程图

(1)货主与货代建立货运代理关系;

(2)货代填写托运单证,及时订舱;

(3)订舱后,货代将有关订舱信息通知货主或将"配舱回单"转交货主;

(4)货代申请用箱,取得 EIR 后就可以凭此到空箱堆场提取所需的集装箱;

(5)货主"自拉自送"时,先从货代处取得 EIR,然后提取空箱,装箱后制作 CLP,并按要求及时将重箱送到码头堆场,即集中到港区等待装船;

(6)货代提空箱至货主指定地点装箱,制作 CLP,然后将重箱"集港";

(7)货主将货物送到货代 CFS,货代提空箱,并在 CFS 装箱,制作 CLP,然后"集港";

(8)货主委托货代代理报关、报检,办妥有关手续后将单证交货代现场;

(9)货主也可自行报关,并将单证交货代现场;

(10)货代现场将办妥手续后的单证交码头堆场配载;

(11)配载部门制定装船计划,经船公司确认后实施装船计划;

(12)实践中,在货物装船后可以取得 D/R 正本;

(13)货代可以凭 D/R 正本到船方签单部门换取 B/L 或其他单据;

(14)货代将 B/L 等单据交货主。

注意:图中(5)、(6)、(7)在实践操作中只选其中一种操作方式。

2. 整箱货进口代理流程

整箱货进口代理流程如图 4-8 所示。其具体流程内容为:

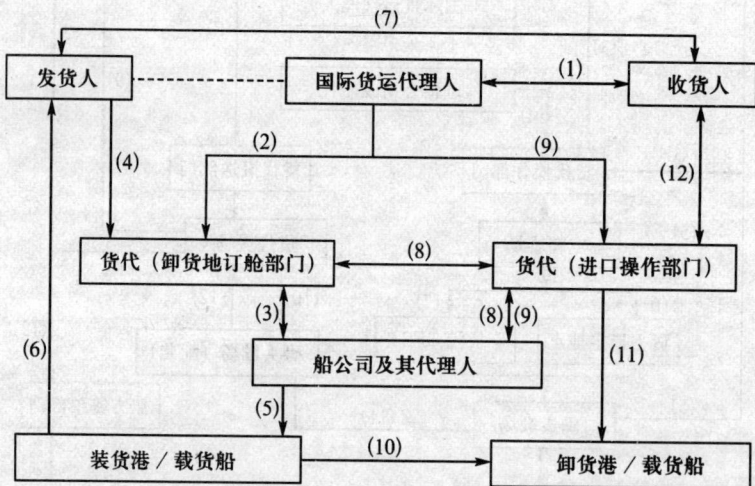

图 4-8　整箱货进口代理流程图

(1)货主(收货人)与货代建立货运代理关系;

(2)在买方安排运输的贸易合同 FOB 下,货代办理卸货地订舱(Home Booking)业务,落实货单齐备即可;

(3)货代缮制货物清单后,向船公司办理订舱手续;

(4)货代通知买卖合同中的卖方(实际发货人)及装货港代理人;

(5)船公司安排载货船舶到装货港;

(6)实际发货人将货物交给船公司,货物装船后发货人取得有关运输单证;

(7)货主之间办理交易手续及单证;

(8)货代掌握船舶动态、收集、保管好有关单证;

(9)货代及时办理进口货物的单证及相关手续;

(10)船抵卸货港卸货,货物入库进场;

(11)在办理了货物进口报关等手续后,就可凭提货单到现场提货,特殊情况下可在船边提货;

(12)货代安排将货物交收货人,并办理空箱回运到空箱堆场等事宜。

注意:在卖方安排运输的贸易合同下,(2)~(7)项不需要。

(二)拼箱货运代理流程

拼箱货的业务流程如图 4-9 所示。其流程具体内容为:

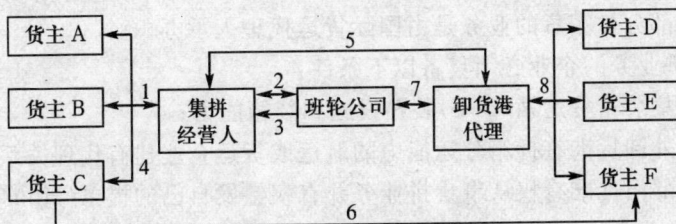

图 4-9 拼箱货代理流程图

1.A、B、C 等不同货主将不足一个集装箱的货物交集拼经营人;

2.集拼经营人将拼箱货拼装成整箱货后,向班轮公司办理整箱货物运输;

3.整箱货装船后,班轮公司签发 Master B/L 或其他单据给集拼经营人;

4.集拼经营人在货物装船后也签发自己的子提单(House B/L)给每一个货主;

5.集拼经营人将货物装船及船舶预计抵达卸货港等信息告知其卸货港代理,同时还将班轮公司的 Master B/L 及 House B/L 的副本等单据交卸货港代理,以便向班轮公司提货和向收货人交付货物;

6.货主之间办理包括 House B/L 在内的有关单证的交接;

7.集拼经营人在卸货港的代理凭班轮公司的提单等提取整箱货;

161

8. D、E、F 等不同的收货人凭正本的子提单 House B/L 等在货运站提取拼箱货。

集拼业务的操作比较复杂,先要区别货种,待拼成一个 20ft 或 40ft 整箱时,可以向船公司或其代理人订舱。集拼的每票货物各缮制一套托运单(场站收据),附于一套汇总的托运单(场站收据)上。例如:由五票货物拼成一个整箱,这五票货须分别按其货名、数量、包装、尺码等各自缮制托运单(场站收据),另外缮制一套总的托运单(场站收据),货名可做成"集拼货物"(Consolidation Cargo),货物的数量、重量和尺码都是五票货的汇总数,目的港一致,提单编号统一,五票货的分提单的编号则是在统一的编号后缀以 A、B、C、D、E 以示区分。货物出运后,船公司或其代理人按总单签一份主提单(Master B/L)。该提单的托运人是货运代理,收货人是货运代理在卸货港的代理。货运代理根据海运提单,按五票货的托运单(场站收据)内容签发五份仓至仓子提单(House B/L),编号按海运提单号,尾部分别缀以 A、B、C、D、E,其内容则与各托运单(场站收据)相一致,分发给各托运单位用以银行结汇。

货运代理须将船公司或其代理签发的海运提单正本连同自签的各子提单副本快递给其卸货港代理,卸货港代理在船到达后,向船方提供海运提单正本,提取该集装箱到自己的集装箱货运站拆箱,通知各收货人持正本子提单前来提货。

目前,大部分拼箱货的业务是由国际货运代理人承办。

承办集拼业务的企业必须具备以下条件:

(1)具有集装箱货运站(CFS)装箱设施和装箱能力;

(2)与国外卸货港有拆箱分运能力的航运或货运企业建有代理关系;

(3)政府部门批准有权从事集拼业务并有权签发自己的提单(House B/L)。

从事集拼业务的人有权签发自己的提单,其法律地位相当于无船承运人。办理拼箱业务的货物托运人接受的提单是货运代理人签发的以拼箱货 CFS to CFS 交接方式的 House B/L。货运代理人作为集拼整箱的托运人,从船公司或其代理人处签得整箱货 CY to CY 交接方式的集拼整箱的 Master B/L。

三、整箱出口退关、漏装处理

1. 整箱出口退关(Shut Out or Draw Back)

指托运人委托货代办妥整箱出口货运订舱手续后,因种种原因在货物配载装船前终止货物出口的事件。

由于退关后处理手续的繁琐,稍有疏忽即可造成非常被动的货运责任事故,引起额外的费用支出,货代人员在发生退关后,除应弄清情况、分清责任外,当务之急是迅速、妥善地作好善后处理,对委托人提出的退关要求,应采取积极配合的态度,但不宜轻率地作出承诺,因为现场装船时间很紧,情况多变不易控制。另外,货代在处理退关时,除内外各部门、各环节之间电话联系外,还应该作书面通知,从时间界线上划清责任。

整箱退关发生的时段有多种,有尚未提取集装箱空箱即退关的;有已提取空箱但货物尚未装箱即退关的;有已经装箱但尚未送进港区即退关的;有已送进港区但尚未报关完毕即退关的;有已送进港区且已报关完毕但因超配载或船舶吃水等原因退关的。货代要区别不同情况而采取相应的措施。

(1)退关货的单证处理

属于托运人主动提出退关的,货代在接到托运人通知后,须尽快通知船公司或其代理人,注销退关货物的订舱,并通知港区现场理货人员注销场站收据或装货单。在货物报关之前退关的,货代要及时持托运人的报关资料退还托运人;在货物报关之后退关的,货代要及时向海关办理退关手续,将注销的报关单及相关单证(外汇核销单、出口许可证、商检证明、来料或进料登记手册等)尽早取回,退还托运人。

托运人提出退关时集装箱设备交接单尚未领取的,则由船公司或其代理人的现场工作人员予以注销;若已领取交接单但尚未提取空箱的,则货代要及时通知托运人或空箱提箱人及时返还设备交接单。

如果不属于托运人主动提出退关而由于船方、港方或海关手续不完备等各种原因造成退关的,货代在办理以上单证手续前,要先通知托运人说明情况并听取处理意见。

(2)退关货的货物处理

①通关后,如货物尚未进入港区,货代须分别通知发货人、卡车队、装箱点停止发货、派车及装箱;

②货物已经进入港区,如退关后不再出运,须向港区申请,结清货物在港区的堆存费用,把货物拉出港区,拆箱后送还发货人;

③退关后,如准备该船下一航次或原船公司的其他航班随后出运,则暂留港区,待装下一航次或其他航班的船;

④如换装另一家船公司的船只,则因各船公司一般只接受本公司的集装箱,这种情况下,须将货物拉出港区换装集装箱后再送作业港区。

2.整箱出口漏装

整箱出口漏装是指整箱货物重箱进港报关成功后,因船舶超载、吃水、码头作业等非托运人原因造成货物未装上预先订舱配载船舶的货运事件。在整箱漏装发生后,货代应及时与托运人、船公司或其代理人取得联系,积极沟通和协调各方利益,在取得托运人的书面处理意见后,迅速作出处理。

(1)漏装操作

托运人同意由原船公司或船代将漏装货物安排在同一港区,由下一班船装船出运的,货代负责将盖有海关放行章的场站收据副本联统一交船公司或船代,由其制作整船漏装清单,到海关办理相关货物放行手续。托运人不必重新报关,货物则留在港区等下一班船。一般船公司或船代负担漏装货物在港区的堆存费等相关费用。

(2)改配操作

托运人决定换装其他船公司的船,或原船公司在其他港区码头的另一班船出运的,则货代需及时向海关办理退关手续,将注销的报关单及相关单证尽早取回后退还托运人。在向港区办理申请手续并缴纳相关费用后,安排将重箱拉出。如果仍装原船公司船出运,则按照重新订舱的程序安排货运。在征得船公司同意的情况下,可以使用原集装箱,不必重新提取空箱进行货物倒箱作业,但集装箱装箱单仍需重新制作。若托运人准备另行安排货运委托事宜,则货代在安排拆箱后将货物交还托运人,并将空箱返还原船公司集装箱堆场。期间产生的费用结算等事宜,则依据船公司或船代和托运人之间的协商结果办理。

第三节　集装箱运输主要单证

集装箱运输单证可分为两大类:一是进出口运输单证;二是向口岸各监管部门申报的单证。

进出口运输单证主要有:设备交接单、装箱单、场站收据、集装箱提单、理货报告、集装箱装载清单、集装箱实装船图、货物舱单、运费舱单和交货记录等。

向海关、商检、动植物检疫、卫检、港监等口岸监管部门申报所用的相关单证主要有:报关单、合同副本、信用证副本、商业发票、进出口许可证、产地证明书、免税证明书、商品检验证书、药物/动植物报验单、危险品清单和准运单、危险品包装证书和装箱说明证书等。

这些单证中,除了沿用传统件杂货物国际运输中使用的单证(可能格式上有区别)外,新单证主要有:设备交接单、装箱单、场站收据、集装箱提单和交货记录。下面对这些单证的作用和使用作简要说明。

一、设备交接单

设备交接单(Equipment Interchange Receipt)是集装箱进出港口、场站时用箱人或运箱人与管箱人之间交接集装箱及设备(底盘车、台车、冷藏装置、电机等)的凭证。既是管箱人发放/回收集装箱或用箱人提取/还回集装箱的凭证,也是证明交接时集装箱状态的凭证和划分责任的依据。此单证通常由管箱人(租箱公司、船公司或其他集装箱经营人等)签发给用箱人,用箱人据此向场站领取或送还集装箱或设备。

设备交接单分进场和出场两种。这两种交接单正面内容除个别项目外大致相同,都各有三联,分为管箱单位底联、码头或堆场联和用箱人、运箱人联。

设备交接单流转程序为:

(1)管箱人或其代理人填制并签发设备交接单(三联,每箱一份)交用箱人;

(2)用箱人、运箱人据此单证(三联)到码头或内陆堆场办理提(还)箱手续,堆场经办人(作为管箱人的代理人)核单、签字后,留下码头堆场联与管箱单位底联,将用箱人联退还经营人。双方检验箱体后提走(或还回)集装箱及设备;

(3)码头堆场经办人将管箱单位底联退还管箱单位;

(4)集装箱还回码头堆场时,双方按单上条款检验箱体状况,如无损坏,设备交接单作用结束。

各类管箱人一般都印制自己的设备交接单,其内容大同小异。设备交接单的背面印有划分管箱人和用箱人之间责任的集装箱使用合同条款。条款的主要内容有:使用集装箱期间的费用、损坏或丢失时责任划分和对第三者造成损坏时的赔偿责任等。

二、装箱单

装箱单(Container Load Plan,CLP)是记载箱内货物及载情况的单证。此单由装箱人以箱为单位填制、签署。

装箱单的作用有以下主要方面:

(1)表明箱内货物明细;

(2)报关、办理保税运输的单证;

(3)货物交接的凭证;

(4)编制船舶积载计划的依据;

(5)安排拆箱作业的资料;

(6)货物索赔的依据。

装箱单的主要内容有:船名、航次、装卸港、收交地点、集装箱号和规格、铅封号、场站收据或提单号、发货人、收货人、通知人及货名、件数、包装种类、标志、号码、重量和尺码等。对危险品还应作出特殊要求说明。

装箱单一般一式数份,分别由货主、货运站、装箱人留存和交船代、海关、港方、理货公司使用,另外还需准备足够份数交船方随货带往卸货港以便交接货物、报关和拆箱等用。

制作装箱单时,装箱人负有装箱单内容与箱内货物一致的责任。如需理货公司对整箱货物理货时，装箱人应同理货人员共同制作装箱单。

中国外运公司
SINOTRANS GROUP CO.
IN 进场
集装箱发放/设备交接单
EQUIPMENT INTERCHANGE RECEIPT　　　NO. 10007742

用箱人/运箱人(CONTAINER USER/HAULIER)		提箱地点(PLACE OF DELIVERY)
来自地点(WHERE FROM)		返回/收箱地点(PLACE OF RETURN)

船名/航次(VESSEL/VOYAGE NO.)	集装箱号(CONTAINER NO.)	尺寸/类型(SIZE/TYPE)	营运人(CNTR. OPTR.)
提单号(B/L No.)	铅封号(SEAL NO.)	免费期限(FREE TIME PERIOD)	运载工具牌号(TRUCK,WAGON,BARGE NO.)

出场目的/状态(PPS OF GATE-OUT/STATUS)	进场目的/状态(PPS OF GATE-IN/STATUS)	进场日期(TIME-IN)

进场检查记录(INSPECTION AT THE TIME OF INTERCHANGE)

普通集装箱(GP CONTAINER)	冷藏集装箱(RF CONTAINER)	特种集装箱(SPECIAL CONTAINER)	发电机(GEN SET)
□正常 (SOUND) □异常 (DEFECTIVE)	□正常 (SOUND) □异常 (DEFECTIVE)	□正常 (SOUND) □异常 (DEFECTIVE)	□正常 (SOUND) □异常 (DEFECTIVE)

损坏记录及代号(DAMAGE & CODE)

BR	D	M	DR	DL
破损 (BROKEN)	凹损 (DENT)	丢失 (MISSING)	污箱 (DIRTY)	危标 (DG LABEL)

左侧(LEFT SIDE)　右则(RIGHT SIDE)　前部(FRONT)　集装箱内部(CONTAINER INSIDE)

顶部(TOP)　底部(FLOOR BASE)　箱门(REAR)

如有异状，请注明程度及尺寸(REMARK).

除列明者外，集装箱及集装箱设备交接时完好无损，铅封完整无误。
THE CONTAINER/ASSOCIATED EQUIPMENT INTERCHANGED IN SOUND CONDITION
AND SEAL INTACT UNLESS OTHERWISE STATED.

用箱人/运箱人签署
(CONTAINER USER/HAULIER'SSIGNATURE)

码头/堆场值班员签署
(TERMINAL/DEPOT CLERK'SSINGATUER)

集 装 箱 装 箱 单

Reefer Temperature Required 冷藏温度				CONTAINER LOAD PLA 装箱单	中远集装箱运输有限公司 DOSCO CONTAINER LINES Terminal's copy
Class 等级	IMDG Page 危规页码	UN No. 联合国编号	Flash point 闪点		

Ship's Name Voy. No. 船名/航次	Port of Loading 装港	Port of Discharge 卸港	Place of Delivery 交货地	SHIPPER'S/PACKER'S DECLARATIONS: We hereby declare that the container has been thoroughly cleaned without any evidence of cargoes of previous shipment prior to banning and cargoes has been property stuffed and secured.		
Container No. 箱号	Bill of loading No. 提单号	Packages & Packing 件数与包装	Gross Weight 毛重	Measurements 尺码	Description of Goods 货名	Mark & Numbers 唛头
Seal No. 封号						
Cont. size 箱型 20' 30' 40'	Cont. type 箱类 GP=普通箱 TK=油罐箱 RF=冷藏箱 PF=平板箱 OT=开顶箱 HC=高箱 FR=框架箱 HT=挂衣箱					
ISO Code For Container Size/ Type. 箱型/箱类 ISO 标准代码						
Packer's Name/Address 装箱人名称/地址 Tel No. 电话号码						
Packing Date. 装箱日期	Received By drayman 驾驶员签收 及车号	Total packages 总件数	Total Cargo Wt 总货重	Total Meas 总尺码	Remarks: 备注:	
Packed By: 装箱人签名	Received By Terminals/ Date of Receipt 码头收箱签收和收箱日期	Cont. Tare Wt 集装箱皮重	Cgo/Cont Total Wt 货/箱总重量			

三、场站收据

场站收据(Dock Receipt,D/R)是由承运人签发的证明已收到托运货物,并开始对货物负责的凭证。广义上的场站收据是一套综合性单证,把货物托运单、装货单、大副收据、理货单、配舱回单、运费通知等单证汇成一套,简称为场站收据联单,有利于提高托运效率。

场站收据联单一般是在托运人与承运人达成运输协议后,由船舶代理人交托运人或货代填制,并在承运人委托的码头堆场、集装箱货运站或内陆货运站收到货物后签字生效。货物装船后,托运人或其代理人可凭场站收据向船舶代理人换取已装船提单。

场站收据联单的主要作用:

1.运输合同和承运人的货物收据;

2.出口货物报关的凭证之一;

3.换取提单的凭证;

4.船公司、港口组织装卸、理货、配载的资料;

5.运费结算的依据;

6.如信用证允许,可凭此向银行议付。

场站收据联单是集装箱运输专用的出口单证,不同港站使用的格式不尽相同,有5联、7联、10联、12联不等。现以10联格式为例说明场站收据联单的组成情况:

第1联:货方留底,白色

第2联:集装箱货物托运单(船代留底),白色

第3、4联:运费通知,白色

第5联:装货单——场站收据副本(关单)白色

第6联:场站收据副本——大副联,粉红色

第7联:场站收据(正本),黄色

第8联:货代留底,白色

第9、10联:配舱回单,白色

在集装箱货物出口托运过程中,场站收据要在多个机构和部门之间流转。在流转过程中涉及的有托运人、货代、船代、海关、堆场、理货公司、船长或大副等。10联格式场站收据流转程序一般如下:

1.托运人(货代)填制后,留下货方留底联给货主,将2～10联送船代签单编号;

场 站 收 据

Shipper (发货人)					D/R NO. (编号)		
Consignee (受货人)							第
Notify Party (通知人)							七
Pre-carriage by(前程运输)		Place of Receipt(收货地点)					联
Ocean Vessel(船名)	Voy. No. (航次)		Port of Loading(装货港)				
Port of Discharge(卸货港)		Place of Delivery(交货地点)			Final Destination(目的地)		

Container No. (集装箱号)	Seal No. (封志号) Marks & Nos. (标记与号码)	No. of Containers or P'kgs. (箱数或件数)	Kind of Packages; Description of Goods (包装种类与货名)	Gross Weight (毛重/千克)	Measurement (尺码/立方米)
TOTAL NUMBER OF CONTAIN- ERS OR PACKAGES(IN WORDS) 集装箱数或件数合计(大写)					

Container No.(箱号)　Seal No.(封志号)　P'kgs(件数)　Container No.(箱号)　Seal No.(封志号)　P'kgs(件数)

	Receive (实收) by Terminal Clerk(场站员签字)

Ex Rate(兑换率)	Prepaid at(预付地点)	Payable at(到付地点)	Place of Issue(签发地点)
	Total Prepaid(预付总额)	No. of Original B(S)/L (正本提单份数)	BOOKING(订舱确认) APPROVED BY

Service Type on Receiving □-CY　□-CFS　□-DOOR	Service Type on Delivery □-CY　□-CFS　□-DOOR	Reefer-temperature Required (冷藏温度)	°F	℃
TYPE OF GOODS (种类)	□Ordinary, □Reefer, □Dangerous, □Auto. (普通)　(冷藏)　(危险品)　(裸装车辆) □Liquid, □Live Animal, □Bulk □____ (液体)　(活动物)　(散货)	危 险 品	Class: Property: IMDG Code Page: UN No.	

2.船代编号后,留下 2~4 联,并在第 5 联上加盖确认订舱章及报关章后,将第 5~7 联退给货代,货运代理人留下第 8 联,并把第 9、10 联作为配舱回单送给托运人;

3.报关员携第5～7联报关；

4.海关审核认可后，在第5联装货单上加盖放行章并把单据退给报办人；

5.货运代理人将箱号、封志号、件数等填入第5～7联后，将货物与5～7联在规定时间内一并送到堆场；

6.场站在堆场验收货物，在第5～7联上填入实收箱数、进场日期并加盖场站公章。第5联由场站留底，第6联送交理货员。理货员在装船时将该联交大副，并将经双方签字的第7联即场站收据正本返还货运代理人。

场站收据填制、货物装箱及货物交运时，应注意以下事项：

1.出口货物一般要求在装箱前24小时向海关申报，海关在场站收据上加盖放行章后方可装箱；

2.海关验放时允许场站收据中无箱号，货物装箱后由货代或装箱人正确填写，进场时所有场站收据联单必须填写有箱号、封志号和箱数；

3.场站收据内容如有变更，必须及时通知有关各方，并在24小时内出具书面通知，办理变更手续；

4.承运人委托场站签发场站收据时必须有书面协议；

5.场站只有在海关放行后才能签发场站收据，安排集装箱装船。签发时还必须查验货箱号、封志号、数量是否填写正确；

6.CY交接方式下，由托运人对箱内货物准确性负责，CFS交接方式下，则由装箱单位对货物准确性负责；

7.理货人员应根据交接方式在承运人指定的场站和船边理箱，并在有关单证上加批注，提供理货报告和理箱单；

8.托运人的货运代理人、船舶代理人应正确、完整地填写和核对场站收据的各项内容，一般要求用打字机填写。

四、集装箱提单

集装箱提单（Container B/L）是集装箱运输下的主要运输单证。适用于集装箱运输的提单有两类：一类是"港—港"的海运提单；另一类是"内陆—内陆"的多式联运提单。此两类提单的法律效力和作用与传统提单基本相同。为了适应集装箱运输的需要，其正面内容除传统海运提单内容外，还增加了收货地点、交货地点、交接方式、集装箱号、封志号等内容。由于集装箱货物的交接一般都不在船边，集装箱提单一般是待装船提单。为了与信用证要求（已装船提单）一致，集装箱提单一般增加装船记录栏，以便必要时加上"已装船"批注使之转化为已装船提单。

集装箱提单填制时，应注意在箱数或件数栏内，既要填写集装箱数，又要填写箱内所装货物件数。否则发生灭失、损坏时只能以箱作为一个理赔单位。

集装箱提单签发的地点与集装箱运输中货物交接地点是一致的。一般是托运人在上述地点与集装箱运输经营人或其委托的堆场、货运站的业务人员交接货物后,用场站收据向运输经营人换取提单。各集装箱运输经营人大都有自己的集装箱提单,其内容与格式基本相同。

与传统海运提单一样,集装箱提单正面和背面都印有提单条款,而且有相当多的内容与传统海运提单和格式相同,只是为了适应集装箱运输的实际需要,对某些条款的内容作了修改,增加了一些新的条款。

集装箱提单的正面条款中与传统提单的主要区别在于确认条款,即表明承运人是在箱子外表状况良好,铅封号码完整状态下接收、交付货物,并说明该提单是收货待运提单。

集装箱提单与海运提单背面条款主要区别有以下方面:

1. 承运人的责任期限

由于目前集装箱运输存在"港至港"运输和"门至门"运输两种方式,多数集装箱提单的承运人责任条款中规定了两种责任期限。

在"港至港"运输形式下,规定承运人责任从在装运港接收货物时起,到目的港交货时,或按照当地法律、条例交给有关当局时止。

在"门至门"运输形式下,集装箱运输承运人接货、交货的地点在货主仓库、内陆场站或码头堆场,这与传统海上运输货物交接有很大差别,《海牙规则》对普通提单规定的承运人责任期限已不再适用。这时,承运人负责安排海运前的内陆运输和海运后的内陆运输,其责任期限也延伸为从接收货物开始到交付货物时止。

2. 舱面(甲板)货选择权条款

根据传统海上运输法规,只有在根据航海习惯或事先征得货主同意的条件下,承运人才可将货物装在甲板上运输,并应在提单上加注"装载甲板"字样,否则承运人必须承担由此产生的一切损失的赔偿责任,并因此丧失法律、合同规定的承运人的一切抗辩理由、责任限制和免责权。但是,在集装箱运输中,由于船舶结构的特殊性及经济性等要求,有相当一部分集装箱要装载在甲板上运输(全集装箱船满载时约有30％货箱装载在甲板上),而各集装箱在船舶上装载的具体位置,一般是根据船舶配载、积载的需要和货物装卸先后次序等确定的。运输经营人在签发提单时无法确定哪些箱会装在舱内或甲板上,因此集装箱提单中规定了舱面货选择权条款。尽管各公司提单中表述方式不同,但该条款包含的基本内容是相同的,即承运人有权将集装箱货物装载在甲板上运输,而无须征得货方同意和通知货方。集装箱装载在甲板上视为装载在舱内。

3. 承运人的赔偿责任限制

各公司的集装箱提单赔偿责任限制条款明确规定了最高赔偿限额,有包括海运(内河)及不包括海运(内河)两种限额。由于各个公司的限额是根据不同的国际公约或国内法规制定的,其额度存在着差别。对集装箱、托盘或类似的装运工具或包装损失的赔偿作如下规定:如提单中已载明工具箱内的货物件数或单位数,则按载明的件数或单位数赔偿,如该工具箱为货主所有,赔偿时也作为一件。

4. 托运人责任条款

(1)发货人装箱、计数条款(或称不知条款)

在整箱交接情况下,承运人接受的是外表状况良好、铅封完整的集装箱,对箱内所装货物数量、标志等只能根据装箱单得知,即使对其有适当理由怀疑也无适当方法进行检验。为了兼顾提单的流通性和保护承运人的目的,集装箱提单中在如实记载箱内货物详情的同时,背面条款中又保留了发货人装箱、计数条款(或不知条款)。其内容一般为:如本公司承运的集装箱是由发货人或其代理人装箱并加封的,则本提单正面所列内容(有关货物的重量、尺码、件数、标志、数量等)本公司均不知悉。该条款的法律效力与传统提单中不知条款的效力是不同的。

(2)铅封完整交货条款

该条款是指承运人在集装箱外表状况良好,铅封完整的情况下收货、交货,就可认为承运人已完成货物运输并解除其所有责任。该条款与发货人装箱、计数或不知条款是有一定联系的,也是限于整箱交接。

(3)货物检查权条款

该条款是指承运人有权但没有义务在掌管货物期间的任何时候,将集装箱开箱检验、核对,如发现货物全部或部分不适于运输,承运人有权对该货物放弃运输或由托运人支付附加费用后继续完成运输,或存放在岸上或水上遮蔽或露天场所,而且这种存放可视为凭提单交货,承运人责任终止。

在该条款下,如果承运人对箱内货物有所怀疑或发现积载不正常时,有启封检查的权利而不必征得托运人同意。但在操作中,对货主自装的集装箱启封检查时一般应征求货主同意,并由货主支付费用。

(4)海关启封检查条款

《国际集装箱海关公约》规定,海关有权对集装箱货物开箱检查。因此集装箱提单一般都规定:如海关当局因检查箱内货物对集装箱启封检查并重新加封,由此而造成或引起的任何货物灭失、损坏及其他后果,承运人概不负责。在实际操作中承运人对这种情况应作详细记录并保留证据以免除责任。

(5)发货人对货物内容正确性责任条款

集装箱提单中记载的货物内容,或由发货人填写,或由承运人(或其代理人)根据发货人提供的托运文件(装箱单等)填写。提单一般规定承运人接收货物即可视为发货人已向承运人保证其在集装箱提单中提供的货物内容(种类、标志、件数、重量、数量等)准确无误。如属于危险货物,还应说明其危险性。如因发货人提供内容不准确或不正当造成货损或其他损害,发货人应对承运人负责,这种责任即使已发生提单转让也不例外。

(6)承运人运价说明

由于篇幅限制,集装箱提单上无法将有关集装箱运输的术语、交接方法、计费方法、费率、禁运规定等内容全部列出。各公司一般以承运人运价本形式将这些条款装订成册对外提供。在集装箱提单条款中规定,有关的承运人运价本是提单的组成部分。当提单中载明了运价且与运价本发生矛盾时,以提单记载为准。

五、交货记录

交货记录是集装箱运输经营人把货物交付给收货人或其代理人时,双方共同签署的证明货物已经交付及货物交付时状况的单证。同时,它也证明承运人对货物的运输责任已告终止。

交货记录由到货通知1联、提货单1联、费用账单2联、交货记录1联共5联组成。

交货记录的制作与流转过程如下:

1.集装箱货物抵港前,承运人或其代理人(以下称船代)根据装船港船代寄、传的舱单或提单副本制作交货记录一式五联,并用电话通知收货人货物到达的大致时间。

2.在集装箱卸船、进入堆场并做好交货准备后,由船代向收货人发出到货通知(第1联)。

3.收货人凭正本提单和到货通知联向船代换取提货单等4联(对运费到付的货物应先结清费用),船代在收取费用与核对正本提单后,在提货单上加盖专用章。

4.收货人或其代理人凭提货单、费用账单、交货记录共4联,随同进口货物报关单一起到海关报关,海关核准后在提货单上盖放行章。

5.收货人将上述4联送场站业务员,场站业务员核单后,留下提货单作为放行依据,并在双方检验货物后,填写交货记录并签字盖章。待收货人凭费用账单结清场站费用后,场站业务员将交货记录退还给收货人。

6.收货人凭交货记录提货,提货完毕时,交货记录由收货人签收后交场站留底。

交 货 记 录

日期	货名或集装箱号	出库数量			操作过程	尚存数		经手人签名	
		件数	包装	重量		件数	重量	发货员	提货人
备注							收货人章		港区场站章

交 货 记 录

港区、场、站　　　　　　　　　　　　　　　　NO.

收货人	名称		收货人开户	
	地址		银行与账号	

船名		航次		起运港		目的地	
提单号		交付条款		到付海运费			
卸货地点		到达日期		进库场日期		第一程运输	

标记与集装箱号	货名	集装箱数或件数	重量(Kg)	体积(m³)

第四节 集装箱运费

集装箱运输是一种不同于传统件杂货运输的新型运输方式,其运费构成与计收方式也不同。

一、集装箱运费构成要素

集装箱运输将传统的货物交接从港口向内陆延伸,使承运人的责任、费用及风险扩大到内陆港口、货运站、货主的工厂等交接地点,这使得集装箱的价格构成因素有所扩大。总的说来,集装箱运费的构成主要有:海上运费、港口装卸费、内陆运费、内陆港站中转费、拆装箱费、集装箱使用费以及各种承运人加收的附加费等。

二、主要交接方式下的运费构成

集装箱运输中最经常采用的货物交接方式有 CY to CY、CY to CFS、CFS to CFS 三种,不同交接方式的运费构成因素是不同的。

1. CY to CY 交接方式的运费构成

在 CY to CY 交接方式下,货物是以整箱形态进行交接的。装拆箱及运输两端集装箱堆场以外的运输由发货人、收货人自己完成。承运人负责运输两端堆场到堆场之间的一切责任、费用。这时,运费的构成主要有:起运港堆场码头服务费(包括接收货物、堆场存放、搬运至船边装卸桥下的各种费用)、装船费、海上运费(包括各种附加费)、卸船费、卸货港堆场、码头服务费、集装箱使用费等。堆场、码头服务费一般都采用包干形式计收。

2. CY to CFS 交接方式的运费构成

在 CY to CFS 交接方式下,承运人以整箱形态接收货物,运抵目的港后在 CFS 交付货物。这时,运费构成主要有:装卸两港的堆场和码头服务费、装船费与卸船费、海上运费及附加费、集装箱使用费、目的港 CFS 的拆箱服务费(包括重箱搬运费、拆箱费、货物在 CFS 中的存储费、空箱运回堆场的费用等)。

3. CFS to CFS 交接方式的运费构成

在 CFS to CFS 交接方式下,货物是以拼箱形态交接的。这时,运费的构成主要有起运港的装箱服务费、堆场服务费、装船费、海上运费、卸船费、目的港堆场服务费、拆箱服务费及集装箱使用费等。

集装箱运输是一种班轮运输形式,其运费也采用运价本形式予以公开。运价本中包括了不同航线的不同类别货物的各种费用收费标准。

三、集装箱运费的计收

1. 拼箱货运费的计收

拼箱货运费的计收类似于传统的件杂货,即采用按承运人运价本规定的 W/M 费率计算基本运费,然后加收集装箱运输的有关费用,如 CFS 拼箱服务费、各种附加费等。

拼箱货运费表中通常将货物分成一般货物、半危险货物、危险货物、冷藏货物四个类别,并分别规定 W/M 费率。计费时,不足 1 吨货物按 1 吨计算。由于竞争原因,运费也可议价。

2. 整箱货运费的计收

整箱货运输大多采用包箱费率(Box Rate)计收。包箱费率也称"均一费率"(Freight All Kinds, FAK),是目前整箱货运输中较为常见的定价方法。这种费率以每集装箱为计算单位,各航运公司按不同的箱型制定不同航线的包干运价,其中包括了海上运费和装船费及卸船费。包箱费率可分为两类:一类是货物包箱费率;另一类是均一包箱费率。前者是按照货物类别和等级规定不同的包箱费率,后者是不论货物类别(危险品和冷藏货除外)只按箱型规定不同的包箱费率。后者对货主有吸引力。

3. 附加费

同传统的件杂货班轮运输相似,集装箱运价中也收取附加费。例如,变更目的港附加费、重件附加费(由 CFS 装箱时)、港口附加费、燃油附加费、季节附加费(Peak Season Surcharge)、码头操作费(Terminal Handling Charge, THC)等。这些名目繁多的附加费是集装箱运费的重要组成部分。

复习思考题

1. 集装箱运输有哪些特点?
2. 简述集装箱的进出口流程?
3. 集装箱的交接有哪些方式?
4. 试比较普通海运提单与集装箱提单条款的异同。
5. 简述集装箱拼箱货操作流程。

案例分析题

1. 某货主委托承运人的货运站装载 1000 箱小五金,货运站在收到 1000 箱货物后出具仓库收据给货主。在装箱时,装箱单上记载 980 箱,货运抵进口国货运站,拆箱单上记载 980 箱,由于提单上记载 1000 箱,同时提单上又加注"由货主装箱计数",收货人便向承运人提出索赔,但承运人拒赔。问:承运人是否要赔偿收货人损失?如需赔偿,应赔偿多少箱?为什么?

2. 上海某工艺品公司出口意大利一批工艺品,委托某公司 CY-CY 交接,并投保了海运一切险,工艺品由货主装,收货人掏箱时,发现箱内装的并非工艺品,而是其他杂物。由于提单上有"货主装箱/计数"批注,收货人便向发货人索赔,但发货人拒赔,并出具装载箱内的工艺品件数准确,包装完好的装箱证明书。于是收货人分别向承运人和保险人索赔,均被拒赔。问:收货人应向谁索赔?为什么?

3. 某货代公司接受货主委托,安排一批茶叶海运出口。货代公司在提取了船公司提供的集装箱并装箱后,将整箱货交给船公司。同时,货主自行办理了货物运输保险。收货人在目的港拆箱提货时发现集装箱内异味浓重,经查明该集装箱前一航次所载货物为精萘,致使茶叶受精萘污染。问:收货人可以向谁索赔?为什么?

计算题

某轮从广州港装载杂货——人造纤维,体积为 20 立方米、毛重为 17.8 公吨,运往欧洲某港口,托运人要求选择卸货港 Rotterdam 或 Hamburg,Rotterdam 和 Hamburg 都是基本港口,基本运费率为 USD80.00/FT,三个以内选卸港的附加费率为每运费吨加收 USD3.00。已知该货物计费标准为:"W/M"。

问:1. 该托运人应支付多少运费(以美元计算)?

2. 如果改用集装箱运输,海运费的基本费率为 USD1100.00/TEU,货币附加费 10%,燃油附加费 10%。改用集装箱运输时,该托运人应支付多少运费(以美元计算)?

3. 若不计杂货运输和集装箱运输两种运输方式的其他费用,托运人从节省海运费考虑,是否应选择改用集装箱运输?

第五章

国际航空运输代理实务

□□□ 学习目标

通过本章的学习,学生应了解国际航空货物运输的产生和发展历史、国际航空货物运输的特点以及国际航空运输组织;理解国际航空货物运输的基本知识以及航空货物运输方式;掌握国际航空运价与运费的规定和计算方法以及航空货运单的填制方法。

第一节 国际航空运输概述

一、国际航空运输的发展

采用商业飞机运输货物的商业活动称为航空货物运输。国际航空货物运输(International Air Cargo Transportation)简称国际航空运输,是超越国界的现代化的航空货物运输。它是目前国际上安全迅速的一种运输方式。

最初使用飞机进行运输仅用于运输邮件,始于 1918 年 5 月 5 日在纽约—华盛顿—芝加哥间,同年 6 月 8 日在伦敦—巴黎间出现了定期邮政航空飞机。第一次世界大战结束后,就有更多的欧美国家开始使用飞机运输人员、邮件和货物。随着航空工业的发展,专门用于运输的飞机相继出现,20 世纪 30 年代初期,美国生产的 CD-3 型运输机得到较为广泛的应用。在一些国家和地区也初步形成了航线网。同时,工业发达的国家开始研制多台发动机的大型单翼全金属结构的运输机,进行远程、越洋飞行的尝试。

第二次世界大战中,喷气技术开始在航空领域应用,远程轰炸机和军用运输机在战争中得到很大发展。二战结束后,在战争中发展起来的航空技术转入民用,定期航线网在全世界逐步展开,航空运输开始作为一种国际贸易的货物运输方式出现。20世纪50年代初,大型民用运输机陆续问世。20世纪60年代,航空运输进入现代化的国际航空运输时代。

目前,国际航空运输已发展成为一个规模庞大的行业。以世界各国主要都市为起讫点的世界航空网已遍及各大洲。

我国的航空运输事业在中华人民共和国成立以前的30余年里发展缓慢。在1929～1949年的20年时间里,航空运输的总周转量只有2亿吨公里。而中华人民共和国成立以后,航空运输事业得到较快的发展。截至2006年底,我国定期航班航线总数达1336条,其中,国内航线1068条(其中至香港、澳门航线43条),通航全国140个城市;国际航线268条,通航42个国家的91个城市。2007年,我国境内民用航空定期航班通航机场148个(不含香港和澳门)。定期航班通航城市146个。民航行业2007年全年完成运输货物总周转量365.3亿吨公里、旅客周转量2791.7亿人公里、旅客运输量1.9亿人次、货物周转量116.4亿吨公里、货邮运输量401.9万吨。初步预测,到2020年,我国航空运输货物总周转量将达到1500亿吨公里以上,旅客运输量7.7亿人次,货邮运输量1600万吨。

2008年,波音公司预测全球航空货运市场将继续呈现长期强劲增长势头。未来20年内,全球航空客运量年增长率为5%,随着全球货运机队规模从1948架飞机增至3892架,航空货运业将以年均5.8%的速度增长。中国的增长速度高于世界平均增长速度,其旅客运输量年增长率约7.4%,货运年增长率将达到9%。在今后20年,中国将成为世界上仅次于美国的第二大航空市场,其飞机拥有总量将占到亚洲市场的三分之一。到2025年,中国民航业的飞机数量将增长3倍,达到3900架。

二、国际航空货物运输的特点和作用

国际航空货物运输有其自身的优势,自飞机诞生以后,航空货运的发展极为迅速。航空货运同其他运输方式相比有着鲜明的特点,这些特点同其他运输方式相比有优势也有劣势。

1. 运送速度快

由于航空货运所使用的运送工具是飞机,常见的喷气式飞机的飞行时速为每小时600公里到每小时800公里,比其他交通工具要快得多。航空线路不受地面条件限制,一般可在两点间直线飞行,航程比地面短得多,而且运程越远,快速的特点就越显著。航空货运的这个特点适应了一些特种货物的需求,例如鲜活易腐的货物,由于货物本身的性质导致这类货物对运输时间的要求很高,因此只有采用航空运输。另外,在信息化社会,需要企业对市场的变化做出非常及时的反应,企业不仅仅要考虑生产成本,时间成本也是成本中的重要因素,抢占市场对企业来说至关重要。

2.破损率低、安全性好

由于采用航空运输的货物本身价值比较高,与其他运输方式相比,航空货运的地面操作流程环节比较严格,这就使货物破损的情况大大减少,在运输过程中也不易破损,因此在整个航空货物运输环节中的破损率低、安全性较好。这种特点使得一些本来不适合航空运输的货物,如:体积大、重量比较重的机械设备、仪器等,为了保证货物不受损不得不采取航空运输。

3.可节省包装、保险、利息等费用

虽然航空运输的运价比较高,但是由于航空运输的便捷性和快速性,商品在途时间短,周转速度快,可以降低仓储费、保险费和利息支出等。另一方面产品的流通速度加快,也加快资金的周转速度,可大大增加资金的利用率。再加上航空运输保管制度的完善,货损少,包装较其他运输方式可以简化,包装费也会适当降低。

4.不易受地面条件的影响,可深入内陆地区

航空运输利用天空这一自然通道,不受地面条件的限制。对于地面条件恶劣、交通不便的内陆地区非常合适,有利于当地资源的出口,促进当地经济的发展。

航空运输使本地与世界相连,对外的辐射面广,而且航空运输相比较公路运输与铁路运输占用土地少,对寸土寸金、地域狭小的地区发展对外交通无疑是十分适合的。

5.运价较高

由于航空货运技术要求高、运输成本大等原因,使得它的运价比其他运输方式要高,因此对于货物价值比较低、时间要求不严格的货物,通常在考虑运输成本问题的基础上就会选择其他运输方式。

6.载量有限

由于飞机本身的载重和容积的限制,通常航空货运量相对于其他运输方式(比如海运)要小得多,B747-400型飞机是当今世界上载重最大的民用全货机,其最大载重量是115吨,相对于海运几万吨、几十万吨的载重量而言相差很大。

7.易受天气的影响

航空货物运输受天气的影响非常大,如遇到大雨、大风、大雾等恶劣天气,航班就不能保证准时发出,这对航空货物运输造成的影响就比较大。尤其对于鲜活货物,超出一定的时间就会降低价值甚至失去价值。

三、国际航空货物运输组织与我国民航管理部门

目前,世界上有多个国际性航空组织,具有较大影响的主要有两个:一个是国际民用航空组织(ICAO),另一个是国际航空运输协会(IATA)。

(一)国际民用航空组织

国际民用航空组织(International Civil Aviation Organization,ICAO)是各国政府之间组成的国际航空运输机构,成立于1947年4月4日,于1947年5月13日正式成为联合国的一个专门机构,总部设在加拿大的蒙特利尔,最高权力机关至少三年举行一次全体成员大会,常设机构是理事会。我国于1974年正式加入该组织,也是理事国之一。

ICAO是负责国际航空运输技术、航行及法规方面的机构。他所通过的文件具有法律效应,各成员必须严格遵守。该组织的宗旨是保障《国际民用航空公约》的实施,发展国际航行的原则和技术,并促进国际航空运输的规划和发展,以:

(1)保证全世界国际民用航空安全和有秩序地发展;

(2)鼓励为和平用途的航空器的设计和操作技术;

(3)鼓励发展国际民用航空应用的航路、机场和航行设施;

(4)满足世界人民对安全、正常、有效和经济的航空运输的需要;

(5)防止因不合理的竞争造成经济上的浪费;

(6)保证缔约各国的权利充分受到尊重,每缔约国均有经营国际空运企业的公平机会;

(7)避免缔约各国之间的差别待遇;

(8)促进国际航空的飞行安全;

(9)普遍促进国际民用航空在各方面的发展。

(二)国际航空运输协会

国际航空运输协会(International Air Transport Association,IATA)是全世界航空公司中最大的一个国际性民间组织。它于1945年4月在古巴哈瓦那成立,总部设在加拿大蒙特利尔,分别在比利时的布鲁塞尔、肯尼亚的内罗毕、智利的圣地亚哥、约旦的安曼、中国北京、新加坡、美国华盛顿等设有地区办事处,前身是六家航空公司参加的国际航空交通协会(International Air Traffic Association)。

IATA由经营国际定期或不定期航班的航空公司参加。它的会员有两种:正式会员(经营国际定期客运航班的航空公司)和准会员(不经营国际定期客运航班的航空公司)。协会会员所属国家必须是有资格参加ICAO的国家。IATA的活动一般分为行业协会活动和运价协调活动两大类。它的主要任务是,制定国际航

空客货运输价格、运载规则和运输手续,协助航空运输企业间的财务结算,执行ICAO制定的国际标准和程序,主要宗旨是:

(1)促进安全、正常和经济的航空运输以造福于世界各民族人民,培植航空商业并研究与其有关的问题;

(2)为直接或间接从事国际航空运输服务的各航空运输企业提供协作的途径;

(3)与国际民用组织及其他国际组织合作。

(三)国际电讯协会

国际电讯协会(Societe International de Telecommunications Aeonautiques,SITA)是联合国民航组织认可的一个非营利性的组织,是世界航空运输业领先的电信和信息技术解决方案的集成供应商。

SITA 成立于 1949 年,在全球拥有 650 家航空公司会员,其网络覆盖全球 180多个国家,SITA 的发展目标就是带动全球航空业使用信息技术,并提高全球航空公司的竞争能力,SITA 不仅为航空公司提供网络通信服务,还可以为其提供共享系统,如机场系统、行李查询系统、货运系统、国际票价系统等。

SITA 自 20 世纪 80 年代在中国成立办事处以来,已有 11 家中国会员。SITA货运系统已经在中国国际航空公司和中国货运航空有限公司使用。

(四)中国民航管理部门

1. 中国民航总局

中国民航总局(Civil Aviation Administration of China,CAAC)是国务院民用航空主管部门,成立于 1949 年 11 月 2 日,按照《民用航空法》的规定对全国民用航空活动实施统一监督管理,其具体职权如下:

(1)研究制定发展我国民航事业的方针、政策和战略;制定民航体制发展规划和实施方案并综合协调、组织实施。

(2)编制行业中长期发展规划和年度计划;制定民航运输网络、机场配置和机队规划。

(3)参与研究行业宏观调控措施和经济调节办法;管理运输航空、通用航空市场秩序。

(4)编制直属单位的固定资产投资年度计划;编制全国民用机场建设规划;制定民用机场建设标准,审批民用机场总体规划。

(5)对全国民航企业实施行业管理;审批、颁发或吊销民航企业的经营许可证。

(6)制定民航行业安全保卫的管理制度。

(7)协同有关部门进行空域规划,负责民用航路的建设和管理。

(8)负责民用航空器适航管理。

(9)领导民航地区管理局。

(10)制定民航行业教育和科技发展规划;管理民航标准化和计量工作。

(11)代表国家对外进行航空谈判和签约,参加国际民航组织活动,监督外国民用航空器在我国境内的有关业务活动。

2.民航地区管理局

民航地区管理局是根据需要设置的地区民用航空管理机构,其职权是依据总局的授权,监督管理各自地区的民用航空活动。目前,我国设有7个民航地区管理局(华北地区管理局、东北地区管理局、华东地区管理局、中南地区管理局、西南地区管理局、西北地区管理局、新疆管理局)和26个省级安全监督管理办公室对民航事务实施监管。

第二节 国际航空运输的经营方式

一、班机运输

(一)班机运输的定义

班机运输(Scheduled Airline)是指根据班期时刻表,按照规定的航线,定机型、定日期、定时刻的客、货、邮航空运输。班机运输一般有固定的航线,固定的始发站、途经站和目的站,是民航运输生产活动的基本形式。飞机由始发站起飞按照规定航线经过经停站作运输生产飞行,称为航班。

班机运输按照业务的对象不同,可分为客运航班运输和货运航班运输。

一般的航空公司通常都使用客货混合型飞机(Combination Carrier)开设正常的客运航班,一方面搭载旅客,一方面又运送小批量货物;但一些规模较大的航空公司在一些航线上也开辟有使用全货机(all Cargo Carrier)运输的定期货运航班,只负责承揽货物运输。

(二)班机运输的特点

1.班机由于固定航线,固定停靠港和定期开航,因此国际货物流通多使用班机运输方式,能安全迅速地到达世界上各通航地点。

2.便利收、发货人确切掌握货物起运和到达的时间,这对市场上急需的商品、鲜活易腐货物以及贵重商品的运送非常有利。

3.班机运输一般是客货混载,因此,舱位有限,不能使大批量的货物及时出运,往往需要分期分批运输。这是班机运输不足之处。

二、包机运输

包机运输(Chartered Carrier)是指包用民航飞机,在民航固定航线上或者非固定航线上飞行,用以载运旅客、货物或客货兼载的航空运输。可分为整架包机和部分包机两种形式。

(一)整架包机

整架包机即包租整架飞机,指航空公司按照与租机人事先约定的条件及费用,将整架飞机租给包机人,从一个或几个航空港装运货物至目的地。

包机人一般要在货物装运前一个月与航空公司联系,以便航空公司安排运载和向起降机场及有关政府部门申请、办理过境或入境的有关手续。

包机的费用:一次一议,随国际市场供求情况变化。原则上包机运费是按每一飞行公里固定费率核收,并按每一飞行公里费用的 80% 收取空放费。因此,大批量货物使用包机时,均要争取来回程都有货载,这样费用比较低。只使用单程,运费比较高。

(二)部分包机

部分包机是由几家航空货运公司或发货人联合包租一架飞机,或者由航空公司把一架飞机的舱位分别分给几家航空货运公司装载货物。尽管部分包机有固定时间表,但往往会因某些原因不能按时起飞。

另外,各国政府为了保护本国航空公司利益常对从事包机业务的外国航空公司实行各种限制。如包机的活动范围比较狭窄,降落地点受到限制。需降落非指定地点外的其他地点时,一定要向当地政府有关部门申请,同意后才能降落(如申请入境、通过领空和降落地点)。

除了上述的包机(整架包机)和包舱(部分包机)业务,当前航空货运中也经常采取包板运输业务,是指由托运人在一定时间内包用承运人一定航线或航班上一定数量的集装箱或集装板来运输货物,一般由托运人负责集装箱或集装板货物的包装盒分解作业,此外,包板货物通常只用于直达航班。

(三)包机运输的优点

1.解决班机舱位不足的矛盾。

2.货物全部由包机运出,节省时间和多次发货的手续。

3.弥补没有直达航班的不足,且不用中转。

4.减少货损、货差或丢失的现象。

5.在空运旺季缓解航班紧张状况。

三、集中托运

(一)集中托运的含义

集中托运(Consolidation)是指集中托运人将若干票单独发运的、发往同一方向的货物集中起来作为一票货,填写一份主运单发运到同一到达站,由集中托运人委托到达站当地的代理人收货、报关,并按集中托运人签发的航空分运单分拨给各实际收货人的一种运输方式,如图 5-1 所示。这种运输方式在国际航空货物运输界使用比较普遍,也是航空货运代理公司的主要业务之一和获利手段。

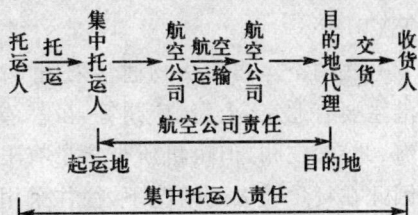

图 5-1　集中托运示意图

(二)集中托运的特点

(1)节省运费

航空货运公司的集中托运运价一般都低于航空协会的运价,可以为发货人节省费用。

(2)提供方便

将货物集中托运,可使货物到达航空公司到达地点以外的地方,延伸了航空公司的服务,方便了货主。

(3)提早结汇

将货物交于航空货运代理后,即可取得货物分运单,发货人可持分运单到银行尽早办理结汇。

(三)集中托运的限制

1.根据航空公司的规定,集中托运只适合办理普通货物,对于等级运价的货物,如:贵重物品、活动物、危险品、外交信贷、文物等不能采用这种形式。

2.采用集中托运的运输方式,货物的出运时间不能确定,所以鲜活易腐货物、市场上急需的货物或其他对时间要求高的货物不适于采用这种运输方式。

3.只有目的地相同或临近,才能办理集中托运。例如,运往美国和日本的货物就不能一起办理集中托运。

4.那些可以享受航空公司优惠运价的货物,如书本等,如果采用集中托运方式,则无法享受到集中托运运费的优惠。

集中托运方式已在世界范围内普遍开展,形成较完善、有效的服务系统,为促进国际贸易发展和国际科技文化交流起了良好的作用。集中托运成为我国进出口货物的主要运输方式之一。

四、联合运输

联合运输方式是包括空运在内的两种以上运输方式的联合运输。具体的做法有陆空联运(火车—飞机联合运输,train-air;卡车—飞机联合运输,truck-air,均简称为 TA)、陆空陆联运(火车、飞机和卡车的联合运输 train-air-truck,简称为TAT)等。

我国空运出口货物通常采用 TA 方式。原因在于我国幅员辽阔,而国际航空港主要有北京、上海、广州等,虽然省会城市和一些主要城市每天都有班机飞往上海、北京、广州,但班机所带货量有限,费用比较高。如果采用国内包机,费用更贵。因此在货量较大的情况下,往往采用陆运至航空口岸,再与国际航班衔接。由于汽车具有机动灵活的特点,在运送时间上更可掌握主动权。

我国长江以南的外运分公司目前办理陆空陆联运(TAT)的具体做法是用火车将货物运至香港,然后,在香港经飞机空运至中转地航空站,再通过当地代理,用卡车运至目的地,至欧洲的整个运输时间一般在 15 天左右。由于香港至世界各地的货运包机和客货班机较多,货物出运快,运价也便宜,一般约为正常班机的 1/2或 2/3。长江以北的公司多用火车或卡车将货物送至北京、上海航空港口岸出运。

五、国际航空快递货物运输

(一)航空快递的含义

航空快递(Air Express)是指具有独立法人资格的企业将进出境货物从发货人所在地通过自身或代理网络运达收件人的一种快速运输方式。航空快递业务又称为航空急件传送,是目前国际航空运输中最快捷的运输方式。它不同于航空邮寄和航空货运,一般由一个专门经营该项业务的公司(通常为航空货运代理公司或航空速递公司)和航空公司合作,派专人以最快的速度在货主、机场、用户之间运输和交接货物。该项业务是在国际上两个空运代理公司之间通过航空公司进行的。特别适用于急需的药品、医疗器械、贵重物品、图纸资料、货样及单证等的传送。

(二)国际航空快递的主要形式

1.门到门服务(Door to Door)

发件人需要发货时打电话给快递公司,快递公司接到电话后,立即派人到发件人处取件。快递公司将发运的快件根据不同的目的地进行分拣、整理、核对、制单、报关。利用最近的航班,通过航空公司(或快递公司自己的班机)将快件运往世界各地。发件地的快递公司用电传、E-mail 或传真等形式将所发运快件有关信息(航空货运单及运单号、件数、重量等内容)通告中转站或目的站的快递公司。快件到达中转站或目的地机场后由中转站或目的港的快递公司负责办理清关手续、提货手续,并将快件及时送到收货人手中,之后将快件派送信息及时反馈到发件地的快递公司。

2. 门到机场服务(Door to Airport)

运输服务职能到达收件人所在城市或附近的机场。快件到达目的地机场后,当地快递公司及时将到货信息告知收件人,收件人可自己办理清关手续,也可委托原快递公司或其他代理公司办理清关手续,但需要额外缴纳清关代理费用。采用这种运输方式的多是价值较高,或是目的地海关当局对货物或物品有特殊规定的。

3. 专人派送(Courier on Board)

这种方式是指发件的快递公司指派专人携带快件在最短的时间内,采用最快捷的交通方式,将快件送到收件人手里。

比较上述三种快递方式,第一种方式是最方便、最简单,也是使用最为普遍的;第二种方式在时间上由于采用普通货运形式,简化了发件人的手续,但是需要收货人安排机场的清关、提货手续;第三种方式是一种特殊的服务,费用也较高,一般使用较少。

(三)航空快递的特点

航空快递与普通航空货物运输相比,其基本程序和需要办理的手续相同,所需要的运输单据和报关单证也基本一样,且都要向航空公司办理托运;都要与收、发货人及承运人办理交货接货手续;都要提供相应的报关单证向海关办理进、出口报关手续。

但是航空快递作为一项专门的业务而独立存在,亦具有其他运输方式所不能取代的特点。与普通航空货运业务、国际邮政业务相比,航空快递具有以下的特点:

1. 快递公司有完善的快递网络

快递公司之所以可以快速地把顾客所托运的货物送到目的地,取决于其完善的服务网络,快速高效的资源整合。从服务层次看,航空快递因设有专人负责,减少了内部交接环节,缩短了衔接时间,因此其运送速度快于普通航空货物运输和邮递业务。

2. 以收运文件和小包裹为主

从运送范围来看,航空快递以收运文件和小包裹为主。快递公司对收件有最大重量和最大体积的限制。普通航空货运则以收运进出口贸易货物为主,并且规定每件货物的最小体积和最小重量。国际邮政业务则以运送私人信函为主要业务范围,要求货物的体积、重量比航空快件要小。航空快递、普通航空货运、国际邮政业务三者业务范围之间有一定交叉,但各自又有自己的主导业务。

3. 特殊的运输单据

POD(Poof of Delivery)是航空快递业务中重要的单据,它由多联组成(各快递公司的 POD 有所不同),但一般都包括:发货人联、随货同行联、财务结算联、收货人应收联等,其上印有编号及条形码。POD 类似于航空货运中的分运单,但比航空分运单的用途更为广泛。

4. 高度的信息化控制

航空快件在整个运输过程中都处于电脑的监控之下,其在运输过程中的中转、收货等信息都将输入电脑,这些信息可以及时反馈到发货人,让发货人、收货人都放心。

5. 服务质量较高,费用也较高

航空快递自诞生之日起就强调快速的服务。一般洲际快件运送在 1～5 天内完成;地区内部只要 1～3 天,这是其他运输服务难以比拟的。此外,在航空快递形式下,快件运送自始至终是在同一公司内部完成,各分公司操作规程相同,服务标准也基本相同,而且同一公司内部信息交流方便,对客户的高价值、易破损货物的保护也会更加妥帖,所以运输的安全性、可靠性也更好,相应的运费也更高。

第三节 国际航空货物出口运输代理业务流程

国际航空货物运输中的一个显著特点是,航空公司一般不直接接受货物委托,而是指定航空货运代理人代其接受货物运输委托。国际货物运输的流程包括两大环节:国际货物运输的进口业务流程和国际货物运输的出口业务流程,本节介绍国际航空货物出口运输代理业务流程,如图 5-2 所示。航空货物出口运输代理业务流程包括以下环节:揽货→委托代理→审核单证→预配舱、预订舱→接单、制单→接受货物→标记和标签→配舱→订舱→出口报关→出仓单→提、装板箱→签货运单→交接发运→航班跟踪→信息反馈→费用结算。

一、揽货

揽货,是指航空货运代理公司为争取更多的出口货源,而到各进出口公司和有出口经营权的企业进行推销的活动。揽货时一般需向出口单位介绍本公司的代理业务范围、服务项目以及各项收费标准。航空货运代理公司与出口单位(发货人)就出口货物运输事宜达成协议后,可以向发货人提供中国民航的国际货物托运书作为委托书。委托书由发货人填写并加盖公章,作为委托书和接受委托的依据。对于长期出口货量大的单位,航空货运代理公司一般都与之签订长期的代理协议。

```
                        ┌─────────────────┐
                        │   发货人         │
                        │   (Shipper)      │
                        └────────┬────────┘
                                 │
        ┌───────────────────────┼──────────────────────┐
        │                ┌──────▼──────────────────┐    ┌──────────────────────┐
        │                │ 国外分公司或国外代理      │    │ 出口清关              │
        │                │ (Overseas Branch Offices │───▶│ (Export customs       │
        │                │  or Agent)               │    │  clearing)            │
        │                └──────────┬──────────────┘    └──────────────────────┘
        │                           │
        │                ┌──────────▼──────────┐
        │                │  航空公司            │
        │                │  (Airline)          │
        │                └──────────┬──────────┘
        │                           │
┌───────▼─────────┐      ┌──────────▼─────────────────┐
│ 到货预告 POD     │      │  民航仓库                   │
│ (Per-alert POD) │      │ (Warehouse of the Civil     │
└───────▲─────────┘      │  Aviation)                  │
        │                └──────────┬─────────────────┘
        │                           │
        │          ┌────────────────▼──────────────────────────────┐
        │          │ 代理口岸公司 (Agent Gateway Port Office)        │
        │          │ 代理监管仓库 (Agent Supervised Warehouse)       │
        │          └──┬──────────┬─────────────┬──────────────┬─────┘
        │             │          │             │              │
┌───────▼─────────┐  ┌▼──────────▼──────┐  ┌───▼──────────┐  ┌▼──────────┐
│ 到货预告 POD     │  │ 进口转关         │  │ 进口清关      │  │ 空运       │
│ (Per-alert POD) │  │ (Import Customs  │  │ (Import      │──│ (air       │
└─────────────────┘  │  Transfer)       │  │  Customs     │  │ transport) │
                     └──┬──────────┬────┘  │  Clearing)   │  └─────┬──────┘
                        │          │       └───┬──────────┘        │
               ┌────────▼───┐ ┌────▼────────┐  │           ┌───────▼──────┐
               │ 空监(Ronded │ │ 陆监(Bonded │  │           │ 分公司        │
               │ Haulage by │ │ Haulage by  │  │           │ (Branch)     │
               │  air)      │ │  land)      │  │           └───────┬──────┘
               └────────────┘ └────┬────────┘  │                   │
                        ┌──────────▼──────┐ ┌──▼──────────┐ ┌───────▼──────┐
                        │ 代理分公司       │ │ 送货         │ │ 收货人        │
                        │ (Branch Office)  │ │ (Delivery)  │ │ (Consignee)  │
                        └──────────┬──────┘ └──┬──────────┘ └──────────────┘
                                   │           │
                        ┌──────────▼──────┐ ┌──▼──────────┐
                        │ 进口清关         │ │ 收货人       │
                        │ (Import Customs  │ │ (Consignee) │
                        │  Clearing)       │ └─────────────┘
                        └──────────┬──────┘
                        ┌──────────▼──────┐
                        │ 送货            │
                        │ (Delivery)      │
                        └──────────┬──────┘
                        ┌──────────▼──────┐
                        │ 收货人          │
                        │ (Consignee)     │
                        └─────────────────┘
```

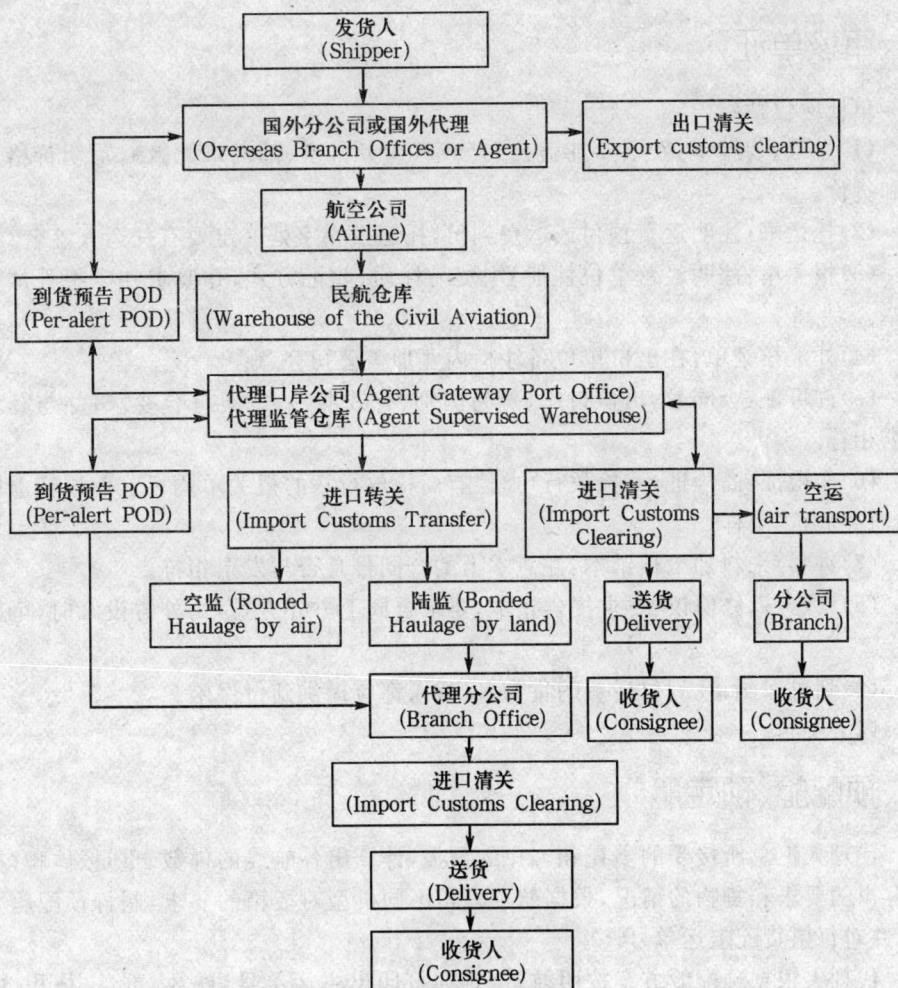

图 5-2　出口运输代理业务流程图

二、委托代理

委托代理是指托运人委托航空代理人办理出口货物航空运输事宜的行为,委托代理时,托运人必须填写"国际货物托运书"。托运书(Shippers Letter of Instruction)是托运人用于委托承运人或其代理人填开航空货运单的一种表单,表单上列有填制货运单所需各项内容,并应印有授权于承运人或其代理人代其在货运单上签字的文字说明。国际货物托运书是托运人和航空代理人之间的委托合同,是代理人向航空公司办理货物托运的依据,也是填制航空货运单的依据,因此托运人必须正确填写,并由托运人签字盖章。

三、审核单证

单证应包括：

(1)发票、装箱单：发票要加盖公司公章（业务科室、部门章无效），写明价格术语和货价。

(2)托运书：注明运费预付或运费到付，托运人签字处一定要有托运人签名。

(3)报关单：注明经营单位注册号、贸易性质、收汇方式，并要求在申报处加盖公章。

(4)外汇核销单：在出口单位备注栏内要加盖公司公章。

(5)许可证：合同号、出口口岸、贸易国别、有效期，一定要符合要求，并与其他单据相符。

(6)商检证：商检证、商检放行单、盖有商检放行章的报关单均可。商检证上应有"海关放行"字样。

(7)进料/来料加工核销本：注意本上的合同号是否与发票相符。

(8)索赔/返修协议：要求提供正本，要求合同上方外方盖章，外方没章时，可以签字。

(9)到付保函：凡到付运费的货物，发货人都应提供到付保函。

(10)关封。

四、预配舱、预定舱

代理人汇总所接受的委托和客户的预报，计算出各航线的件数、重量、体积，按照客户的要求和货物的情况，根据航空公司不同机型对板箱的要求，制订预配舱方案，并对每票货配上运单号。

代理人根据预配舱方案按照航班、日期打印出主运单号、件数、重量、体积，向航空公司预定舱。此时由于货物还未入库，预报的和实际的会有差别，这些须在配舱时进行调整。

五、接单、制单

接受托运人或其代理人送交的已经审核确认的托运书及报关单证和收货凭证。将电脑中的收货记录与收货凭证核对。制作操作交接单，填上所收到的各种报关单证份数，给每份交接单配一份主运单或分运单。根据交接单、主运单或分运单、报关单证制单。如此时货未到或未全到，则可以按照托运书上的数据填入交接单并注明，等货物到齐后再进行修改。

依据发货人提供的国际货物托运书，填制航空货运单。航空货运单是航空运输中最重要的单据。货运单是否填写准确直接关系到货物能否及时、准确到达目的地。航空货运单是发货人收结汇主要的有效凭证,因此其填写必须准确,严格符合单证一致、单单一致的要求。

航空货运单包括主运单和分运单。如果是直接发给国外收货人的单票托运货物,填开航空货运单即可。如果货物属于以国外航空货运代理人为收货人的集中托运货物,必须先为每票货物填开航空货运代理公司的分运单;然后再填开航空公司的主运单,以便国外代理人对主运单下的各票货物进行分拨。

航空货运代理公司还要制作《空运出口业务日报表》供制作标签用。

六、接受货物

它是指航空货运代理公司把即将发运的货物从发货人手里接过来运送到自己的仓库。接货一般与接单同时进行。接货时应对货物进行过磅和丈量,根据发票、装箱单或送货单清点货物,并核对货物的数量、品名、合同号或唛头等是否与货运单上所列一致。

七、标记和标签

标记是在货物外包装上有托运人书写的有关事项和记号。标签按作用可以分为识别标签、特种货物标签和操作标签等;按类别可以分为航空公司标签和分标签两种。

航空公司标签是对其承运货物的标志,各航空公司的标签虽然在格式、颜色上有所不同,但内容基本相同。标签上三位阿拉伯数字代表所承运航空公司的代号,后八位数字是主运单号。

分标签是代理公司出具分标签货物的标志。凡出具分运单的货物都制作分标签,填制分运单号码和货物到达城市或机场的三字代码。一件货物贴一张航空公司标签,有分运单的货物,每件再贴一张标签。

八、配舱

配舱时,需运出的货物都已经入库,这时需要核对货物的实际件数、重量、体积与托运书上预报的数量是否一致;应注意对预定舱位、板箱的有效利用、合理搭配,按照各航班机型、板箱型号、高度、数量进行配载。同时对于晚到、未到情况以及未能顺利通关放行的货物作出调整,为制作配舱单作准备。实际上,这一过程一直延续到单、货交接给航空公司后才完毕。

九、订舱

订舱，就是向航空公司申请运输并预订舱位的行为。货物订舱需要根据发货人的要求和货物本身的特点而定。一般来说，大宗货物、紧急物资、鲜活易腐物品、危险物品、贵重物品等，必须预定舱位。非紧急的零散货物，可以不预订舱位。

订舱的具体做法和基本步骤是，接到发货人的发货预报后，向中国民航吨控部门领取并填写订舱单，写明货物名称、体积、重量、件数、目的港及要求出运的时间等。中国民航根据实际情况安排航班和舱位。航空货运代理公司订舱时，可依照发货人的要求选择最佳航线和理想的承运人，同时为其争取最低、最合理的运价。订妥舱位后，航空货运代理公司应及时通知发货人备单、备货。

十、出口报关

出口报关，是指发货人或其代理人在发运货物之前，向出境地海关提出办理出口手续的过程。它的基本程序是：首先将发货人提供的出口货物报关单的各项内容输入电脑；其次在通过电脑缮制出的报关单上加盖报关单位的报关专用章；然后将报关单与有关的发票、装箱单和航空货运单合在一起，并根据需要随附有关的证明文件；报关单证准备齐全后，由持有报关员证的报关员正式向海关申报；海关审核无误后，海关关员即在发运单正本上加盖放行章，同时在出口收汇核销单和出口报关单上加盖放行章，在发货人用于产品退税的单证上加盖验讫章，粘贴防伪标志。

十一、出仓单

配舱方案制订后就可着手编制出仓单。出仓单的主要内容有：制单日期、承运航班的日期、装载板箱形式及数量、货物进仓顺序编号、主运单号、件数、重量、体积、目的地三字代码和备注等。

出口仓库方将出仓单用于出库计划，出库时点数并与装板箱环节交接。装板箱环节将出仓单用于向出口仓库提货。货物的交接环节将出仓单用于制作收货凭证和《国际货物交接清单》的依据。《国际货物交接清单》用于航空公司交接货物。出仓单还可用于外拼箱和报关环节。

十二、提、装板箱

除特殊情况外，目前航空货运大多以"集装箱"、"集装板"形式装运。订妥舱位后，航空公司吨控部门将根据货量发放"航空集装箱、板"凭证，用板箱人凭此向航空公司箱板管理部门领取与订舱货量相应的集装板、集装箱并办理相应的手续。提板、箱时，应领取相应的塑料薄膜和网。对所使用的板、箱要登记、销号。

通常航空货运代理公司将体积为两立方米以下的货物作为小货交与航空公司拼装,大于两立方米的大宗货或集中托运拼装货,一般均由货运代理自己装板装箱。

十三、签货运单

货运单在盖好海关放行章后还需到航空公司签单,主要是审核运价使用是否正确以及货物的性质是否符合空运,危险品等是否已经办理相应的证明和手续。航空公司的地面代理规定,只有签单确认后才允许单、货交给航空公司。

十四、交接发运

交接时向航空公司交单交货,由航空公司安排航空运输,交单就是将随机单据和应由承运人留存的单据交给航空公司。随机单据包括第二联航空货运单正本、发票、装箱单、原产地证明、品质鉴定书等。交货是把与单据相符的货物交给航空公司。航空公司验收后,在交货签单上确认验收,并将货物存入出口仓库,单据交吨控部门,以备配舱。

十五、航班跟踪

单、货交给航空公司后,航空公司会因种种原因,例如航班取消、延误、故障等,未能按预定时间运出,所以货运代理公司从单、货交给航空公司后就需要对航班及货物进行跟踪。

十六、信息反馈

货运代理公司在整个代理过程中需要将订舱信息、审单及报关信息、仓库收获信息、交运秤重信息、航班信息、集中托运及单证信息等及时反馈给客户。

十七、费用结算

费用结算主要涉及同发货人、承运人和国外代理人三方的结算。与发货人结算费用,即向发货人收取航空运费(在运费预付的情况下),同时收取地面运费以及各种服务费和手续费,或根据发货人提供的账号办理托收。与承运人结算费用,就是向承运人支付航空运费,同时向其收取代理佣金。与国外代理人结算主要涉及到付运费和利润分成。到付运费实际上是发货人的航空货运代理公司为收货人垫付的,因此收货人的航空货运代理公司在将货物移交收货人时,应收回到付运费并退还发货人的航空代理公司。同时发货人的航空货运代理公司应将代理佣金的一部分分给收货人的货运代理。这样就形成了代理公司之间的账单来往。

第四节　国际航空货物进口运输代理业务流程

国际航空货物进口运输代理业务流程是指货运代理公司对于货物从入境到提取或转运整个流程的各个环节所需办理的手续及准备相关单证的全过程。一般包括以下流程:代理预报→交接单、货→理货与仓储→理单与到货通知→制单→进口报关→收费与发货→送货或转运等。

一、代理预报

在飞机之前,由国外发货人代理公司将运单、航班、品名、重量、件数、实际收货人及其地址、联系电话等内容通过传真或 E-mail 形式发给目的地代理公司,这一过程称为预报。

二、交接单、货

航空货物入境时,与货物相关的单据(运单、发票和装箱单等)也随机到达。运输工具及货物处于海关监管之下。货物卸机后,将货物存入海关监管库内,同时根据运单上的收货人地址寄发取货通知。若运单上的第一收货人为航空货运代理公司,则把运输单据及与之相关的货物交给航空货运代理公司。交接时要做到单单核对,单货核对,出现问题及时处理。

三、理货与仓储

代理公司从航空公司接货后,即将货物运进自己的仓库,组织理货及仓储。理货时要注意核对每票件数,检查货物破损情况,如有异常,确属接货时未发现的问题,可向航空公司提出交涉。仓储时,要根据货物的属性和特殊要求进行存储,保证货物安全、不受损。

四、理单与到货通知

(1)航空货运代理公司在取得航空货运单后即进行分类整理。

集中托运的货物要在主运单项下拆单。运单的分类标准和方法很多,一般有按航班号理单,按进口代理理单,按货主理单等,究竟如何分类,各公司可根据自己的具体情况而定。但一般说来,集中托运货物和单票货物、运费预付货物和运费到付货物应区分开来。

(2)到货通知。货物到达目的港后,货运代理人应及早通知货主到货情况,提醒货主配备好有关单证,尽快报关,以减少货主仓储费,避免产生海关滞报金。

五、制单

制单就是制作"进口货物报关单"。制单的依据是运单、发票及证明货物合法进口的有关批准文件。因此，制单一般在收到用户的回询并获得必备的批文和证明之后方可进行。不需批文和证明的，可直接制单。

完成制单后，将报关单的各项内容输入电脑，打印出报关单一式三份。在报关单右下角加盖报关单位的"报关专用章"。然后将报关单连同有关的运单、发票订成一式两份，并随附批准货物进口的证明和文件，由经海关认可的报关员正式报关。

六、进口报关

进口报关，就是向海关提出办理进口货物手续的过程。报关是进口程序最关键的环节，任何货物都必须在向海关申报并经海关放行后才能提出海关监管场所。报关一般包括初审、审单、征税、验放四个阶段。

在进行报关时应注意报关期限的问题。报关期限是指货物运抵口岸后，收货人或其代理向海关报关的时间限制。海关法规定的进口货物报关期限为：自运输工具进境之日起的 14 日内，超过这一期限报关的，由海关征收滞报金。

七、收费与发货

办完报关、报检等进口手续后，货主须凭借有海关放行章、检验检疫章的进口提货单到所属监管仓库付费提货。代理公司在发放货物前一般先要收妥费用，费用包括：到付运费及垫付佣金（如果采用的是到付方式）、单证、报关费、仓储费、装卸费、航空公司到港仓储费、动植物检验检疫费等。

八、送货或转运

处于便捷性的考虑，许多货主或国外发货人要求将进口到达货物由货运代理人报关、垫税、提货后运输到收货人手中。货物无论送到当地还是转运到入境地以外的地区，都得先将货物从海关监管仓库或场所提取出来。提取货物的凭证是海关加盖放行章的正本运单。未经海关放行的货物处于海关监管之下，不能擅自提出监管场所。

货主或其委托人在提取货物时还须结清各种费用，如国际段到付运费、报关费、仓储费、劳务费等。货物出库时，提货人应与仓库保管员仔细检查和核对货物外包装上的合同号、运单号、唛头及件数、重量等与运输单据所列是否一致。若出现单货不符,或货物短少、残损或外包装变形,航空货运代理公司应将航空公司出具的商务事故记录交给货主,如属于航空货运代理公司的责任,由航空货运代理公司出具事故记录。

航空货运代理公司可以接受货主的委托送货上门或办理转运。航空货运代理公司在将货物移交货主时并向其收取货物进口过程中所发生的一切费用。

第五节　国际航空货运单证

一、托运书

(一)基本概念

根据《华沙公约》第5条第1款和第5款规定,货运单应由托运人填写,也可由承运人或其代理人代为填写。实践中,货运单是由承运人或其代理人代为填制的。因此,作为填开货运单的依据——托运书,应由托运人自己填写,而且托运人必须在上面签字或盖章。

托运书(Shipper's Letter of Instruction,SLI)是托运人用于委托承运人或其代理人填开航空货运单的一种单证,其上列有填制货运单所需各项内容,并应印有授权于承运人或其代理人代其在货运单上签字的文字说明。

托运书的内容与货运单基本相似,但它的缮制要求却不如货运单严格。

(二)托运书的内容

1. 托运人(Shipper's Name and Address)

填列托运人的全称、街名、城市名称、国家名称及便于联系的电话、电传或传真号码。

2. 收货人(Consignee's Name and Address)

填列收货人的全称、街名、城市名称、国家名称(特别是在不同国家内有相同城市名称时,更应注意填上国名)以及电话号、电传号或传真号,本栏内不得填写"To Order"或"To Order of the Shipper"等字样,因为航空货运单不能转让。

3. 始发站机场(Airport of Departure)

填写始发站机场的全称。

4. 目的地机场(Airport of Destination)

填写目的地机场(机场名称不明确时,可填城市名称),如果某一城市名称用于一个以上国家时,应加上国名。

5. 要求的路线/申请订舱(Requested Routing/Requested Booking)

本栏用于航空公司安排运输路线时使用,但如果托运人有特别要求时,也可填入本栏。

6. 供运输用的声明价值(Declared Value for Carriage)

填列供运输用的声明价值金额,该价值即为承运人赔偿责任的限额。承运人按有关规定向托运人收取声明价值费。但如果所交运的货物毛重每千克不超过20美元(或等值货币),无需填写声明价值金额,可在本栏内填入"NVD"(No Value Declared,未声明价值),如本栏空着未填写时,承运人或其代理人可视为货物未声明价值。

7. 供海关用的声明价值(Declared Value for Customs)

国际货物通常要受到目的站海关的检查,海关根据此栏所填数额征税。

8. 保险金额(Insurance Amount Requested)

中国民航各空运企业暂未开展国际航空运输代保险业务,本栏可空着不填。

9. 处理事项(Handling Information)

填列附加的处理要求。例如,另请通知(Also Notify),除填收货人姓名外,如托运人还希望在货物到达的同时通知他人,应另填写通知人的全名和地址,外包装上的标记,操作要求,如易碎、向上等。

10. 货运单所附文件(Documentation to Accompany Air Waybill)

填列随附在货运单上运往目的地的文件,应填上所附文件的名称。例如,托运人所托运的动物证明书(Shipper's Certification for Live Animals)。

11. 件数和包装方式(Number and Kind of Packages)

填列该批货物的总件数,并注明其包装方法。例如,包裹(Package)、盒(Case)、板条箱(Crate)、袋(Bag)、卷(Roll)等。如货物没有包装时,就注明为散装。

12. 实际毛重(Actual Gross Weight)

本栏内的重量应由承运人或其代理人在称重后填入。如托运人已填上重量,承运人或其代理人必须进行复核。

13. 运价类别(Rate Class)

它是指所适用的运价、协议价、杂费、服务费。

14. 计费重量(Chargeable Weight)

本栏内的计费重量应由承运人或其代理人在量过货物的尺寸(以厘米为单位)后,由承运人或其代理人算出计费重量后填入,如托运人已经填上,承运人或其代理人必须进行复核。

197

15. 费率 (Rate/Charge)

本栏可空着不填。

16. 货物的品名及数量 (包括尺寸或体积) (Natured and Quantity of Goods (Incl. Dimensions or Volume))

本栏填列货物的品名和数量 (包括尺寸或体积)。若一票货物包括多种物品时,托运人应分别申报货物的品名,填写品名时不能使用"样品"、"部件"等这类比较笼统的名称。货物中的每一项均须分开填写,并尽量填写详细,如"9 筒 35 毫米的曝光动画胶片"、"新闻短片(美国制)"等,本栏所填写内容应与出口报关发票、进出口许可证上列明的货物相符。危险品应填写适用的准确名称及标贴的级别。

17. 托运人签字 (Signature of Shipper)

托运人必须在本栏内签字。

18. 日期 (Date)

本栏填托运人或其代理人交货的日期。

(三) 托运书的审核

在接受托运人委托后、单证操作前,由货运代理公司的指定人员会对托运书(如图 5-3 所示)进行审核,或称之为合同评审。审核的主要内容有价格和航班日期等。目前,航空公司大部分采取自由销售方式。每家航空公司、每条航线、每个航班,甚至每个目的港均有优惠运价,这种运价会因货源、淡旺季经常调整,而且各航空公司之间的优惠运价也不尽相同,有时候更换航班,运价也随之更换。

货运单上显示的运价虽然与托运书上的运价有联系,但相互之间有很大区别。货运单上显示的是 TACT 上公布的适用运价和费率,托运书上显示的是航空公司优惠运价加上杂费和服务费或使用协议价格。托运书的价格审核就是判断其价格是否能被接受、预定航班是否可行。审核人员必须在托运书上签名和写上日期以示确认。

二、航空货运单

(一) 航空货运单的概念

航空货物运单即航空货运单,是由托运人或者以托运人的名义填制,托运人和承运人之间在承运人的航线上运输货物所订立的运输合同。航空货运单由承运人定制,托运人在托运货物时要按照承运人的要求进行填制。航空货运单既可用于单一种类的货物运输,也可用于不同种类货物的集合运输;既可用于单程货物运输,也可用于联程货物运输。

SHIPPER'S LETTER OF INSTRUCTION

SHIPPER NAME AND ADDRESS	SHIPPER ACCOUNT NUMBER	FOR CARRIER USE ONLY	
CHINA INDUSTRY CORP. , BEIJING. P. R. CHINA TEL:86(10)6459666 FAX:86(10)6459888		FLIGHT/DAY FLIGHT/DAY	
		GA921/30 JUL	
CONSIGNEE NAME AND ADDRESS	CONSIGNEE ACCOUNT NUMBER	BOOKED	
OSAKS SPORT IMPORTERS, OSAKA, JAPAN TEL:7878999		CHARGES CHARGES PREPAID	
ISSUING CARRIERS AGENT NAME AND CITY KUNDA AIR FREIGHT CO. , LTE		ALSO NOTIFY	
AIRPORT OF DEPARTURE CAPITAL INTERNATIONAL AIRRPORT			
AIRPORT OF DESTINATION NARITA			
SHIPPER DECLARED VALUE	AMOUNT OF INSURANCE	DOCUMENTS TO ACCOMPANY AIR WAYBILL	
FOR CARRIAGE FOR CUSTOMS NVD NCV	×××	1 COMMERCIAL INVOICE	
HANDLING INFORMATION(INCLU. METHOD OF PACKING IDENTIFYING MARKS AND NUMBERS) KEEP UPSIDE			

NO. OF PACKAGS	ACTUAL GROSS WEIGHT(KG.)	RATE CLASS	CHARGEABLE WEIGHT	RATE / CHARGE	NATURE AND QUANTITY OF GOODS(INCL. DIMENSIONS OR VOLUME)
4	89.8				TOYS DIMS:EACH 70× 47×35 cm×4

图 5-3 托运书

(二)航空货运单的构成

目前国际上使用的航空货运单少的有 9 联,多的有 14 联。我国国际航空货运单一般由 3 联正本、6 联副本和 3 联额外副本共 12 联组成。

正本单证具有同等的法律效力,副本单证仅是为了运输使用方便。航空货运单的 3 份正本中第一份注明"交承运人",由托运人签字、盖章;第二份注明"交货人",由托运人和承运人签字、盖章;第三份由承运人在接受货物后签字、盖章,交给托运人,作为托运货物及货物预付运费时运费的收据,同时也是托运人与承运人之间签订的具有法律效力的运输文件。

航空货运单各联的分发对象见表 5-1。

表 5-1 航空货运单各联

序号	名称及分发对象	颜色
A	Original 3(正本 3,给托运人)	浅蓝色
B	Copy 9(副本 9,给代理人)	白色
C	Original 1(正本 1,交出票航空公司)	浅绿色
D	Original 2(正本 2,给收货人)	粉红色
E	Copy 4(副本 4,提取货物收据)	浅黄色
F	Copy 5(副本 5,给目的地机场)	白色
G	Copy 6(副本 6,给第三承运人)	白色
H	Copy 7(副本 7,给第二承运人)	白色
I	Copy 8(副本 8,给第一承运人)	白色
J	Extra copy(额外副本,供承运人使用)	白色
K	Extra copy(额外副本,供承运人使用)	白色
L	Extra copy(额外副本,供承运人使用)	白色

(三)航空货运单的种类

1. 航空公司货运单和中性货运单

这是根据是否印有承运人标志来划分的。航空公司货运单是指印有出票航空公司(Issuing Carrier)标志(航徽、代码等)的航空货运单。中性货运单(Neutral Air Waybill)是指无承运人任何标志、供代理人使用的航空货运单。

2. 航空主运单和航空分运单

这是根据航空货运单签发人的不同来划分的。

(1)航空主运单(MAWB,Master Air Waybill)

主运单是由航空运输公司签发的航空货运单。它是航空公司和航空货运代理公司之间订立的运输合同,是航空运输公司据以办理货物运输和交付的依据,每一批航空运输货物都有自己相对应的航空主运单。

(2)航空分运单(HAWB,House Air Waybill)

航空分运单又称"小运单",是航空货运代理公司在办理集中托运业务时签发的航空货运单。在集中托运的情况下,航空货运代理公司把从各个托运人那里收到的各小批量货物集中办理托运。代理公司为方便工作,就另发给委托人自己签发的分运单,即航空分运单。

航空主运单是航空运输公司与航空货运代理公司之间签订的货物运输合同,

合同双方为集中托运人和航空运输公司。而航空分运单是航空货运代理公司与托运人之间的货物运输合同,合同双方分别为货主和航空货运代理公司,货主与航空运输公司没有直接的契约关系。在起运地由航空货运代理公司将货物交付航空运输公司,在目的地再由航空货运代理公司或其代理从航空运输公司处提取货物,然后转交给收货人。航空主运单与航空分运单的关系如图5-4所示。航空分运单具有与航空主运单相同的法律效力,只是由航空货运代理公司承担货物的全程运输责任。

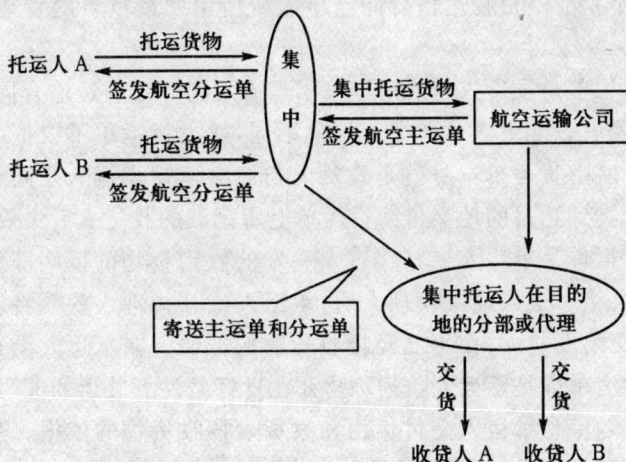

图 5-4　航空主运单与航空分运单的关系图

(四)航空货运单的填开责任

根据《华沙公约》、《海牙议定书》的有关规定,航空货运单应由托运人填写,因此托运人对航空货运单所填各项内容的正确性、完备性应负责任。如果航空货运单所填的内容不正确、不完整,致使承运人或其他人遭受损失,托运人要承担责任。不论航空货运单是托运人填开的,还是承运人或其代理人代为填开的,托运人都应承担责任。航空货运单需由托运人签字或承运人代理人代替承运人签字,以此证明托运人接受航空货运单正本背面的契约条件和承运人的运输条件。

(五)航空货运单的性质和作用

航空货运单是航空货物运输合同订立和运输的条件,以及承运人接受货物的初步证据。

航空货运单上关于货物的重量、尺寸、包装和包装件数的说明具有初步证据的效力。除经过承运人和托运人当面查对并在航空货运单上注明经过查对或者已书写关于货物的外表情况的说明外,航空货运单上关于货物的数量、体积和情况的说明不能构成不利于承运人的证据。

虽然《海牙议定书》明确规定不限制填发可以流通的航空货运单,但目前使用的航空货运单在右上端都普遍印有"Not Negotiable"(不可转让)字样,其目的是仅将航空货运单作为货物航空运输的凭证,并限制签发可以转让的航空货运单。因此,航空货运单与可以转让的指示提单和不记名提单不同。目前,任何 IATA 成员都不允许印制可以转让的航空货运单,货运单上的"Not Negotiable"(不可转让)字样不可以被删去或篡改。

航空货运单是航空货物运输合同当事人所使用的最重要的货运文件,其作用归纳如下:

(1)航空货运单是发货人与航空运输承运人之间缔结的运输合同,必须由双方当事人共同签署后方能生效。与海运提单不同,航空货运单不仅证明航空运输合同的存在,而且航空货运单本身就是发货人与航空运输承运人之间缔结的货物运输合同,并在货物到达目的地交付给货运单上所记载的收货人后失效。

(2)航空货运单是承运人或其代理人签发的收到货物的证明即货物收据。在发货人将货物交给承运人或其代理人后,承运人或其代理人就会将航空货运单中的"发货人联"交给发货人,作为已经接收货物的证明。在承运人没有另外注明的情况下,航空货运单即是承运人收到货物并在良好条件下装运的证明。

(3)航空货运单是承运人交付货物和收货人核收货物的依据。其正本一式三份,每份都印有背面条款,第一份为蓝色,交发货人保存,是承运人或其代理人接收货物的依据;第二份为绿色,由承运人留存,作为内部记账凭证;最后一份为粉红色,随货同行,在货物到达目的地,交付给收货人时作为核收货物的依据。此外,航空货运单还有多于六份的副本。其中黄色副本是提货收据,由收货人在提货时签字后留存在到达站备查;其余的副本均为白色,分别给代理人、第一、二、三承运人和目的港有关业务之用。

(4)航空货运单的正本可作为承运人的记账凭证,是承运人据以核收运费的账单。航空货运单分别记载着属于收货人所负担的费用和代理费,并详细列明费用的种类、金额,因此可作为运费账单和发票。

(5)航空货运单是货物出口时的报关单证之一,也是货物到达目的地机场进行进口报关时海关放行检查时的基本依据。

(6)航空货运单是承运人承办保险或发货人要求承运人代办保险时的保险证书。办完保险的航空货运单称为红色航空货运单。

(六)货运单的有效期

航空货运单自填制完毕、托运人或其代理人和承运人或者其代理双方签字后开始生效;货物运到目的地,收货人提取货物并在货运单交付联(或提货通知单)上签收认可后,货运单作为运输凭证,其有效期即告终止。但作为运输合同的法律依据,航空货运单的有效期应至自民用航空器到达目的地点、应当到达目的地点或者运输终止之日起两年内有效。

(七)航空货运单的缮制

1.填制货运单的要求

(1)货运单要求使用英文打字机或计算机,用英文大写字母打印,各栏内容必须准确、清楚、齐全,不得随意涂改。

(2)货运单已填内容在运输过程中需要修改时,必须在修改项目的近处盖章,并注明修改货运单的承运人名称、地址和日期。

(3)货运单的各栏目中,有些栏目印有阴影。其中有标题的阴影栏目仅供承运人填写。没有标题的阴影栏目一般不需填写,除非承运人特殊需要。

2.货运单各栏目的填写说明

(1)货运单号码(the Air Waybill Number)

货运单号码应清晰地印在货运单的左右上角以及右下角(中性货运单需自行填制):

——航空公司的数字代号 Airline code Number Ⓐ;

——货运单序号及检验号 Serial Number Ⓑ。

注意:第8位数字是检验号,是前7位数字对7取模的结果。

例:131—1234 5675

(2)始发站机场(Airport of Departure)①

填制始发站机场的 IATA 三字代号(如果始发站机场名称不明确,可填制机场所在城市的 IATA 三字代号)。

(3)货运单所属承运人的名称和地址(Issuing Carrier's Name and Address)Ⓒ

此处一般印有航空公司的标志、名称和地址。

(4)正本联说明(Reference to Originals)Ⓓ

无需填写。

(5)契约条件(Reference to Conditions of Contract)Ⓔ

一般情况下无需填写,除非承运人需要。

(6)托运人栏

——托运人姓名和地址(Shipper's Name and Address)②

填制托运人姓名(名称)、地址、国家(或国家二字代号)以及托运人的电话、传真、电传号码;

——托运人账号(Shipper's Account Number)③

此栏不需填写,除非承运人需要。

(7)收货人栏(Consignee)

——收货人姓名和地址(Consignee's Name and Address)④

填制收货人姓名(名称)、地址、国家(或国家二字代号)以及收货人的电话号码、传真、电传号码。

——收货人账号(Consignee's Account Number)⑤

此栏仅供承运人使用,一般不需填写,除非最后的承运人需要。

(8)填开货运单的承运人的代理人栏(Issuing Carrier's Agent)

＊名称和城市(Name and city)⑥

填制向承运人收取佣金的国际航协代理人的名称和所在机场或城市;

＊国际航协代号(Agent's IATA Code)⑦

代理人在非货账结算区(Non—CASS Areas),打印国际航协7位数字代号;

代理人在货账结算后(CASS Areas),打印国际航协7位数字代号,后面是3位 CASS 地区代号,和一个冠以 10 位的 7 位数字代号检验位。

＊货物财务结算系统(CASS——Cargo Accounts Settlement System)

一些航空公司为便于内部系统管理,要求其代理人在此处填制相应的代码。

＊账号(Account No.)③

本栏一般不需填写,除非承运人需要。

(9)运输路线(Routing)

＊始发站机场(Airport of Departure and Requested Routing)

此栏应填制始发站机场或所在城市的全称。

＊ 运输路线和目的站(Routing and Destination)

——至(第一承运人)(to First Carrier)⑪A

填制目的站机场或第一个转运点的 IATA 三字代号(当该城市有多个机场,不知道机场名称时,可用城市代号);

——由第一承运人(by First Carrier)⑪B

填制第一承运人的名称(全称与 IATA 两字代号皆可);

——至(第二承运人)(to Second Carrier)⑪C

填制目的站机场或第二个转运点的 IATA 三字代号

——由(第二承运人)(by Second Carrier)⑪D

填制第二承运人的 IATA 两字代号;

——至(第三承运人)(to Third Carrier)⑪E

填制目的站机场或第三转运点的 IATA 三字代号;

——由(第三承运人)(by Third Carrier)⑪F

填制第三承运人的 IATA 两字代号。

＊目的站机场(Airport of Destination)⑱

填制最后承运人的目的地机场全称。

＊航班/日期(Flight/Date)⑲Ⓐ⑲Ⓑ——仅供承运人用

本栏一般不需填写,除非参加运输各有关承运人需要。

(10)财务说明(Accounting Information)⑩

此栏填制有关财务说明事项:

如付款方式:现金支票或其他方式。

(11)货币(Currency)⑫

填制始发国的 ISO(国际标准组织)的货币代号。

(12)运费代号(CHGS Code)(仅供承运人用)⑬

本栏一般不需填写。

(13)运费(Charges)

＊ WT/VAL 航空运费(根据货物计费重量乘以适用的运价收取的运费)和声明的价值附加费的预付和到付⑭Ⓐ⑭Ⓑ。货运单上的⑭Ⓐ⑮Ⓐ或⑭Ⓑ⑮Ⓑ两项费用必须全部预付或全部到付。

＊ Other(Charges at Origin)在始发站的其他费用预付和到付。⑭Ⓐ⑮Ⓐ货运单上的㉗Ⓐ㉘Ⓐ或㉗Ⓑ㉘Ⓑ两项费用必须全部预付或全部到付。

(14)供运输用的声明价值(Declared Value for Carriage)⑯

打印托运人向货物运输声明的价值金额,如果托运人没有声明价值,此栏必须打印"NVD"字样。

(15)供海关用的声明价值(Declared Value for Customs)⑰

打印货物及通关时所需的商业价值金额,如果货物没有商业价值,此栏必须打印"NCV"字样。

(16)保险的金额(Amount of Insurance)⑳

如果承运人向托运人提供代办货物保险业务时,此栏打印托运人货物投保的金额;如果承运人不提供此项服务或托运人不要求投保时,此栏内必须打印"×××"符号。

(17)运输处理注意事项处填制相应的代码(Handling information)㉑

＊ 如果是危险货物,有两种情况,一种是需要附托运人危险品申报单的,则本栏内应打印"Dangerous goods as per attached shipper's declaration"字样,对于装货机上的危险货物,还应再加上"Cargo air craft only"字样。另一种是属于不要求附危险品申报单的危险货物,则应打印"Shipper's declaration notrequired"字样。

＊ 当一批货物中既有危险货物也有非危险货物时,危险货物不是放射性物质且数量有限,应分别列明,危险货物必须列在第一项,此类货物不要求托运人附危险品申报单。

　　* 其他注意事项尽可能使用"货物交换电报程序"(CARGO—IMP)中的代号和简语,如:

　　——货物上的标志、号码以及包装方法;

　　——货运单所附文件,如托运人的动物证明书(Shipper's Certification for Live Animal),装箱单(Packing List),发票(Invoice)等;

　　——除收货人外,另注明通知人的姓名、地址、国家以及电话或传真号码;

　　——货物所需要的特殊处理规定;

　　——海关规定等。

　　(18)货物运价细目(Consignment Rating Details)㉒Ⓐ至㉒Ⓚ

　　一票货物中如含有两种或两种以上以不同运价类别计费的货物应分别填写。每填写一项另起一行。如果含有危险货物,则该危险货物应列在第一项。

　　* 件数/运价组合点(No. of Pieces Rep)㉒Ⓐ

　　——打印货物的件数;

　　——如果使用非公布直达运价计算运费时,在件数的下面还应打印运价组合点城市的 IATA 三字代号。

　　* 毛重(Gross weight)㉒Ⓑ

　　适用于运价的货物实际毛重(以公斤为单位时可保留至小数点后一位)。

　　* 重量单位(Kg/Lb)㉒Ⓒ

　　以公斤为单位用代号"Kg";以磅为单位用代号"Lb"。

　　* 运价等级(Rate Class)㉒Ⓓ

　　根据需要打印下列代号:

　　M(Minimum Charge,起码运费);

　　N(Normal Rate,45 千克以下货物适用的普通货物运价,又称一般运价);

　　Q(Quantity Rate,45 千克以上货物适用的普通货物运价,又称折扣运价);

　　C(Specific Commodity Rate,特种运价,又称指定商品运价);

　　S(Class Charge Surcharge,高于普通货物运价的等级货物运价,又称附加等级运价);

　　R(Class Charge Reduction,低于普通货物运价的等级货物运价,又称折扣等级运价);

　　U(Unit Load Device Basic Charge or Rate,集装设备基础运费或运价);

　　E(Unit Load Device Additional Rate,集装设备另加运价);

　　X(Unit Load Device Additional Information,集装设备附加项);

　　Y(Unit Load Device Discount,集装设备折扣价)。

　　* 商品品名编号(Commodity Item No.)㉒Ⓔ

　　——使用指定商品运价时,此栏打印指定商品代号(打印位置应与运价代号 C

保持水平）；

——使用等级货物运价时，此栏打印附加或附减运价的比例（百分比）。

* 计费重量（Chargeable Weight）㉒F

打印与运价相应的货物计费重量。

* 运价/运费（Rate/Charge）㉒G

——当使用最低运费时，此栏与运价代号"M"对应打印最低运费；

——打印与运价代号"N"、"Q"、"C"等相应的运价；

——当货物为等级货物时，此栏与运价代号"S"或"R"对应打印附加或附减后的运价。

* 总计㉒H

——打印计费重量与适用运价相乘后的运费金额；

——如果是最低运费或集装货物基本运费时，本栏与㉒G内金额相同。

* 货物品名和数量（Nature and Quantity of Goods）㉒I

本栏应按要求打印，尽可能地清楚、简明，以便涉及组织该批货物运输的所有工作人员能够一目了然。

* 总件数㉒J

打印㉒A中各组货物的件数之和。

* 总毛重㉒K

打印㉒B中各组货物毛重之和。

* 总计㉒L

打印㉒H中各组货物运费之和。

* 一般不需打印，除非承运人需要，此栏内可打印服务代号㉒2

（19）其他费用（Other Charges）㉓

* 打印始发站运输中发生的其他费用，按全部预付或全部到付。

* 作为到付的其他费用，应视为"代垫付款"，托运人应按代垫付款规定支付手续费，否则，对其他运费应办理到付业务。

* "C"表承承运人收取的其他费用；"A"表示代理人收取的其他费用。例：AWC 为承运人收取的货运单费，AWA 为代理人收取的货运单费。

（20）预付（Prepaid）

* 预付运费（Weight Charge Prepaid）㉔A

打印货物计费重量计得的货物运费，与㉒H或㉒L中的余额一致。

* 预付声明价值附加费（Valuation Charge（Prepaid））㉕A

如果托运人向货物运输声明价值的话，此栏打印根据公式"（声明价值—实际毛重×最高赔偿额）×0.5%"计得的声明价值附加费金额。此项费用与㉒H或㉒L中货物运费一起必须全部预付或全部到付。

207

* 预付税款(Prepaid Tax)㉖A

打印适用的税款。此项费用与㉔H或㉔I中货物运费一起必须全部预付或全部到付。

* 预付的其他费用总额(Total other Prepaid Charges)

根据㉓内的其他费用打印。

* 无名称阴影栏目㉙A

本栏不需打印,除非承运人需要。

* 预付总计(Total Prepaid)

打印㉔A㉕A㉖A㉗A㉘A等栏有关预付款项之和。

(21)到付(Collect)

* 到付运费(Weight Charges)㉔B

打印货物以计费重量计得的货物运费,与㉔H或㉔I中的金额一致。

* 到付声明价值附加费(Valuation Charge (Collect))㉕B

如果托运人向货物运输声明价值的话,此栏打印根据公式"(声明价值—实际毛重×最高赔偿额)×0.5%"计得的声明价值附加费金额。此项费用与㉔H或㉔I中货物运费一起必须全部预付或全部到付。

* 到付税款(Collect Tax)㉖B

打印适用的税款。此项费用与㉔H或㉔I中货物费用一起必须全部预付或全部到付。

*本栏不需打印,除非承运人需要㉙B

* 到付总计(Total Collect)

打印㉔B㉕B㉖B㉗B㉘B等栏有关预付款项之和。

(22)托运人证明栏(Shipper's Certification Box)㉛

打印托运人名称并令其在本栏内签字或盖章。

(23)承运人填写栏(Carriers Execution Box)

* 填开日期(Executed on (Date))㉜A

按日、月、年的顺序打印货运单的填开日期,例:"06SEP2006"。

* 填开地点(at Place)㉜B

打印机场或城市的全称或缩写。

* 填开货运单的承运人或其代理人签字(Signature of Issuing Carrier or Its Agent)㉜C

填开货运单的承运人或其代理人在本栏内签字。

(24) 仅供承运人在目的站使用(For Carrier's Use only at Destination)㉝

(25)用目的地所在国家货币付费(仅供承运人使用)㉞A至㉞D

| (1A) | (1) | (1B) | | | | | | | | | | | | (1A) | | (1B) |

Shipper's Name and Address ... (3) Shipper's Account Number

(2)

NOT NEGOTIABLE (99)

AIR WAYBILL

ISSUED BY (99)

(1C)

Copies 1, 2 and 3 of this Air Waybill are originals and have the same validity (1D)

It is agreed that the goods described herein are accepted in apparent good order and condition (except as noted) for carriage SUBJECT TO THE CONDITIONS OF CONTRACT ON THE REVERSE HEREOF. ALL GOODS MAY BE CARRIED BY ANY OTHER MEANS INCLUDING ROAD OR ANY OTHER CARRIER UNLESS SPECIFIC CONTRARY INSTRUCTIONS ARE GIVEN HEREON BY THE SHIPPER, AND SHIPPER AGREES THAT THE SHIPMENT MAY BE CARRIED VIA INTERMEDIATE STOPPING PLACES WHICH THE CARRIER DEEMS APPROPRIATE. THE SHIPPER'S ATTENTION IS DRAWN TO THE NOTICE CONCERNING CARRIERS' LIMITATION OF LIABILITY. Shipper may increase such limitation of liability by declaring a higher value for carriage and paying a supplemental charge if required. (1E)

Consignee's Name and Address ... (5) Consignee's Account Number

(4)

Accounting Information

(10)

Issuing Carrier's Agent Name and City

(6)

Agent's IATA Code (7) ... Account No. (8)

Airport of Departure (Addr. of First Carrier) and Requested Routing (9)

| to (11A) | By First Carrier | Routing and Destination (11B) | to (11C) | by (11D) | to (11E) | by (11F) | Currency Code (12) | CHGS (13) | WT/VAL (14A) PPD COLL | Other (15A) PPD COLL | Declared Value for Carriage (16) | Declared Value for Customs (17) |

Airport of Destination (18) ... Flight/Date (19A) (19B)

Amount of Insurance (20)

INSURANCE: If Carrier offers insurance, and such insurance is requested in accordance with the conditions thereof, indicate amount to be insured in figures in box marked 'Amount of Insurance'

(14B) (15B) (20A) (20B)

Handling Information (21)

(21A) SCI

No. of Pieces RCP	Gross Weight	kg lb	Rate Class / Commodity Item No.	Chargeable Weight	Rate / Charge	Total	Nature and Quantity of Goods (incl. Dimensions or Volume)
(22A)	(22B)		(22E)	(22F)	(22G)	(22H)	(22I)
	(22C)		(22D)				
			(22J)				
(22J)	(22K)					(22L)	

Prepaid (24A)	Weight Charge (24B)	Collect	Other Charges
Valuation Charge (25A)	(25B)		(23)
Tax (26A)	(26B)		
Total Other Charges Due Agent (27A)	(27B)		
Total Other Charges Due Carrier (28A)	(28B)		Shipper certifies that the particulars on the face hereof are correct and that insofar as any part of the consignment contains dangerous goods, such part is properly described by name and is in proper condition for carriage by air according to the applicable Dangerous Goods Regulations. (31)
(29A)	(29B)	99	Signature of Shipper or his Agent
Total Prepaid (30A)	Total Collect (30B)		(32A) ... (32B) ... (32C)
Currency Conversion Rates (33A)	CC Charges in Dest Currency (33B)		Executed on (Date) ... at (Place) ... Signature of Issuing Carrier or its Agent
For Carrier's Use only at Destination (33)	Charges at Destination (33C)	Total Collect Charges (33D)	(1A) (1B)

ORIGINAL 3 (FOR SHIPPER)

航空货运单

209

第六节 国际航空运输运价与运费

一、国际航空运输区划

在国际航空运输中与运费有关的各项规章制度以及运费水平都是由国际航空运输协会统一协调、制定的。国际航空运输协会在制定运价规章及其有关规定的过程中，考虑到世界上各个不同国家和地区的社会经济、贸易水平等情况，将世界各地划分为三个区域，即通常所说的航协区（IATA Traffic Conference Areas）（如图 5-5），每个航协区内又分成几个亚区。航空公司按国际航空运输协会所制定的三个区域的费率收取国际航空货物运费。

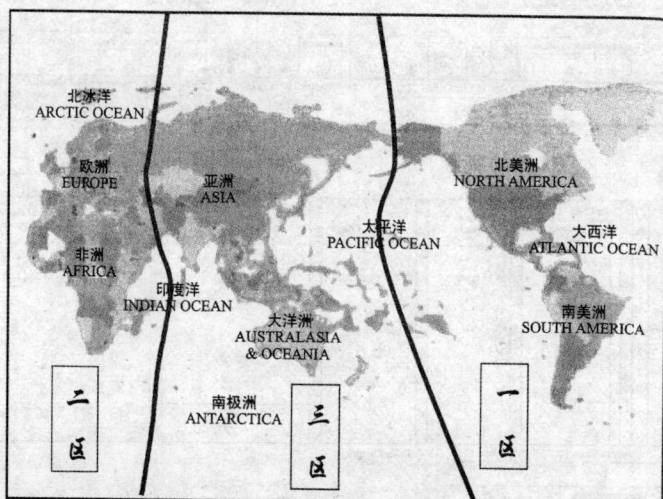

图 5-5 航协区（LATA TRAFFIC CONFERENCE AREAS）

一区（即 TC_1）：北起格陵兰岛，南至南极洲。

主要包括南、北美洲及邻近岛屿，格陵兰岛、百慕大、加勒比海诸群岛和夏威夷群岛（含中途岛）等；

二区（即 TC_2）：北起北冰洋诸岛，南至南极洲。

主要由欧洲大陆（包括俄罗斯的欧洲部分）及毗邻岛屿，冰岛、亚速尔群岛，非洲大陆及毗邻岛屿，亚洲的伊朗及伊朗以西的地区组成。

主要包括三个亚区：

欧洲区：包括欧洲国家和摩洛哥、阿尔及利亚、突尼斯三个非洲国家及土耳其（既包括欧洲部分，也包括亚洲部分），俄罗斯（仅包括其欧洲部分）。

非洲区:含非洲大多数国家和地区,但北部非洲的摩洛哥、阿尔及利亚、突尼斯、埃及和苏丹五个国家不包括在内。

中东区:包括巴林、塞浦路斯、埃及、伊朗、伊拉克、以色列、约旦、科威特、黎巴嫩、阿曼、卡塔尔、沙特阿拉伯、苏丹、叙利亚、阿拉伯联合酋长国、也门等。

三区(即 TC_3):北起北冰洋,南至南极洲。

主要指亚洲大陆及毗邻岛屿(已包括在二区的部分除外),澳大利亚、新西兰及毗邻岛屿,太平洋岛屿(已包括在一区的部分除外)。

主要包括四个亚区:

南亚次大陆区:包括阿富汗、印度、巴基斯坦、斯里兰卡等南亚国家。

东南亚区:包括中国(含港、澳、台)、蒙古、俄罗斯亚洲部分及土库曼斯坦等独联体国家、东南亚诸国、密克罗尼西亚等群岛地区。

西南太平洋洲区:包括澳大利亚、新西兰、所罗门群岛等。

日本、朝鲜区:仅含日本列岛和朝鲜半岛。

二、航空货物计费重量

在计算航空货物费用时,要考虑货物的计费重量、有关的运价和费用以及货物的声明价值。其中,计费重量(Chargeable Weight)是指据以计算运费的货物的重量。在航空货物运输中计费重量是按实际重量和体积重量两者之中较高的一种计收。也即是在货物体积小、重量大的情况下,以实际重量(即毛量)作为计费重量;在货物体积大、重量小的情况下,就以货物的体积重量作为计费重量。

(一)实际重量

实际重量(Actual Weight)是指一批货物包括包装在内的实际总重量。凡重量大而体积相对小的货物用实际重量作为计费重量。

具体界限是每 6000 立方厘米或 366 立方英寸的体积(个别地区使用的界限是 7000 立方厘米或 427 立方英寸),其重量大于 1 公斤;或者 166 立方英寸的体积(个别地区使用 194 立方英寸),其重量大于 1 磅的称为重量货物。具体计算时,当货物的实际重量以千克表示时,计费重量的最小单位为 0.5 千克。重量不足 0.5 千克的,按 0.5 千克计算,超过 0.5 千克以上不足 1 千克的按 1 千克计算,如:货物重量为 100.1 千克,则计费重量为 100.5 千克;货物重量为 100.6 千克,则计费重量为 101.0 千克;当货物的实际重量以磅表示时,计费重量的最小单位为 1 磅,不足 1 磅的则按 1 磅计算。

(二)体积重量

体积重量(Measurement Weight),对于体积大而重量相对小的轻泡货物,即凡 1 千克重量体积超过 6000 立方厘米或 366 立方英寸(个别地区为 7000 立方厘米或 427 立方英寸);或 1 磅重量体积超过 166 立方英寸(个别地区使用 194 立方英寸)者,以体积重量为计费重量。体积重量的计算方法是:

(1)不考虑货物的几何形状,分别量出货物的最长、最宽和最高的部分,单位为厘米或英寸,测量数值的尾数四舍五入;

(2)算出货物的体积;

(3)将体积折算成公斤(或磅)。

(三)计费重量

计费重量是按货物的实际毛重和体积重量两者之中较高的一个计算。当一批货物由几件不同的货物所组成,如集中托运的货物,同一运单项下会有多件货物,其中有重货也有轻泡货,其计费重量则采用整批货物的总毛重或总的体积重量两者之中较高的一个计算。

三、航空货运运价

航空货物运输运价按照指定的途径可分为:双边协议运价和多边协议运价。双边协议运价是指根据两国政府签订的通航协议中有关运价条款,由通航的双方航空公司通过磋商,达成协议并报经双方政府、获得批准的运价。多边协议运价是指在某地区内或地区间各有关航空公司通过多边磋商、取得共识,从而指定并报经各有关国家、政府并获得批准的运价。

航空货运运价按照公布的形式可分为公布的直达运价和非公布的直达运价。公布的直达运价包括:普通货物运价、等级货物运价、特种货物运价(指定商品运价)和集装箱货物运价等。非公布的直达运价包括比例运价和分段相加运价。

(一)公布的直达运价

公布的直达运价是指航空公司在运价本上直接注明货物由始发地机场运至目的地机场的航空运输的价格,如表 5-2 所示。

表 5-2   航空运价表

Date/ Type	Note	item	min. weight	Local curr.
BEUING Y. RENMINBI		CNY	CN	BJS KGS
PARIS		FR	M	320.00
		N	46.64	
		45	38.67	
		100	36.69	
		300	34.98	
		500	31.95	
		1000	29.40	

1. 公布的直达运价的种类

（1）普通货物运价（General Cargo Rates）

普通货物运价，又称一般货物运价，它是为一般货物制定的，仅适用于计收一般普通货物的运价，是航空货物运输中使用最为广泛的一种运价。任一货物除含有贵重元素之外并按普通货物运价收取运费的货物，称普通货物或一般货物。

通常，各航空公司公布的普通货物运价针对所承运货物数量的不同，规定几个计费重量分界点（Breakpoints）。最常见的是 45 千克分界点，将货物分为 45 千克以下的货物（该种运价又被称为标准普通货物运价，即 Normal General Cargo Rates 或简称 N）和 45 千克以上（含 45 千克）的货物。另外，根据航线货流量的不同还可以规定 100 千克、300 千克分界点，甚至更多。运价的数额随运输货量的增加而降低，这也是航空运价的显著特点之一。

由于航空运输对大运量货物提供较低的运价，很容易出现一些矛盾，如表 5-3 所示的北京到伦敦的运价表。

表 5-3　　　　北京至伦敦航空运价表

PEK	item	weight	curr.
LDN		N	55.0
13.10			N
9.82			45
7.14			100
	2199	500	3.13

从表 5-3 中不难发现，对一件 75 千克的货物，按照 45 千克以上货物的运价计算的运费（9.82×75＝736.50）反而高于一件 100 千克货物所应付的运费（7.14×100＝714.00），显然有些不合理。因此，航空公司又规定对航空运输的货物除了要比较其实际的毛重和体积重量并以其高者为计费重量以外，如果适用较高的计费重量分界点计算出的运费更低，则也可适用较高的计费重量分界点的费率，此时货物的计费重量为那个较高的计费重量分界点的最低运量。也就是说，在上边的例子中，这件 75 千克的货物也可以适用每千克 7.14 英镑的费率，但货物的计费重量此时应该是 100 千克，运费额为 714 英镑。

（2）等级货物运价（Class Rates or Commodity Classification Rates）

等级货物运价，是指适用于规定地区或地区间的指定等级的货物的运价。等级货物运价通常是在普通货物运价（GCR）的基础上增加或减少一定百分比所构成的。换言之，等级货物运价实际上就是对某种特定的商品或货物在普通货物运价的基础上进行提价或优惠的价格。

等级货物运价大致分为两种：

①等级运价加价(Surcharged Rates),用 S 表示,适用商品包括:

活动物(Live Animals);

贵重物品(Valuable Cargo);

尸体(Human Remains)。

上述物品的运价是在普通货物运价的基础上增加一定的百分比。

②等级运价减价(Rebates Rates),用 R 表示,适用商品包括:

报纸、杂志、书籍等出版物(Newspaper,Magazine,Books Etc.);

作为货物托运的行李(Baggage Shipped As Cargo);

上述物品的运价是在普通货物运价的基础上减少一定的百分比。

(3)特种货物运价(Specific Commodity Rates)

特种货物运价,又称指定商品运价,是指自指定的始发地至指定的目的地而公布的适用于特定商品、特定品名的低于普通货物运价的某些指定商品运价。

特种商品运价是由参加国际航空运输协会的航空公司,根据在一定航线上有经常性特种商品运输的发货人的要求,或者为促进某地区的某种货物的运输,向国际航空运输协会提出申请,经同意后而制定的。

制定特种商品运价的主要目的是向发货人提供一个具有竞争性的运价,以便发货人充分使用航空公司的运力。

国际航空运输协会公布特种商品运价时,将货物划分为以下各品类:

0001~0999　食用动物和植物产品

1000~1999　活动物和非食用动物及植物产品

2000~2999　纺织品、纤维及其制品

3000~3999　金属及其制品,但不包括机械、车辆和电器设备

4000~4999　机械、车辆和电器设备

5000~5999　非金属矿物质及其制品

6000~6999　化工产品及相关产品

7000~7999　纸张、芦苇、橡胶和木材及其制品

8000~8999　科学和专业精密仪器、器械及其零配件

9000~9999　其他货物

其中每一组又细分为 10 个小组,每个小组再细分,这样几乎所有的商品都有一个对应的组号,较详细地解释了各种商品。如:

7000:纸及纸制品;7010:印刷纸,包括照相纸、感光纸;

7021:包装纸;7031:封面纸;7050:棉纸;7105:书、目录、小册子;7107:新闻

纸等。

特种货物运价是给予在特定的始发站和到达站的航线上运输特种货物的一个特别的运价。

公布特种货物运价时,同时公布起码重量。特种货物运价往往低于普通货物的运价。如由中国民航与日本航空公司商定,北京(BJS)至东京(TYO)的普通货物运价和特种货物运价为:

BJS-TYO	M	90.00
	N	23.23
	45	17.44
0003	100	11.26
0300	500	10.46
0300	1000	9.65
0670	100	10.27
0799	100	7.98
⋮	⋮	⋮
2195	100	10.27
6000	100	10.27
9989	45	11.63

由以上运价可以看出,特种货物运价往往低于普通货物运价。

在使用特种货物运价时,首先是确定在货物所要求的航线上有没有适用的特种货物运价;然后决定货物是属于哪一类特种货物,查阅"特种商品分类表",找出所运货物的编号;进而查阅"航空货物运价表"(TACT Rates)上的"货物明细表",选择与货物一致的号码,如果该货物号码有更详细的内容,则选择最合适的细目;最后,根据适用该货物的起码重量,选择合适的特种货物运价。

(4)起码运费(Minimum Charges)

起码运费是航空公司承运一批货物所能接受的最低运费,不论货物的重量或体积大小,在两点之间运输一批货物应收取的最低金额。起码运费的类别代号为M。它是航空公司在考虑办理一批货物,即使是一批数量很小的货物,所必然产生的固定费用而制定的。一批货物运费的计算,是使用货物的计费重量乘以所适用的运价,不管使用哪一种运价,所计算出来的运费都不能低于公布的起码运费。当计算出的运费少于起码运费时,则以起码运费计收。

中国民航的起码运费是按货物从始发港到目的港之间的普通货物运价5公斤运费为基础或根据民航和其他外国航空公司洽谈同意的起码运费率征收的。

2.公布的直达运价的使用及特点

(1)除起码运费外,公布的直达运价都以公斤或磅为单位;

(2)航空运费计算时,如果遇到几种运价均可适用,选择的顺序应首先使用特种货物运价,其次是等级货物运价,最后是普通货物运价;

(3)承运货物的计费重量可以是货物的实际重量或者是体积重量,以高者为准;如果某一运价要求有最低运量,而无论是货物的实际重量还是体积重量都不能达到要求时,以最低运量为计费重量;

(4)如按特种货物运价或等级货物运价或普通货物运价计算的货物的运费少于起码运费,则应按起码运费计收;

(5)公布的直达运价是一个机场至另一个机场的运价,而且只适用于单一方向;

(6)公布的直达运价仅指基本运费,不包含仓储等附加费;

(7)运价的货币单位一般以起运地当地货币单位为准,费率以承运人或其授权的代理人签发航空货运单的时间为准;

(8)原则上公布的直达运价与飞机飞行的路线无关,但可能因承运人选择的航路不同而受到影响。

(二)非公布的直达航空货物运价

如果货物的始发地至目的地之间没有公布的直达运价时,可以采用比例运价或分段相加运价的办法,组成最低的全程运价,这些统称为组合非公布直达运价。

1.比例运价

在运价手册上除公布的直达运价外,还公布一种不能单独使用的附加数(Add-on amounts)。当货物的始发地或目的地无公布的直达运价时,可采用比例运价与已知的公布直达运价相加,构成非公布的直达运价。

需要注意的是,在利用比例运价时,普通货物运价的比例运价只能与普通货物运价相加,特种货物运价、集装设备的比例运价也只能与同类型的直达运价相加,不能混用。此外,可以用比例运价加直达运价,也可以用直达运价加比例运价,还可以在计算中使用两个比例运价,但这两个比例运价不可连续使用。

2.分段相加运价

所谓分段相加运价,是指在两地间既没有直达运价也无法利用比例运价时,可以在始发地与目的地之间选择合适的计算点,分别找到始发地至该点、该点至目的地的运价,两段运价相加组成全程的最低运价。

无论是比例运价还是分段相加运价,中间计算点的选择,也就是不同航线的选择将直接关系到计算出来的两地之间的运价,因此承运人允许发货人在正确使用的前提下,以不同计算结果中最低值作为该货适用的航空运价。

四、航空附加费

(一)声明价值附加费(Valuation Charges)

航空运输的承运人与其他提供服务的行业一样,都向货主承担一定程度的责任。《华沙公约》中规定,对由于承运人自身的疏忽或故意而造成的货物损坏、丢失或延迟等所承担的责任,其最高赔偿金额为每公斤货物毛重 20 美元,或 7.6754 英镑(或每磅 9.07 美元),或同等价值的当地货币。

如果货物的价值毛重每公斤超过 20 美元时,就增加了承运人的责任。在这种情况下,如果发货人要求在发生货损货差时全部赔偿,则发货人在交运货物时,就应向承运人或其代理人声明货物的价值,该价值称为"供运输用的声明价值",该声明价值为承运人应负责赔偿责任的限额,承运人或其代理根据货物的声明价值向托运人收取一定的费用,该费用就称为声明价值附加费(Valuation Charges)。一般按超过部分的 0.5% 收取,并与航空货物运费一同收取。如果发货人不愿宣布货物的价值,而且进口国的海关也可接受,也可以不办理声明价值,在这种情况下,需在运单的有关栏目中填上"NVD."(No Value Declared)字样,即表示无声明价值,此种情况下,即使出现更多的损失,承运人的最高赔偿金额每公斤毛重不超过20 美元。

托运人办理货物的声明价值时,须按整批货物办理,不得办理部分货物的声明价值或整批货物中办理两种不同的声明价值。

声明价值附加费的计算方法如下:

声明价值附加费=(整批货物的声明价值-20.00 美元/公斤货物毛重)×声明价值附加费费率

声明价值附加费的费率通常为 0.5%。

大多数的航空公司在规定声明价值附加费费率的同时,还要规定声明价值附加费的最低收费标准。如果根据上述公式计算出来的声明价值附加费低于航空公司的最低收费标准,则航空公司也要按照最低收费标准向托运人收取声明价值附加费。

例 北京(BJS)至东京(TYO)银元一批,毛重 25.0 公斤,托运人声明价值是人民币 15 000.00 元。

声明价值附加费的计算如下(1 美元按人民币 8.56 元折算)

声明价值附加费=(15000.00-20.00×25.0×8.56)×0.5%=53.60 元人民币

需要注意的是,即使在发货人声明价值后,承运人的责任增加了,也都不能代表货物的保险。因此,发货人最好还是将所承运的货物投保全部运输险。

(二)其他附加费

其他附加费包括货到付款服务费(Charges Collect Fee)、货运单费即制单费(Air Waybill Fee)、中转手续费(Transit Charges)、地面运输费(Surface Charges)等。一般只有在承运人或航空货运代理人提供服务时才收取。

复习思考题

1. 包机运输和班机运输在飞机的营运方式上有何不同?
2. 什么是航协区?我国在第几区?
3. 航空运价有哪几种?
4. 公布的直达航空运价使用时应按照什么顺序?有哪些特点?
5. 什么是体积重量?怎样计算?
6. 怎样判断集中托运的货物是重货还是轻货?
7. 怎样利用普通货物运价计算航空运费?
8. 什么是声明价值?怎样计算声明价值费?

案例分析题

北京某进出口公司从北京首都机场发运一批实验用小花鼠到日本东京机场。2008年7月15日,发货人就向航空公司订妥了16日的航班,并于16日将货物交给了航空公司,起飞时间是16日上午9时30分,当天上午小花鼠被拖到客机坪准备装机。由于飞机发生故障,起飞时间推迟,直至下午2时才开始装货。由于当天气温高(气温高达33摄氏度),小花鼠在长时间的高温下日晒太久,装机时就有相当一部分死亡。于是,航空公司决定将该货退关并通知发货人提回货物。由于受热过度,当发货人将其余的小花鼠提回后,小花鼠全部死亡。发货人遂向航空公司提出索赔。

根据该案例,请回答:

(1)该批货物运输是否是国际货物运输?

(2)根据《华沙公约》规定,承运人是否对该批货物承担责任?为什么?

第 六 章

国际陆上运输代理实务

□ □ □ 学习目标

　　通过对本章的学习,使学生了解国际铁路货物运输的基本知识,掌握国际铁路货物运输的程序及运输费用的计算,并对我国内地与香港地区铁路货物运输知识和国际公路运输内容进行深入理解。

第一节　国际货物铁路运输概述

一、世界铁路运输发展概况

　　铁路运输(Rail Transportation)是现代运输业的主要运输方式之一。自1825年诞生在英国的世界第一条蒸汽机车牵引的铁路——英国斯托克顿至达林顿铁路正式营运以来,铁路已有近200年的历史。铁路运输从一出现就显露出其明显的优越性,因而在较短的时期内就得到了迅速的发展。目前,全世界117个国家和地区拥有铁路约120余万公里。其中,美国铁路20多万公里,俄国铁路10多万公里,中国铁路突破7万公里,印度、加拿大的铁路各6万多公里。其他如法国、德国4万多公里,阿根廷3万多公里,日本、意大利、墨西哥、巴西、波兰、南非等各2万多公里,英国、西班牙、瑞典、罗马尼亚等各1万多公里,4000公里以上的有澳大利亚、匈牙利、新西兰、奥地利、芬兰、智利、古巴、挪威、保加利亚、比利时、巴基斯坦、土耳其、朝鲜、印度尼西亚、伊朗、埃及等。分布在各洲的比例大约为:美洲36.8%,欧洲34.2%,亚洲17.5%,非洲7.5%,大洋洲4.0%。十分明显,世界铁路的发展是极不平衡的。

目前,在国际铁路货物运输方面,集中化、单元化和大宗货物运输重载化是各国铁路发展的共同趋势。重载单元列车是用同型车辆,固定编组、定点定线循环运转,首先用于煤炭运输,后来扩展到其他散装货物,对提高运能,减少燃油消耗,节省运营车、会让站、乘务人员都有显著效果,经济上受益很大,如美国铁路货运量有60%是由单元列车这种方式完成的。俄罗斯曾试验开行了重量为43407吨的超长重型列车,列车由440辆车组成,全长6.5公里,由4台电力机车牵引,场面十分壮观。

各国都在加强铁路机车车辆的技术改造。随着内燃机车代用燃料的出现,对传统内燃机车发动机重新优化已成必然,采用交流电力机车已是发展方向。20世纪五六十年代,发达国家完成铁路牵引动力改革,实现了电气化和内燃化,运行时速达到120~200公里。现在高速铁路的运行时速则已超过200公里。现代铁路因牵引力的电气化和内燃机化、铺设复线、无缝线和重型钢轨,以及采用现代化通信设备,尤其是电子计算机的应用,使铁路运营管理逐步实现自动化,因而大大提高了列车速度、载重量和密度。高速旅客列车时速可达160~250公里,最高可达300公里以上,法国的TGV100型电动列车时速可达380公里,磁悬浮列车时速在向500公里发展。货物列车时速可达100公里。货物列车因采用长大列车和载重列车,运输效率大大提高,运输成本大大降低,现代铁路运输正向技术设备先进、经营管理现代化和自动化方向发展。

二、我国铁路运输发展概况

新中国成立后,我国铁路事业获得了迅速的发展,在铁路新线建设和旧线技术改造、建立铁路工业体系、改善和加强铁路经营管理等方面均取得巨大的成就。新建铁路干线已经从沿海伸入到中部和广大的西南、西北地区,过去铁路分布不合理的状况已得到逐步改善。我国铁路已基本形成以北京为中心,以四纵、三横、三网和关内外三线为骨架,连接着众多的支线、辅助线、专用线,可通达全国的省市区的铁路网。四纵是指京沪线、京广线、京九线、北同蒲—太焦—焦柳线,三横是指京秦—京包—包兰—兰青—青藏线、陇海—兰新线、沪杭—浙赣—湘黔—贵昆线,三网是指东北铁路网、西南铁路网和台湾铁路网,关内外三线是指京沈线、京通线和京承—锦承线。

到2006年年底,我国铁路营业里程达77083.8公里,居亚洲第一位。其中,国家铁路营业里程63411.7公里,合资铁路营业里程8934.9公里。全国铁路货运量288224万吨,全国铁路货运周转量(含行包)21954亿吨公里,完成货物运费收入1281亿元。国家铁路货车拥有量(不包括淘汰车)558483辆,全国国家铁路建有车站5576个。2006年,货物发送量、换算周转量、运输密度位居世界第一,已占世界铁路6%的营业里程,完成了世界铁路约1/4的换算周转量。

　　"十一五"期间,我国将建设铁路新线 19800 公里,其中客运专线 9800 公里,2010 年全国铁路营业里程达到 9.5 万公里。届时,发达的铁路网将初具规模,并形成客运专线、城际客运铁路和既有提速线路相配套的 32000 公里的快速客运网络;到 2010 年,各大区域之间大能力货运通道网络和快速货运网络也将初步形成。

　　与国民经济和社会发展的需要相比,中国铁路无论是规模还是质量都还存在很大差距。从数量上看,铁路路网密度仍处于较低的水平,远落后于发达国家的平均水平;主要运输通道客货运输能力严重不足,制约了国民经济的发展;从质量上看,铁路的技术装备水平和管理水平与发达国家有较大的差距,便捷性、舒适性、准时性、安全性等还远远不能满足旅客和用户的要求。目前我国正在努力改善铁路运输状况,使之为国民经济发展创造更好的条件。

三、国际铁路货物运输组织

(一)国际货约组织

　　目前参加《国际铁路货物运送公约》的有包括欧洲、亚洲和北非的共 33 个国家。

(二)国际货协组织

　　《国际铁路货物联运协定》,简称《国际货协》,1951 年 11 月由前苏联以及阿尔巴尼亚、匈牙利、原民主德国、波兰、罗马尼亚、保加利亚和前捷克斯洛伐克等当时的社会主义国家签订。中国、朝鲜、蒙古于 1953 年 7 月加入国际货协,从 1954 年 1 月 1 日执行。1956 年《国际货协》的成员国增加到 13 个。

(三)铁路合作组织

　　1956 年,货协成员国第一次部长会议决定成立"铁路合作组织",简称"铁组"。1991 年 6 月在华沙,公布《关于统一过境运价规程的协约》,决定在国际铁路过境运输中采用《统一过境运价规程》,简称《统一货价》。

　　《统一货价》不再从属于《国际货协》,具有独立的法律地位。费率以瑞士法郎计价。我国铁路从 1991 年 9 月 1 日起执行《统一货价》。

　　铁组成员参加铁组范围内现行协定和协约的情况如表 6-1 所示:

表 6-1　　　　　　　铁组成员参加铁组范围内现行协定和协约的情况

国家名称	国际客协	国际货协	国际客价	统一货价	车规	清算规则
阿塞拜疆	是	是	否	否	否	否
阿尔巴尼亚	是	是	是	是	是	是
白俄罗斯	是	是	是	是	是	是
保加利亚	否	是	否	是	是	是
匈牙利	否	否	否	是	是	是

（续表）

国家名称	国际客协	国际货协	国际客价	统一货价	车规	清算规则
越南	是	是	是	是	是	是
格鲁吉亚	是	是	否	否	否	否
哈萨克斯坦	是	是	是	是	否	是
中国	是	是	是	是	是	是
朝鲜	是	是	是	是	是	是
吉尔吉斯	是	是	是	是	否	是
拉脱维亚	是	是	是	是	是	是
立陶宛	是	是	是	是	是	是
摩尔多瓦	是	是	否	是	是	是
蒙古	是	是	是	是	是	是
波兰	是	是	否	否	是	是
俄罗斯	是	是	是	是	是	是
罗马尼亚	否	否	否	否	是	是
斯洛伐克	是	否	否	否	是	是
塔吉克	是	是	是	是	否	是
土库曼	是	是	是	否	是	否
乌兹别克	是	是	否	否	否	否
乌克兰	是	是	否	是	是	是
捷克	是	否	否	否	否	是
爱沙尼亚	是	是	是	是	是	是
合计参加国	22	21	13	15	17	20

资料来源:杨长春. 国际货物运输. 北京:中国对外经济贸易出版社,1999

四、国际铁路货物运输有关规章

各铁路局和国境站以及发、收货人在办理国际铁路货物联运业务时,必须遵守国际铁路货物运输有关规章。国际铁路联运适用的规章,有的适用于铁路和发、收货人,有的只适用于铁路;有的(多数)是由参加国铁路共同签订的,有的是某单个铁路局制定的。具体适用的规章如下:

(一)《国际铁路货物联运协定》(简称《国际货协》)

它是参加国际铁路货物联运协定的各国铁路和发、收货人办理货物联运必须遵守的基本文件。它规定了货物运输条件、运输组织、运输费用计算核收办法以及与发、收货人之间的权利与义务等问题。

(二)《国际铁路货物联运协定办事细则》(简称《货协细则》)

它具体规定了参加国际货协的铁路及其工作人员在办理联运业务时所必须遵守的铁路内部的办事程序,以及调整各铁路间相互关系的规则。它只适用于铁路的工作人员和铁路之间的关系。

(三)《关于统一过境运价规程的协约》

它规定了"统一过境运价规程"(统一货价)的法律地位,关于统一货价的施行、修改、补充等具体事项,还规定了与采用统一货价有关的清算、工作语种等。它只适用于铁路本身。

(四)《统一过境运价规程》(简称《统一货价》)

《统一过境运价规程》,是《国际货协统一过境运价规程》的简称,规定了过境参加国统一货价的铁路时办理货物运输手续、过境运输费用和杂费的计算、过境铁路里程表、货物品名分等表和货物运费计算表等,对铁路和发、收货人都适用。

(五)《国境铁路协定》和《国境铁路会议议定书》

《国境铁路协定》是由两相邻国家签订的,它规定了办理联运货物交接的国境站、车站及货物交接条件和方法、交接列车和机车运行办法及服务方法等问题。根据《国境铁路协定》的规定,两相邻国家铁路定期召开国境铁路会议,对执行协定中的有关问题进行协商,签订《国境铁路会议议定书》,其主要内容为双方铁路之间关于行车组织、旅客运输、货物运输、车辆交接以及其他有关问题。我国与苏联、蒙、朝、越各铁路均分别签订有国境铁路协定和议定书。它对铁路和发、收货人都有约束力。

(六)《国际旅客联运和国际铁路货物联运车辆使用规则》(简称《车规》)

主要对铁路车辆部门和国境站适用。

(七)《关于国际旅客和货物联运清算规则的协约》和《国际旅客和货物联运清算规则》(简称《清算规则》)

这两个规章都适用于铁路部门。

(八)国际货协附件中的各项规则

国际货协附件中的主要规则有:

《危险货物运输规则》。它按照货物的危险性质,规定了危险货物的名称、包装办法、重量限制、使用车种、混装限制及其他条件。

《敞车类货车货物装载和加固规则》,它规定各铁路使用敞车类货车装运联运货物时在装载和加固方面应遵守的技术条件。

此外,附件中还有各种轨距铁路的装载界限;运单格式;表示牌和标记样式;铁路集装箱货物运输规则;铁路联运易腐货物运输规则;铁路联运托盘货物运输规则;不属于铁路的车辆运输规则以及货捆运输规则等。

(九)我国有关的规章和文件

我国有关的规章有《铁路货物运输规程》、《铁路货物运价规则》、《铁路货物装载加固规则》、《危险货物运输规则》,有关的文件有《国际铁路货物联运办法》。

五、铁路运输基本知识

(一)铁路轨距

火车行驶的路线称为铁路线路(Line Haul)。它是由路基、桥隧建筑物和轨道组成的整体工程结构,是机车车辆和列车运行的基础。铁路线路应当经常保持完好状态,使列车能按规定的最高速度安全、平稳和不间断地运行,以保证铁路运输部门圆满完成客、货运输任务。

铁路轨距(Rail Gauge)指线路上两股钢轨头部的内侧距离。由于轨距不同,列车在不同轨距交接的地方必须进行换装或更换轮对。欧、亚大陆铁路轨距按其大小不同,可分为宽轨、标准轨和窄轨三种。其中,标准轨的轨距为 1435 毫米;大于标准轨的为宽轨,其轨距大多为 1520 毫米,个别国家的轨距为 1524 毫米;小于标准轨的为窄轨,其轨距为 1000 毫米和 1067 毫米两种。我国铁路基本上采用标准轨距(台湾省和海南岛铁路轨距为 1067 毫米)。

(二)我国通往邻国的铁路干线及国境车站

同我国开办铁路联运的邻国有独联体诸国、蒙古、朝鲜和越南。我国与这些国家的铁路联运是从 20 世纪 50 年代初开始的,至今已有 50 年的历史。铁路联运为各国开辟了一条对外经济贸易联系的重要渠道,为发展国际贸易创造了有利条件。

我国通往邻国的铁路干线、国境站站名、轨距、货物和车辆的交接及货物在不同轨距的换装地点如表 6-2 所示。

表 6-2　　我国通往邻国的铁路干线、国境站站名、轨距、货物和车辆的交接及货物在不同轨距的换装地点表

我国与邻国	我国铁路干线	我国国境站站名	邻国国境站站名	我国轨距(毫米)	邻国轨距(毫米)	交接、换装地点 出口	交接、换装地点 进口	至国境线距离/公里 我国国境站	至国境线距离/公里 邻国国境站	附注
中俄间	滨洲线	满洲里	后贝加尔	1435	1520	后贝加尔	满洲里	9.8	1.3	中独③中蒙铁路轨距不同,货物需换装。油罐车在蒙铁扎门乌德站换装。中朝铁路轨距相同,货车可以直接过轨
	滨绥线	绥芬河	格罗迭科沃	1435	1520	格罗迭科沃	绥芬河	5.9	20.6	
	珲马线	珲春	卡梅绍娃亚	1435	1520	卡梅绍娃亚	珲春	17		
中哈间	北疆铁路	阿拉山口	德鲁日巴	1435	1520	德鲁日巴	阿拉山口	4.02	8.13	
中蒙间	集二线	二连	扎门乌德	1435	1524	扎门乌德	二连	4.8	4.5	
中朝间	沈丹线	丹东	新义州	1435	1435	新义州	丹东	1.4	1.7	
	长图线	图门	南阳	1435	1435	南阳	图门	7.3	3.8	
	梅集线	集安	满浦	1435	1435	满浦	集安	2.1	1.3	
中越间	湘桂线	凭祥	同登	1435	1435 1000①					
	昆河线	山腰	老街	1000②	1000	老街	山腰	6.5	4.2	

注:①越南铁路连接我国铁路凭祥一段线路,为准轨和米轨的混合轨,我国铁路同越南铁路间经由凭祥的联运货车可以相互过轨。

②我国昆明铁路局的昆河线为米轨铁路。

③独联体诸国与蒙古的铁路轨距相差 4 mm,货车可以直接过轨。

第二节 国际铁路联运代理业务

一、国际铁路货物联运概况

(一)国际铁路货物联运的概念及发展概况

在两个或两个以上国家铁路运送中,使用一份运送票据,并以连带责任办理货物的全程运送,并且在由一国铁路向另一国铁路移交货物时,无需发货人、收货人参加,这种运输方式称为国际铁路货物联运。

欧洲国家的铁路联运开始较早,19世纪的后半期,欧洲国家之间即已开办了国际铁路货物联运。1890年,欧洲各国外交代表在瑞士首都伯尔尼举行会议,制定了《国际铁路货物运送规则》,即所谓《伯尔尼公约》,并于1893年1月1日起实行。在经过多次修订以后,1934年的伯尔尼会议又对该公约进行了修改,并将其改称为《国际铁路货物运送公约》,简称《国际货约》,于1938年10月1日开始实行。1980年5月9日于伯尔尼举行的第八次修订会议,决定将《国际铁路货物运送公约》与《国际铁路旅客和行李运送公约》合二而一。目前,有欧洲、亚洲和北非的33个国家参加了该公约。

第二次世界大战以后,国际形势发生了巨大变化,随着国际交往和经济贸易联系的扩大,国际铁路货物联运又有了新发展。

1951年11月,前苏联、阿尔巴尼亚和已参加《国际货约》的保加利亚、匈牙利、罗马尼亚、波兰、前捷克斯洛伐克和原民主德国八国签订了《国际铁路货物联运协定》(简称《国际货协》),办理上述各国之间的货物运送。1954年1月,中国、朝鲜、蒙古参加了《国际货协》,1956年6月,越南又参加了该协定,至此参加《国际货协》的成员国达12个国家。1990年10月3日德国统一后,原民主德国退出《国际货协》;随着东欧形势的变化,匈牙利、捷克及罗马尼亚三国又相继退出该协定。在前苏联解体后成立的15个国家中,除亚美尼亚外的14个国家现均为《国际货协》成员国,加之1997年伊朗的加盟,使当前《国际货协》成员国数量达到22个。

(二)国际铁路货物联运有关规章和文件

国际铁路货物联运适用的规章很多,有的规章仅适用于铁路部门,有的规章对铁路、发货人、收货人都适用。现仅将在办理国际铁路货物联运时铁路和发货人、收货人均必须遵守的规章和文件概述如下。

1.《国际铁路货物联运协定》

该协定简称《国际货协》。它是参加国际铁路货物联运协定的各国铁路和发货人、收货人在办理铁路货物联运时都必须遵守的基本文件。《国际货协》对运输合同的缔结,运输合同的履行和变更,铁路的责任,发货人与收货人的权利与义务等事项均作了规定。

2.《国际铁路货物联运统一过境运价规程》

该规程简称《统一货价》。它规定了参加《统一货价》的铁路,按照《国际货协》的条件利用铁路运送过境货物时,办理货物运送的手续、过境运送费用的计算、货物品名分等表、过境里程表和货物运费计算表等内容,对铁路和发货人、收货人都适用。

《统一货价》过去从属于《国际货协》。由于东欧地区在 20 世纪 80 年代末至 90 年代初发生了巨大的变化,1991 年 6 月 27 日,保加利亚、中国、朝鲜、蒙古、罗马尼亚和前苏联的铁路部门在波兰华沙签订了《关于统一过境运价规程的协约》,该协约规定了《统一货价》不再从属于《国际铁路货物联运协定》,而具有独立的法律地位。新的《统一货价》自 1991 年 7 月 1 日起施行,它是在原来的《统一货价》的基础上修改补充而成的,其费率原以卢布、现以瑞士法郎计价。中国铁路自 1991 年 9 月 1 日起施行上述新规定。

3.《国境铁路协定》和《国境铁路会议议定书》

《国境铁路协定》是由相邻国家签订的,它规定了办理联运货物交接的国境站、车站及货物交接条件和方法、交接列车和机车运行办法及服务方法等内容。根据《国境铁路协定》的规定,两个相邻国家铁路定期召开国境铁路会议,对执行协定中的有关问题进行协商,签订国境铁路会议议定书,其主要内容为双方铁路之间关于行车组织、旅客运送、货物运送、车辆交接以及其他有关问题。我国与前苏联、蒙古、朝鲜、越南各铁路均分别签订有国境铁路协定和议定书。

4.《铁路货物运价规则》

该规则简称《国内价规》。它是办理国际铁路货物联运时国内段货物运送费用计算和核收的依据。

5. 中国、朝鲜、蒙古、前苏联四国的铁路、贸易部门及铁组委员会代表参加的四方联运会议

该会议的任务主要是,检查上年度计划完成的情况;商定当年的货运计划,进出口与过境年度运输计划以及完成当年计划的措施。

(三)国际铁路货物联运的基本条件

1. 国际铁路货物联运的范围

(1)同参加国际货协和未参加国际货协但采用国际货协规定的铁路间的货物运送,铁路从发站以一份运送票据负责运送至最终到站交付给收货人。

（2）同未参加国际货协铁路间的货物运送，发货人在发送路用国际货协运送票据办理至参加国际货协的最后一个过境路的出口国境站，由该站站长或收货人、发货人委托的收转人转运至最终到站。

（3）通过过境铁路港口站的货物运送，从参加国际货协铁路的国家，通过参加国际货协的过境铁路港口，向其他国家（不论这些国家的铁路是否参加国际货协）或者相反方向运送货物时，用国际货协运送票据只能办理至过境铁路港口站止，或者从这个站起开始办理，由港口站的收转人办理转发送。

2. 国际铁路货物联运办理种别

国际铁路货物联运办理种别分为整车、零担和大吨位集装箱。

（1）整车。是指按一份运单托运的按其体积或种类需要单独车辆运送的货物。

（2）零担。是指按一份运单托运的一批货物，重量不超过 5000 公斤，按其体积或种类不需要单独车辆运送的货物。但如有关铁路之间另有商定条件，也可不适用国际货协整车和零担货物的规定。

（3）大吨位集装箱。是指按一份运单托运的，用大吨位集装箱运送的货物或空的大吨位集装箱。

3. 国际铁路货物联运的运输限制

（1）在国际铁路直通货物联运中，下列货物不准运送：

①应当参加运送的铁路的任一国家禁止运送的物品；

②属于应当参加运送的铁路的任一国家邮政专运物品；

③炸弹、弹药和军火，但狩猎和体育用的除外；

④爆炸品、压缩气体、液化气体或在压力下溶解的气体、自燃品和放射性物质（指国际货协附件第 2 号之附件 1 中 1、3、4、10 表中没有列载的）；

⑤一件重量不足 10 公斤，体积不超过 0.1 立方米的零担货物；

⑥在换装联运中使用不能揭盖的棚车运送一件重量超过 1.5 吨的货物；

⑦在换装联运中使用敞车类货车运送的一件重量不足 100 公斤的零担货物，但此项规定不适用附件第 2 号《危险货物运送规则》中规定的一件最大重量不足 100 公斤的货物。

（2）下列货物只有在参加运送的各铁路间预先商定后才准运送：

①一件重量超过 60 吨的；而在换装运送中，对越南重量超过 20 吨的；

②长度超过 18 米的；而运往越南长度超过 12 米的；

③超限的；

④在换装运送中用特种平车装运的；

⑤在换装运送中用专用罐车装运的化学货物；

⑥用罐车运往越南的一切罐装货物。

(3)下列货物的运送必须按特殊规定办理：

①危险货物；

②押运人押运货物；

③易腐货物；

④集装箱货物；

⑤托盘货物；

⑥不属于铁路或铁路出租的空、重车；

⑦货捆货物。

二、国际铁路联运出口货物运输流程

国际铁路联运出口货物运输组织工作主要包括铁路联运出口货物运输计划的编制、货物托运和承运、国境站的交接和出口货物的交付等。国际铁路联运出口货物流程如图 6-1 所示。

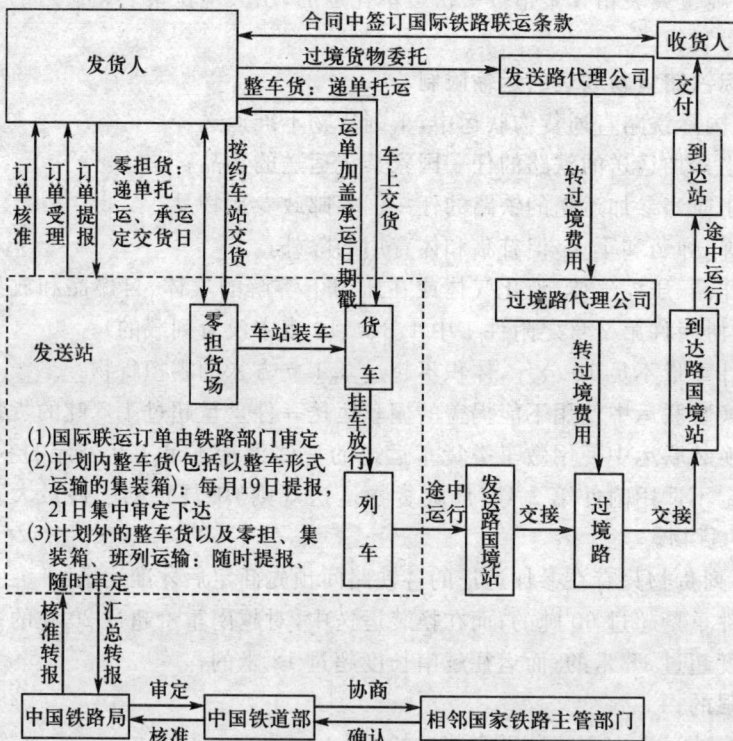

图 6-1　国际铁路联运出口货物运输流程图

(一)编制出口货物运输计划

国际铁路货物联运出口货物运输计划一般是指月度要车计划,它是对外贸易运输计划的组成部分,体现对外贸易国际铁路货物联运的具体任务,也是日常铁路联运工作的重要依据。国际铁路货物联运月度要车计划采用"双轨(铁路、外贸)上报、双轨下达"的方法,其编制程序如下:

(1)各省、市、自治区发货单位应按当地铁路部门的规定,填制"国际铁路联运"月度要车计划表,向铁路局(分局、车站)提出下月的要车计划,并在规定的时间内,分别报送当地经贸厅(局)和各主管总公司。

(2)各铁路局汇总发货单位的要车计划后,上报铁道部;各省、市、自治区经贸厅(局)和各进出口总公司在审核汇总所属单位的计划后,报送商务部。

(3)商务部汇总审核计划后,与铁道部平衡核定。

(4)月度要车计划经两部平衡核定,并经有关国家的铁道部门确认后,由商务部将核准的结果通知各地经贸厅(局)和各进出口总公司,各地经贸厅(局)和各进出口总公司再分别转告所属发货单位;各铁路局(分局、车站)将铁道部批准的月度要车计划分别通知发货单位。

凡发送整车货物,均需具备铁路部门批准的月度要车计划和旬度要车计划;零担货物则不必向铁路部门编报月度要车计划,但发货人必须事先向发站办理托运手续。

(二)托运和承运

托运与承运的过程实际就是铁路与发货人之间签订运输合同的过程。

发货人在托运货物时,应向车站提出货物运单,以此作为货物托运的书面申请。车站接到运单后,应进行认真审核。整车货物办理托运,车站应检查是否有批准的月度、旬度货物运输计划和要车计划,检查运单上的各项内容是否正确。如确认可以承运,应予签证。运单上的签证,表示货物应进入车站的日期或装车日期,表示铁路已受理托运。发货人应按签证指定的日期将货物搬入车站或指定的货位,铁路根据运单上的记载查对实货,认为符合《国际货协》和有关规章制度的规定,车站方可接受货物,并开始负保管责任。整车货物一般在装车完毕后,始发站应在运单上加盖承运日期戳,即为承运。

车站受理托运后,发货人应按签证指定的日期将货物搬进货场,送到指定的货位上,经查验、过磅后,即交由铁路保管。当车站将发货人托运的货物,连同货物运单一同接受完毕,在货物运单上加盖承运日期戳时,即表示货物业已承运。铁路对承运后的零担货物负保管、装车和发运的责任。

托运、承运完毕,铁路运单作为运输合同即开始生效。铁路按《国际货协》的规定对货物负保管、装车并运送到指定目的地的一切责任。

（三）货物装车发运

货物办理完托运和承运手续后，接下来是装车发运。货物的装车，应在保证货物和人身安全的前提下，做到快速进行，以缩短装车作业时间，加速周转和货物运送。

货物发出后运输人员在发货后，要将发货经办人员的姓名、货物名称、数量、要件数、毛重、净重、始发站、到站、经由口岸、运输方式、发货日期、运单号、车号及运费等项目，详细登记在发运货物登记表内，作为原始资料。

如合同有规定，发货后发货人要用电传或传真通知收货人，发货人要及时通知；如规定要上报总公司和当地经贸厅（局、委）的，要及时上报。总之，要做好必要的通知和报告工作。

如果货物发出后，发现单证或单货错误，要及时电告货物经由口岸的外运分支机构，要求代为修正；如发货后需要变更收货人、到站或其他事项的，要及时按规定通知原发站办理变更。

（四）出口货物在国境站的交接

联运货物在装车发运后，紧接着就要考虑在国境站的交接问题。

1. 国境站有关机构

在相邻国家铁路的终点，从一国铁路向另一国铁路办理移交或接收货物和车辆的车站称为国境站。我国国境站除设有一般车站应设的机构外，还设有国际联运交接所、海关、国家出入境检验检疫所、边防检查站及中国对外贸易运输（集团）总公司所属的分支机构等单位。

（1）国际联运交接所

国际联运交接所简称交接所，它是国境站的下属机构。交接所执行下列任务：办理货物、车辆、运送用具的交接和换装；办理各种单据的交接，负责运送票据、商务记录的编制、翻译和交接工作；计算国际铁路联运进口货物运到期限、过境铁路运费和国内各项运杂费用；对货物和票据进行检查，处理和解决货物交接以及车、货、票、证等方面存在的问题。

（2）海关

海关代表国家贯彻执行进出口政策、法律、法令，是口岸行使监督管理职权的机关，海关对进出口货物履行报关手续。只有在按规定交验有关单据和证件后，海关才予以放行。

（3）国家出入境检验检疫所

它是负责进出口商品检验检疫工作的国家行政管理机关。

（4）边防检查站

它是公安部下属的国家公安队，其职责是执行安全保卫，负责查验出入国境的列车、机车及列车服务人员和随乘人员的进出境证件。

2. 国际联运出口货物交接的一般程序

国境站除办理一般车站的事务外,还办理国际铁路联运货物、车辆和列车与邻国铁路的交接,货物的换装或更换轮对,运送票据、文件的翻译及货物运送费用的计算与复核等项工作。出口货物在国境站交接的一般程序是:

(1)出口国境站货运调度根据国内前方站列车到达预报,通知交接所和海关做好接车准备。

(2)出口货物列车进站后,铁路会同海关接车,并将列车随带的运送票据送交接所处理,货物及列车接受海关的监管和检查。

(3)交接所实行联合办公,由铁路、海关、外运等单位参加,并按照业务分工开展流水作业,协同工作。铁路主要负责整理、翻译运送票据,编制货物和车辆交接单,以此作为向邻国铁路办理货物和车辆交接的原始凭证。外运公司主要负责审核货运单证,纠正出口货物单证差错,处理错发错运事故。海关则根据申报,经查验单、证、货相符,符合国家法令及政策规定,即准予解除监督,验关放行。最后由双方铁路具体办理货物和车辆的交接手续,并签署交接证件。

以上仅是一般货物的交接过程。对于特殊货物的交接,如鲜活商品、易腐、超重、超限、危险品等货物,则按合同和有关协议的规定,由贸易双方商定具体的交接方法和手续。属贸易双方自行交接的货物,国境站外运公司则以货运代理人的身份参加双方交接。

如果在换装交接过程中需要鉴定货物品质和数量,应由国内发货单位或委托国境站商检所进行检质、检量,必要时邀请双方检验代表复验。外运分公司则按商检部门提供的检验结果,对外签署交接证件。属于需要随车押运的货物,国境站外运分公司应负责两国国境站间的押运工作,并按双方实际交接结果对外签署交接证件,作为货物交接凭证和货款结算的依据。

3. 联运出口货物的交接方式

货物交接可分为凭铅封交接和按实物交接两种情况。

(1)凭铅封交接的货物,根据铅封的站名、号码或发货人简称进行交接。交接时应检查封印是否有效或丢失,印文内容、字迹是否清晰可辨,同交接单记载是否相符,车辆左、右侧铅封是否一致等,然后由双方铁路凭完整铅封办理货物交接手续。

(2)按实物交接可分为只按货物重量、只按货物件数和按货物现状交接三种方式。按货物重量交接的,如中、朝两国铁路间使用敞车、平车和砂石车散装煤、石膏、焦炭、矿石、熟矾土等货物;按货物件数交接的,如中、越两国铁路间用敞车类货车装载每批不超过 100 件的整车货物;按货物现状交接的,一般是难以查点件数的货物。

在办理货物交接时,交付方必须编制"货物交接单",没有编制交接单的货物,在国境站不得办理交接。

(五)出口货物的交付

国际联运出口货物抵达到站后,铁路应通知运单中所记载的收货人领取货物。在收货人付清运单中所记载的一切应付运送费用后,铁路必须将货物连同运单交付给收货人。

收货人必须支付运送费用并领取货物。收货人只有在货物因毁损或腐坏而使质量发生变化,以致部分货物或全部货物不能按原用途使用时,才可以拒绝领取货物。收货人领取货物时,应在运行报单上填记货物领取日期,并加盖收货戳记。

三、国际铁路联运进口货物运输流程

国际铁路联运进口货物的发运工作是由国外发货人根据合同规定向该国铁路车站办理的。

根据《国际货协》规定,我国从参加《国际货协》的国家通过铁路联运进口货物,凡国外发货人向其所在国铁路办理托运,一切手续和规定均按《国际货协》和各该国国内规章办理。

我国国内有关订货及运输部门对联运进口货物的运输工作,主要包括联运进口货物在发运前编制运输标志;审核联运进口货物的运输条件;向国境站寄送合同资料;国境站的交接、分拨;进口货物交付给收货人以及运到逾期计算等。

(一)编制联运进口货物的运输标志

运输标志又称唛头(Mark),一般印制在货物外包装上,它的作用是为承运人运送货物提供方便,便于识别货物、装卸以及收货人提货。唛头必须绘制清楚醒目,色泽鲜艳,大小适中,印制在货物外包装显著位置。我国规定,联运进口货物在订货工作开始前,由商务部统一编制向国外订货的代号,作为收货人的唛头,各进出口公司必须按照统一规定的收货人唛头对外签订合同。

国际联运进口货物使用标准的收货人唛头后,就可以在订货卡片、合同、运单的"收货人"栏内,用收货人唛头代替收货人实际名称,而不再用文字填写收货人全称及其通信地址,从而既加强了保密性,减少了订货合同和运输过程中的翻译工作,也在很大程度上方便了运输,可防止错运事故。使用收货人唛头时,须严格按照商务部统一规定,不得颠倒编排顺序,增加内容或任意编造代号唛头。

(二)审核联运进口货物的运输条件

联运进口货物的运输条件是合同不可缺少的重要内容,因此必须认真审核,使之符合国际联运和国内的有关规章。审核联运进口货物运输条件的内容主要包括收货人唛头是否正确,商品品名是否准确具体,货物的性质和数量是否符合到站的办理种别,包装是否符合有关规定等。

(三)向国境站寄送合同资料

合同资料是国境站核放货物的重要依据,各进出口公司在贸易合同签字以后,要及时将一份合同中文抄本寄给货物进口口岸的外运分公司。合同资料包括合同的中文抄本和它的附件、补充书、协议书、变更申请书、更改书和有关确认函电等。

(四)联运进口货物在国境站的交接与分拨

联运进口货物的交接程序与出口货物的交接程序基本相同。其做法是:

进口国境站根据邻国国境站货物列车的预报和确报,通知交接所及海关做好到达列车的检查准备工作。进口货物列车到达后,铁路会同海关接车,由双方铁路进行票据交接,然后将车辆交接单及随车带交的货运票据呈交接所,交接所根据交接单办理货物和车辆的现场交接。海关则对货物列车执行实际监管。

我国进口国境站交接所通过内部联合办公,开展单据核放、货物报关和验关工作,然后由铁路负责将货物调往换装线,进行换装作业,并按流向编组向国内发运。

(五)运到逾期

1. 运到期限

铁路承运货物后,应在最短期限内将货物运至最终到站,货物从发站至到站所允许的最大限度的运送时间,即为货物运到期限。

货物的运到期限由发送时间、运送期间以及特殊作业时间三部分组成。

(1)发送时间

不论慢运、快运,随旅客列车挂运的整车或大吨位集装箱、由货物列车挂运的整车或大吨位集装箱以及零担,一律为一天(昼夜),由发送路和到达站平分。

(2)运送期间

按每一参加运送铁路分别计算。

慢运:整车或大吨位集装箱每200运价公里为一天(昼夜),零担每150运价公里为一天(昼夜)。

快运:整车或大吨位集装箱每320运价公里为一天(昼夜),零担每200运价公里为一天(昼夜)。

随旅客列车挂运的整车或大吨位集装箱:每420运价公里为一天(昼夜)。

(3)特殊作业时间

在国境站每次换装或更换轮对,或用轮渡运送车辆,不论慢运、快运、整车或大吨位集装箱、零担以及随旅客列车挂运的整车或大吨位集装箱,一律延长两天(昼夜)。

运送超限货物时,运到期限按算出的整天数延长百分之百。

以上货物运到期限,应从承运货物的次日零时起开始计算,不足一天按一天计算。如承运的货物在发送前需预先保管,运到期限则从货物指定装车的次日零时起开始计算。

在计算运到期限时,下列时间不计算在内:

(1)为履行海关和其他规章所需要的滞留时间;

(2)非因铁路过失而造成的暂时中断运输的时间;

(3)因变更运送契约而发生的滞留时间;

(4)因检查而发生的滞留时间(即检查货物同运单记载是否相符,或检查按特定条件运送的货物是否采取了预防措施,而在检查中确实发现不符时);

(5)因牲畜饮水、遛放或兽医检查而造成的站内滞留时间;

(6)由于发货人的过失而造成多出重量的卸车、货物或其容器或包装的修整以及倒装或整理货物的装载所需的滞留时间;

(7)由于发货人或收货人的过失而发生的其他滞留时间。

2.运到逾期

货物实际运到天数超过规定的运到期限天数,则该批货物运到逾期。如果货物运到逾期,造成逾期的铁路应按该路收取的运费的一定比例,向收货人支付逾期罚款。

逾期罚款的规定及计算方法如下:

$$逾期罚款＝运费×罚款率$$

$$逾期百分率＝\frac{实际运送天数－按规定计算运到期限天数}{按规定计算运到期限天数}×100\%$$

罚款率按《国际货协》规定为:

逾期不超过总运到期限 1/10 时,为运费的 6%;逾期超过总运到期限 1/10,但不超过 2/10 时,为运费的 12%;逾期超过总运到期限 2/10,但不超过 3/10 时,为运费的 18%;逾期超过总运到期限 3/10,但不超过 4/10 时,为运费的 24%;逾期超过总运到期限 4/10 时,为运费的 30%。

例 运费计算实例

保加利亚瓦尔纳港口站于 2000 年 9 月 10 日以慢运整车承运一批机器 30 吨,经由鲁塞东/翁格内、后贝加尔/满洲里,2000 年 11 月 18 日到达北京东。

问该批货物是否运到逾期? 逾期铁路应向收货人支付多少逾期罚款?

已知逾期铁路所收运费为 10000 瑞士法郎。

解 (1)计算该批货物从 9 月 11 日至 11 月 18 日的实际运送时间为 69 天(从承运货物的次日零时起开始计算,不足一天按一天计算)。

234

（2）根据《国际货协》规定，运到期限由发送时间、运送期间和特殊作业时间三部分组成。该批货物按规定计算的运到期限天数为 62 天，该批货物运到逾期。

（3）计算逾期百分率：

$$\frac{69-62}{62} \times 100\% = 11.3\%$$

逾期百分率按公式计算为 $11.3\% = 1.13/10$。

（4）逾期罚款率是根据逾期百分率决定的，其逾期超过总运到期限的 1/10，但不超过 2/10 时，逾期罚款率按运费的 12% 支付。

（5）按逾期罚款公式计算，逾期罚款＝10000 瑞士法郎×12%＝1200 瑞士法郎，运到逾期的铁路对该批货物应支付逾期罚款为 1200 瑞士法郎。

但收货人自铁路通知货物到达和可以将货物移交给他处理时起，一昼夜内如收货人未将货物领出，即自动丧失领取运到逾期罚款的权利。

第三节　国际铁路货物联运运单

一、运单的作用

国际铁路货物联运运单，是参加国际铁路货物联运的铁路与发货人、收货人之间缔结的运输合同。它体现了参加联运的各国铁路和发货人、收货人之间在货物运送上的权利、义务、责任和豁免，对铁路和发货人、收货人都具有法律效力。

二、联运运单的组成

国际铁路货物联运运单由下列各部分组成：

1——运单正本；2——运行报单；3——运单副本；4——货物交付单；5——货物到达通知单。

此外，还有为发送路和过境路准备的必要份数的补充运行报单。

三、联运运单的填写

运单正面未划粗线的各栏由发货人填写，现将由发货人填写的各栏说明如下：

（1）第 1 栏，发货人及其通信地址

填写发货人名称及其通信地址。发货人只能是一个自然人或法人。由中国、朝鲜和越南发货时，准许填写这些国家规定的发货人及其通信地址的代号。

（2）第 2 栏，合同号码

填写出口单位和进口单位签订的供货合同号码。

(3)第 3 栏,发站

填写运价规程中所载的发站全称。

(4)第 4 栏,发货人的特别声明

发货人可在该栏中填写自己的声明,例如关于对运单的修改及易腐货物的运送条件等。

(5)第 5 栏,收货人及其通信地址

注明收货人的全部名称及其准确的通信地址,收货人只能是一个自然人或法人。往中国、朝鲜和越南运送货物时,准许填写这些国家规定的收货人及其通信地址的代号。从国际货协参加路向未参加国际货协的铁路发货而由站长办理转发送时,则在该栏填写"站长"。

(6)第 6 栏,对铁路无约束效力的记载

发货人可以对该批货物作出记载,该项记载仅作为对收货人的通知,铁路不承担任何义务和责任。

(7)第 7 栏,通过的国境站

注明货物应通过的发送路和过境路的出口国境站。如有可能,从一个出口国境站通过邻国的几个进口国境站办理货物运送,则还应注明运送所要通过的进口国境站。根据发货人注明的通过国境站确定线路。

(8)第 8 栏,到达路和到站

在斜线之前,应注明到达路的简称;在斜线之后,应以印刷体字母(中文以正楷粗体字)注明运价规程上到站的全称。运往朝鲜的货物,还应注明到站的数字代号。运往非货协国的货物而由站长办理转发送时,记载国际货协参加路最后过境路的出口国境站,并在该站站名后记载:"由铁路继续办理转发送至_____铁路_____站"。

(9)第 9～11 各栏的一般说明

填写 9～11 各栏事项时,可不受各栏间竖线的严格限制。但是,有关货物事项的填写顺序,应严格符合各栏的排列次序。

(10)第 9 栏,记号、标记和号码

填写每件货物上的记号、标记和号码。货物如装在集装箱内,则还要填写集装箱号码。

(11)第 10 栏,包装种类

填写包装的具体种类,如纸箱、木桶等,不能笼统地填写"箱"、"桶",如用集装箱运输,则记载集装箱,并用括号注明装入集装箱内货物的包装种类。如货物运送时不需要包装,则在该栏记载:"无包装"。

(12)第 11 栏,货物名称

货物名称应按国际货协规定填写,或按发送路或发送路和到达路现行的国内运价规程品名表的规定填写,但需注明货物的状态和特征;两国间的货物运送,可按两国商定的直通运价规程品名表中的名称填写。在"货物名称"字样下面专设的栏内,填写通用货物品名表规定的六位数字代码。

填写全部事项时,如篇幅不足,则应添附补充清单。

(13)第 12 栏,件数

注明一批货物的件数。

(14)第 13 栏,发货人确定的重量(公斤)

注明货物的总重量。

(15)第 14 栏,共计件数(大写)

用大写填写第 12 栏中所记载的件数。

(16)第 15 栏,共计重量(大写)

用大写填写第 13 栏中所载的总重量。

(17)第 16 栏,发货人签字

发货人应签字证明列入运单中的所有事项正确无误。发货人的签字也可用印刷的方法或加盖戳记办理。

(18)第 17 栏,互换托盘

该栏内的记载事项,仅与互换托盘有关。

注明托盘互换办法,并分别注明平式托盘和箱式托盘的数量。

(19)第 18 栏,种类、类型

在发送集装箱货物时,应注明集装箱的种类和类型。

使用运送用具时,应注明该用具的种类。

(20)第 19 栏,所属者及号码

运送集装箱时,应注明集装箱所属记号和号码。对不属于铁路的集装箱,应在集装箱号码之后注明大写拉丁字母"P"。

使用属于铁路的运送用具时,应注明运送用具所属记号和号码。使用不属于铁路的运送用具时,应注明大写拉丁字母"P"。

(21)第 20 栏,发货人负担下列过境铁路的费用,如发货人负担过境铁路运送费用,填写所负担过境铁路名称的简称。如果发货人不负担任何一个过境铁路的运送费用,填写"无"字。

铁路联运运单样本

运 单 正 本 —Оригинал накладной
(给收货人) — (для получателя)

		批号—Отправка №	运输号码
		25 (检查标签—контрольная этикетка)	2 合同号码—Договор №

发送路简称
(Сокращенное наименование дороги отправления)

中铁 КЖД

1

1 发货人, 通信地址—Отправитель, почтовый адрес	

3 发 站
Станция отправления

4 发货人的特别声明—Особые заявления отправителя

5 收货人, 通信地址—Получатель, почтовый адрес	

26 海关记载—Отметки таможни

6 对铁路无约束效力的记载—Отметки, необязательные для железной дороги

| 27 车辆—Вагон/ | 28 标记载重 (吨) Подъемная сила (т)/ | 29 轴数—Оси |
| 30 自重—Масса тары/ 31换装后的货物重量—Масса груза после перегрузки |

27	28	29	30	31

7 通过的国境站—Пограничные станции перехода

8 到达路和到站—Дорога и станция назначения

国际货协—运单 СМГС—Накладная малой скорости

慢运

9 记号、标记、号码 Знаки, марки, номера	10 包装种类 Род упаковки	11 货物名称 Наименование груза	50 附件第2号 прил. 2	12 件数 Число мест	13 发货人确定的重量(公斤)—Масса(в кг) определен отправителем	32 铁路确定的重量(公斤)—Масса (в кг) определен железной дорогой

14 共计件数 (大写)—Итого мест прописью	15 共计重量 (大写)—Итого масса прописью	16 发货人签字—Подпись отправителя

17 互换托盘—Обменные поддоны 数量—Количество	集装箱/运送用具—Контейнер/Перевозочные средства	
	18 种类—Вид 类型—Категория	19 所属者及号码—Владелец и №

20 发货人负担下列过境铁路的费用—Отправителем приняты платежи за следующие транзитные дороги	21 办理种别—Род отправки 整车*)|零担*)|大吨位集装箱*) повагонная|мелкая|Крупнотоннажного Контейнера*) *) 不需要的划消—Ненужное зачеркнуть	22 由何方装车 Погружено 发货人*)|铁路*) отправи-|железной телем*)|дорогой*)	33
			34
23 发货人添附的文件—Документы, приложенные отправителем	24 货物的声明价格 Объявленная ценность груза 瑞士法郎 Шв. фр.		35
			36
	45 封印 Пломбы		37
	个数 Количество	记号—Знаки	38
			39
			40

46 发站日期戳—Календарный штемпель станции отправления	47 到站日期戳—Календарный штемпель станции назначения	48 确定重量方法 Способ определения Массы	49 过磅站戳记, 签字—Штемпель станции взвешивания, подпись	41
				42
				43
				44

53 联运—Сообщение		60 类项号码 No позиции	61等级 Класс	62 费率 Ставка	63 计费重量(公斤) Расчётная Масса (кг)	68 向发货人计算的费用 Расчёты с отправителем		69 向收货人计算的费用 Расчёты с получателем	
						70 款额 瑞士—Сумма в Шв. фр.	71 款额 单位—Сумма в	72 款额 瑞士—Сумма в Шв. фр.	73 款额 单位—Сумма в

54 运费 Провозная плата 自 от 至 до — — 74 / 75 / 76
杂费 Дополнительные сборы — — — } ▶ 78 / 79 / 80
64 / 65 / 66 км公里 / 67运价 Тариф / 共计 Итого 82 / 83 / 84 / 85

55 60 / 61 / 62 / 63 运费 Провозная плата 自 от 至 до — — 74 / 76
杂费 Дополнительные сборы — — } ▶ 78 / 80
64 / 65 / 66 км公里 / 67运价 Тариф / 63 共计 Итого 82 / 83 / 84 / 85

56 60 / 61 / 62 / 63 运费 Провозная плата 自 от 至 до — — 74 / 76
杂费 Дополнительные сборы — — } ▶ 78 / 80
64 / 65 / 66 км公里 / 67运价 Тариф / 63 共计 Итого 82 / 83 / 84 / 85

57 60 / 61 / 62 / 63 运费 Провозная плата 自 от 至 до — — 74 / 76
杂费 Дополнительные сборы — — } ▶ 78 / 80
64 / 65 / 66 км公里 / 67运价 Тариф / 63 共计 Итого 82 / 83 / 84 / 85

58 60 / 61 / 62 / 63 运费 Провозная плата 自 от 至 до — — 74 / 76
杂费 Дополнительные сборы — — } ▶ 78 / 80
64 / 65 / 66 км公里 / 67运价 Тариф / 共计 Итого 82 / 83 / 84 / 85

59 60 / 61 / 62 / 63 运费 Провозная плата 自 от 至 до — — 74 / 76 / 77
杂费 Дополнительные сборы — — } ▶ 78 / 81
64 / 65 / 66 км公里 / 67运价 Тариф / 共计 Итого 82 / 83 / 84 / 85

90 兑换率—Курс пересчёта
发送路—дорога отправления 到达路—дороги назначения 总计 Всего 86 / 87 / 88 / 89

91 有关计费记载—Отметки о расчётах платежей

87 应向发货人核收的总额(大写)—Всего взыскать с отправителя (прописью) 签字—Подпись

89 应向收货人核收的总额(大写)—Всего взыскать с получателя (прописью) 签字—Подпись

92 应向发货人补收的费用—Дополнительно взыскать с отправителя за

(22)第 21 栏,办理种别

办理种别分为:整车、零担、大吨位集装箱,填写时将不需要者划消。

(23)第 22 栏,由何方装车

发货人应在运单该栏内注明由谁装车,将不需要者划消。

(24)第23栏,发货人添附的文件

注明发货人在运单上添附的所有文件的名称和份数。

(25)第24栏,货物的声明价格

用大写注明以瑞士法郎表示的货物价格。

(26)第27~30栏的一般说明

用于记载使用车辆的事项,只有在运送整车货物时填写。至于各栏由发货人填写或是由铁路车站填写,则视由何方装车而定。

(27)第45栏,铅封个数和记号

填写车辆或集装箱上施加的封印个数和所有记号。至于铅封的个数和记号,视由何方施封而由发货人或铁路车站填写。

(28)第48栏,确定重量方法

注明确定重量的方法,例如,"用轨道衡"、"按标准重量"、"按货件上标记重量"等。由发货人确定货物重量时,发货人应在该栏注明确定重量的方法。

第四节　国际铁路货物联运费用的计算和核收

国际铁路货物联运运送费用的计算和核收,必须遵循《国际货协》、《统一货价》和中华人民共和国铁道部《铁路货物运价规则》(简称《国内价规》)的规定。

国际铁路货物联运运送费用包括货物运费、押运人乘车费、杂费和其他费用。

一、运送费用核收的规定

1.参加国际货协各铁路间运送费用核收的原则

(1)发送路的运送费用——按发送国国内运价规则以发送国的货币在发站向发货人或根据发送路国内现行规定核收;

(2)到达路的运送费用——按到达路的国内运价规则以到达路的货币在到站向收货人或根据到达路国内现行规定核收;

(3)过境路的运送费用——按《统一货价》在发站向发货人或在到站向收货人核收。

波兰、阿尔巴尼亚、阿塞拜疆、格鲁吉亚、乌兹别克斯坦、土库曼斯坦和伊朗等七国虽是国际货协成员国,但没有参加《统一货价》,因此,上述七国的进出口货物经过其他《统一货价》参加国的运送费用及《统一货价》参加国经过上述七国的运送费用的核收均不适用上述规定。

2.国际货协参加路与非国际货协铁路间运送费用核收的规定

(1)发送路和到达路的运送费用与1(1)、1(2)项相同。

(2)过境路的运送费用,则按下列规定计收。

参加国际货协并实行《统一货价》各过境路的运送费用,在发站向发货人(相反方向运送则在到站向收货人)核收;但办理转发送国家铁路的运送费用,可以在发站向发货人或在到站向收货人核收。

过境非国际货协铁路的运送费用,在到站向收货人(相反方向运送则在发站向发货人)核收。

3.通过过境铁路港口站货物运送费用核收的规定

从参加国际货协并实行《统一货价》的国家,通过另一个实行《统一货价》的过境铁路港口,向其他国家(不论这些国家是否参加统一货价)和相反方向运送货物时,用国际货协票据办理货物运送,只能办理至过境港口站为止或从这个站起开始办理。

从参加国际货协铁路发站至港口站的运送费用,在发站向发货人核收;相反方向运送时,在到站向收货人核收。

在港口站所发生的杂费和其他费用,在任何情况下,都在这些港口车站向收转人核收。

过境铁路的运送费用,按《统一货价》规定计收。

二、国际铁路货物联运国内段运送费用的计算

根据《国际货协》的规定,我国通过国际铁路联运的进出口货物,其国内段运送费用的核收应按照我国《铁路货物运价规则》进行计算。运费计算的程序及公式如下:

(1)根据货物运价里程表确定从发站至到站的运价里程;

(2)根据运单上填写的货物品名查找货物品名检查表,确定适用的运价号;

(3)根据运价里程和运价号在货物运价率表中查出相应的运价率;

(4)以《铁路货物运价规则》确定的计费重量与该批货物适用的运价率相乘,算出该批货物的运费。

运费计算公式:

$$\left.\begin{array}{l}运价里程\\货物运价号\end{array}\right]\longrightarrow 货物运价率\times 计费重量=运费$$

例 我国某企业从国外进口一整车的矿石,该货物的品名分类代码为"04",经查该商品的运价号为"4",按《铁路货物运价规则》的规定,使用矿石车、平车、砂石车。经铁路局批准装运"铁路货物运输品名分类与代码表","01"、"0310"、"04"、"06"、"081"和"14"类货物按40吨计费,国内段从发站至到站的运价里程为200公

里,试根据如表 6-3 所示的运价表核算该票货物的国内段运费。

表 6-3　　　　　　　铁路货物运价率表

办理类别	运价号	发到基价		运行基价	
		单位	标准	单位	标准
整车	1	元/吨	5.6	元/吨公里	0.0288
	2	元/吨	6.3	元/吨公里	0.0329
	3	元/吨	7.4	元/吨公里	0.0385
	4	元/吨	9.3	元/吨公里	0.0434
	5	元/吨	10.1	元/吨公里	0.0491
	6	元/吨	14.6	元/吨公里	0.0704

运费计算办法:

整车货物每吨运价＝发到基价＋运行基价×运价公里

计算步骤如下:

第一步:根据商品的运价号为"4"可以确定该批货物的发到基价为 9.3 元/吨,货物的运行基价为 0.0434 元/吨公里;

第二步:该批货物整车货物每吨运价＝发到基价＋运行基价×运价公里＝9.3＋0.0434×200＝17.98 元/吨

总运费＝运价率×计费重量＝17.98 元/吨×40 吨＝719.2 元

该票货物的国内段运费为 719.2 元。

三、国际铁路货物联运过境运费的计算

国际铁路货物联运过境运费是按照《统一货价》的规定计算的。其运费计算的程序及公式如下:

(1)根据运单记载的应通过的国境站,在《统一货价》过境里程表中分别找出货物所通过的各个国家的过境里程;

(2)根据货物品名,查阅《统一货价》中的通用货物品名表,确定所运货物应适用的运价等级;

(3)根据货物运价等级和各过境路的运送里程,在《统一货价》中找出符合该批货物的运价率;

(4)《统一货价》对过境货物运费的计算系以慢运整车货物的运费额为基础的(即基本运费额),其他种别的货物运费,则在基本运费额的基础上分别乘以不同的加成率。

过境运费的计算公式:

过境里程
运价等级 ⟶ 货物运价率×计费重量＝基本运费额×(1＋加成率)＝运费

第五节 对港澳地区的铁路货物运输

一、内地与港澳地区铁路货物运输的意义

香港和澳门是我国的两个特别行政区,两者统称为港澳地区,该地区长期以来是我国同世界各国、各地区开展国际贸易的重要通道。由于历史的原因,按照我国的有关法律、政策,内地与港澳地区的货物运输视同国际运输,因而内地与港澳地区的铁路货物运输,不同于国内铁路货物运输,而属于国际运输的范畴,具有国际货物运输的基本特征,但在具体操作上又独具特色。

港澳地区由于其特有的历史背景、地理条件和世界贸易的地位,在我国对外贸易中起着重要的作用。

第一,在新中国成立初期,由于西方国家对我国实行经济封锁,港澳地区是我国当时通往国际贸易市场最主要的海上通道之一。我国的进出口贸易有相当的数量是通过香港的转口而实现的。

第二,在内地的对外贸易中,对港澳地区的贸易额约占总量的 40％以上,港澳地区所需的大量的生活物资,特别是鲜活商品主要由内地供应,港澳市场 99％的活家畜和 50％以上的冻肉、水产品、瓜果蔬菜是靠内地供应的。为巩固传统市场并进一步发展内地商品在港澳市场的优势地位,铁路运输具有重要意义。

第三,目前港澳地区与内地的经济已逐渐融合,据统计,2000 年在内地投资的外资中有 60％以上的资金来自港澳地区,进料加工、来料加工和来件装配、补偿贸易、合资经营和合作生产逐年增长,特别是珠江流域。所以,运输是沟通内地与港澳地区的桥梁。

第四,内地与港澳地区的经济往来,既推动了内地经济的腾飞和外向型经济的发展,又为促进港澳地区的繁荣与稳定发挥了重要作用。

铁路运输是内地与港澳物资交流的重要运输方式之一,因此,做好内地与港澳地区之间的铁路运输具有非常重要的意义。

二、中国内地与港澳地区的运输方式

(一)对香港地区的运输方式

对香港地区的货物运输,主要有以下几种方式:

1.海运

货物通过中国内地港口用船运至香港地区。

2. 铁路运输

铁路运输又分以下几种方式：

(1)向铁路租车、原车直接过轨货物在内地各发站装车后，经深圳直接过轨至香港九龙车站。

该方式是对香港地区铁路货物运输的主要方式。

(2)铁路—公路

货物从内地通过铁路运至深圳北站，在深圳北站卸车，然后再转装汽车经文锦渡公路口岸运至香港地区。

(3)铁路—水运

货物从内地通过铁路运至广州南站，再用驳船转运至香港地区。

3. 公路运输

广东省毗邻香港地区的出口货物，用汽车直接经文锦渡、沙头角、皇岗公路口岸运往香港地区。

4. 航空运输

出口货物在内地机场装上飞机后运至香港地区。

(二)对澳门地区的运输方式

由于澳门地区没有铁路与内地连通，因而内地各省市运往澳门地区的出口货物主要有两种运输方式。

(1)公路—水运。广东地方货物以及一部分不适合走水运的内地货物，可以经由拱北公路出口运至澳门地区；一部分适合走水运的内地货物，则由广东外运分公司接受各发货单位的委托，办理广州水运中转至澳门地区的运输业务。

(2)铁路—水运。内地各省市出口澳门地区的货物，先由铁路部门办理国内运输运至广州南站，之后再转水运至澳门地区。

三、中国内地与港澳地区的铁路运输

(一)对港澳地区运输的特殊性

内地对港澳地区的铁路运输，概括起来有三个特点。

1. 商品结构的特殊性

运往港澳地区的商品，以鲜活冷冻商品为主。香港地少人多，资源贫乏，居民所需的副食品绝大部分依赖进口。香港毗邻内地，又具传统的民族习惯，所以鲜活冷冻商品主要由内地供应。鲜活冷冻商品对运输条件的要求高，沿途管理难度大，如要求运输速度快，以减少残次死亡率；对质量要求高；需用特殊车辆运输；对活动物要求有押运人进行押运，沿途还要进行特殊作业。

2. 贸易方式的特殊性

鉴于港澳市场的特殊性——人多、地少、仓租费用高、市场容量有限等,内地对港澳地区的出口贸易采用配额加出口许可证的办法。目前内地对港澳地区出口相当数量的商品,由内地驻港澳机构根据港澳市场的需求和销售情况来安排供货,以控制港澳市场的到货数量。对港澳市场供货在数量、时间和质量上要求极高,内地供港澳商品需要及时,不早不晚,不多不少、优质、适量、均衡、应时。

3. 运输方式的特殊性

对香港地区的铁路运输,不同于国际联运,也不同于一般的国内运输,而是一种特定的运输方式。

国际铁路货物联运是以联运运单作为运输合同,以联运运单副本作为结汇凭证,铁路作为承运人负责全程运输。

对香港地区的铁路运输是按国内运输办理的,但又不是一般的国内运输,它的全过程由两部分组成,即内地铁路运输和香港段铁路运输。货车到达深圳后,要过轨至香港,继续运送至九龙车站。

内地铁路与香港铁路不办理直通联运,因此就形成了现行的运输方式,即发送地以国内运输向铁路办理托运至深圳北站,收货人为深圳外运分公司,深圳外运分公司作为各外贸发货单位的代理与铁路办理租车手续,并付给租车费,办理货车过轨去香港。货车过轨后,香港中旅货运有限公司作为深圳外运分公司港段代理在港段重新起票托运至九龙。

由此可见,对香港地区的铁路运输的特点是"租车方式、两票运输"。由于内地铁路运单不能在香港办理结汇,目前的做法是:

各地外运分公司以运输承运人的身份向外贸单位提供经深圳中转香港的"承运货物收据"(Cargo Receipt),并以此作为向银行办理结汇的凭证。

(二)对香港地区铁路货物运输的一般程序

目前,对香港地区铁路货物运输,一般包括以下步骤:

(1)发货地的外运分公司或外贸公司向当地铁路局办理从发货地至深圳北站的国内铁路运输的托运手续,填写国内铁路运单。

(2)发货地的外运分公司或外贸公司委托深圳外运分公司办理接货、报关、查验、过轨等中转运输手续。预寄的单证和装车后拍发的起运电报是深圳外运分公司组织运输的依据(如发货地具备报关条件,也可在发货地报关)。

(3)深圳外运分公司接到铁路的到车预告后,抽出事先已分类编制的有关单证加以核对,并抄送香港中旅货运有限公司以备接车。

(4)货车到达深圳北站后,深圳外运分公司与铁路进行票据交接,如单证齐全无误,则向铁路编制过轨计划;如单证不全,或者有差错,则向铁路编制留站计划。准备过轨的货车,由深圳外运分公司将出口货物报关单或监管货物的关封连同货物运单送海关申报,经海关审查无误,即会同联检单位对过轨货车进行联检。联检通过后,海关即放行。

(5)香港中旅货运有限公司向港段海关报关,并在罗湖车站向九广铁路公司办理起票手续,港段铁路将过轨货车运到九龙车站交中旅货运有限公司卸货。

(三)对香港地区铁路货物运输的主要单证电报

单证、电报是深圳外运分公司和香港中旅货运有限公司接受委托组织运输的依据。如单证电报迟到或有错,货车就不能及时过轨,造成在深圳口岸留站压车,不仅商品不能及时出运,而且增加租车费用,严重时甚至造成堵塞。因此,供港货物的单证电报要求必须做到:份数齐全、填写准确、寄拍及时。

主要单证电报的作用有:

(1)供港货物委托书

供港货物委托书是供港铁路运输最基本的也是必备的单证之一。它是发货人向深圳外运分公司和香港中旅货运有限公司委托办理货物转运、报关、接货等工作的依据,也是向发货人核算运输费用的凭证。

(2)出口货物报关单

出口货物报关单是发货人向海关申报的依据。

(3)起运电报

深圳口岸和驻港机构接到起运电报后可以及时做好接运准备,必要时,还可以起运电报作为补制单证的依据,这是供港运输的必备文件。

发货人必须在货物装车后 24 小时内向深圳外运分公司拍发起运电报,如在广州附近装车,应以电话通知深圳外运。

货物发运后,如对原委托书、报关单及起运电报的内容有所更改时,发货单位应立即以急电或电话及时通知深圳外运分公司。

(4)承运货物收据

由于国内铁路部门与香港九龙铁路当局没有货运直接通车运输协议,各地铁路发往香港的货物,不能一票直达至香港,银行不同意用国内铁路运单作为对外结汇的凭证。有鉴于此,为了解决各外贸专业公司结汇的需要,各地外运分公司以运输承运人的身份向各外贸专业公司提供经深圳口岸中转至香港的"承运货物收据",作为向银行结汇的重要凭证和香港收货人提货的凭证。

签发承运货物收据主要依据委托书和内地铁路运单的领货凭证。除以上单证外,尚有商检证书、文物出口证明书、内地铁路运单等单证。

(四)对香港地区铁路货物运输的快运货物列车

列车的运行组织工作一般情况下由铁路部门负责,但是供应港澳的运输具有鲜活商品多、按配额发运、两票运输等特点,所以外贸运输部门需要配合铁路部门共同组织运输工作,快运货物列车就是根据这个特殊性,由外贸和铁路部门共同协作组织进行的。

快运货物列车是以外贸供港物资为基本车组,沿途不解体,根据鲜活商品的需要进行各项定型作业,直达深圳的货物列车。

目前开行的快运货物列车有:8751次、8753次、8755次,又称三趟快车。

8751次列车逢单日由武汉江岸车站始发,逢双日由长沙北站始发,承担两湖供港物资的发运任务;

8753次列车由上海新龙华车站始发,承担江苏、上海、浙江、江西等省、市供港物资的发运任务;

8755次列车由郑州北站始发,承担河南省以及三北(东北、西北、华北)地区经郑州中转供港物资的发运任务。

快运货物列车的优越性体现在:

(1)加快了运送速度;

(2)有利于对港澳市场的均衡供应;

(3)保证了商品质量;

(4)改善了押运条件。

(五)对香港地区铁路货物运输费用的计算

对香港地区的铁路运输分为两段运输予以完成。因此,运费是按内地铁路运费和香港地区铁路运费分别计算的。

1.内地段铁路运费的计算

(1)内地段铁路运送费用包括:铁路运费、深圳过轨租车费、货物装卸费、货运代理劳务费等。以上费用均按人民币计算。

(2)内地段铁路运送费用的计算

内地段铁路运送费用按铁道部制定的《铁路货物运价规则》计算,其公式如下:

$$\left.\begin{array}{c}\text{运价里程}\\\text{货物运价号}\end{array}\right\}\longrightarrow \text{货物运价率}\times\text{计费重量}=\text{运费}$$

公式中各因素可参照本章第四节国际铁路货物联运国内段运送费用的计算来确定。

(3)深圳口岸有关费用

①深圳北站有关费用

深圳北站有关费用包括货车租用费和货物装卸费。其中,货车租用费按《铁路货物运价规则》的规定计算;货物装卸费按当地物价部门批准的装卸费率核收。

②深圳外运分公司有关费用

深圳外运分公司有关费用包括整车和零担出口劳务费和仓储费用。

2. 香港段铁路运杂费的计算

(1)香港段铁路运杂费用包括:铁路运费、香港段终点调车费、卸车费及香港段劳务费等。以上各项费用均按港元计算。

(2)香港段铁路运费计算程序:

①按商品名称找出运费等级。

②按该运费等级查出相应的运费率,再与车皮标重相乘即为该货物的铁路运费。

③香港段铁路运费计算公式为:

$$运费＝等级运价率×车皮标$$

第六节 国际公路货物运输

公路运输是现代化运输的主要方式之一,如同铁路和其他运输一样,它在整个运输领域占有重要的地位。在国际贸易货物运输中,公路运输既是一种独立的运输方式,又是连接车站、港口和机场,集、疏运外贸货物的重要手段,更是门到门运输不可或缺的一部分。

一、世界公路发展概况

公路运输始于 19 世纪末期。第二次世界大战以后,公路运输的发展速度空前,在所有运输方式中,公路运输可谓后来居上。当前世界公路线路总里程约达 2100 万公里,占整个运输线路总里程的 2/3。从地理分布上看,欧美的公路运输处于世界领先地位。美洲公路线路长度约达 900 万公里,欧洲公路线路长度约为 520 万公里,二者相加约占世界公路线路总里程的 70%。世界其他地区的公路线路里程,虽不及欧美,但也已初具规模。亚洲的公路线路达 400 多万公里,澳洲和非洲的公路线路共约 230 万公里。20 世纪 50 年代,随着比较完善的公路网的建成,美国、日本、西欧等国又致力于高速公路建设,此后更多的国家群起效仿,致使公路运输呈现新的发展局面。

(一)从境内到跨境大力修建高速公路

高速公路是公路运输的高级形式,它具有快速、安全、经济、高效等优点,其规模与质量又是衡量一个国家公路交通运输和汽车工业现代化的重要标志。因此,自 20 世纪 20 年代开始,一些国家相继推进高速公路的建设。目前全世界高速公路通车里程已逾 20 万公里。

美国是世界上拥有高速公路最多最长的国家,它所拥有的高速公路的里程,几乎占世界总量的一半。欧洲是高速公路最发达的地区,德国和意大利修建高速公路最早,1928 年至 1932 年期间建成通车的从波恩至科隆的高速公路,堪称世界上最早的高速公路。继德国和意大利之后,英国、法国、荷兰、比利时、西班牙、瑞士、奥地利、卢森堡、瑞典、挪威等国也都相继修建高速公路。20 世纪 70 年代以后,许多发展中国家也奋起直追,纷纷修建自己的高速公路。

当今在西欧,跨越国界的高速公路已形成网络,把各国紧密地连接在一起。除此以外,位于巴尔干半岛的阿尔巴尼亚、马其顿、保加利亚、土耳其等国也在兴建横跨东西南部欧洲的跨国界高速公路网。在北美自由贸易区内,加拿大、美国和墨西哥也将修建连接三国的高速公路;南美、东南亚、非洲地区也在酝酿建立地区高速公路网络。这些跨越国界高速公路网的建成,将进一步促进地区经济发展和区域经济一体化。

(二)货运汽车大型化、重载化和专业化

在货运方面,大型拖挂车和专用车的广泛运用,有力地提高了运输效率和效益。拖挂车运载量大,油耗省,运输成本低;重载汽车、专用车可提高货运质量,减少货损货差,节省费用,运输效率高。由于它们的这些优势,货运汽车正朝着大型化、重载化和专业化的方向发展。

(三)高新技术广泛应用于公路运输经营管理

近些年来,发达国家十分重视高新技术,尤其是计算机信息技术、自动控制技术和新材料在公路运输经营管理中的应用,这是公路运输的一个重要发展趋势。例如,在以集装箱为媒介的多式联运中,很多国家引进并使用高新技术,依靠计算机管理信息系统,自动管理和控制货物运输的全过程,以便及时跟踪查询运输状况。鉴于卫星定位与通讯系统(GPS)定位精度高,报时准确,能提供全天候服务,又不受地理条件限制,最适合于现代汽车运输导航,中国外运汽车运输有限公司引进 GPS,对货物展开在途跟踪查询,以强化车辆和货物的在途管理,有力地提高了运输的效能。

(四)旅客运输快速化、舒适化

高速、安全、舒适,这是公路客运的发展方向。大客车一般在高速公路和高等级的干线公路上行驶,要求具备较高的行驶速度。在强调速度的同时,为了提高客车车身整体的抗撞击强度,各种先进的机、电控制装置及制动系统等得到普遍采用,使大客车的制动性能更佳,保证了客运的安全。此外,运用一些诸如降低震动

频率之类的技术手段,又提高了客车的舒适度。

二、国际公路货物运输公约和协定

为了统一公路运输所使用的单证和承运人的责任,联合国所属欧洲经济委员会负责草拟了《国际公路货物运输合同公约》,简称 CMR;并在 1956 年 5 月 19 日在日内瓦欧洲 17 个国家参加的会议上一致通过。该《公约》共有 12 章 51 条,就适用范围、承运人责任、合同的签订与履行、索赔和诉讼以及连续承运人履行合同等等都作了较为详细的规定。此外,为了有利于开展集装箱联合运输,使集装箱能原封不动地通过经由国,联合国所属欧洲经济委员会成员国之间于 1956 年缔结了关于集装箱的关税协定。参加该协定的签字国,有欧洲 21 个国家和欧洲以外的 7 个国家。协定的宗旨是相互间允许集装箱免税过境,在这个协定的基础上,根据欧洲经济委员会倡议,还缔结了《国际公路车辆运输规定》(Transport International Router,TIR)。根据规则规定,对集装箱的公路运输承运人,如持有 TIR 手册,允许由发运地到达目的地,在海关签封下,中途可不受检查、不支付关税,也可不提供押金。这种 TIR 手册是由有关国家政府批准的运输团体发行,这些团体大都是参加国际公路联合会的成员,它们必须保证监督其所属运输企业遵守海关法规和其他规则。协定的正式名称是"根据 TIR 手册进行国际货物运输的有关关税协定"(Customs Convention on the International Transport of Goods under Cover of TIR Carnets)。该协定有欧洲 23 个国家参加,并已从 1960 年开始实施。尽管上述《公约》和协定有地区性限制,但它们仍不失为当前国家公路运输的重要国际公约和协定,并对今后国际公路运输的发展具有一定影响。

三、我国内地通往邻国及港、澳地区的公路运输线路及口岸的分布

1. 对独联体公路运输口岸

新疆:吐尔尕特,霍尔果斯,巴克图,吉木乃,艾买力,塔克什肯。

东北地区:长岭子(晖春)/克拉斯基诺;东宁(岔口)/波尔塔夫卡;绥芬河/波格拉尼契内;室韦(吉拉林)/奥洛契;黑山头/旧楚鲁海图;满洲里/后贝加尔;漠河/加林达。

2. 对朝鲜公路运输口岸

中朝之间原先仅我国丹东与朝鲜新义州间偶有少量公路出口货物运输。1987年以来,吉林省开办晖春、图门与朝鲜咸镜北道的地方贸易货物的公路运输。外运总公司与朝鲜已于 1987 年签订了由我吉林省的三合、沙坨子口岸经朝鲜的清津港

转运货物的协议。

3. 对巴基斯坦公路运输口岸

主要有新疆的红其拉甫和喀什市。

4. 对印度、尼泊尔、不丹的公路运输口岸

主要有西藏南部的亚东、帕里、樟木、普兰等。

5. 对越南地方贸易的主要公路口岸

主要有云南省红河哈尼族彝族自治区的河口和金水河口岸,广西壮族自治区凭祥市的友谊关、平西关、油隘关三个口岸等。

6. 对缅甸公路运输口岸

云南省德宏傣族景颇自治区的畹町口岸是我国对缅甸贸易的主要出口陆运口岸,还可通过该口岸和缅甸公路转运部分与印度的进出口贸易货物。

7. 对香港、澳门地区的公路运输口岸

位于广东省深圳市的文锦渡和香港新界相接,距深圳铁路车站 3 公里,是全国公路口岸距离铁路进出口通道最近的一个较大公路通道。通往香港的另两个口岸是位于深圳市东部的沙头角及皇岗。对澳门公路运输口岸是位于珠海市南端的拱北。

四、国际公路联运运输实务

(一)公路货物运输合同的签订

1. 公路货物运输合同的确认

在公路国际货运业务中,运单即是运输合同,运单的签发则是运输合同成立的体现。《国际公路货物运输合同公约》(CMR)中对运单所下的定义是:运单是运输合同,是承运人收到货物的初步证据和交货凭证。

(1)公路货物运输合同以签发运单来确认

无运单、运单不正规或运单丢失不影响运输合同的成立及有效性。它对发、收货人和承运人都具有法律效力,也是贸易进出口货物通关、交接的重要凭证。

(2)发货人根据货物运输的需要与承运人签订定期或一次性运输合同运单均视为运输合同成立的凭证。当待装货物在不同车内或装有不同种类货物或数票货物,发货人或承运人有权要求对使用的每辆车、每种货物或每票货物分别签发运单。

(3)公路货物运输合同自双方当事人签字或盖章时成立

当事人采用信件、数据电文等形式订立合同的,可以要求签订确认书,签订确认书时合同成立。

251

2.国际汽车联运货物运单的组成与内容

(1)组成

国际汽车联运货物运单为一式三份,都需要发货人和承运人签字或盖章,一份交给发货人;一份随货物同行,作为通关以及交接的凭证;一份由承运人留底。

(2)内容

国际汽车联运货物运单共计 22 个栏目,填写时要求用钢笔或圆珠笔清楚填写,或者打印,或者盖戳记。1～12 栏以及 16 栏由发货人填写,18 栏和 20 栏由收货人填写,其他由承运人填写。

运单应至少包括下列 16 项内容:

①运单的签发日期和地点。

②发货人的名称和地址。

③承运人的名称和地址。

④货物接管地点、日期以及指定的交货地点。

⑤收货人的名称和地址。

⑥货物品名和包装方法,如属危险货物,应说明其基本性质。

⑦货物件数、特征标志和号码。

⑧货物毛重或以其他方式表示的量化指标。

⑨与运输有关的费用(运费、附加费、关税和从签订合同到交货期间发生费用)。

⑩办理海关手续和其他手续所必需的托运人的通知。

⑪是否允许转运的说明。

⑫发货人负责支付的费用。

⑬货物价值。

⑭发货人关于货物保险给予承运人的指示。

⑮交付承运人的单据清单。

⑯运输起止期限等。

(二)货物的发运

(1)发运的货物要和运单记载的内容一致,不得夹带、隐瞒与运单记载不相符的货物。需办理准运或审批、检验手续的货物,发货人应将其交承运人并随货物同行。

(2)货物的包装要符合运输要求,没有约定或者约定不明确的,可以协议补充。对出口货物的包装必须符合出口货物要求,并有中外文对照的标记、唛头。对包装方式不能达成协议的,按通用的方式包装;没有通用方式的,应在足以保证运输、搬运装卸作业安全和货物完好的原则下进行包装。发货人应根据货物性质和运输要求,按国家规定及国际要求正确使用运输标志和包装储运图示标志。

(3)运输过程中需要饲养、照料的动植物、尖端精密产品、稀有珍贵物品、文物等,发货人要派人随车押运。大型特型货物、危险货物、贵重物品是否押运,发货与承运双方要进行协商。除上述货物外,发货人要求押运时,需经承运人同意。

(4)押运人员的姓名以及其他必要的情况应填写在运单上,不能随意换人顶替,押运人员每车 1 人,免费乘车。有押运人员时,运输途中发生的货损、货差,承运人不负责损失赔偿责任。

(三)货物的承运与交接

1.承运

(1)承运人不得超限超载(重货不得超过车辆的额定载重吨位,轻货不得超过车辆额定的有关长、宽、高的装载规定)。

(2)运输线路由承运人与发货人共同确定,一旦确认,不得随意更改。如果承运人不按约定路线运输,额外费用由承运人自己承担。

(3)运输期限由承运和发货双方共同约定并在运单上注明,承运人必须在规定时限内运达。

2.货物的交接

(1)承运人在运输约定货物之前要对货物核对,如果发现货物和运单不符或者可能会给运输带来危险的,不得办理交接手续。

(2)货物运达目的地前,承运人要及时通知收货人做好交接准备。如果是运输到国外,则由发货人通知;如果是零担货物,在货到 24 小时内通知。

(3)承运人与发货人之间的交接,如果货物单件包装,则按件交接;如果采用集装箱以及其他有封志的运输方式,按封志交接;如果是散装货,则按磅交接或双方协商的方式交接。

(4)货物运达目的地以后,收货人应凭借有效单证接收货物,不得无故拒绝接收,否则承担一切损失。涉外运输如发生上述情况,应由发货人解决并赔偿承运人的损失。

(5)货物在交给收货人时,双方对货物的重量或者内容有疑义,均可以提出查验或者复核,费用由责任方承担。

(四)货物的保险与保价运输

货物运输有两种投保方式:货物保险和货物保价运输。采取自愿投保的原则,由发货人自行确定。货物保险由发货人向保险公司投保,也可委托承运人代办。货物保价运输是指按保价货物办理承运手续,在发生货物赔偿时,按发货人声明价格及货物损坏程度予以赔偿的货物运输。发货人按一张运单发运的货物只能选择保价或不保价。发货人选择货物保价运输时,申报的货物价值不得超过货物本身的实际价值,保价运输为全程保价,按一定比例收取保价费。

(五)运输合同的变更与解除

1. 允许变更和解除的情况

(1)不可抗力因素。

(2)因合同当事人一方原因,在合同约定的期限内无法履行运输合同的。

(3)合同当事人一方违约,导致合同不可能或者没有必要履行的。

(4)合同当事人协商同意解除或变更合同的,可以变更或解除;如果是承运人提出的,承运人要退还已经收取的费用。

2. 发货人提出变更或解除合同

在货物没有交付收货人之前,发货人可以要求终止运输,返还货物,变更目的地或者要求把货物交给其他收货人,但应当赔偿承运人因此受到的损失。

3. 不可抗力因素下的变更和解除

如果因为不可抗力因素,导致货物在运输过程中受阻,发生了装卸、接运、保管等费用,则:

(1)所有费用由发货人承担,承运人要退回未完成的运输费用。

(2)回运时,回程运费免收。

(3)发货人要求绕道运输,额外费用按实际收取。

(4)货物在受阻地需要存放,保管费用由发货人负担。

4. 逾期提货

货物到达目的地后,承运人知道收货人的,应及时通知收货人,收货人逾期提货的,应当支付承运人保管费用。收货人不明或收货人无正当理由拒绝受领货物的,依照我国《合同法》规定,承运人可以提存货物。

五、公路运费的核算

公路运费均以"吨/里"为计算单位,一般有两种计算标准:一是按货物等级规定基本运费费率;一是以路面等级规定基本运价。凡是一条运输路线包含两种或两种以上的等级公路时,则以实际行驶里程分别计算运价。特殊道路,如山岭、河床、原野地段,则由承托双方另议商定。

公路运费费率分为整车(FCL)和零担(LCL)两种,后者一般比前者高30%~50%,按我国公路运输部门规定,一次托运货物在2.5吨以上的为整车运输,适用整车费率;不满2.5吨的为零担运输,适用零担费率。凡1公斤重的货物,体积超过 4 立方分米的为轻泡货物(或尺码货物 Measurement Cargo)。整车轻泡货物的运费,按装载车辆核定吨位计算;零担轻泡货物,按其长、宽、高计算体积、每 4 立方分米折合 1 公斤,以公斤为计费单位。此外,尚有包车费率(Lump Sum Rate),即按车辆使用时间(小时或天)计算。

复习思考题

1. 简述铁路运输的基本特点。
2. 国际铁路货物联运协定参加国有哪几种轨距?
3. 说明国际铁路货物联运运单的性质和作用。
4. 简述国际铁路货物联运运送费用计算和核收的规定。
5. 我国内地对香港地区的铁路运输有何特点?
6. 什么是快运货物列车?我国目前对香港地区开行的快运货物列车有几趟?
7. 公路运输的特点及作用是什么?
8. 公路运输运价有哪些种类?

案例分析题

2008 年 7 月 20 日,从匈牙利的布达佩斯站以慢运整车承运一批机器,经由扎洪/乔普、后贝加尔/满洲里,2008 年 9 月 21 日到达天津站。已知匈铁运价里程为 380 公里,从乔普至后贝加尔的运价里程为 8168 公里,从满洲里至天津的运价里程为 2045 公里。

根据该案例,请回答:

(1)该批货物是否运到逾期?

(2)逾期百分率和罚款率各为多少?

第七章

国际货物多式联运实务

□□□ 学习目标

　　通过对本章的学习,使学生了解国际多式联运的基本知识,了解陆桥运输的产生与发展,理解国际多式联运的特征和优越性,理解陆桥运输的类别及适用范围,掌握国际多式联运的操作程序及相关单证的制作。

第一节　国际货物多式联运概述

一、国际多式联运的定义与特征

　　国际多式联运,是以集装箱为媒介,将海上运输、铁路运输、公路运输、航空运输等四种运输方式中的两种或两种以上方式加以组合而形成的连贯的、门到门的货物运输。按照这种运输方式,承托双方只需办理一次托运,一票到底,由承运人负全程责任。国际多式联运一改海、铁、公、空等单一运输方式不连贯的传统做法。

　　《联合国国际多式联运公约》以及我国交通部和铁道部共同颁布的《国际集装箱多式联运管理规则》给国际多式联运下的定义为:"国际多式联运是按照多式联运合同,以至少两种不同的运输方式,由多式联运经营人将货物从一国境内接管货物的地点运至另一国境内指定交付货物的地点。"

　　根据以上定义,多式联运必须具备以下条件:

　　(1)必须具有一份多式联运合同,明确规定多式联运经营人(承运人)和托运人之间的权利、义务、责任、豁免的合同关系和多式联运的性质。

　　(2)必须使用一份全程多式联运单据,证明多式联运合同已经成立、多式联运经营人已经接管货物并负责按照合同条款交付货物。

(3)必须是至少两种不同运输方式的连贯运输。这是确定一票货运是否属于多式联运的最重要的特征。为履行单一方式运输合同而进行的货物接送,则不应视为多式联运。如航空运输中从仓库到机场的这种陆空组合则不属于多式联运。

(4)必须是国际的货物运输。

(5)必须由一个多式联运经营人对全程运输负总的责任。

(6)必须执行全程单一运费费率。多式联运经营人在对货主负全程运输责任的基础上,还需制定一个货物从发运地至目的地的全程单一费率并以包干形式一次向货主收取。

二、国际多式联运的经济效益

(一)手续简便

国际多式联运从根本上简化了单一运输方式中的种种繁杂手续,货主只需办理一次委托,支付一笔费用,取得一张全程运输单证即可实现全程运输。在运输过程中假如出现问题,货主只需同总承运人即多式联运经营人交涉即可。

(二)货运安全

多式联运是以集装箱为运输单位,虽经多段运输和多次装卸,无需倒载箱中货物,保证了货物安全。

(三)运送迅速

由于集装箱自身的标准化和规格化,以及集装箱装卸和转换过程中高度机械化,国际多式联运运输成本大大降低,运输时间明显缩短。

(四)包装节省

货物使用集装箱装载,简化了外包装,使发货人节省了包装费用。由此货价降低,又使收货人从中得利。

(五)收汇提早

货物装上第一程运输工具后,发货人即可取得联合运输单据,并凭此向银行办理收汇手续。而过去在单一运输方式下,只有等货物装船后才能取得装运单据,然后再去办理结汇。

(六)运输合理

多式联运经营人在业务实践中积累了丰富的经验,建立了合理的、经济的联运路线。货主向联运经营人托运,即可利用他们经过选择和多次试验建立起来的联运路线,组织合理运输,缩短运输里程和运送时间,降低运输成本,增强货物在国际市场上的竞争能力。

当前国际贸易竞争日趋激烈,航运技术日新月异,国际多式联运把各种不同的运输方式连贯起来,提供了实现门到门运输的条件。它具有安全、迅速、简便、节省费用、准确等优点,深受国际贸易界的欢迎,发展前景十分广阔。

三、国际多式联运的组织形式

国际多式联运的组织形式主要有:

(一)海陆联运

这是国际多式联运的一种形式。其做法是,以海运为主,由海上货物运输公司签发联运提单,与航线两端的内陆运输部门开展联运业务。

(二)陆桥运输

陆桥运输是国际多式联运最主要的一种运输方式,它采用集装箱专用列车或卡车,将大陆两端的海洋连接起来,实行连贯运输。目前,国际上的陆桥运输分为大陆桥、小陆桥和微桥运输几种类型。在欧亚大陆的一些国家,陆桥运输又分为铁—海,铁—铁和铁—卡几种方式(详见第七章第四节大陆桥运输)。

(三)海空联运

海空联运开始于 20 世纪 60 年代。当时由远东地区运往美国东海岸和内陆地区的货物,先海运至美国西部口岸,再航运至目的地。采用这种运输方式,运输时间比全程海运时间节省,运输费用又比全程空运低廉。目前,由远东至欧洲、中南美、中近东及非洲的货物运输,多采用这种海空联运方式。

四、我国开展多式联运的情况

近年来,为适应和配合我国对外贸易发展的需要,我国进出口货物的运输也开始采用国际多式联运方式。经过多年的建设和发展,我国已初步形成了以沿海大中城市港口为枢纽,向内陆延伸的联运网络。以中国外运总公司和中远运输总公司等大型运输企业为代表的多式联运经营人可对外签发多式联运单据,并拥有适应联运需求的内陆运输系统、远洋运输船队和广泛的国内外运输网点。目前,我国已开通的国际多式联运路线有:

(1)我国内地—我国港口—日本港口—日本内地(或反向运输);

(2)我国内地—我国港口(包括香港)—美国港口、加拿大港口—美国、加拿大内地(或反向运输);

(3)我国内地—我国港口(包括香港)—德国港口或比利时港口—西欧内地(或反向运输);

(4)我国东北地区—图门—朝鲜清津港—日本港口（或反向运输）；

(5)我国内地—俄罗斯西伯利亚—欧洲中东（或反向运输）；

(6)我国港口—日本港口—澳洲港口—澳洲内地；

(7)我国内地—我国港口—科威特—约旦—伊拉克；

(8)我国港口—肯尼亚蒙巴萨港—乌干达—卢旺达；

(9)我国—坦桑尼亚达累斯萨拉姆港—赞比亚、布隆迪；

(10)我国—南非德班港—津巴布韦；

(11)我国—喀麦隆杜阿拉港—中非共和国、乍得共和国；

(12)我国—贝宁科托努港—尼日尔；

(13)我国—多哥绍美港—布基纳法索；

(14)我国—象牙海岸阿比让港—布基纳法索；

(15)我国—塞内加尔达喀尔港—马里；

(16)我国—摩洛哥；

(17)我国—沙特阿拉伯；

(18)我国—印度—尼泊尔。

除了上述已开通的运输路线外，新的多式联运路线还在不断开辟之中。

第二节　国际多式联运业务

多式联运经营人在从事多式联运业务时，首先要与托运人签订多式联运合同。然后，在合同约定的时间、地点内将货物置于多式联运经营人或其代理的处置之下，多式联运经营人或其代理签发相应的多式联运单据，托运人将该多式联运单据通过银行或以其他方式传递给收货人以便结汇。同时，多式联运经营人按运输路线安排运输过程，视情况需要，与不同区段的分承运人订立分运合同，并对全程运输进行监督和管理。货物运至目的地后，多式联运经营人或按照多式联运合同，或按照交货地点适用的法律和特定行业惯例，将货物置于收货人支配之下，或将货物交给根据交货地点适用的法律和规章必须向其交付的当局或其他第三方。

一、国际多式联运经营人

（一）国际多式联运经营人的含义、性质和类型

根据《联合国际货物多式联运公约》，"多式联运经营人是指其本人或通过其代表订立多式联运合同的任何人，他是事主，而不是托运人的代理人或代表或参加多式联运的承运人的代理人或代表，并且负有履行合同的责任"。可见，多式联运

经营人是一个独立的法律实体,是本人,而非代理人。这样,货物在整个运输过程中任何区段发生的灭失、损害,多式联运经营人都要以本人的身份负责赔偿。

(二)国际多式联运经营人的性质

办理国际多式联运离不开多式联运经营人,多式联运经营人不是发货人的代理人或代表,也不是参加联运的承运人的代理人或代表,而是多式联运的当事人,是一个独立的法律实体。对于货主来说,它是货物的承运人,但对分承运人来说,它又是货物的托运人。它一方面同货主签订多式联运合同,另一方面它又与分承运人以托运人身份签订各段运输合同,所以它具有双重身份。在多式联运方式下,根据合同规定,多式联运经营人始终是货物运输的总承运人,对货物负有全程运输的责任。

(三)多式联运经营人应具备的条件

由于多式联运经营人同时具有承运人和托运人的双重身份,因此多式联运经营人应具备以下基本条件:

(1)多式联运经营人本人或其代理人就多式联运的货物必须与发货人本人或其代理人订立多式联运合同。

(2)从发货人本人或其代理人那里接管货物时起即签发多式联运单证,并对接管的货物开始承担责任。

(3)承担多式联运合同规定的运输和其他服务有关的责任,并保证将货物交给多式联运单证的持有人或单证指定的收货人。

(4)对运输全过程所发生的货物灭失或损害,多式联运经营人应首先对货物受损人负责,并应具有足够的赔偿能力,当然,这种规定并不影响多式联运经营人向造成实际货损的承运人行使追偿的权利。

(5)多式联运经营人应具备与多式联运所需要的、相适应的技术能力,以确保自己签发的多式联运单证的流通性。

(四)国际多式联运经营人的责任范围

国际多式联运经营人的责任期间是从接受货物时起至交付货物时为止。在此期间内,对货物负全程运输责任,但在责任范围和赔偿限额方面,根据目前国际上的做法,可以分为以下三种类型。

1.统一责任制

在统一责任制下,多式联运经营人对货主负不分区段运输的统一原则责任。即货物的灭失或损失,包括隐蔽损失(即损失发生的区段不明),不论发生在哪个区段,多式联运经营人按一个统一原则负责并一律按一个约定的限额赔偿。

2. 分段责任制

分段责任制又称网状责任制,多式联运经营人的责任范围以各区段运输原有责任为限,如海上区段按《海牙规则》,航空区段按《华沙公约》办理。在不适用国际法时,则按相应的国内法办理。赔偿也是分别按各区段的国际法或国内法规定的限额执行,对不明区段货物隐蔽损失,或作为海上区段,按《海牙规则》办理,或按双方约定的原则办理。

3. 修正统一责任制

修正统一责任制,是介于上述两种责任制之间的责任制,故又称混合责任制。它在责任范围方面与统一责任制相同,而在赔偿限额方面又与分段责任制相同。

二、国际多式联运的程序

具体而言,国际多式联运的操作,一般可以分为以下几个环节:

(1)接受委托。根据货主提出的托运申请,多式联运经营人如果认为自己的运力、运输路线的情况能够满足货主要求的运输服务,则接受货主的委托,在场站收据(副本)上签章,证明接受委托,并确定托运人和多式联运经营人的合同关系。

(2)集运。采用多式联运的货物通常以一定的运输单元的形式进行运送,尤以集装箱运输最为普遍。多式联运使用的集装箱一般由多式联运经营人提供。这些集装箱来源可能有三个,一是经营人自己购置使用的集装箱;二是向租箱公司租用的集装箱,这类箱一般在货物的起运地附近提箱而在交付货物地点附近还箱;三是由全程运输中的某一分运人提供,这类箱一般需要多式联运经营人为完成合同运输与该分运人订立分运合同获得使用权。当货主自行装箱时,铅封必须在完成报关手续后进行。

(3)报关。进口时,如果在口岸交货,则在口岸报关;如果在内地交货,则在口岸办理海关监管运输(保税运输)手续,加封后运往内地,然后正式办理报关放行手续。出口时,如果从口岸开始联运,则在口岸报关;如果从内地开始,则需要有海关官员在装箱地点监装并办理报关手续。报关时应提供装箱单、场站收据、出口许可证等有关单据和文件。

(4)保险与索赔。对货方来说,可办理货物运输险;对多式联运经营人来说,应就多式联运单据规定的责任范围投保货物责任险(Cargo Indemnity),以及视集装箱为货物投保集装箱保险(Container Itself Insurance)。一旦发生货物损坏、灭失的损失,货主应在规定的期限内向多式联运经营人索赔,并备妥索赔通知书(Statement of Claim)、多式联运单据副本、权益转让书(Subrogation Letter)、检验证书(Survey Report)等单证,有时还要提供商业发票和装箱单等其他单据。多式联运经营人赔偿后,如果损失发生在明确的运输区段,则直接向分承运人索赔;如在保险责任范围内,可向保险公司索赔。实际操作中,货主通常凭其办理的保险先向保险公司索赔,保险公司赔付后,凭权益转让书取得代位追偿权,向多式联运经营人追偿;如果多式联运经营人已投保货物责任险,则在赔付后可向自己投保的保险公司索赔,其中如涉及第三者责任,该保险公司可再向有关责任人追偿。

(5)订舱。这里的订舱泛指多式联运经营人要按照运输计划安排洽定各区段的运输工具,与选定的各分承运人订立各区段的分运合同。这是多式联运经营人与各分承运人之间的业务活动,与托运人无关。

(6)多式联运单据的签发。多式联运经营人或其代理人或代表接管货物时,凭收到货物的收据向托运人签发多式联运单据,托运人即可据以结汇。

(7)单证寄送。货物发运后,多式联运经营人填制发运通知或指示(Shipping Notification or Instruction)给国外的代理,内容包括发运货物的品名、数量、集装箱号、运载工具名称、装卸港、中转地、交货地、收货人名称、还箱地等,连同多式联运单据副本、有关的分承运单据、装箱单等有关发运单据寄给国外代理,凭以办理接货、交货和转运手续。

(8)交付货物。货物运抵目的地后,由目的地的多式联运经营人的代理通知收货人凭多式联运单据提货,经营人或其代理人需按合同规定,收取收货人应付的全部费用,并且在货物交出后收回多式联运单据。

三、国际多式联运合同

多式联运合同,又称混合运输合同,是指用两种以上不同的运输方式将旅客或货物运抵目的地,旅客和托运人支付运输费用的合同。

多式联运合同与一般运输合同相比具有以下特点:

(1)多式联运合同的承运人一般为2人以上。虽然多式联运合同涉及多个承运人,但托运人或旅客只需与多式联运经营人签订运输合同。其他分承运人根据多式联运经营人代理自己与托运人或旅客订立的联运合同在自己的运输区段内完成运输任务。

(2)多式联运合同的运输方式为两种以上。

(3)旅客或托运人一次性交费并使用同一凭证。旅客或货物由一承运人转至另一承运人时,不需另行交费或办理有关手续。

国际多式联运合同与单一方式下的运输合同有较大区别,不论是从合同涉及的运输方式还是从合同的具体体现形式来看。尽管运输全程被分为多个运输区段,各区段又由不同的分承运人来完成,多式联运合同也不能被看做几个单一的运输合同,必须与单一方式下的运输合同区别对待。

多式联运合同是双务合同。经营人有完成货物全程运输的义务,并有收取运费的权利;而发货人有支付运费的义务,也有完好收取货物,如出现货物损害有向经营人索赔的权利。双方的权利和义务是基于运费的支付,因此它也是有偿的合同。多式联运合同也是非要式的合同。尽管多式联运合同是以多式联运提单来证明的,但提单本身不是运输合同,这与航空、铁路、公路运输合同是运输合同是根本不同的。

第三节 国际多式联运的单证

一、国际多式联运单据的定义与内容

国际多式联运单据(International Multimodal Transport Document)是区别国际多式联运与其他运输方式的主要特征之一。使用国际多式联运单据,货物在不同的运输方式、不同的运输工具之间转换时,不必经过重新分类、核对、检查、开箱、装箱等操作,保证了国际多式联运的一次托运、一张单据、一次付费、一次保险的手续简洁性,既方便了货主,又便于多式联运经营人对全程运输进行控制。然而,在没有可适用的公约的情况下,并不存在国际上认可的作为多式联运单据的合法单证。现在在多式联运中使用的单证是通过订立合同产生的。近年来,大多数单证都并入了三种国际规范之一而趋于一定的标准化。在上述规则的基础上,国际组织如 BIMCO 和 FIATA 确定了多种联运单据的格式,例如 BIMCO 制定的 Combi-doc、FIATA 制定的联运提单 FBL 和 UNCTAD 制定的 Multidoc。根据《联合国国际货物多式联运公约》,国际多式联运单据被定义为:"证明多式联运合同以及证明多式联运经营人接管货物并负责按照合同条款交付货物的单据"。作为多式联运各当事人进行业务活动的凭证,多式联运单据应记载的主要内容有以下几个方面:

(1)货物品类、识别货物所必需的主要标志,如属危险货物,其危险特性的明确声明、包数或件数、尺寸、货物的毛重或以其他方式表示的数量等;

(2)货物外表状况;

(3)多式联运经营人的名称和主要营业所;

(4)托运人名称;

(5)如经托运人指定收货人,收货人的名称;

(6)多式联运经营人接管货物的地点和日期;

(7)交货地点;

(8)如经双方明确协议,在交付地点交货的日期或期间;

(9)表示该多式联运单据为可转让或不可转让的声明;

(10)多式联运单据的签发地点和日期；

(11)如经双方明确协议，每种运输方式的运费；或者应由收货人支付的运费，包括用以支付的货币币种；或者关于运费由收货人支付的其他说明；

(12)如在签发多式联运单据时已经确知，预期经过的路线、运输方式和转运地点；

(13)多式联运经营人或其授权人的签字；

(14)在不违背单证签发国法律的情况下，视实际情况需要增加的有关项目等。

一份有效的多式联运单据并不要求涵盖上述每项内容，只要不影响多式联运各当事人之间的利益划分和货物运输的情况，缺少某项内容仍然有效。多式联运单据通常由托运人填写，或者由多式联运经营人或其代理人或代表根据托运人提供的有关托运文件制成。这样，当多式联运经营人接管货物时，他有理由认为托运人已向其保证在多式联运单据中提供的货物品类、标志、件数、尺码、数量等情况准确无误。如果货物在全程运输中发生的损坏、灭失等损失是由于托运人在多式联运单据中提供的信息不准确或不真实造成的，该损失应由托运人负责赔偿；如果该损失是由多式联运经营人在多式联运单据中漏列了相关内容，或列入不实的信息引起的，则是多式联运经营人的责任，赔偿时不能享受赔偿责任限制，需按货物的实际损失金额赔付。

二、多式联运单据的种类

多式联运单据与联运提单相仿，所以在实践中一般被称为多式联运提单。多式联运提单的种类是按是否可转让而分为可转让提单和不可转让提单。可转让提单又分为按指示交付或向持票人交付两类。不可转让提单一般为记名提单。

(一)指示提单

指示提单是指在正面收货人一栏中载明"有某人指示"或"指示"字样的多式联运提单。此类提单需要指示人背书后才能转让。如果指示人不作任何背书，则意味着指示人保留对货物的所有权，只有指示人本人才有提货权。

(二)不记名提单

不记名提单又称空白提单，是指在正面收货人一栏不写明具体收货人或指示人，通常只注明"持有人"或"交持有人"字样。不记名提单的转让不需要背书，因此这类提单具有很强的流通性，但也给货物买卖双方带来很大的风险，在实践中很少使用。

(三)记名提单

记名提单是指提单正面收货人一栏中载明特定的收货人的提单。此类提单不能转让流通,因此实践中使用较少,仅在贵重物品、个人赠送品、展览品等货物运输中使用。

三、多式联运单据的签发

通常,在多式联运经营人或其代理人或代表接管货物时,凭收到货物的收据向托运人签发多式联运单据,单据的正、副本份数和是否可转让,均以托运人的要求而定。如果签发可转让的多式联运单据,应在收货人一栏列明按指示交付或向持票人交付,并且若正本单据在一份以上,则单据签发人需在每份正本单据中注明正本单据的份数,对于所签发的任何副本,都应注明"不可转让"字样;如果签发不可转让的多式联运单据,则签发人需在多式联运单据的收货人一栏内,载明收货人的具体名称,并标明"不可转让"字样。多式联运经营人只要按正本单据中的一份完成交货后,其余的正本单据自动失效,而副本单据没有法律效力,仅为了方便业务的需要而使用。

国际多式联运有效地实现了门到门服务,所运货物的交接地点从传统的港口或边境延伸到集装箱堆场、货运站,乃至发货人、收货人的工厂或仓库。集装箱货物在国际多式联运下,多式联运经营人收到货物的时间、地点有时不在装船港,而在集装箱码头堆场、集装箱货运站,或者发货人工厂、仓库的门,从而,从接收货物到货物实际装船有一待装期。在这种情况下,提单有:(1)发货人工厂、仓库接受货物后签发的提单;(2)集装箱货运站接收货物后签发的提单,习惯为拼箱货;(3)集装箱码头堆场接收货物后签发的提单,习惯为整箱货。为了适应便于多式联运的托运人采用信用证形式结汇,国际商会《跟单信用证统一惯例》相应的规定如下:如果信用证要求提供至少包括两种不同的运输方式(多式联运)的运输单据,除非信用证另有规定,银行将接受下述单据:

(1)表面注明承运人名称或多式联运经营人的名称并且由承运人、多式联运经营人、船长或他们的具名代理或代表签字或以其他方式证实;

(2)注明货物已发运、接受监管或装船者;

(3)即使信用证禁止转运,银行也将接受标明可能转运或将转运的多式联运单据,只要同一多式联运单据包括全程运输。

因此,采用多式联运,托运人不必等到货物装上运输工具启运,只要将货物置于多式联运经营人或其代理人或代表的处置之下,就可获得多式联运单据,并能据以结汇。

多式联运单据需由多式联运经营人或其授权人签字,在不违背单据签发国法律规定的情况下,多式联运单据可以手签、手签笔迹复印、打透花字、盖章,或用其他任何机器或电子仪器打印。

四、多式联运单据的保留和证据效力

多式联运单据中的保留是指多式联运经营人或其代理人或代表在接受货物时,知道或有合理的根据怀疑多式联运单据所列货物的品种、主要标志、包数或件数、重量或数量等事项没有准确地表明实际接管的货物的状况,或者没有适当的方法进行核对,则多式联运经营人或其代理人或代表可以在多式联运单据中批注,注明怀疑不符的事项及怀疑理由等。如果多式联运经营人或其代理人或代表未在多式联运单据中对货物的外表状况加以批注,则应视为他已在多式联运单据上注明货物的外表状况良好。

未作保留的多式联运单据一经签发,就具有以下效力:

(1)单据所载明的多式联运经营人接管货物的初步证据,但多式联运经营人可以举证推翻;

(2)可转让的多式联运单据如果已经转让给包括收货人在内的第三方,并且该第三方信赖单据所载明的货物状况,则该单据是多式联运经营人与善意的第三方之间的最终证据,多式联运经营人提出的反证不予接受。

多式联运经营人或其代表或代理在多式联运单据上作了保留性的批注后,该单据就丧失了作为初步证据和最终证据的效力,因为对发货人来说,该单据已不能作为多式联运经营人收到单据所列货物的证据;而对收货人或其他善意的第三方来说,通常不会接受有批注的单据。

可见,多式联运单据中所列事项的准确、真实与否,对单据的效力有直接的影响。因此,有关当事人应在缮制单据时格外注意。

第四节　大陆桥运输

一、大陆桥运输的定义

大陆桥运输(Land Bridge Transport)是指以横贯大陆的铁路或公路运输系统作为中间桥梁,把大陆两端的海洋连接起来的集装箱的连贯运输。人们从地理概念上将海—陆—海的陆地部分,形象地比喻为连接两边海洋的一座桥梁,大陆桥之称号则由此而来。实际上,大陆桥运输是以国际标准集装箱为运输单位,通过海、陆不同运输方式,一票到底,实现门到门的多式联合运输。由于大陆桥运输的陆运部分多以铁路运输系统来运送,因而又称为国际铁路集装箱运输。

二、大陆桥运输产生的历史背景

大陆桥运输是集装箱运输面世以后的产物。1967年，由于阿以战争，苏伊士运河封闭，航运中断，而巴拿马运河因运输能力有限而堵塞，远东与欧洲之间的海上货运船舶，不得不绕航非洲好望角或南美合恩角，致使航程和运输时间倍增，加上油价上涨，航运成本骤升。此时正当集装箱运输兴起，大陆桥运输应运而生。1967年底首次开辟了使用美国大陆桥的运输路线，实现从远东港口至欧洲的货运。这是世界上第一条大陆桥运输线，它将原来全程使用海洋运输的方式更改为海—陆—海运输方式。20世纪70年代初，由日本至欧洲的货物又改用西伯利亚铁路过境运输。从日本至英国的货物，自日本装船，运至俄罗斯远东地区港口，转装西伯利亚及欧洲铁路，再装船至英国港口。这条路线就是闻名世界的西伯利亚大陆桥运输线，它的西端延伸至整个欧洲大陆及伊朗、阿富汗等国，东端包括日本、中国内地、韩国在内的整个东南亚地区和北美洲的西海岸。

三、大陆桥运输的优势

大陆桥运输是以集装箱为媒介，将海运和陆运结合起来、一票到底的多式联合运输。因此，大陆桥运输将多种运输方式的优点融为一体，具体表现为以下几方面。

(一)缩短运输里程，节省运输时间

大陆桥运输与海上运输相比，大大缩短了运输里程。以日本至英国的运输为例，日本至英国的海运，有几条海运路线可供通行。西行可经过苏伊士运河，东行可穿过巴拿马运河，也可绕道非洲好望角或者南美合恩角，上述各路线的海运里程折算成公里长度分别为：

苏伊士运河航线20807公里；

巴拿马运河航线23061公里；

好望角航线27389公里；

合恩角航线31484公里。

而大陆桥运输路线里程为：

北美大陆桥17831公里；

西伯利亚大陆桥13400公里；

新亚欧洲大陆桥10837公里。

以上两组数字的对比表明，大陆桥运输线的里程，大大短于海运里程。里程的缩短又明显节省了运输时间。

再以中国天津港至德国汉堡港为例,海上运输距离为 21175 公里,而大陆桥运输距离仅为 10155 公里,不及海上运输距离的一半。再从时间看,海上运输一般需 60 天左右,而大陆桥运输只需 35 天左右。

(二)加快运输速度,降低运输成本

大陆桥运输尽管中途须转换运输工具,但在换装作业中,集装箱装卸效率高,加之铁路运输速度快,时间准确,使货运速度加快,相应地又降低了运输成本。

(三)保证货运质量,节省包装费用

大陆桥运输充分体现了集装箱运输的优越性。集装箱运输有利于保证货运质量,减少货损货差。利用大陆桥运输方式,在转换不同运输工具时,只对集装箱进行装卸,无须搬动箱内货物。另外,集装箱本身坚固耐用、强度大,能很好地保护货物,装入集装箱的货物不必再做运输包装,因此又节省了包装费用。

(四)简化货运手续,利于资金周转

在门到门运输方式下,发货人只需将货物交给总承运人(或多式联运经营人),办理一次托运,无须费时费力,即可取得货运单据,货物的全程运输则由总承运人负责。大陆桥运输同海上运输相比,可提前结汇,有利于发货人的资金周转。

四、国际大陆桥运输线概况

(一)北美大陆桥

北美大陆桥包括美国大陆桥和加拿大大陆桥。

1. 美国大陆桥

产生于 20 世纪 60 年代的美国大陆桥,是世界上最早出现的大陆桥。美国有两条大陆桥运输线,一条从西部太平洋口岸的西雅图、旧金山、洛杉矶等港口至东部大西洋口岸的纽约;另一条从西部太平洋口岸的上述港口至南部墨西哥湾口岸的休斯敦、新奥尔良等港口。

由于东部港口拥挤等原因,美国的大陆桥运输基本陷于停顿状态。但在大陆桥运输的过程中,派生并形成了小陆桥和微型陆桥运输方式。小陆桥运输,比大陆桥的海—陆—海运输缩短了一段海上运输距离,成为海—陆或陆—海形式。例如,远东至美国东部大西洋口岸或美国南部墨西哥湾口岸的货运,由原来全程海运,改为由远东装船运至美国西部太平洋口岸,转装铁路(公路)专用车运至东部大西洋口岸或南部墨西哥湾口岸,以公路或铁路为桥梁,把美国西海岸同东海岸或墨西哥湾连接起来。

微型陆桥运输里程,比小陆桥更短一段。由于只利用了部分陆桥而没有通过

整条陆桥,微型陆桥运输又称半陆桥运输(Semi-Land Bridge Transport),它是指海运加一段从海港到内陆城乡的陆上运输或相反方向的运输形式。

2. 加拿大大陆桥

加拿大大陆桥运输线起自加拿大太平洋沿岸的温哥华,终结于接近大西洋沿岸的蒙特利尔,它开通于 1979 年。日本至欧洲的货物,可用集装箱船运至温哥华,然后换装到铁路列车上运至蒙特利尔,最后再装船运至欧洲各港口。由于种种原因,同美国大陆桥一样,加拿大大陆桥也处于停顿状态。

(二)西伯利亚大陆桥

西伯利亚大陆桥是利用俄罗斯西伯利亚铁路作为陆地桥梁,把太平洋远东地区与波罗的海和黑海沿岸以及西欧大西洋口岸连接起来的大陆桥。该大陆桥运输线东自俄国远东的纳霍德卡港或东方港起,横贯欧亚大陆,至莫斯科后,分为三路,一路自莫斯科至波罗的海沿岸的圣彼得堡港,转船至西欧、北欧港口;第二路从莫斯科至俄罗斯西部国境站,转欧洲其他国家铁路(公路)运至欧洲各国;第三路从莫斯科至黑海沿岸,转船至中东、地中海沿岸。所以,从远东地区至欧洲,通过西伯利亚大陆桥运输有海—铁—海,海—铁—公路和海—铁—铁三种运送方式。上述运输路线如图 7-1 所示。

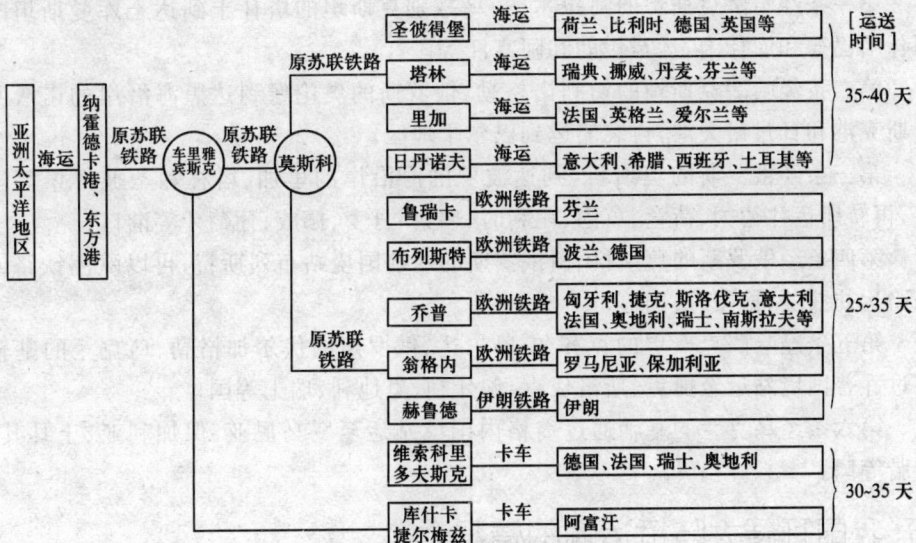

图 7-1　西伯利亚大陆桥运输形式图

20 世纪 70 年代初以来,西伯利亚大陆桥运输发展很快。目前,它已成为远东地区往返西欧之间的一条重要运输线路。日本是利用此条大陆桥的最大雇主。自

20 世纪 70 年代中期至 80 年代中期,该大陆桥运输的货运量每年都在 10 万个标准箱以上。为了缓和运力紧张状况,前苏联又建成了第二条西伯利亚铁路。但是,西伯利亚大陆桥也存在三个主要问题。

(1)运输能力易受冬季严寒影响,港口有数月冰封期;

(2)货运量西向大于东向约 2 倍,来回运量不平衡;

(3)运力仍很紧张,铁路设施陈旧。随着新亚欧大陆桥的正式营运,西伯利亚大陆桥的地位将有所下降。

(三)新亚欧大陆桥(欧亚第二条大陆桥)

新亚欧大陆桥东起中国连云港,西至荷兰鹿特丹,全长 10837 公里。1990 年 9 月 11 日,北疆铁路与土西铁路接轨,1992 年 9 月,新亚欧大陆桥的正式通车,标志着连接欧、亚两洲的第二条大陆桥运输线正式开通。该大陆桥两端辐射范围广,东端的中国从北至南沿海各港口货物都可上桥。美国太平洋口岸、日本、韩国和东南亚各港口的货物运输,如使用新亚欧大陆桥,其运输距离短于西伯利亚大陆桥。新亚欧大陆桥西端触及的范围囊括整个欧洲及中亚各国。

远东和东南亚地区的货物运输,经新亚欧大陆桥自我国过境运往中东和西北欧,经阿拉山口国境站出境后的运输线路主要有 6 条。

第一条经哈萨克斯坦的阿拉木图、乌兹别克斯坦的塔什干到达土库曼斯坦的阿什哈巴德和库什卡,运至伊朗和阿富汗等国;

第二条经哈萨克斯坦的切利诺格勒、俄罗斯的奥伦堡到达黑海沿岸的诺沃罗西斯克港和日丹诺夫港,再装船运到巴尔干地区;

第三条经俄罗斯的莫斯科,到达波罗的海沿岸的里加、塔林和圣彼得堡等港口,再转船运往德国、荷兰、英国、比利时、瑞典、丹麦、挪威、葡萄牙等港口;

第四条经俄罗斯的莫斯科、白俄罗斯的西部国境站布列斯特,再以欧洲铁路或公路运往波兰、德国、法国等;

第五条经哈萨克斯坦的克齐尔-奥尔达、俄罗斯的伏尔加格勒、乌克兰的基辅通过乔普国境站运至捷克、斯洛伐克、匈牙利、奥地利、瑞士等国;

第六条经乌克兰的基辅通过翁格内国境站运至罗马尼亚、保加利亚、土耳其、希腊等国。

五、我国开展大陆桥运输的情况

我国的大陆桥运输始于 1980 年。当时由于两伊战争,船舶进出波斯湾非常困难,加之港口拥挤,运、保费用高等原因,造成我国对伊朗进出口货物运输的困难。中国对外贸易运输总公司于是开辟了西伯利亚大陆桥运输线,试运中、伊之间的进出口货物。试运行深受广大货主的欢迎。随后,中外运与前苏联正式签订过境前苏段集装箱运输协议,而过境西欧则委托欧洲货运代理,办理大陆桥运输事宜。目前,我国利用西伯利亚大陆桥和新亚欧大陆桥可办理我国与欧、亚大陆许多国家之间的进出口货物运输。我国利用西伯利亚大陆桥和新亚欧大陆桥的运输主要有铁—铁、铁—海和铁—卡三种方式。铁—铁运输路线是:从中国内地各站运至满洲里、二连或阿拉山口,过境俄罗斯、蒙古或哈萨克斯坦国境站,运至俄罗斯及独联体国家西部国境站,再转欧洲铁路至欧洲各地,或通过独联体国家运至伊朗;铁—海运输路线是,从中国内地各站运至满洲里、二连或阿拉山口,过境俄罗斯、蒙古或哈萨克斯坦,运至俄罗斯及独联体国家的波罗的海港口(圣彼得堡、塔林、里加)或黑海港口(日丹诺夫),再转船至欧洲各主要港口;铁—卡运输路线是:从中国内地各站运至满洲里、二连或阿拉山口,过境俄罗斯及独联体国家国境站,运至俄罗斯或独联体国家的维索科里多夫斯克、库什卡、捷尔梅兹,转汽车运至西欧或阿富汗。上述三种运输路线分别如图 7-2、图 7-3、图 7-4 所示。

1. 铁—铁路线

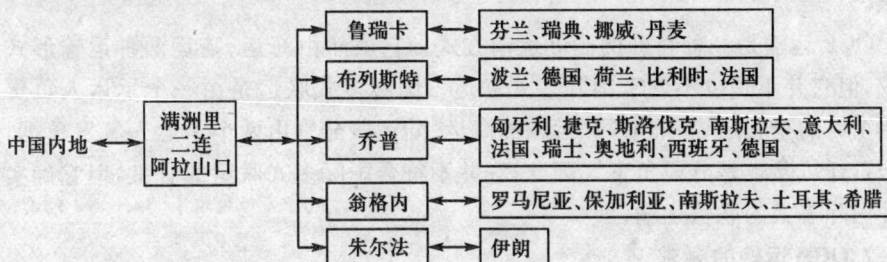

图 7-2　铁—铁路线图

2. 铁—海路线

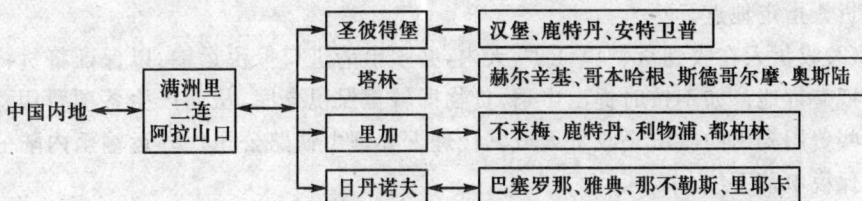

图 7-3　铁—海路线图

3. 铁—卡路线

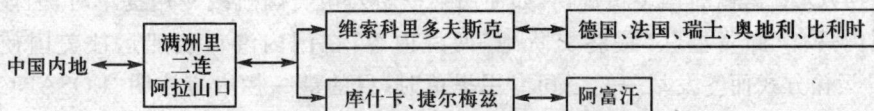

图 7-4　铁—卡路线图

六、我国出口到美国的多式联运业务

目前,美国是我国第一大贸易国,从我国运往美国内地的货物相当部分采用海铁联运或国际多式联运方式,主要有:

(一)OCP运输

1. OCP运输的含义

OCP(Overland Common Point)又叫内陆公共点或陆上公共点,OCP运输是指采用两种运输方式将卸在美国西海岸的货物通过铁路运送到美国的内陆公共点地区,并且可以享受优惠运价。

所谓的内陆公共点指美国内陆区域,是以落基山脉为界,即除紧临太平洋的美国西部九个州以外,其以东地区均为适用OCP的地区范围,这个范围很广,约占美国全国2/3的地区。OCP的运输过程就是出口到美国的货物海运到美国西部港口(旧金山、西雅图)卸货,再通过陆路交通(主要是铁路)向东运至指定的内陆地点。

OCP运输是一种特殊的国际运输方式。它虽然由海运、陆运两种运输形式来完成,但它并不是也不属于国际多式联运。国际多式联运是由一个承运人负责的自始至终的全程运输,而OCP运输的海运、陆运段分别由两个承运人签发单据,运输与责任风险也是分段负责。因此,它并不符合国际多式联运的含义,但它确实是一种国际多式的联营运输。

2. OCP运输的要求

(1)OCP运输下的集装箱货物,卖方(发货人)承担的责任、费用终止在美国西海岸港口,货物卸船后,由收货人委托中转商持正本提单向船公司提货,并负责运抵收货人指定地点。

(2)收货人在收到货物单证10天内,必须申请进口保税运输,以保证将货物最终运抵交货地。如不按时提出申请,货物即转至保税仓库,从而产生各项费用。避免这些费用支出的做法是收货人或其代理人办理由铁路公司代办运输至内陆公共点的保税申请手续。

(3)OCP运输的集装箱货物,在买卖合同和信用证栏内应加注"OCP运输"字样,在签发提单时,其签发要求与买卖合同、信用证要求相符。

(4)OCP运输的集装箱货物,如使用某一船公司美国航线专用提单时,因该提单栏内只有"卸货港"、"最终交货地"两栏内容,在国内港口装船运往美国使用OCP运输方式而签发某一船公司专用提单时,目的港一栏内应注明"LOSANGE-LESOCP"。

（5）凡运往内陆公共点的集装箱货物，应在卸船45天内由收货人向铁路提供证明，如陆上运输单证、转运单、海关转运申请单等。如未在规定时间内提供上述单证或证明，货主则失去铁路给予的优惠运价。

（6）OCP运输不是真正的多式联运，尽管全程运输使用海陆两种运输方式，但海、陆运输区段各自签单，海、陆区段运费各自计收，海、陆区段的运输责任各自划分，因此不具备多式联运一张单证、统一责任的要求。

（二）MLB运输

1. MLB运输的含义

MLB(Min Land Bridge)，即小陆桥运输。其运输方式是使用海上运输方式将集装箱货物先运至日本港口，再转运至美国西海岸港口，卸船后交由铁路运抵美国东岸港口或加勒比海港口区域。

2. MLB运输的要求

（1）小陆桥运输是完整的多式联运，由运输经营人签发全程联运提单，并收取全程运费，对全程运输承担责任。

（2）小陆桥运输下的集装箱货物，其提单制作应分别注明：

卸船港：LONGBEACH；

交货地：MLBHOUSTON。

（3）小陆桥运输下的到岸价集装箱货物，卖方（发货人）承担的责任、费用终止于最终交货地。

（4）小陆桥运输下的集装箱货物，运费计收应根据运输经营人在美注册的运价本收运费，原则上无任何形式的运费回扣，除非运输经营人与货主之间定有服务合同(Service Contract)，即在一定时间内提供一定货运量后，货主可享有一个较低运价。

（5）在按服务合同收运费，而货物托运人是无船承运人时，小陆桥运输的集装箱货物应出具两套提单，一套是无船承运人签发给货主的HOUSE—B/L，另一套则是船公司签发给无船承运人的MEMO—B/L，前者给货主用于结汇，后者供无船承运人在美国的代理凭其向船公司提货。

（三）IPI运输

1. IPI运输的含义

IPI(Interior Point Intermodal)，称为内陆公共点多式联运。它是指使用联运提单，经美国西海岸和美国湾沿海港口，利用集装箱拖车或铁路运输将货物运至美国内陆城市。

2. IPI运输的要求

MLB运输下的集装箱货物，其抵达区域是美国东海岸和加勒比海区域，而IPI

运输方式则将集装箱货物运抵内陆主要城市。两者的运输方式、运输途径、运输经营人的责任和风险则完全相同。但与 OCP 运输相比较,IPI 是完整的多式联运,而 OCP 运输则不是完整的多式联运。

(1)在 IPI 运输方式下,其提单缮制时应写明:

卸货港:LONGBEACH;

交货地:IPIMEMPHIS,TN。

(2)运输经营人承担的责任从接收货物时起至交付货物时止,即对全程运输负责。

(3)IPI 运输方式下的集装箱货物,在到岸价的情况下,卖方(发货人)承担的责任、费用终止最终交货地。

(4)IPI 运输尽管使用两种不同运输方式,但使用同一张货运提单,并收取全程运费。

复习思考题

1.国际多式联运的特点有哪些?
2.国际多式联运的优越性是什么?
3.国际多式联运的赔偿责任制有哪些?
4.国际多式联运单证的性质是什么?
5.什么是大陆桥运输?
6.大陆桥运输的种类有哪些?

案例分析题

我某出口商委托一多式联运经营人,将一批半成品服装经印度的孟买转运至新德里。货物由多式联运经营人在某货运站装入 2 个集装箱,并签发了清洁的多式联运单据,表明货物是在处于良好状态下,由多式联运经营人接收的。2 个集装箱经海路从上海运至孟买,再由铁路从孟买运至新德里。在孟买卸船时发现其中一个集装箱外表损坏。多式联运经营人在该地的代理将此情况于铁路运输前通知了铁路承运人。当集装箱在新德里开启后发现,外表损坏的集装箱所装货物严重受损;另一集装箱虽然外表完好,铅封也无损,但内装货物已受损。

根据该案例,请回答:

(1)谁应对 2 个集装箱的货物损失承担责任?

(2)由于 2 个集装箱的损失情况不同,责任方是否按同一赔偿责任赔偿?

CHAPTER 8
第八章
代理报检与报关实务

□□□ 学习目标

　　通过本章的学习,学生应了解商品检验检疫基本知识,熟悉海关监管与通关的相关内容,重点掌握代理报关和报检的操作程序。

第一节　代理报检

一、商品检验概述

(一)商品检验的意义

　　国际贸易中,货物检验(Inspection of the Goods)是指按照合同或有关国家法律规定,对卖方交付的货物按照规定程序进行包装、数量、品质等方面的清点、查验、分析和公证鉴定,并出具相应公证证明,作为交易双方交接货物、支付货款和处理索赔的依据。有时因装载、运输过程中发生的货物残损、短缺,或在处理转运、拆装、分拨时,为清楚货物是否与货运单证所显示的内容相一致,也需要进行检验。进口货品检验,还包括根据进口国法律或行政法规对某些货物进行包括卫生、安全等方面的检验和动植物、病虫害方面的查验。总之,货物检验是对外贸易业务中不可缺少的环节,也是货运代理委托业务的一项基本工作,货运代理人必须了解进出口货物检验的规定、要求、程序与方法,以做好各项代理工作。

(二)我国商品检验机构及其主要任务

　　我国主管质量监督和检验检疫工作的最高行政执法机构是国家质量监督检验检疫总局,简称国家质检总局。其有以下主要任务:

（1）法定检验。即专业商检机构根据国家法令法规，对进出口货物执行强制性检验或检疫。

（2）监督管理。即商检机构通过行政管理手段对有关部门及认可的检验人员的检验工作进行监督检查，并对其检验的进出口商品实施抽查。

（3）进出口商品鉴定。即鉴定业务是根据对外贸易关系人的申请、外国检验机构的委托或国内外有关单位的委托，对进出口商品进行鉴定，签发鉴定证书。鉴定业务不同于法定检验，不具有强制性。

（三）出口货物检验的时间和地点

贸易合同中的检验条款，根据货物交易、运输过程及流转的特点，对检验权、检验或复检的时间、地点，检验机构与证书、检验方法与内容等作了具体规定。对那些重要的货品，如大型和成套设备等，合同中通常还规定，在装运前买方有权派人员自行或委托检验机构或公证行进行预检验、监造或监装等。其中，检验时间与地点，因关系到货物买卖双方的权利与义务、由谁提供检验证书等问题，买卖双方都十分重视。目前，国际上有关进出口货物的检验时间与地点有以下三种做法：

（1）在出口国装运港于装船前对货物离岸品质、数量（重量）进行检验，检验机构经双方约定，并以出具的检验证书作为交货品质、数量（重量）的最后依据。

（2）在进口国目的港（地）卸货后对货物到岸品质、数量（重量）进行检验，检验机构经双方约定，并以出具检验证书作为交货品质、数量（重量）的最后依据。

（3）出口国装运港检验、进口国目的港（地）复检。即出口商（卖方）可以装运地检验机构出具的检验证书作为议付货款的依据。货到目的地后，进口商（买方）对货物享有复检权。买卖双方可以在合同中规定两地检验结果可能出现差异及其争执的解决办法。例如，差异在一定范围内，以装运地检验为准；超出一定范围，由双方协商解决；双方若不能自行解决，可提交第三国检验机构进行仲裁检验。这种做法在国际贸易中普遍使用。

（四）货物检验的内容

关于进出口货物的检验内容，主要有品质检验与重量（或数量）检验。品质检验，即据货物不同特性，主要对货品有效成分含量和有害物质限量等的内在质量、色泽、触感、表面处理与加工及缺陷限制等的外观质量，以及物理、化学、机械和使用等性能、外形、包装、尺寸、花色、式样、规格，包括集装箱、件杂货、裸装等各种类型包装的查验与检测。对于如药物、食品等饮食类货物，以及农业、林业、畜牧业、渔业等相关货物的检验，一般由专业部门按国家规定进行查验、检疫与鉴定。重量检验，主要用于大宗干散货、液体散装货物和集装箱及其他普通货物，检验采用的方法有：船舶水尺测量法，容量测量法和流量测量法，衡器测量法等。此外，点数方法主要用于件杂货的数量检验。

(五)检验证书

货物检验后,以检验机构出具的检验报告、鉴定报告或检验证书,以表明该货物已经检验机构查点、检验与分析。经检验机构签署的记载检验结果的报告或证书是货物检验的证明文书。业务对象、内容与性质不同,形成的检验报告、证书也不同。该证书的主要作用是:证明货物出口、进口及交接当时的状况,判定进出口货物的品质、数量、包装等是否符合合同的规定。同时,可作为银行议付单证,以及责任追究和索赔的依据。

常见的商检证书有:

(1)品质检验证书。它证明进出口商品的品质、规格、等级等。

(2)重量检验证书。它证明进出口商品的重量。

(3)数量检验证书。它证明进出口商品的数量。

(4)兽医检验证书。它证明进出口动物产品在出口前经过兽医检验,符合检疫要求。

(5)卫生(健康)检验证书。它证明出口供食用的动物产品、食品未受传染、疫病感染,可供食用。

(6)消毒检验证书。它证明出口动物产品已经过消毒。

(7)产地检验证书。证明某些商品的原产地。

(8)价值检验证书。证明商品价值或发票所载商品价值是真实的、正确的。

(9)验残检验证书。证明商品残损情况、残损程度、残损原因,供索赔、理赔之用。

(10)普惠制原产地证书(GSP FormA)。它是申请普惠制时必须填写的,并由商检局签发的一种特殊证书。

除上述证书外,商检机构还可根据申请人的委托申请出具其他检验鉴定证书,如熏蒸证书、验舱证书、货载衡量证书、积载鉴定证书等。

(六)进出口商品检验的程序

1. 报检

报检是指出口商品的生产、经营部门,货运代理或进口商品的收货、用货部门或货运代理向商检机构申请检验。它分以下几种情况:

(1)出口检验申请

凡属法定检验的出口商品,应由发货人(或货代)填写"出口检验申请单"。每份"出口检验申请单"仅限填报一个合同、一份信用证的商品,对同一合同、同一信用证,但标记号码不同者,应分别填写。报检一般在货物发运前7～10天,鲜货则应在发运前 3～10 天提出。如申请单位不在商检部门所在地,应在发运前的 10～15 天报检。

（2）进口检验申请

凡属法定检验的进口商品,收货人(或货代)必须持"进口到货通知单"先向卸货口岸或到达站的商检机构办理登记,由商检机构在进口报关单上加盖"已接受登记"的印章,海关凭报关单上加盖的印章验放。而后,收货人(或货代)必须在规定的检验地点和规定的期限内(一般在货物到达报检地点 3 天内,最晚不得少于对外索赔有效时间的 1/3),填写"进口检验申请单"办理报检。报检后,如果发现申请单填写有误或客户修改信用证使货物数量、规格有变动时,可提出更改申请,填写"更改申请书",并填写更改事项和原因。

（3）预先检验申请

凡经常出口的商品,在尚未对外成交或虽已成交而国外的信用证未开到的情况下,申请人可填写"出口商品预验申请单"办理报检,并应提供必要的检验依据。如经检验合格,由商检机构签发预验结果单,装船前可凭该单换正式商检证书办理出口。

对重要的进口商品和大型成套设备实行到货检验已不能适应客观要求,因此应由进口单位根据贸易合同的约定,在出口国装运前进行预验、监造或监装。目前,我国进出口商品检验总公司已同世界上 50 多个国家和地区的商检机构建立了合作关系,与瑞士、日本、法国、美国、中国香港的检验机构签有委托检验协议,还在泰国、法国、澳大利亚、孟加拉、中国香港设立分支机构,负责进口商品装船前的检验

（4）委托检验申请

申请人为了扩大货源,挖掘新产品,可填写"委托检验申请单"办理报检,并应自送检验样品,必要时应提供有关检验标准或检验方法。对于委托检验,商检机构只发结果单,且不能凭该单换正式检验证书,结果单一般也不得用作对外成交或作为索赔的依据。

2. 抽样

抽样是检验的基础,除委托检验外,不得由报检人送样,而应由商检机构的抽样员根据有关标准和操作规程规定的方法从整批商品中随机抽取一部分商品作为样品,抽样员抽样后应当场签发"抽样收据"一式两份,其中一份交报检人存查,然后商检机构对所抽取的样品进行检验。

3. 检验

检验是商检机构的中心工作,因此必须做到准确、迅速、证货相符。

4.签证

商检机构的签证期限,对出口商品一般控制在 10 个工作日内,对进口商品一般控制在 20 个工作日内。商检证书是买卖双方交接货物的依据,也是向银行办理议付和对外索赔的重要单据之一。如证书上所列项目或检验结果与信用证或合同上的规定不符,银行将拒绝议付,买方拒收货物,卖方拒赔。因此,证书上的证题要说明严谨,论证周密。

商检证书,一般只签发一份正本,个别情况可签发两份正本,但要在重本上注明"本证书是××号证书正本的重本"。出口检验证书一般用英文,进口检验证书一般使用中英文合并本。商检证书的出证日期应在提单日期之前,最迟应与提单日期相同,但也不能过早于提单上的日期,以防开证行或开证申请人拒付,议付行对于这种情况也不愿受单。对于先放行后出证的,应以放行日作为签证日期。出口商检证书的有效期一般货物为两个月,鲜活类为两个星期。逾期未出口,应申请延期,或由报检人重新报检,并须交回原签发的检验证书或放行单,经商检机构检验或查验合格后方可放行。

(七)进出口商品的复验

进出口商品的报检人如对商检机构出具的检验结果持有异议,而向原商检机构或者其上级商检机构以至国家商检部门申请重新检验即为复验。

申请复验应在收到检验结果之日起 15 天内提出并填写复验申请表,还应随附有关单证。同时,报检人须对原商品的包装、铅封、质量、数量、标志保持原检验时的状态,不得动用、更换。受理复验的商检机构应自收到复验申请之日起 45 天内作出复验结论。报检人如对复验结论仍有异议,可自收到复验结论之日起 15 天内向国家商检局申请复验,国家商检局应当自收到复验申请之日起 60 天内作出复验结论。

(八)进出口商品的免验

凡列入《种类表》和其他法律、法规规定须经商检机构检验的进出口商品,如具备下列条件之一者,申请人可以申请免验:

(1)在国际上获质量奖未超过三年的商品;

(2)经国家商检部门认可的国际有关组织实施质量认证,并经商检机构检验、质量长期稳定的商品;

(3)连续三年出厂合格率及商检合格率百分之百,且无质量异议的出口商品;

(4)连续三年商检合格率及用户验收合格率百分之百,并获得用户和消费者良好评价的进口商品。

凡要求免验的商品,应由申请人向商检部门提出书面申请,填写免验申请表并

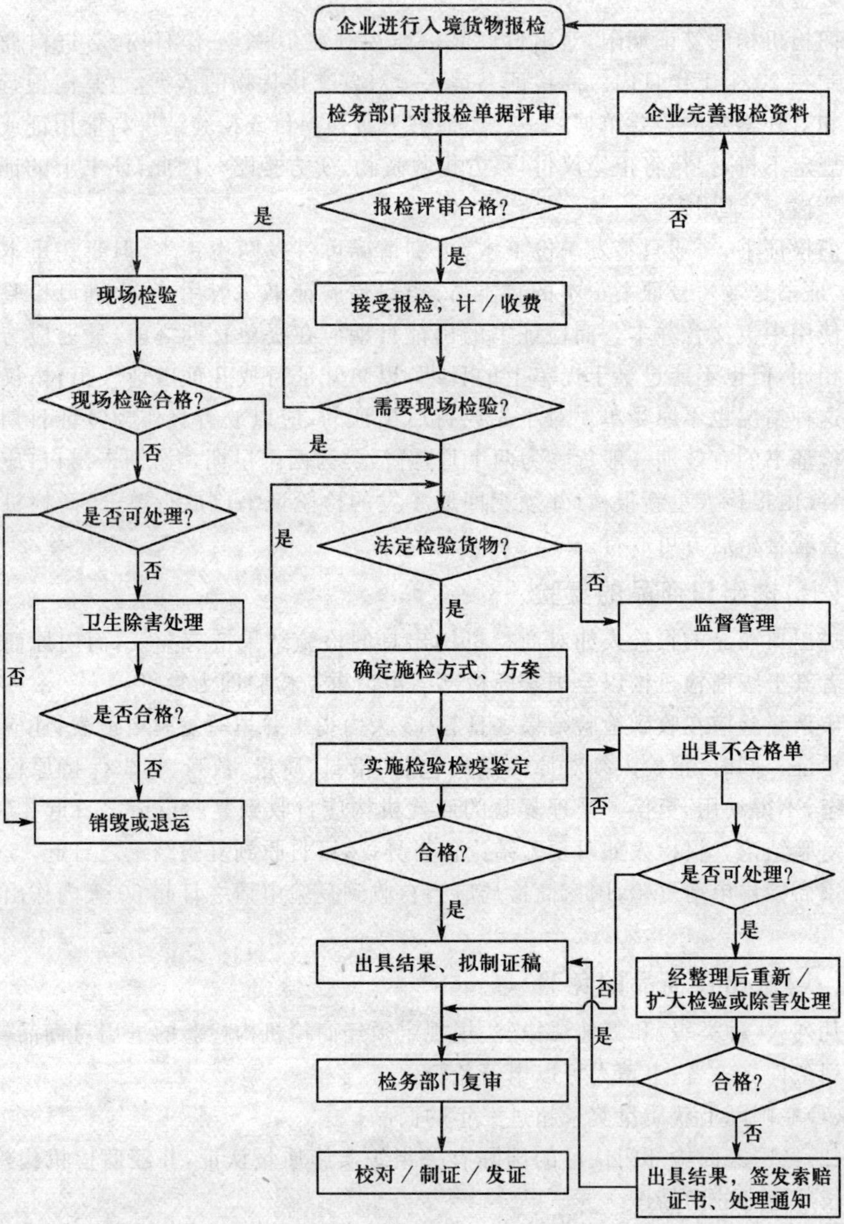

图 8-1　入境货物检验检疫、鉴定流程图

提供有关证件。经商检部门批准后发给申请人免验证书并予公布,免验证书有效期一般不超过两年。

二、代理报检业务

代理报检是指货代公司代理客户报检,货代公司的报检员要参加代理报检证书考试。代理报检员证如果换了货代公司,注册资料在商检局更改之后证书仍可使用。

有报检资格的公司可以自己报检,负责报检的人员就要有报检证书,这就是自理报检。自理报检只能用于本公司产品货物的报检,报名时需要出具本单位证明,而代理报检则不需要。"自理报检员资格证",只能作为自理报检企业的员工注册成为自理报检单位报检员;"代理报检员资格证"既可以作为代理报检企业的员工注册成为代理报检单位报检员,也可以作为自理报检企业的员工注册成为自理报检单位报检员。通常情况下,"代理报检员资格证"的考试难度比"自理报检员资格证"难。

(一)代理报检单位的权利、义务和责任

(1)代理报检单位须向国家质检总局申请登记注册,其报检员须经检验检疫机构培训、统一考试合格获得《报检员资格证》,并经所在地检验检疫机构注册取得《报检员证》。代理报检单位经准予注册登记后,可由其持有《报检员证》的报检员向检验检疫机构办理代理报检业务;

(2)除另有规定外,经质检总局准予注册登记的代理报检单位,允许代理委托人委托的出入境检验检疫报检业务;

(3)进口货物的收货人可以在报关地和收货地委托代理报检单位报检,出口货物发货人可以在产地和报关地委托代理报检单位报检;

(4)代理报检单位在办理代理报检业务等事项时,必须遵守出入境检验检疫法律、法规和《出入境检验检疫报检规定》,并对所报检货物的品名、规格、价格、数量重量以及其他应报的各项内容和提交的有关文件的真实性、合法性负责,承担相应的法律责任;

(5)代理报检单位从事代理报检业务时,必须提交委托人的《报检委托书》,《报检委托书》应载明委托人的名称、地址、法定代表人姓名(签字)、机构性质及经营范围;代理报检单位的名称、地址、联系人、联系电话、代理事项,以及双方责任、权利和代理期限等内容,并加盖双方的公章;

(6)代理报检单位应在检验检疫机构规定的期限、地点办理报检手续,办理报检时应按规定填写报检申请单,并提供检验检疫机构要求的必要证单;报检申请单位应加盖代理报检单位的合法印章;

(7)国家质检部门鼓励代理报检单位以电子方式向检验检疫机构进行申报,但不得利用电子报检企业端软件开展远程电子预录入;

(8)代理报检单位应按报检地检验检疫机构的要求,切实履行代理报检职责,负责与委托人联系,协助检验检疫机构落实检验检疫时间、地点,配合检验检疫机构实施检验检疫,并提供必要的工作条件。对已完成检验检疫工作的,应及时领取检验检疫证单和通关证明;

(9)代理报检单位应积极配合检验检疫机构对其所代理报检的有关事宜的调查和处理;

(10)代理报检单位对实施代理报检中所知悉的商业秘密负有保密义务;

(11)代理报检单位应按规定代委托人缴纳检验检疫费,在向委托人收取相关费用时应如实列明检验检疫机构收取的费用,并向委托人出示检验检疫机构出具的收费票据,不得借检验检疫机构名义向委托人收取额外费用。

报 检 委 托 书

_____出入境检验检疫局:

本委托人郑重声明,保证遵守出入境检验检疫法律、法规的规定。如有违法行为,自愿接受检验检疫机构的处罚并负法律责任。

本委托人委托受委托人向检验检疫机构提交"报检申请单"和各种随附单据。具体委托情况如下:

本单位将于_____年_____月进口/出口如下货物:

品名		HS 编码	
数(重)量		合同号	
信用证号		审批文号	
其他特殊要求			

特委托_____(单位/注册登记号),代表本公司办理下列出入境检验检疫事宜:

- □ 1.办理代理报检手续;
- □ 2.代缴检验检疫费;
- □ 3.负责与检验检疫机构联系和验货;
- □ 4.领取检验检疫证单;
- □ 5.其他与报检有关的相关事宜。

请贵局按有关法律法规规定予以办理。

(二)代理报检单位注册登记申请条件

申请代理报检单位注册登记的单位应当符合《出入境检验检疫代理报检管理规定》和国家质检总局规定的有关要求,向工商注册所在地直属检验检疫局提出申请,并提交如下材料。

(1)取得工商行政管理部门颁发的《企业法人营业执照》,企业法人的分支机构单独申请代理报检单位注册登记的,该分支机构应当取得《营业执照》;

(2)法人企业或所属法人企业的《企业法人营业执照》注册资金人民币 200 万元以上;

(3)有一定经营场所及符合办理代理报检业务所需的设施;

(4)健全的企业内部管理制度;

(5)有不少于 10 名取得《报检员资格证》(非自理)的专职报检人员;

(6)企业信用度良好,无重大违法记录;

(7)国家质检总局规定的其他条件。

第二节　代理报关

一、报关概述

(一)海关监管

海关是国家的进出关境监督管理机关。一切进出关境的运输工具、货物、物品都必须置于海关监管之下。海关的四项基本任务是:货运监管、征收关税、查缉走私和编制海关统计。据此,一切进出口货物必须经由设有海关的海港、空港、车站、国际邮件交换站或国界孔道进出,并应按海关规定办理申报,以便于海关进行监管、征收关税和编制海关统计。这种申报手续就是通常所说的报关(Apply to the Customs)。货物只有在办完报关手续经海关查验与申报内容相符后予以放行,进口货物才能动用,出口货物才能运出。如不按规定申报,故意逃避海关监管,即为走私,海关对走私行为将予严厉打击。

海关在执行公务中具有检查权、查阅权、查监权、调查权、缉查权、复制权、扣留、质押权、追缉权、处理权、佩带和使用武器权、强制执行权等 12 种权利。作为货代企业及其从业人员,应遵纪守法并应熟悉海关的各项有关规定。

(二)进出口货物的报关管理

海关对报关企业和报关员的管理有如下规定:

（1）凡需向海关办理报关的单位应向海关办理注册登记。登记时须持有国务院或省、自治区、直辖市有关部门批准的开业证件。经海关审查批准后发给《报关注册登记证明书》，该单位才具有报关的资格。未向海关办理注册登记的企业单位不得向海关办理报关手续。

（2）报关单位在办理注册的同时应确定专人，必须是报关单位的正式职员，负责办理报关事宜，并应将该人的简历、照片送交海关，经海关考核合格后发给"报关员证件"。

（3）自1997年6月1日起，报关员要参加全国统一考试，经考试合格后才能取得资格证书，然后向海关申请注册。海关对符合规定者发给报关员证（卡），其有效期为一年，跨年度使用必须办理年审，逾期一个月以上不参加年审的则停止报关资格。

（4）报关单位应对报关人员的一切报关行为负法律责任。凡进出口货物报关单上必须盖有报关单位和报关人员的印章或签字，否则海关不予受理。报关员不得同时兼任两个或两个以上报关企业的报关工作，更不得挂靠于某报关企业进行报关活动。

（5）报关员必须遵守国家有关进出口的政策、法规和海关的有关规章。如发现有违章、走私行为的除依法处理外，立即吊销报关员证书，如为挂靠的报关员还须追究接受挂靠企业法人代表的法律责任。

由上可见，对于进出口货物并不是任何企业或任何人都可以向海关办理报关。现在向海关注册办理报关的企业分为以下三大类：

（1）专业报关企业（又称报关行）。这是指专门接受从事进出口货物经营单位和运输工具负责人或他们的代理人的委托，办理进出口货物和进出境运输工具的报关、纳税等事宜的具有法人地位的经济实体。

（2）代理报关企业。这是指经营国际货运代理、国际运输工具代理和仓储等业务并兼营代理报关、纳税的境内法人。

（3）自理报关企业。这是指只办理本单位经营范围内的进出口货物的报关，而不代理其他单位报关。

（三）进出口货物的通关程序

进口货物自入境申报起到海关放行止，出口货物自运到检查场所向海关申报到出境止，必须置于海关的监督之下。在此期间，未经海关许可不得装卸、提取、交付、续运、调换、开拆、取样、改装和更换标志。海关对进出口货物的通关程序一般有：接受申报、查验货物、计征税费和签印放行四个环节。现简述如下。

1. 申报

由进出口货物的收、发货人或其代理向海关办理申请。具体手续由报关企业的报关员办理。

(1)报关员必须携带并出示报关证件并应准确无误、如实地填写"进口货物报关单"或"出口货物报关单"。报关单的颜色分为:

①一般贸易的进出口货物填白色的;

②进料加工的进出口货物填粉红色的;

③来料加工装配和补偿贸易的进出口货物填浅绿色的;

④三资企业的进出口货物填浅蓝色的;

⑤出口退税的货物填浅黄色的。

报关单的份数根据贸易方式不同而不同:

①一般进出口货物填一式三联,俗称基本联,其中第一联海关留存,第二联海关统计,第三联企业留存(在已实行计算机报关的口岸,只需填制一联交指定的预录入中心)。

②来料加工贸易。

a.进口的,填制四联,前三联用途同上,第四联为海关核销联;

b.出口不收汇的,填制四联,第四联为海关核销联;收汇的,填制五联,前四联用途同上,第五联为出口收汇核销联。

③进料加工贸易。

a.进口的,填制四联,各联用途与上同;

b.出口不收汇的,填制四联,各联用途与上同;收汇的,填制五联,各联用途与上同。

④其他贸易。

a.进口不需付汇的,填制三联;需付汇的,填制四联,第四联为进口付汇核销联;

b.出口不需退税或出口收汇的,填制三联;需退税或出口收汇的,填制四联,第四联为退税联或出口收汇核销联。

(2)对于须凭进口许可证或出口许可证才能进口或出口的货物应交验进口许可证或其他的批准文件。

(3)应提供进出口货物的发票和装箱单或重量单,必要时还需提供合同副本、产地证明、有关单证和账册等。

(4)应提供进口货物的提单(或运单)、出口货物的装货单(或运单)。

(5)对于应实行商品检验、文物鉴定或其他管制的进出口货物,还应交验有关主管部门签发的证件。

(6)提供减税、免税或免验的证明文件。

(7)专业或代理报关企业应提供委托报关的证明书(协议书)。

海关接受申报后,要对报关企业及其报关员资格和有关单证进行审核,检查是否真实、齐全,报关单上所列的各项,如货名、规格、数(重)量、件数、标记、价格等是否填写正确,是否符合海关查验、征税、统计的需要,对于报关期限是否合乎规定。进口货物应自运输货物的工具申报进境后 14 天内办理报关,如逾期报关应自第 15 天起,每日按到岸价的 0.5‰征收滞报金,自运输工具申报进境之日起超过三个月且无特殊原因的由海关对货物进行变卖,价款上缴国库。对于出口货物应在装运前 24 小时办理报关。

2. 查验

一切进出口货物除经海关总署特准免验的以外,都必须由海关进行查验,以确定是否与所申报的单证相符,有无残损、短少,能否满足审价、征税需要等。查验货物一般在海关监管的场所,如码头、车站、机场的仓库等地进行。对于大宗散货、危险品、鲜活商品、落驳运输的货物,经收、发货人的申请也可在作业现场查验。查验时报关员应在场,并负责开拆和重封包装。在一般情况下,海关审核单证和查看货件后就可放行。当海关认为需要开验时,报关员必须办理开验。对于集装箱货物已确定装箱和拆箱的时间后,应提前一天(24 小时)通知海关,以便海关派关员到现场查验。如要求在进口到达地或者出口起运地(海关)办理报关的,只要具备海关监管和转运条件,并报经入境地和起运地海关同意后,即可按规定办理。

3. 征税

征收关税是海关的任务之一,进口货物的收货人、出口货物的发货人、进出境物品的所有人是依法缴纳关税的义务人。我国海关现有 6643 个 8 位数编码税目,海关根据"依率计征、依法减免、正确估价、科学归类、严肃退补、及时入库"的征税原则对所申报进出境的货物逐笔审定完税价格。

(1)进口货物一般以 CIF 价格作为完税价格。如 CIF 价格经海关审查不能确定的,依次以下列价格为基础估定完税价格:

①从该项进口货物同一出口国或地区购进的相同或者类似货物的成交价格;

②该项进口货物的相同或类似货物在国际市场上公开的成交价格;

③该项进口货物的相同或者类似货物在国内市场上的批发价格,减去进口关税、进口环节其他税费,以及进口后的正常运输、储存、营业费用及利润后的价格;

④按上述规定仍不能确定货物成交价格时,由海关按照合理方法估定的价格。计算进口关税税款的基本公式为:

$$进口关税税额 = 完税价格 \times 关税税率$$
$$进口完税价格 = CIF \text{ 或完税价格} = FOB + 运费/(1 - 保险费率)$$

(2)出口货物以海关审定的货物售予境外的离岸价格(FOB 价)扣除出口关税作为完税价格;FOB 价格不能确定的,完税价格由海关估定。计算出口关税税款的基本公式为:

$$出口关税税额 = 完税价格 \times 出口税税率$$
$$出口完税价格 = 离岸价格/(1 + 出口税率)$$

税款一经确定,海关即填发税款缴纳证,交纳税义务人。纳税义务人应在规定期限内向指定银行交纳税款。

4. 放行

放行就是海关对货物、运输工具、物品查验后,在有关单据上签印放行,或者出具放行通知单,以示海关监管结束。

通常海关办理放行的手续有以下两种方式:

(1)签印放行

一般进出口货物,报关人如实向海关申报并如数缴清应纳税款和有关费用,海关应在进出口货运单据上签盖"放行章",进口货物凭此到海关监管的仓库提货出境;出口货物凭此装货起运出境。

(2)销案

按照担保管理办法的进口货物或暂时进口货物,在进口收货人全部履行了承担的义务后,海关准予销案。这意味着取得了海关的最后放行。

二、代理报关业务

代理报关是指接受进出口货物收、发货人的委托代理其办理报关业务的行为。报关企业必须依法取得报关企业注册登记许可并向海关注册登记后方能代理报关业务。

(一)代理报关的分类

代理报关又分为直接代理报关和间接代理报关。直接代理报关是以委托人的名义报关,代理人代理行为的法律后果直接作用于被代理人;间接代理报关是以报

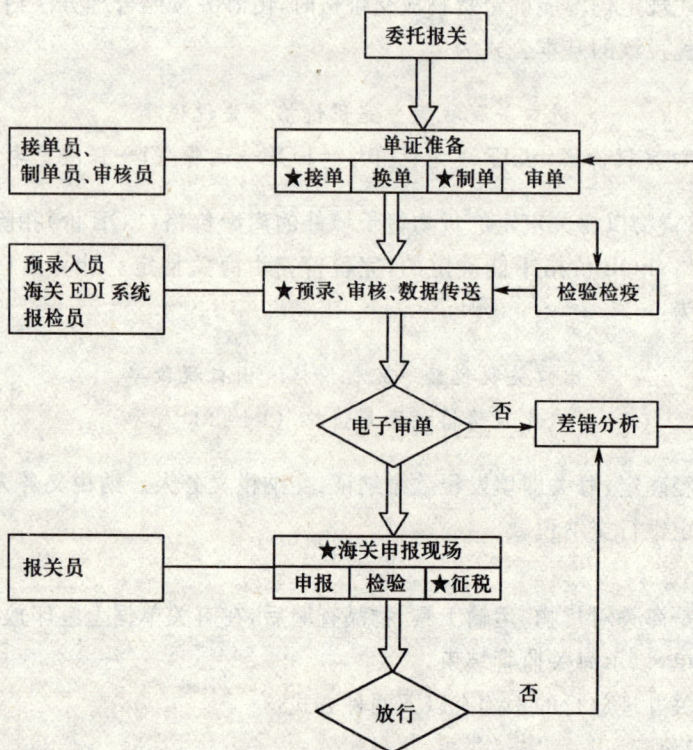

图 8-2　进口报关流程

关企业自身的名义报关,报关企业承担其代理行为的法律后果。

我国报关企业大都采用直接代理报关,间接代理报关只适用于经营快件业务的国际货物运输代理企业。

(二)委托报关业务流程

委托报关网上业务流程如下(在进行此项操作前必须先按照网上报关委托业务的流程建立委托关系):

1. 代理报关单位录入业务流程

(1)代理报关单位持"报关单录入权"操作员卡的操作员进入中国电子口岸"报关单录入"界面,在备案数据下载协议的授权范围内下载本委托单位的征免税证明、加工贸易手册或加工区备案清单后,脱机录入报关单数据(数据暂存在本地数据库);

(2)录入并提交后将录入的报关单数据信息上载到数据中心。

2. 代理报关审核申报业务流程

代理报关单位持"报关单审核申报"权操作员卡的操作员进入中国电子口岸的"报关单审核申报"界面,对报关单的逻辑性、填报的规范性进行审核,确保报关单可以向海关进行申报。则需要将报关单下载本地进行修改,修改后的报关单需重新上载到数据中心,并且需要重新进行审核。审核通过后进入自理报关申报确认业务流程。

3. 代理报关申报确认业务流程

(1)代理报关单位持具"报关单申报确认"权操作员卡的企业管理人员进入中国电子口岸"报关单申报确认"界面,对报关单进行确认申报操作,经"申报确认"后的报关单通过公共数据中心传海关内部网。如果申报确认时认为报关单的填制不符合逻辑,需要将报关单数据下载到本地进行修改,修改完毕之后需要将数据重新上载到数据中心,并且重新进行审核和申报确认。

(2)代理报关单位打印出经海关审核通过的报关单,并携带其他单证去海关办理其他通关手续。

代理报关委托书
(出 口)报托 第 号

××××公司:

我单位现委托贵公司代理货物(出 口)报关

合同号:CGC001　　　　货名:茶叶　　　　件数:20 箱

毛重:　　　　　　　　净重:100KG　　　　价值:10000 美元

我单位保证遵守《中华人民共和国海关法》及国家有关法规保证所提供的单位与所报的货物相符,如申报货物有任何问题,责任由我单位承担。本委托书有效期至本委托书项下货物报关、缴税及退税完毕止。

委托单位:(盖章)　　　　　　　　代理单位:(盖章)

海关注册登记编码:　　　　　　　　海关注册登记编码:

法定代表人姓名:　　　　　　　　　法定代表人姓名:

联系电话:　　　　　　　　　　　　联系电话:

经办人:　　　　　　　　　　　　　经办人:

复习思考题

1. 在进出口合同中,有关检验时间和地点最常用的规定方法是什么?
2. 什么是代理报关? 代理报关分成哪几类?
3. 简述委托报关业务流程。
4. 简述进口货物报检程序。

案例分析题

1. 香港 A 公司与厦门 S 公司(卖方)签订购买海藻酸钠 17 吨合同,合同规定:货物品质黏度不低于 280CPS,合同的检验条款规定"品质、数量、重量以中国商品检验或生产厂方所出之证明书为最后依据"。合同的价格条款为 CIF 香港每吨 5380 美元。A 开出信用证并通过开证行支付 S 货款。

货物到达香港后,A 又根据与香港 B 公司签订合同的约定,将货物销售给 B,并提供了检验证书,称货物的黏度不小于 280CPS。

B 公司又将货物转卖给西德 VHI 公司,表明货物的黏度不小于 280CPS。

但货抵西德,VHI 公司提出货物的黏度远达不到合同规定标准,并请瑞士 SGS 商检机构对货物进行抽检,SGS 的检验报告表明,货物黏度为 111CPS。

于是,VHI 公司在香港高等法院对 B 公司提起诉讼,要求赔偿全部损失。同时,B 公司要求将 A 公司列为第三人,获批准。法院向 A 公司发出应诉通知,A 接受 B 的和解方案,向 B 支付 75 万元港币。

A 公司认为上述费用系由于购买 S 不合格货物所致,遂向中国国际经济贸易仲裁委员会提出仲裁。仲裁庭作出裁决,驳回申诉人的仲裁请求。

问:A 公司的申诉为什么会被驳回?

2. 有一份 CIF 合同出售啤酒花,合同规定:"买方凭卖方提供的装运单据支付现金","货物在出口国检验,到进口国目的港后允许买方复验"。但是,当卖方向买方提供单据要求其付款时,买方坚持要在货物检验后才付款。问:买方的要求是否合理? 为什么? 应如何处理?

实训题

1. 实训项目名称:国际贸易报关及报关单的填制
2. 实训内容:报关流程及报关单的填制方法
3. 实训目的:熟练掌握报关的手续及在报关过程中应注意的问题,熟练填制报关单

4.实训资料:提供报关所需要的相关单证

5.实训要求:要求学生分成几组,每组 4~6 人,模拟报关

6.实训方法:模拟训练

中华人民共和国出口货物报关单

预录入编号: 　　　　　　　　　　海关编号:

出口口岸	备案号		出口日期	申报日期
经营单位	运输方式		运输工具名称	提单运号
发货单位	贸易方式		征免性质	结汇方式
许可证号	运抵国(地区)		指运港	境内货源地
批准文号	成交方式	运费	保费	杂费
合同协议号	件数	包装种类	毛重(公斤)	净重(公斤)
集装箱号	随附单据			生产厂家

标记唛码及备注

项目　商品编号　商品名称　规格型号　数量及单位　最终目的国(地区)　单位　总价　币制　征免

税费征收情况

录入员　　录入单位	兹声明以上申报无讹并承担法律责任	海关审单批注及放行日期(签单)	
报关员 单位地址 邮编　　电话	申报单位(签章) 填制日期	审单	审价
		征税	统计
		查验	放行

CHAPTER 9
第九章

国际货运事故的处理

□□□ 学习目标

通过本章的学习,学生应了解国际海运、陆运、空运和多式联运中货损事故处理的程序、方法和要求;明确作为货运代理从业人员在处理国际海运、陆运、空运和多式联运事故时应具备的知识技能和综合业务素质;熟练掌握国际货运中货损货差发生的原因及对其处理的正确方式。

第一节　海运事故的处理

海上风险存在于货物运输过程中涉及的很多环节,因此这些海上货物运输货损事故的发生在所难免。虽然可根据有关合同条款、法律、公约等规定,对所发生的货损事故进行处理。但是在实际处理过程中,受损方与责任方之间往往会发生争议,故处理货损事故首先要明确以下两个关系:

(1)国际贸易与国际货物运输的关系。国际运输索赔程序与贸易索赔程序是分开的。货运代理在处理索赔时经常会收到托运人以“收货人在收到货后,发现货损,货物延误故拒付托运部分或全部的货款,或取消今后的订单等”为由,向货运代理提出部分或全部的贸易损失,这实质上是一种贸易风险的转嫁,货运代理应该要求托运人运用“国际贸易法”的法律来保护其自身的利益。即使托运人或收货人合法享有向对方提起贸易索赔的权利,也不应该将运输索赔的解决作为解决贸易问题的前提,并以此向货运代理提出非索赔范围内的要求。两者本不适用同一法律范畴,托运人在货物运输中的权利并不影响有关贸易法规定中的权利的,两者可以同时进行,或先行处理贸易索赔。

（2）运费的收取与索赔的关系。运费是托运人托运货物时应当支付给承运人或承运代理人的费用，这是事前的行为与责任；而索赔是在货物运输过程中，或货物到达目的地后的事后的行为与权利的要求，托运人将受到国际货物运输中有关规定的合理保护，若托运人以索赔未成未解决为由，拒付货运代理运费是没有依据的。

只有对上述关系加以明确，才能够对国际物流中的货损事故进行公正的处理。

一、海运过程中常见的货损事故成因及认定

海运货损事故主要是指就海上货物运输过程中货物的灭失或损坏。可能的货损事故成因归纳起来有以下九种：

（1）未装船前已受损或已存在潜伏的致损因素；

（2）装卸作业中受损；

（3）受载场所条件不符合要求；

（4）船上积载不当；

（5）装船后与航途中及卸船前期间保管不当；

（6）自然灾害；

（7）其他事故殃及；

（8）盗窃；

（9）其他。

在实际业务操作中，可能出现问题的环节主要分为陆运到场地、货物在场地装箱、海上运输途中及货物到港后四个阶段，但很大程度上海运货损事故是在最终目的地收货人收货时或收货后才被发现。

当收货人提货时，如发现所提取的货物数量不足、外表状况或货物的品质与提单上记载的情况不符，则应根据提单条款的规定，将货物短缺或损坏的事实有效取证，以此表明提出索赔的要求，如果货物的短缺或残损不明显，也必须是在提取货物后的规定时间（一般规定为 3 天）内，向承运人或其代理人提出索赔通知。

凡船舶在海上遭遇恶劣气候的情况下，为明确货损原因和程度，应该核实航海日志、航方的海事声明或海事报告等有关资料和单证。货运事故发生后，收货人与承运人之间未能通过协商对事故的性质和程度取得一致意见时，则应在共同同意的基础上，指定检验人对所有应检验的项目进行检验，检验人签发的检验报告是确定货损责任的依据。

二、海上货运事故索赔

海上货运事故索赔主要是指就海运货损事故发生后，货物利益方对承运人提

出索赔的行为。海上货运事故发生的原因是复杂的,所以货运事故发生后,首先需要找出事故发生的原因,存在多个原因时,则根据近因原则,确定事故责任人。对由承运人原因造成的事故,还需要考虑哪些责任是他必须承担的,哪些责任是他可以免责的。对发生的货物灭失或损坏,还需要确定损坏程度,对有争议的事故还需要委托公证人进行公正检验。因此,索赔时,受损害方应当根据有关法律规定,按照一定的程序,提供证据,证明事故原因、事故责任和损失的数额。

1. 索赔人

索赔人应当是遭受损害的货物所有人。由于国际贸易中货物流转程序的复杂性,索赔人可能包括下列不同身份:

(1)收货人

国际海上货物事故索赔人主要是收货人。托运人在将货物装船后,取得了承运人签发的已装船提单,然后将该提单转让给买方,即收货人,使收货人成为货物的所有人,包括可转让提单的最终买受人。根据有关法律规定,提单在转让给收货人后,即构成承运人与提单持有人之间的运输合同。所以在发生由承运人责任造成的货运事故时,收货人就有权依据提单合同向承运人提出索赔。实际上,货运事故索赔最多的是由收货人提出的。

(2)托运人

托运人向承运人的索赔事项包括在货物交给承运人接管后到货物装船时发生的货物灭失或损坏,以及在运输途中发生的承运人责任货运事故。托运人的索赔权利来自两个方面:

①托运人作为承租人与承运人签订的租船合同。在发生货物灭失或损坏时,托运人可以依照租船合同索赔损失。

②提单合同。当托运人没有转让提单,例如对寄售的货物,托运人欲控制货物并自己控制提单,或者当买方拒收货物,或银行议付时出现不付点,提单被退回托运人,托运人再次成为提单持有人时,在发生货运既是缔约方又是提单所有人时,通常托运人应当根据运输合同的规定进行索赔,因为此时提单等于没有转让。

(3)其他提单持有人

除上述托运人和收货人外,其他提单持有人也可以成为货运事故的索赔人。例如,银行或因议付和提单,或因融资成为提单质押权人,作为提单持有人向承运人主张货物时,如果提单货物发生灭失或损坏,银行就有权作为提单项下货物的占有权人或质押权人依据提单合同向承运人索赔损失。

(4)无船承运人

在国际多式联运形式下,无船承运人以承运人身份接受托运人托运后,再以托运人身份与实际承运人签订运输合同。当发生实际承运人责任的货运事故时,无船承运人即可依据运输合同向实际承运人索赔,作为其向实际托运人或收货人赔偿后的追偿。

(5)货物保险人

在发生海上货物事故后,货物被保险人常常直接向保险人提出索赔,然后将货物的索赔权,即代位隶偿权,让渡给保险人。保险人在取得代位求偿权后,即有权向承运人索赔。

2. 索赔程序

货运事故索赔应按照一定的程序进行,具体来说主要包括以下环节:

(1)及时发出损坏通知

根据有关国际公约和各国法律或合同的规定,在发生海上货物运输事故时,收货人或其他货物索赔人应在规定的时间内向承运人发出货运事故通知书,声明保留货运事故索赔权。如货物索赔人未向承运人发出货物事故通知,货运事故的举证责任就由承运人转到收货人。如果收货人不能举证证明承运人过失,则会在索赔中败诉。

货物索赔人发出货运事故通知是有时间限制的。根据《中华人民共和国海商法》第 81 条第 2 款规定:"货物灭失或损坏情况非显而易见的,收货人应当在货物交付的次日起连续 7 日内,集装箱货物交付的次日起连续 15 日内提交上述书面通知,否则,按照前款规定处理。货物交付时,收货人已经会同承运人对货物进行联合检查或检验的,无须就所查明的灭失或损坏的情况提交书面报告。"

法律规定事故通知的目的是为了防止收货人不合理延长货物索赔时间,从而保护承运人。并且,如果收货人不作出通知,举证责任将转到索赔人。因为在《海牙规律》制度下,发生了货物灭失或损坏,首先假设承运人有责任,承运人如欲免责,需负举证责任,举证证明货运事故系由承运人可以免责的原因导致的。如果索赔人拖延通知,将不利于承运人举证。但是否作出事故通知与承运人可否免责无关,也就是说,即使索赔人没有作出事故通知,并不影响其索赔权。如果收货人能够举证证明货运事故是由承运人责任造成的,承运人仍应负责赔偿;反之,即使收货人作出了事故通知,也并不说明承运人对货物事故有责任。如果承运人能够举证证明货运事故系由其可免责原因造成的,则承运人无须对货运事故承担责任。但由于海上货物运输的复杂性,不论谁负责举证,举证都是一件困难的事情。因此,收货人为保留承运人的举证责任,还是应该按照法律规定及时发出事故通知。

(2)准备索赔文件

通常,收货人在提出索赔时应出具以下文件:

①索赔函。索赔函是货物索赔人向承运人提出货物索赔的正式文件,该文件无固定格式,但应包括以下主要内容:

a. 索赔人的名称、地址；

b. 船名；

c. 装卸港口名称和船舶抵达货港的日期；

d. 提单号码及提单中的货物描述；

e. 货物灭失或损坏的情况；

f. 索赔日期、索赔金额及索赔理由。

应当注意的是，索赔人按照法律规定向承运人提出的货运事故通知并不表示已经向承运人提出索赔，只有索赔人向承运人提出索赔申请书时，才表明索赔的正式开始。

②提单。提单是海上货物索赔中的重要依据。提单作为货物证据，表明承运人收到货物的数量和外表情况；提单作为运输合同，表明了承运人应当承担的责任义务，是处理索赔的重要法律性依据。

③卸货报告、理货报告、货物溢卸、短卸报告、货物残损单等卸货单证。上述各种单证是对船舶卸下货物的原始记录，由船方和理货人或装卸公司共同作出并会签。如果卸下的货物与提单或船舶载货清单（Export Cargo Manifest）不符，会在此类报告中作出记录，此类单证是货物灭失或损坏的原始记录，所以是货物索赔时的重要依据。

④货物残损公证检验报告、重理单。当收货人和船方对货物的损坏程度、数量、损坏原因无法作出正确判断或存在争议时，往往需要双方共同指定公正检验机构对残损货物进行检验，确定损坏程度、数量、价值，以及导致货物残损的原因等，并出具"货物残损检验证书"（Inspection Certificate for Damage and Shortage）。当船货双方对卸货数量发生争议时，可以对所卸货物重新理货，并出具重理报告。这两种报告也是货物索赔最直接的原始依据。

⑤商业发票、装箱单、重量单等。商业发票是由贸易合同中的卖方开给买方的商业票据。它记载了货物的单价和货物总值，是索赔时计算索赔金额的直接原始依据。如果发票中记载的是货物 CIF 价值，索赔金额应当按此价值计算；如果发票是以 FOB、CFR 开具的，计算时还应加上运费或保险费，但索赔人应提供运费或保险费收据，以资证明。装箱单或重量单通常是商业发票的随附单证，用以证明提单项下货物品种和数量的详细情况，因此是提单中货物记载的辅助性证明。

除上述单证外，凡是能够确定货运事故的原因、损失程度、损失金额、货运事故责任的任何文件都应当准备齐全，与上述单证一起提供。

另外，根据《中华人民共和国合同法》的相关规定，索赔人提出的索赔金额除了货物本身损失外，还可以包括因货物灭失或损害所丧失的合理合同利益。提供索赔证据时，应当包括与合同利益有关的证据。

296

3. 索赔权利的保全

（1）海事请求保全的概念及目的

海事请求保全是指对海事请求具有管辖权的法院根据海事请求人的申请，为使其海事权利得以保障，对被申请人的财产或行为所采取的民事强制措施。这些强制性措施通常包括：强迫被申请人提供可信赖的担保，如书面担保、财产担保，扣押义务人的船舶，要求义务人实施某种作为或不作为等。

采取保全措施的目的是保证海事请求人民事权利的顺利实现。例如，在卸货港发生重大货运事故，金额巨大，此时如果不对卸货船舶采取海事请求保全，该轮一旦离去，收货人索赔可能就非常困难。即使案件得到了胜诉判决，也可能因为义务人经济能力有限（如金额过大，或义务人经济困难），或者就很难找到（如皮包公司）而无法实现请求人的索赔权利。如果可以依法对当时船舶或有关船舶依法扣押，就可以获得索赔权利的保障，有利于案件的解决。所以，海事请求保全是海事请求人实现其索赔权利的重要的和行之有效的措施，是货物索赔人保全自己的权利，顺利实现索赔的一种手段。保全措施本身不是索赔行为，它只是日后成功取得赔偿的一种保障措施。

（2）海上货物运输索赔权利保全的形式

海上货物运输索赔权利保全是海事请求保全的重要内容之一。根据相关法律和业内惯常做法，对海上运输货物索赔的权利保全可采取担保书和扣押船舶两种形式。

①货物赔偿担保书

货物赔偿担保书（Letter of Guarantee，Letter of Undertaking），或赔偿担保函（Letter of Indemnity，LOI），是指承运人就其承运货物的灭失或损坏，向收货人提供保证的将按照仲裁机构的裁决或法院的判决作出赔偿的书面文件，担保人一般为银行、船东互保协会、船舶保险人等。当然，具有足够经济力的大公司出具的保函也是可以接受的。

担保书应当具有以下主要内容：受益人、担保责任范围、担保金额、赔偿支付条件、时间和地点及有效期等。

②扣押船舶

扣押船舶是海事请求保全的最主要、最典型的形式。船舶不同于一般财产，作为海上运输工具，船舶具有名称、国籍等拟人化的特征。因此，扣押船舶是民事诉讼中的特别海事诉讼制度。国际海事委员会制定的《52 年扣船公约》及《中华人民共和国海事诉讼特别程序法》都对扣船的有关问题作出了特别规定。

4. 索赔权利的转让

如果货物已由保险人承保，并且保险人根据保险合同已对出险货物向货物所有人作出了赔偿,根据保险的法律原则,货物所有人应当将其对承运人的索赔权利转让给保险人。保险人在取得代位追偿权后,可以直接向承运人进行索赔。

货物所有人在收到保险人赔偿后,应当向保险人签署"收款及权益转让书"(Receipt and Subrogation Form),供保险人凭之向承运人索赔。

被保险人在向保险人索赔前不得损害保险人的利益,并应积极协助保险人向责任方索赔。如果因被保险人的不当作为或不作为导致了保险人索赔权利的丧失或损害,保险人有权向被保险人追偿损失。所以,被保险人有义务维护保险人对第三人的索赔权。

保险人在取得代位追偿权后,即可以被保险人的名义向承运人主张赔偿。如果获得的赔偿额大于其向被保险人支付的赔偿额,超出部分应当退还给被保险人。

三、索赔的受理与审核

索赔的受理与审核系承运人的一项理赔工作。一般来说,国内提赔人往往是通过国外代理提出索赔,由运输货物的承运人受理,承运人在国外的代理无权处理,除非经承运人委托或授权。

1. 分清责任

承运人在处理索赔时,首先应分清发生货损的原因和应承担的责任范围。当受损方承运人提出某项具体索赔时,承运人可根据提单中有关承运人的免责条款解除责任。因此,在索赔和理赔过程中,往往会发生举证和反举证。原则上,受损方要想获得赔偿,必须予以举证,而责任方企图免除责任或减少责任,则必须予以反举证和举证。反举证是分清货损责任的重要手段,有时在一个案件中会多次进行,直到最终确定责任。

2. 审核

审核是处理货损事故仔细且重要的工作,在从事理赔工作时主要审核的内容有:

(1)索赔的提出是否在规定的期限内,如果期限已过,提赔人是否已要求展期;

(2)提出索赔所出具的单证是否齐全;

(3)单证之间有关内容是否相符,如船名、航次、提单号、货名、品种、检验日期等;

(4)货损是否发生在承运人的责任期限内;

(5)船方有无海事声明或海事报告;

(6)船方是否已在有关单证上签字确认;

(7)装卸港的理货计数量是否准确。

3. 承运人免责或减少责任应出具的主要单证

承运人对所发生的货损欲解除责任，或意图证明自己并无过失行为，则应出具有关单证以证明对所发生的货损不承担或少承担责任。除前述的收货单、理货计数单、货物溢短单、货物残损单、过驳清单、卸货报告等货运单证外，承运人还应提供：

(1)积载检验报告；

(2)舱口检验报告；

(3)海事声明或海事报告；

(4)卸货事故报告。

4. 索赔金的支付

通过举证与反举证，虽然已明确了责任，但在赔偿金额上未取得一致意见时，则应根据法院判决或协议支付一定的索赔金。关于确定损失金额的标准，《海牙规则》并没有作出规定，但在实际业务中大多以货物的 CIF 价作为确定赔偿金额的标准。

四、海运货损事故处理中的注意事项

1. 有关保函问题

目前，很多租约都规定船东要签发清洁提单。因此，在有瑕疵的货物上船的情况下，船方往往同意收取托运人保函，签发清洁提单。这种做法尽管在实践中很常见，但仍属违法。船东在赔偿了收货人后，如果托运人不主动履行其在保函中所承诺的义务，则保函难以起到保护船东的作用。依据中国法律，此类保函是欺诈的产物，不具法律效力，其他国家法律基本类同。

因此，如果有可能，船东应拒收有瑕疵货物，争取换货。若有瑕疵的货物已经装上船，应尽量正确地签发提单。如果托运人/租家不同意船方有关货物存在瑕疵的判断，坚持要求船方签发清洁提单，则不能使用通常格式的保函，应签署如下有关货物缺陷的协议，或可使船东处于较有利地位。如有任何疑问，应实时请示公司。

2. 有关提单的问题

(1)提单应如实批注。对于装前即已存在的货损，如船方在大副收据上做了批注，却没有在提单上加批注，船方不但要面临收货人的索赔，承担赔偿责任，更为严重的是，船方将无法从保赔协会获得补偿，实践中一定要审慎处理。提单应与大副收据内容一致，如与托运人有争议，则托运人须正确出具保函。

(2)提单应正确签发。当船长根据租约授权租家或其代理签发提单时，应按照公司推荐的格式签发，避免采纳租家提供的格式，以防止给船方造成损失。

3. 有关现场处理应注意的问题

(1)谨慎应对各种上船人员

发生货损后，会有各种身份的人登船，包括船方代理、租家代理、货方代理、

P&I Club 的通代、检验人、货方的检验人等,船长一定要清楚地了解每个上船人的身份,然后区别对待。而对于非代表船方利益的人员,船长应不告知其任何情况,亦不要允许其接触船上任何文件及设备等。

【案例】 现场处理引发的争议

某轮出现了很严重的货损,货方请了 CCIC(中国进出口商品检验总公司),收货人请了 CCIB(长城保险经纪有限公司),后来船长和这两家检验人及货主签署了一份协议,该协议规定"货损情况以 CCIB 检验为准",就是这份协议使得 CCIB 对船东极为不利的检验为法院所接受,也使得公司所请的 CCIC 的报告不能起到应有的作用。这份协议的内容明显对船东不利,船长根本不用,也没有义务去签署,或至少船长在签署前应向公司保险部报告这件事情。又如,某轮将钢管装在甲板上,在航行途中部分钢管被风浪打到海里,按提单条款,除非船方有"Gross Negligence",否则,船方对甲板货损坏不负责。但船长对收货人检验人员讲他不懂钢管在甲板上的绑扎,这就构成了船方的"Gross Negligence",使得船方本来能进行抗辩的案子一下子变得毫无希望了。船长的本意或许并非如此,但这一言词一旦记入检验报告,则后果非常严重。

由于船员不负责任导致船舶不适航,不但船东要承担所有货损,且无法享受责任限制,而且保赔协会亦不予补偿。船员在现场处理争议时,应保持清醒,对没有把握的问题,不要试图作过多的解释,而应交由专业人员,如公司理赔人员、保赔协会人员及检验师等来应对。

(2)正确详细记录

在处理货损货差索赔时,为免除船方责任,通常需证明船东已恪尽职守使船舶在开航前及当时适航,且尽到了妥善照管货物的义务。船上正确详细的记录是重要证据。例如,对船上设备的检查记录、天气报告、海况照片、通风测温记录等。

第二节 陆运事故的处理

一、国际公路运输事故的处理

1.货损事故责任的确定

公路承运人对自货物承运时起至交付货物期间内所发生的货物灭失、损害系由于装卸、运输、保管及交接过程中发生运输延误、灭失、损坏、错运等负赔偿责任。

货损事故的责任范围:

(1)货损:货损是指货物磨损、破裂、湿损、变形、污损、腐烂等;

(2)货差:货差是指货物发生短少、失落、错装、错卸、交接差错等;

(3)有货无票:货物存在而运单及其他票据未能随货同行,或已遗失;

(4)运输过失:因误装、误卸,办理承运手续过程中的过失,或漏装、过失等;

(5)运输延误:已接受承运的货物由于始发站未及时运出,或中途发生变故等原因,致使货物未能如期到达。

造成货损货差的其他原因,还有破包、散捆、票据编制过失等。

对下列原因造成的货损事故,公路承运人不承担赔偿责任:

(1)由于自然灾害发生的货物遗失或损坏;

(2)包装完整,但内容业已短少;

(3)由于货物的自然特性所致;

(4)根据卫生机关、公安、税务机关有关规定处理的货物;

(5)由托运人自行保管、照料所引起货物损害;

(6)货物未过磅发生数量短少;

(7)承托双方订有协议,并对货损有特别规定者。

2.货损事故记录的编制

(1)事故发生后,由发现事故的运送站或就近前往现场编制商务记录,如系重大事故,在有条件时还应通知货主一起前往现场调查,分析责任原因;

(2)如发现货物被盗,应尽可能保持现场,并由负责记录的业务人员或司机根据发现的情况会同有关人员做好现场记录;

(3)对于在运输途中发生的货运事故,司机或押运人应将事故发生的实际情况如实报告车站,并会同当地有关人员提供足够的证明,由车站编制一式三份的商务事故记录;

(4)如货损事故发生于货物到达站,则应根据当时情况,会同司机、业务人员、装卸人员编制商务记录。

3.货损事故的赔偿

受损方在提出赔偿要求时,首先应办妥赔偿处理手续,具体做法如下:

(1)向货物的发站或到站提出赔偿申请书;

(2)提出赔偿的申请人必须持有有关票据,如行李票、运单、货票、提货联等;

(3)在得到责任方给予赔偿的签章后,赔偿申请人还应填写《赔偿要求书》,连同有关货物的价格票证,如发票、保单、货物清单等,送交责任方。

在计算货损货差的金额时,主要有三种情况:

(1)发货前的损失,应按到达地当天同一品类货物的计划价或出厂价计算,已收取的运费也应予以退还;

（2）到达后的损失，应按货物运到当天同一品类货物的调拨价计算赔偿；

（3）对价值较高的货物，则应按一般商品调拨价计算赔偿。

二、国际铁路运输事故的处理

在铁路货物运输中，凡涉及铁路与发货人、收货人之间，或参加运送铁路间、铁路内部各单位间发生货损、货差时，应在事故发生当日编制记录，作为分析事故原因、确定责任的原始证明和处理赔偿的依据。

1. 货损事故记录的编制

货运事故记录分为商务记录、普通记录、技术记录三种。

（1）商务记录

商务记录是指在货物运送过程中对发生的货损、货差或其他不正常情况的如实记载，是具体分析事故原因、责任和请求赔偿的基本文件。在商务记录中，应确切地记载货物的状态、发现运送状态不良的当时情况及发生货物损坏的原因。记录中应列举事实，不应包括关于责任问题和发生损失原因的任何判断。同时，对商务记录各栏应逐项填记，不准划销。

遇有下列情况之一，应编制商务记录：

①发现货物的名称、重量、件数等同运单和运行报单中所记载的事项不符；

②货物发生全部或部分灭失，或包装破损；

③有货无票或有票无货；

④由国境站开启装有危险货物的车辆时。

商务记录必须在发现事故的当日编制，并按每票货物分别编制。如果运送同一发货人的同一种类的货物时，准许在到达站对数批货物编制一份商务记录。

接受商务记录的铁路部门，如对记录有异议，则应从收到记录之日起45天内，将异议通知编制商务记录的人。超过这一期限则被认为记录业已接受。

（2）普通记录与技术记录

货物运送过程中，发现编制商务记录情况以外的情况时，如有必要，车站应编制普通记录，普通记录不作为赔偿的依据。当查明货损原因系车辆状况不良所致时，除编制商务记录外，还应按货损情况编制有关车辆状态的技术记录，并随附于商务记录内。

2. 货运事故的处理与赔偿

（1）赔偿请求的提出与受理

发货人、收货人均有权根据运输合同提出赔偿要求。赔偿请求应附有相应根据并注明款额，按每批货物以书面形式由发货人向发送路、收货人向到达路提出。由全权代理代表发货人或收货人提出赔偿请求时，应有发货人或收货人的委托书证明这种赔偿请求权,委托书应符合受理赔偿请求铁路所属国的法令和规章。自赔偿请求提出之日起,铁路必须在 180 天内审查此项请求,并对赔偿请求人给予答复。

（2）索赔的依据及随附文件

①货物全部灭失,由发货人提出赔偿时,发货人应出具运单副本;由收货人提出时,应同时出具运单副本或运单正本和货物到达通知单及铁路方在到站交给收货人的商务记录;

②货物部分灭失或质变、毁损时,收货人、发货人均可提出索赔,同时应出具运单正本和货物到达通知单及铁路到达站给收货人的商务记录;

③货物发生运输延误时,应由收货人提出赔偿,并提交运单正本和货物到达通知单;

④承运人多收运送费用,发货人可按其已付的款额向承运人追回多收部分的费用,但同时应出具运单副本或发送路国内规定的其他文件;如由收货人提出追回多收费用的要求,则应以其支付的运费为基础,同时出具运单正本和货物到达通知单。

在提出索赔的赔偿请求书上,除应附有运单或运单副本外,在适当情况下还需附商务记录,以及能证明货物灭失、损坏和货物价值的文件。

（3）索赔请求时效

凡根据运输合同向铁路部门提出索赔,以及铁路对发货人、收货人关于支付运费、罚款的赔偿要求应在 9 个月内提出,有关货物运输延误的赔偿,则应在 2 个月内提出。上述时效的计算方法如下:

①关于货物损坏或部分灭失及运输延误的赔偿,自货物交付之日或应付之日起计算;

②关于货物全部灭失的赔偿,自货物按期运到后 60 天内提出;

③关于补充支付运费、杂费、罚款的要求,或关于退还此项款额的赔偿要求,则应自付款之日起计算;如未付款时,从货物交付之日起计算;

④关于支付变卖货物的货款要求,则自变卖货物之日起计算。

第三节　空运事故的处理

一、空运货物的不正常运输概述

货物不正常运输,是指货物在收运及运输过程中由于各方面工作的差错及不规范的操作而造成的货物不正常状况,如多装、少装、多收、少收货物,货物变质,货物损坏等。

【小知识】 空运货物货损种类和代号

空运货物货损种类和代号

——Found Cargo	FDCA	多收货物
——Missing Cargo	MSCA	少收货物
——Found AWB	FDAW	多收货运单
——Missing AWB	MSAW	少收货运单
——Short Shipped	SSPD	漏(下)装
——Off Loaded	OFLD	卸下,拉货
——Over Carried	OVCD	漏卸(运过境)
——Mislabeled Cargo		贴错标签货物
——Missing Label		标签脱落
——Damage		破损

二、空运货损货差及其处理方式

在国际航空货物运输中,航空货物运输所承运的货物,承运方应该承担当货物由托运方交承运方起,直至承运方将货物交收货方为止的责任,这一段时间也称为承运责任期间。在这期间货物由于因装卸、运送、保管、交付过程不妥善等,而发生货物损坏或丢失事故,称之为货损货差。

1. 货损

(1)货损的形式

①破损:货物的外部或内部已经变形,具有明显的变形特点,因而使货物的价值可能或已经遭受了损失,如破裂、损坏。

②内损:货物外部包装完好,但是内装货物受损,这种在未拆开外部包装时不容易发现,只有在收货人提取货物后或交海关时才能发现。

(2)承运人对货损的处理方法

承运人根据发现货物破损的时间分别对破损货物进行不同的处理方法,具体处理方法参如表9-1所示。

表 9-1   **货物破损的时间及处理方法**

发现时间	货物破损处理方法
收运时	拒绝收运
出堆操作时	破坏(内物未损坏),加固包装,继续运输
	严重破损(内物损坏),停止运输,通知发货人或始发站,征求处理意见
交接中转货物时	轻微破损,在 TRM 的备注栏内说明破损情况
	严重破损,拒绝转运
进落操作时	填开不正常运输记录
	通知货物装机站和始发站

2. 货差

(1)造成货差的原因

在国际货运中,货差主要是指航空货物在运输过程中发生了货物短少等情况。造成货差的主要原因是在运输过程中,由于承运人的疏忽发生了遗漏或在运输过程中遭遇了盗窃及发货人自身原因造成的货物差额。

(2)空运货损货差的处理

①航空货物运输中,如果发生货损货差,首先追查责任方,确定是代理责任还是承运人责任,不论是哪方责任,一般均按《华沙公约》中国际空运的相关条款进行处理和赔偿,也就是按航空主运单、分运单背面条款进行赔偿,一般根据货物计费重量,最高赔偿额为每公斤 20 美元,其余部分由货主向保险公司提赔(即货物在出运前办理了保险)的方法进行处理。

②在运输交接货物时,发现货物外包装有破损或件数短少时,应在接货同时,取得民航货运的商务记录,届时凭此向航空公司提出索赔。

③空运货物在目的地卸离飞机后,如有残损或短少,收货人或其代理人必须在 48 小时内向飞机承运人提出异议,否则承运人则视为已经按照合同履行完交货义务。

④索赔及诉讼都必须在其相应的时效以内,如果超过索赔及诉讼时效后才提出,则相关部门不予受理。

三、无人提取的货物及其处理方式

1. 无人提取货物的定义

当货物到达目的地 14 天后,由于下列原因造成的无人提取时,称为无人提取的货物:

(1)收货人对货物通知不予答复;

(2)货运单所列地址无此收货人或收货人地址不详;

(3)收货人拒绝支付有关款项;

(4)收货人拒绝提货;

(5)出现一些其他影响正常提货的问题。

2. 无人提取货物的处理

(1)无人提取货物的通知

对于无人提取的货物,目的站通常发出无法交付货物通知单(Notice of Non-delivery)。无法交付货物通知单应交给始发站的出票航空公司或当地的代理人,由其通知货物托运人,出票承运人的财务部门应保留 IRP 的副本。

(2)到付运费的收取

①由货物运输的目的站填开货物运费变更通知单CCA,并向始发站结算此次运输产生的所有费用;

②始发站收到目的站填开的航空货物运费变更通知单后,由始发站负责向货物托运人收取到付运费和目的站产生的其他所有费用;

③目的站根据托运人的要求对货物进行变更运输的处理或其他交货处理,但由其产生的费用由托运人承担。

四、变更运输及其处理

变更运输是指托运人在货物发运后,除了对货运单上所注明的申明价值和保险金额不能做相应的变更以外,可以对货运单的其他各项内容,如货物运费支付方式、收货人、目的站及退运等内容作出修改。在托运人要求进行变更时,应出示货运单正本并保证支付由此而产生的费用,对于托运人的要求,航空公司即承运人在收货人还未提货或还未要求索取货运单和货物,或者拒绝提货和无法交付货物的前提下应予以满足,但托运人的更改要求不应损害承运人及其他托运人的利益,当承运人对于托运人的要求难以达到时,承运人应及时通知托运人作其他处理。

1. 变更运输的范围

(1)运输方面

①对收货人的更改;

②对目的站的更改;

③要求在运输途中的任何经停站停止货物运输;

④在货物起运前,在运输的始发站将货物撤回;

⑤对于已经起运的货物,要求承运人继续将货物运回始发机场;

⑥对于已经起运的货物,要求从中途或目的站退运。

(2)费用方面

①托运人对于垫付款金额的更改;

②更改运费的支付方式,将运费预付改为运费到付,或者是将运费到付改为运费预付。

2. 变更运输的处理方式

(1)货物发运前

如果货物托运人在货物起运前要求始发站退货时,承运人应向托运人收回货运单正本,收取已发生的费用(如地面运输费、托运手续费等)后,将货物及已付款项退还托运人。

如在货物发运前,托运人要求更改垫付款金额或付款方式时,应收回原货运单,并根据对于垫付款金额和付款方式的更改情况向托运人补收或返回运费差额,在此项更改中,托运人必须按照有关航空公司的收费标准向承运人支付变更运输手续费和货运单费。

(2)货物发运后和提取前

在货物发运后、提取前,如果托运人要求变更垫付款金额或付款方式时,则应填写货物运费更改通知单(Cargo Charges Correction Advice),并根据托运人要求变更内容的不同情况对托运人进行补收或退回运费差额,托运人必须按照航空公司有关计费标准向承运人支付变更运输手续费。

如果托运人要求变更运输(如中途停运、改变收货人等)时,由于改变运输意味运费发生变化,所以除应根据以上有关规定,航空公司还应及时与有关承运人联系进行办理。进行此种变更时,托运人必须承担由于对货运变更所引起的货物运费的变化,对已支付的运费进行多退少补,同时还必须承担由于变更运输所产生的变更运输手续费。

3. 更改货运单

(1)对现有货运单的修改

由于货物运输的变更所引起的货运单上各项内容的更改,应该在全部货运单中同时进行,对于货运单内容的修改,应尽量与原内容相近,同时,还必须在货运单上注明修改企业的 IATA 代号及修改地代号。

(2)填开新货运单

当一票货物由于无人提取而退运货根据托运人要求进行转运时,承运人应填开新货运单,并且原货运单号在新货运单的 Accounting Information 一栏中注明,而所有本该向收货人收取而没有收取的费用,按运费到付处理,填在新开的货运单的 Other Charges 一栏。

4. 运费更改通知书 (Cargo Charges Correction advice)

当货物运费发生变化时,无论是由何种原因造成,都应通知相关部门和有关承运人,并填制货物运费更改通知书。

(1)当货物已经起运,并远离始发站后,如果需要更改运费的付款方式或具体数额时,由货物运输有关的承运人填开 CCA,任何与货物运输有关的承运人都可填开 CCA。

(2)在填开 CCA 之前,有关的承运人必须确认货物尚未交付给收货人,才能进行 CCA 的填制。

(3)对于 CCA 的填制,要求所要更改的运费必须超过 5 美元时,才能填开,如果所更改的运费低于 5 美元,则没有必要填开 CCA。

(4)CCA 由相关承运人填开以后,必须及时将副本传送给始发站和目的站及相关财务部门结算部门。同时,填开承运人还必须进行留存,所以填开 CCA 至少要一式四份。

(5)CCA 由填制 CCA 的企业交第一承运人,再由第一承运人转交第二承运人,并以此类推。

五、空运货运索赔

在国际货物运输中,各种运输方式都有向对应的国际运输公约或各国共同认可和执行的法律法规,国际上空运货物索赔主要的法律依据是华沙体制中的《华沙公约》和《海牙议定书》和各国国内所执行的法律法规,空运货物的索赔必须遵守《华沙公约》或《海牙议定书》的有关规定。

1.索赔人

索赔人是指在国际货物索赔中,具有索赔权利的合法索赔人。在空运货运索赔中,合法索赔人包括:

(1)在航空货运单上列明的收货人或托运人;

(2)持主货运单上托运人或收货人签署的权益转让书的人员。如托运货物的主托运人和主收货人、受索赔人委托的律师、承保货物的保险公司和其他有关的单位;

(3)具有向航空公司索赔权利的托运人,收货人必须是航空货运主运单上的填写的托运人或收货人,而对于分运单上的托运人,收货人或其他客户则没有向航空公司索赔的权利,其索赔对象应该是主运单上的托运人或收货人;

(4)对于已经到达目的站的货物,如果货物为被收货人提取,则托运人还具有索赔的权利,一旦货物被收货人提取,则托运人不能进行索赔,除非托运人具有收货人的权益转让书。

在国际航空货物运输实际操作中,如果接到索赔要求的承运人不属于实际受理索赔的承运人时,应当及时将索赔要求转交有关的实际受理索赔承运人,并及时通知索赔人。

2.索赔的时间和地点

(1)索赔的时间

①如果货物损坏或短缺是属于明显可见的,则索赔人应从发现货损货差时起立即提出,最迟延到收到货物起 14 天内提出;

②如果由于承运人的原因导致货物运输延误而造成货物损失,则索赔人应在货物由收货人提取和支配货物起 21 天内;

③如果是由于承运人原因而造成的货物毁灭或遗失,则索赔人提出索赔要求的时限为自填开货运单之日起 120 天内;

④如果托运人和收货人对于运输货物有任何异议,均按上述规定期限,由索赔

人向承运人以书面形式提出,除承运人有欺诈行为外,有权提取货物的人如果在规定时限内没有提出异议,将会丧失获得赔偿的权利;

⑤对于提出索赔的货物,货运单的法律有效期为 2 年,超过法定索赔期限收货人或托运人未提出赔偿要求,则视为自动放弃索赔权利。

(2)索赔的地点

在国际航空货运的索赔中,索赔人索赔的地点根据索赔人所在的位置或货差货损实际发生的地点,可以由索赔人在货物的始发站、目的站或发生货差货损的中间站,以书面的形式向承运人(可以是承运人中的第一承运人,当事承运人或最后承运人)或其代理进行索赔。而承运人对于索赔人的索赔要求,应当在 2 个月内进行处理,处理地点一般为货运到达站。

3. 索赔需要的文件

在货损的索赔中,索赔人必须提供一系列相关的索赔单据,其中主要包括的单据有:

(1)索赔人的正式索赔函 2 份;

(2)货物舱单(由航空公司提供的复印件);

(3)货物托运时的货物商业发票、装箱清单和其他必要资料;

(4)商检证明(货物损害后由商检等中介机构所做的鉴定报告);

(5)由航空承运人签发的货运单正本或副本;

(6)货损发生后,由相关的机构填制的货物运输事故鉴定,详细客观地反映货损情况;

(7)在整个运输过程中,发生运输事故的记录;

(8)来往电传等文件。

六、赔偿规定

在国际航空货物运输中,对于货运损失的赔偿主要根据《华沙公约》和《海牙议定书》来确定其赔偿额度和限额,其主要规定如下:

(1)如果货物在托运时没有办理声明价值的,则在发生货损后,由承运人按照实际损失的价值进行赔偿,但赔偿最高限额为毛重每公斤人民币 20 元。

(2)如果货物在托运时,已向承运人办理货物声明价值的货物,则发生货损后,承运人按托运时声明的价值进行赔偿;如承运人能够证明托运人的声明价值高于《1601 民用航空规章货物》中对货物价值的规定时,则发生了货损后,承运人仍按照实际损失进行赔偿。如果承运人在运输货物时,超过了货物运输合同中双方所约定的到达期限而造成的损失,承运人应当按照运输合同的约定进行赔偿。

(3)如货物的一部分或者货物中任何物件发生遗失、损坏或者延误,用以决定承运人责任限额的重量,仅为该件或者数件的总重量。如货物的一部分或者货物中任何物件发生遗失、损失或者延误,以致影响同一份货运单所列的另一包装件或者其他包装件的价值时,在确定责任限额时,另一包装件的总重量也应当考虑在内。

(4)对于内损货物,如无确实的证据证明货损是由于承运人的过错造成的,则承运人不承担责任。但对于外包装破损或有盗窃痕迹的货物损失,则承运人应负责赔偿。

七、理赔程序

托运人或收货人发现货物有丢失、短缺、变质、污染、损坏或延误到达情况,收货人应当场向承运人提出,承运人应当按规定填写运输事故记录并由双方签字或盖章。如有索赔要求,收货人或托运人应当于签发事故记录的,按法定时限向承运人或其代理人提出索赔要求。向承运人提出赔偿要求时应当填写货物索赔单,并随附货运单、运输事故记录和能证明货物内容、价格的凭证或其他有效证明。现将理赔程序归纳如下。

1.出具货物运输事故签证

当航空地面代理人在卸货时发现货物破损,即由航空公司或航空公司地面代理人填写《货物运输事故签证》,这份签证由航空公司的货运部门签完后,再由收货人签字,其中一份由航空公司留存,另一份由收货人留存,这份签证主要是在目的站货物出现问题的一个证明。

对于《货物运输事故签证》的填写,必须做到对内装货物损失程度的准确、客观描述,所以不能出现"短少"、"大概"等模糊的字眼。为了确定货物的具体受损程度,在填开《货物运输事故签证》时,航空公司地面代理人和收货人可以共同开箱进行检查。在开箱检查时,货损又可能会出现两种情况,一是外包装破损,内装物完好;另一种是外包装破损,内装物破损。在第二种情况下,又会出现由于货主没有按照航空货物包装的要求来进行包装而导致的货物受损,这种情况就需要货主和承运人共同承担责任。

2.索赔人出具索赔申请书

在当收货人发现货物由于运输不当或不正常造成了货物的损失而向承运人提出索赔时,必须按照公约所规定的时限提出索赔要求,并首先向航空公司提出索赔申请书。在索赔申请书中列明货物起运地与目的地,货运单号,承运人名称,发生货损的内容及损失,索赔金额等。索赔申请书样式见以下范例所示。

索赔申请书

中国国际航空公司货运部：

本公司在提取来自巴黎的一票货，运单号为 333-1234567，1 件共 500 公斤，CA368/09APR 承运。该货在目的地交付时发生严重的外包装破损（详见贵公司开具的事故鉴定书）。

现本着实事求是，维护双方共同利益的原则，我公司向贵公司提出以下处理意见和索赔申请。

该货物价值 8000 美金，请给予原价赔偿。参见托运人出具的受损货物价值证明。

请贵公司予以尽快办理为盼，谢谢合作！

随附：运单、装箱单、发票、事故记录等。

××货运代理公司

×年×月×日

3. 由航空公司审核所有的资料和文件

当航空公司接到索赔人提出的索赔申请书后，由航空公司审核所有的资料和文件，并进一步进行以下调查和审核工作：

(1)航空公司调查该批损失货物是否已办理保险，如货物办理保险，在保险公司进行全额赔偿后，由保险公司再向承运人提出，进行追索赔偿，则承运人只做限额赔偿；

(2)如果货物发生了遗失，航空公司则查看来往电传以确定丢失的货物及其数量；如果货物损坏，则查看记录，确定货物损坏是全部损坏还是部分损坏；

(3)在目的站进行理赔时，航空公司及时了解始发站是否有收到索赔函，避免在始发站和目的站的双重索赔；

(4)在对事故的调查和审核完成以后，由航空公司填写国际货物索赔报告。

4. 填写国际货物索赔单

航空公司在对货物损失和相关资料文件的审核和调查完成以后填写国际货物索赔报告，并由航空公司填写航空货物索赔单，由索赔人签字盖章，表明航空公司正式认可索赔的有关事项。

5. 货物索赔审批单

在航空公司进行货物的理赔时，由于各航空货物的不同和索赔的金额不同，需要各级领导审批。

6. 责任解除协议书

在航空公司对货物损失进行赔偿以后，在索赔人收到相关的赔偿时，由双方共

311

同签署责任解除协议书,证明索赔人在收到赔偿后放弃诉讼权及进一步的索赔权。

第四节 国际多式联运事故的处理

在国际多式联运全程过程中,不仅要使用两种或两种以上的运输工具来完成各区段的运输,而且要完成各区段不同运输方式之间的衔接、换装工作。因此,发生货损、货差等货运事故的可能性要比单一运输方式下大得多。

一、多式联运中的主要事故种类

国际多式联运中的主要事故有:货物破、擦损,水渍损,汗渍损,污损,盗损,气温变化引起的腐烂变质,冻结或解冻损及其他原因引起的货物全损和灭失。

二、多式联运中货损事故处理的主要特点

由于多式联运在运输组织、实际运输过程等方面与传统的分段运输有较大区别,多式联运的事故处理与传统的分段运输相比有一些新的特点。

1. 索赔与理赔的多重性

根据多式联运合同,多式联运经营人承担货物全程运输任务,对全程运输过程中发生的货物损害负责;而多式联运经营人为了完成全程运输任务,就需要与各区段的实际承运人建立分运合同,并与各区段衔接点的代理订立代理合同,以实现各区段的运输。在货方投保全程运输险和多式联运经营人投保运输责任险的情况下,货损事故处理中索赔和理赔的次数还会增加,如货方已投保全程货物运输险,则多式联运经营人根据合同向受损人承担责任后,向保险人索赔,保险人理赔后,再根据分运合同向责任人索赔。

2. 多式联运经营人采用的责任形式对货损事故的影响

在统一责任制下,多式联运经营人要对运输全程负责;各区段的实际承运人要对自己承担的区段负责,无论事故发生在哪一个区段,都按统一规定的限额进行赔偿,这会造成在能够确知货损事故发生区段和实际理赔额相同的赔偿。特别是事故发生在海运区段,而事故原因又符合海运公约的免责规定时,甚至得不到任何赔偿的局面,造成不应有的损失。在网状责任制下,多式联运经营人对全程运输负责,各区段的实际承运人都按事故发生区段适用的国际公约或地区法律规定和限额进行赔偿。这样,多式联运经营人对货物的赔偿与实际承运人向多式联运经营人的赔偿都可以按相同的责任基础和责任限额进行。

3. 多式联运中对隐藏损害的处理

集装箱货物多式联运是由多种运输方式、多个实际承运人共同完成一票货物

的全程运输,该运输过程中发生的货物灭失、损害有两种情况:一种能够确定货损发生的运输区段及责任人,另一种则不能确定,即为隐藏损害。无论发生哪一种损害,根据合同,联运经营人均应承担责任,但在隐藏损害发生,多式联运经营人对货方赔偿后,由于不能确定货损事故发生区段和实际责任人,可能会造成多式联运经营人独自承担赔偿责任的局面。因此,对隐藏损害的处理也成为多式联运事故处理的一个特点。

为了避免隐藏损害造成的联运经营人独自承担赔偿责任的情况,可采取的处理方式有以下两种:

(1)联运经营人按统一责任制规定的限额对货方赔偿后,不再追究责任人,而由参加多式联运的所有实际承运人共同承担这些赔偿数额。这种做法很难被各实际承运人接受,所以很少在实际中使用。

(2)假定该事故发生在海运阶段,这种做法一般要与联运经营人投保运输责任险相结合。多式联运经营人按统一责任标准或网状标准向货方赔偿后,可从保险人处得到进一步的赔偿。而能否从保险人处得到进一步的赔偿,则是另外的事情。这种做法目前已得到各方面的认可,并应用于实际隐藏损害赔偿的处理。

三、国际多式联运中的索赔

1. 根据货损原因确定索赔对象

受损人在索赔时应首先根据货损造成的原因及有关合同情况确定实际责任人,并向其提出索赔。如果货物在目的地交货后,收货人发现箱内所装货物与贸易合同规定有差距,如数量不足,货物的品种、质量、规格与合同规定不符,由于货物外包装不牢或装箱不当使货物受损,或未在合同规定的装运期内交货等情况,则收货人可以凭有关部门、机构出具的鉴定书向发货人提出索赔。如果在目的地交货时,货物数量少于提单或装箱单上记载的数量;或货物的灭失或损害是由于多式联运经营人免责范围以外的责任造成的,收货人或其他人有权提出索赔,可以凭有关部门、机构出具的证明,向多式联运经营人或向实际承运人索赔。对于投保的货物在保险人责任期间内发生的属于承保责任范围,保险人应予赔偿货物的一切灭失、损害,受损方均可凭有关证明、文件和保险合同向保险公司提出索赔。

2. 索赔时应具备的单证

索赔时,索赔方必须具备索赔申请书、运输合同及合同证明(运单或提单)、货物残损单及货物溢短单(理货单、重理单等)、货物残损检验证明书、索赔清单等单证和文件。另外,还应出具商业发票、损害修复用单、装箱单、拆箱单、卸货报告等其他可作为破损事故处理和明确责任方、责任程度的一切商务、运输单证,受损方为保护自己的利益,应妥善保管、处理和使用这些单证、文件。在发生保险索赔时,应出具保险合同等有关单据。

3.索赔金额必须合理

(1)索赔金额应以货损的实际程度、数量及货物价格等因素为基础计算;

(2)必须考虑责任方在合同及相关法规中规定的责任限额,该限额是多式联运经营人和实际承运人对货损赔偿的最高限额;

(3)必须考虑责任方在双方合同及有关法规中的免责规定,符合免责规定的损害一般不能得到赔偿。

4.索赔与诉讼必须在规定的时限内提出

根据国际多式联运公约,有关多式联运的任何诉讼,如果在 2 年期间没有提出,则失去时效。时效时间自多式联运经营人交付货物之日起次日开始计算。在货物交付之日后 6 个月内,或货物应交付之日后 6 个月,仍未交付的情况下,如果没有提出书面索赔通知,则诉讼在此期限届满后即失去时效。接到索赔要求的人可于以上的时效期内随时向索赔人提出书面声明以延长时效期间,这种期间可用一次声明或多次声明再度延长。

5.诉讼与仲裁应在规定的地点提出

各种方式运输公约对提出诉讼和仲裁的货方地点都有明确规定。如果某法院根据所在国家法律规定有权处理多式联运诉讼,且下列地点之一是在其管辖范围,则原告可选择这些地点的任一法院提起诉讼,包括被告的重要营业所或经常居所所在地,或订立多式联运合同的地点,或按合同规定接管多式联运货物的地点或交付货物的地点,或多式联运合同中为此目的所指定并在多式联运单据中载明的任何其他地点。

四、国际多式联运的理赔

当国际多式联运发生货损事故后,受损人提出索赔,而由实际责任人受理,非实际责任人无权受理所损人的索赔,应及时转交实际责任人并通知索赔人。责任人进行理赔的一般程序为:

(1)确定货损发生的原因及造成的损失,并确定需要承担责任的范围。

(2)审核。审核内容包括:货损是否发生在承运人应负责任的责任期间;索赔是否在合同与有关法律法规规定的期限内提出;提出索赔所出具的单证是否齐全、举证是否合理;单证间的关系是否一致;各区段责任方是否在各单证上签字确认;各区段、各中转地点衔接过程中理货计数是否准确;各实际承运人、仓储、代理人、装卸机构等是否有事故报告、海事声明等内容。

(3)根据多式联运合同或分运合同和相应的法律法规及国际惯例等中的免责条款提出证明,进行免责和减少责任。

(4)根据调查计算货损金额,并结合索赔人提出的索赔要求确定赔偿金额,确定后由责任方与索赔方取得一致并进行赔偿支付。

(5)赔偿后根据具体造成货损的原因,对直接造成货损的相关部门和承运人进行追索,如果进行了货物保险和多式联运责任保险的投保,还可向保险公司要求赔偿。

五、多式联运经营人的赔偿责任限制

多式联运经营人的赔偿责任限制指在多式联运经营人和实际承运人在掌管货物期间对货物灭失、损害及延误而造成的货方损失进行赔偿的最高限额规定。该限额由多式联运合同中双方达成一致所采用的责任形式和责任基础来决定。在现行的不同方式的法规中,限额规定的形式一般分为两种:一是单一赔偿标准形式,就是只规定单位重量(毛重每公斤)货物赔偿限额。二是双重赔偿标准,不但规定单位重量货物的赔偿限额,也规定每一货损单位(每件或每一基本运输单元)的赔偿限额。《国际多式联运公约》是一双重标准与单一赔偿标准相结合的方式来规定多式联运经营人的赔偿限额,其适用的情况和赔偿标准为:

(1)在国际多式联运中,如果是采用了海(水)—陆联运,即包括海运或内河运输与陆运组成的多式联运,多式联运经营人对每一货损单位的赔偿限额是毛重每公斤 2.75 特别提款权(SDR);对每一件货物的赔偿限额为 920 个特别提款权(SDR),两者较高者为准。

(2)在国际多式联运中,联运方式只要不包括海运或内河运输,即是采用的公—铁联运,铁—公联运或公—空联运,则多式联运经营人的赔偿限额按发生的货物损坏或灭失每公斤不超过 8.33SDR 来计算。

(3)对于由于延迟交货所造成的损失,多式联运经营人的责任限额为延迟交付货物运费的 2.5 倍,但不超过多式联运合同所规定的全部应付运费的总额。

(4)对于多式联运经营人而言,当货物的灭失、损坏和延迟交付等同时发生时,其赔偿限额以货物全部灭失时应负的责任为限。

复习思考题

1.怎样理解货运事故中的权益转让?

2.国际多式联运中货损事故处理的主要特点是什么?

3.简述国际海运事故的索赔与理赔的一般程序和要求。

4.简述国际空运事故的索赔与理赔的一般程序和要求。

案例分析题

上海一家公司出口 5 个 20 英尺集装箱的羽绒服去美国。提单上记载：CY—CY 运输条款（堆场至堆场交接），SLAC（由货主自行装载并计数）。该批货箱通过货运代理向船公司订舱，货主要求在订舱托运单上指示："不准配装甲板，应装载舱内。"收货人在进口国家码头堆场提箱时对箱体外表状况、关封状况未提出任何异议。但在拆箱时，却发现有 3 个集装箱中部分羽绒服水渍，经商检认定水渍系海水所致。问：收货人应向保险公司还是向发货人提出赔偿？为什么？

实训题

1. 实训项目名称：索赔申请书的制作及赔偿责任的划分

2. 实训内容：案例分析

3. 实训目的：掌握索赔申请书的制作并分清赔偿责任，有针对性地提出索赔

4. 实训资料：

一票从澳大利亚经北京中转至上海的货物，一程航班 XY830/05FEB02，二程航班 XY951/08FEB02，货运单号 666－3721684，1 件 260 公斤，品名：尼龙粉。收货人：上海××贸易公司。索赔原因：内物丢失 16 公斤。请根据本案例制作一份索赔申请书。

参考文献

1. 逯宇铎,苏振东,李秉强. 国际物流学. 北京:北京大学出版社,2007

2. 逯宇铎. 国际贸易. 北京:清华大学出版社,2008

3. Alan E. Branch Export Practice and Management(fifth edition). 北京:清华大学出版社,2007

4. 李勤昌. 国际货物运输实务. 北京:清华大学出版社,2008

5. 李育良,池娟. 国际货物运输与保险. 北京:清华大学出版社,2005

6. 何柳,陈琳. 国际货运代理实务. 北京:人民交通出版社,2007

7. 姚大伟. 国际货运代理实务. 北京:中国对外经济贸易出版社,2002

8. 姚大伟. 全国国际货运代理资格考试模拟试题集. 北京:中国商务出版社,2005

9. 孙家庆. 国际货运代理. 大连:东北财经大学出版社,2003

10. 顾丽亚. 国际货运代理与报关实务. 北京:电子工业出版社,2004

11. 张炳达. 国际货运代理实务. 上海:立信会计出版社,2006

12. 王学锋,殷明,郑丙贵. 国际海上货物运输. 上海:同济大学出版社,2006

13. 苻晓荣,何志华. 国际货运与保险实务. 北京:北京大学出版社,2006

14. 杨茅甄. 集装箱运输实务. 北京:高等教育出版社,2004

15. 中国国际货运代理协会. 国际多式联运与现代物流理论与实务. 北京:中国商务出版社,2005

16. 中国国际货运代理协会. 国际航空货运代理理论与实务. 北京:中国对外经济贸易出版社,2003

17. 中国国际货运代理协会. 国际货运代理理论与实务. 北京:气象出版社,2001

18. 中国国际货运代理协会. 国际货运代理资格考试应试指导及大纲. 北京:中国商务出版社,2005

19. 国际货运代理协会. 国际货运基础知识. 北京:中国对外贸易出版社,2003

20. 国际货运代理协会. 国际多式联运与现代物流理论与实务. 北京:中国对外贸

易出版社，2003

21. 司玉琢，胡正良. 新编海商法学. 2 版. 大连：大连海事大学出版社，2006

22. 胡美芬，王义源. 远洋运输业务. 4 版. 北京：人民交通出版社，2006

23. 杨良宜. 程租合约. 大连：大连海事大学出版社，1998

24. 杨良宜. 期租合约. 大连：大连海事大学出版社，1997

25. 胡美芬，王义源. 远洋运输业务. 北京：人民交通出版社，2006

26. 杨志刚，孙明，吴文一. 国际货运代理实务、法规与案例. 北京：人民交通出版社，2006

27. 刘树密. 国际货运代理. 南京：东南大学出版社，2004

28. 杨长春. 国际货物运输方式的选择与应用. 北京：对外经济贸易大学出版社，2006